T0355551

THE

PUBLICATIONS

OF THE

𝕷incoln 𝕽ecord 𝕾ociety

FOUNDED IN THE YEAR

1910

VOLUME 74

FOR THE TWO YEARS ENDING 31ST AUGUST, 1982

THE SOCIETY IS GRATEFUL FOR GRANTS IN AID OF
PUBLICATION TO THE UNIVERSITY OF BIRMINGHAM
AND TO LINCOLNSHIRE COUNTY COUNCIL

Filmset by Northumberland Press Ltd, Gateshead, Tyne and Wear
Printed in Great Britain by Fletcher and Son Ltd, Norwich

THE REGISTER OF
BISHOP PHILIP REPINGDON
1405–1419

EDITED BY

MARGARET ARCHER

M.A. (LIVERPOOL), B.LITT. (OXON.)

Formerly Senior Lecturer in Medieval History, University of Birmingham

Volume III

MEMORANDA 1414–1419

THE LINCOLN RECORD SOCIETY

1982

EDITOR'S PREFACE

The later part of the Register (Memoranda) of Philip Repingdon, Bishop of Lincoln, covers the years from 1411 to 1419.

Several changes have had to be made in the presentation of the text. Owing to rising costs, it has been necessary to reduce the text by about one-third, and I have had to omit many documents and summarize others. I have omitted all the probates of wills, except for a few which are not in the usual form, also most of the repetitive executory mandates which follow archiepiscopal letters, most of the papal indults, the texts of parliamentary statutes, and a few miscellaneous entries similar to those printed elsewhere. Miscellaneous licences, dispensations, routine inquiries and sequestrations have been summarized, unless unusual in form or of particular interest. In the case of the many citations for non-payment of pensions for appropriated churches, only the first example is given in full.

It has also been necessary to number the entries consecutively. Thus the references in the index refer to the item numbers and not, as in vols. I and II, to the page numbers.

I should like to thank all those who have helped me to complete the last part of the Register. I am most deeply grateful to Miss Kathleen Major, General Editor of the Lincoln Record Society until 1976, for her invaluable help and advice and her never-failing encouragement and patience. I also thank Mrs Dorothy Owen for her assistance and most helpful suggestions when the text had to be revised.

I am grateful to the Leverhulme Trust for a grant towards typing costs, and to the University of Birmingham for a grant to the Society towards the costs of publication.

Margaret Archer

Corrigenda

Vol. I, p. xlix.   *For* Beaulieu, *read* Byland.
Vol. I, p. 135.   *For* Beckingham chantry, *read* chantry at Beckingham.
Vol. II, p. 389.   s. v. Brouns, Thomas. *For* Alesby, *read* Ailby.

CONTENTS

NOTES CONCERNING THE METHOD OF TRANSCRIPTION

Where set forms recur constantly with only slight variations, as in the case of licences for non-residence and for the farming of churches, and letters dimissory, the first example is given in full and the rest calendared. Where there is any marked deviation from the usual form, this has been noted. The usual forms are as follows:

A. LICENCE FOR NON-RESIDENCE IN ORDER TO STUDY.

Memorandum quod quarto die mensis Maii anno domini millesimo cccc^{mo} quinto apud Bannebury concessa fuit littera non residencie magistro Radulpho Repyngdon' rectori ecclesiarum parochialium de Castr' et Tytchemersh' Lincoln' diocesis per triennium litterarum studio insistendo ac dimittendo fructus earundem ad firmam per idem tempus.

B. LETTERS DIMISSORY.

Item decimo die mensis Maii anno predicto apud Lydington' concessa fuerunt littere dimissorie Thome Colles de Melbroke Lincoln' diocesis accolito quod possit promoveri ad omnes sacros ordines a quocumque episcopo catholico ut in forma consueta.

C. LICENCE FOR NON-RESIDENCE FOR STUDY IN ACCORDANCE WITH THE CLAUSE "CUM EX EO".

Concessa fuit littera non residencie Willelmo Lyndewode diacono rectori ecclesie parochialis de Walton Lincoln' diocesis litterarum studio insistendo ubicumque etc. ac dimittendo fructus ad firmam per idem tempus et dispensatum fuit cum eodem iuxta capitulum "Cum ex eo".

D. LICENCE TO PUT A CHURCH TO FARM.

Item xiiij^{to} die eiusdem mensis anno et loco predictis concessa fuit licencia domino Radulpho Dyot vicario de Wardeley Lincoln' diocesis quod possit dimittere fructus de Wardeley predicti per triennium dummodo in eadem resideat.

E. LICENCE FOR NON-RESIDENCE WHILE IN THE SERVICE OF KING OR BISHOP OR OTHER EMINENT PERSON.

Item xiiij^{to} die eiusdem mensis anno predicto apud Sleford' concessa fuit littera non residencie Johanni Clayton' clerico rectori ecclesie de Croxby Lincoln' diocesis obsequiis[1] domini Henrici Bathon' episcopi per unum annum et dimittendo fructus ad firmam per idem tempus.

F. LETTERS DIMISSORY TO THE HEAD OF A RELIGIOUS HOUSE FOR MEMBERS OF HIS COMMUNITY.

Item tercio die mensis Maii anno predicto apud Bannebury concessa fuit licencia priori de Dorchestr' quod possit facere fratres [the names follow] ... canonicos dicti prioratus ad omnes tam minores quam sacros ordines quos nondum fuerunt assecuti a quocumque episcopo catholico legitime promoveri etc. ut in forma.

G. LICENCE TO A RELIGIOUS HOUSE OR COLLEGE TO FARM AN APPRO-PRIATED CHURCH.

Item xxvij[mo] die Aprilis anno predicto apud Oxon' concessa fuit licencia magistro sive preposito et scolaribus aule sive collegii beate Marie de Oryell' Oxon' quod possint dimittere ecclesiam de Colby Lincoln' diocesis sibi appropriatam ad firmam quam diu domino placuerit duraturum.

H. LICENCE FOR NON-RESIDENCE FOR REASONS OTHER THAN THOSE GIVEN ABOVE, OR FOR NO SPECIFIC REASON.

Item xxiiij[to] die mensis Julii anno et loco predictis concessa fuit licencia non residencie domino Thome Hanley rectori ecclesie parochialis de Belgrave Lincoln' diocesis locis honestis commorando.

For reasons of space, the brief marginal headings for miscellaneous short licences have not been given.

As regards spelling, the scribe has been followed as closely as possible. Thus 'c' for 't' is the almost invariable rule, as in 'sentencia' and 'penitenciarius'; 'j' is used for the names of months and in proper names, otherwise 'i' is usual, as 'iura', 'eius' etc. There is no consistency in the text in the use of capitals; in the transcription, these have been used sparingly.

Christian names have in most cases been modernized. Surnames and place names have been given in their modern forms where possible. In the calendared entries, the original form is given in brackets, except where the original and modern forms are identical, and all variants are grouped together in the index. Where identification is uncertain, the name is left in its textual form. All places are in the diocese of Lincoln, unless otherwise stated.

In transcribing dates, it has been thought clearer to allow for the medieval practice of beginning the New Year on March 25th. Thus, an entry dated by the scribe January 1st, 1405, is given as January 1st, 1405/6. The episcopal year begins on March 29th.

[1] *Or* "in contemplacione". See Memo., I, p. 43, note.

PRINCIPAL ABBREVIATIONS USED IN THE NOTES

Manuscripts

Anc. Ind. — Ancient Indictments before the King's Bench. Files 202, 204, 205 (Public Record Office).

Liber Sextus I — Lincoln Chapter Acts: Liber Sextus Primus (1402/17).

Liber Sextus II — Lincoln Chapter Acts: Secundus Liber Sextus (1407/22).

Reg. Fleming — Register of Richard Fleming, bishop of Lincoln, 1420/31.

Printed Books

Cal. Pap. Lett. — Calendar of Papal Registers: Papal Letters.

Cal. Pat. Rolls — Calendar of Patent Rolls.

Concilia — Concilia Magnæ Britanniæ et Hiberniæ A.D. 446/1718, ed. Wilkins, D. 4 vols. (1737).

Fœdera — Fœdera, Conventiones et Litteræ, vols. VIII and IX, ed. Rymer, T. (1709).

Linc. Wills — Early Lincoln Wills, 1280/1547, ed. Gibbons, A. (1888).

Memo. — Register (Memoranda) of Philip Repingdon, bishop of Lincoln, 1405/19, ed. Archer, M. 2 vols. Lincoln Record Society. (1963).

Reg. Bubwith — Register of Nicholas Bubwith, bishop of Bath and Wells, 1407/24, ed. Holmes, T. S. 2 vols. Somerset Record Society. (1913/14).

Reg. Chichele — Register of Henry Chichele, archbishop of Canterbury, 1414/43, ed. Jacob, E. F. 4 vols. Canterbury and York Society. (1943/47).

Reg. Rede — Register of Robert Rede, bishop of Chichester, 1397/1415, ed. Deedes, C. 2 parts. Sussex Record Society. (1908/10).

Snappe's Formulary — Snappe's Formulary and other Records, ed. Salter, H. E. Oxford Historical Society. (1924).

The Register of
Philip Repingdon, Bishop of Lincoln, 1405–1419

MEMORANDA 1414–1419.

[*Folio 101*]

1. 1413/14. March 14th, Bicester (Burcestr'). Letters dimissory to John Woodstock (Wodestok'), Thomas Eynsham (Eynesham), William Handborough (Hanneburgh') and Thomas Gloucester (Gloucestr') of Eynsham Abbey, subdeacons, to all orders. [B.]

2. Same date and place. Letters dimissory to William Webb (Webbe) of Wardington (Wardyngton'), subdeacon, to all orders. [B.]

3. 1413/14. March 14th, Notley (Nottele). Letters dimissory to Richard Clerk of Ramsden (Ramesden), clerk, and to John Chamberlain (Chamberleyn) of Pinchbeck (Pynchebek'), clerk, to all orders. [B.]

4. 1413/14. February 19th, in the chapter house, Lincoln. Assignment by Bishop Repingdon, with the assent of the chapter, of an annual payment of twelve marks from John Kele, rector of the parish church of St. Clement, Grainthorpe (Gernthorp') and his successors, to the patron, the Gilbertine priory of Alvingham (Alvyngham). The priory has suffered heavy financial losses owing to the unproductivity of its lands and the damage caused by widespread floods and other grievous calamities.

    The agreement is sealed with the common seal of the chapter and attested by Thomas Duffeld, chancellor, Robert Gilbert, precentor, John Haget, treasurer, Richard Hethe (Heth'), subdean, John Southam, archdeacon of Oxford, Hugh Hanworth (Hanneworth'), archdeacon of Stow, and Robert Scarle, Edmund Langford (Langeford'), Thomas Hill and John Somer', clerks and notaries.

5. 1413/14. March 8th, Osney (Oseney). Letters dimissory to Robert Houghton, clerk, to all orders. [B.]

6. 1413/14. Testament of Peter Edlington, vicar of Pinchbeck. Dated February 12th, at Pinchbeck. No probate.

TESTAMENTUM VICARII DE PYNCHEBEK'.[1] In dei nomine amen. Die lune proxima ante festum sancti Valentini martiris anno domini millesimo cccc^{mo} xiij°, ego Petrus Edlyngton' perpetuus vicarius ecclesie parochialis de Pynchebek' sanus mente et bone memorie licet eger corpore vidensque periculum mortis michi imminere, ordino facio et condo testamentum meum in hunc modum. In primis lego animam meam deo omnipotenti creatori meo beate genetrici omnis et omnibus sanctis eius corpusque meum ad sepeliendum in ecclesiastica sepultura. Item lego summo altari ecclesie de Pynchebek' gradale[2] meum processionale meum manuale meum viginti solidos sterlingorum. Item lego vestimentum meum altari sancti Petri in eadem ecclesia. Item lego cuilibet capellano venienti ad exequias meas xij d. item xx libras auri ad inveniendum quatuor capellanos celebrantes pro anima mea primo anno immediate sequenter post mortem meam. Residuum vero omnium bonorum et catallorum do et lego domino Johanni Edlyngton' capellano quem ordino et facio executorem meum ut ipse presens testamentum meum fideliter adimpleat et pro salute anime mee disponat prout eius discreccioni melius videbiter expedire. Dat' apud Pynchebek' die et anno domini supradictis.

7. 1413/14. Testament of John Oudeby, rector of Flamstead. Dated March 4th.

TESTAMENTUM RECTORIS DE FLAMSTED'.[3] In dei nomine amen. Ego Johannes Oudeby clericus existens bone et sane memorie mortis formidans periculum quarto die Marcii anno domino millesimo cccc^{mo} xiij° condo testamentum meum in hunc modum. In primis lego animam deo beate Marie et omnibus sanctis eius et corpus meum ad sepeliendum in cancello ecclesie parochialis de [*Folio 101^v*] Flamsted'. Item volo sine dilaccione quod omnia debita mea plenarie persolvantur. Item lego Agneti sorori mee unum ciphum argenteum deauratum cum coopertorio et pede et unum par precum de laumbour. Item lego Thome fratri meo unum ciphum argenteum deauratum cum coopertorio et pede. Item lego Johanni Rede servo Johannis Blaket xl s. Item lego cuilibet servienti meo in hospicio meo London' unum lanem vel vaccam. Item lego ecclesie parochialis de Flamsted' duo gradalia et unum album vestimentum cum capa et summo altari dicte ecclesie duo paria de auterclothis, videlicet, unum nigrum ciricum signatum cum cervis et unum aliud rubium ciricum deputatum. Item lego ecclesie parochialis de Berugby unum calicem et unum vestimentum qui sunt ibidem. Item volo quod messuagium meum in Silverstrete London' per executorum meorum disposicionem et consilium sit venditum. Et si contingat quod Johannes Blaket armiger sibi placuerit illum predictum messuagium adquirere volo ut habeat sub minori precio quam aliquis alius vivens preter ipsum poterit obtinere. Istius testamenti precedentis et subsequentis

---

[1] Abstract in *Linc. Wills*, p. 119.   [2] *Sic.*
[3] Abstract in *Linc. Wills*, p. 131 (where the name is given as Ondeby).

executores statuo et ordino Johannem Blaket armigerum Thomam Oudeby fratrem meum Johannem Skelton' Ricardum Robyn ad omnia parata et non parata perimplendum. Residuum omnium bonorum meorum in hoc testamento non legatorum aut ubicumque in aliquo alio loco inventorum de executoribus nostris predictis ut et ipsi disponent et ordinent sicut deo viderint optime placere et saluti anime mee prospicere in futurum. Hiis testibus Laurencio Blakesley clerico Johanne Godsonne clerico Johanne Reed Willelmo Skrevener et multis aliis ad hoc vocatis. Dat' die loco et anno domini supradictis.

Proved before Laurence Blakesley, sequestrator in the archdeaconry of Leicester, at Hallaton (Halughton') on March 23rd, 1413/14.

QUARTO KALENDAS APRILIS ANNO DOMINI MILLESIMO QUADRINGEN-TESIMO QUARTODECIMO INCIPIT ANNUS DECIMUS CONSECRACIONIS REVERENDI IN PATRIS ET DOMINI DOMINI PHILIPPI DEI GRACIA LINCOLNIENSIS EPIS .. CO .. P[1]

8. 1414. April 11th, Sleaford. Grant of a burial-ground at the chapel serving the hamlets of Shilton and Henley in the parish of Kirby Mallory, owing to the distance from the parish church and the flooding of the road in bad weather. This grant is not to prejudice the rights of the mother church, and the inhabitants of Shilton and Henley have special responsibilities for the upkeep of the south part of the nave and cemetery and the repair of books, vestments, chalices and bells at Kirby Mallory.

DEDICACIO CAPELLE DE SHILTON'. CONCESSIO SEPULTURE APUD SHILTON'. Philippus permissione divina Lincoln' episcopus dilectis nobis in Christo incolis et inhabitantibus villulas sive hamelettas de Shilton' et Henle infra parochiam ecclesie parochialis de Kyrkeby Malory nostre diocesis salutem graciam et benediccionem. Pro parte vestra nobis fuit humiliter supplicatum quatinus cum in dicta villula sive hameletta de Shilton' quadam capella honesta infra dictam parochiam constructa et ab eadem ecclesia dependens ac per capellanum ydoneum expen' eiusdem ecclesie rectoris pro tempore solita gubernari sit et fuerit ab antiquo ac missarum solempnia aliaque sacramenta et sacramentalia quecumque ecclesiastica sepultura dumtaxat excepta per totum anni circulum [Folio 102] fuerunt et sunt nobis sine contradiccione quacumque effectualiter celebrata et ministrata quod que propter distanciam loci inter dictas ecclesiam et capellam inundaciones aquarum et profunditatem itineris tempore saltem yemali propter que et alia impedimenta corpora mortuorum ibidem decedencium sine graviminibus expensis et periculis que ex delacione corporum huiusmodi provenerint et verisimiliter evenire poterint in futurum ad dictam parochialem ecclesiam nequeant commode deportari. Capellam predictam et cimiterium eiusdem dedicare et consecrare et ibidem sepulturam ecclesiasticam concedere et ordinare,

[1] Sic.

ipsasque dedicacionem et consecracionem et sepulture concessionem huiusmodi ut perpetue firmitatis vobis obtineant inviolabiliter tenenda fore et observanda eorum quorum interest ad hoc accedente consensu pronunciare declarare et decernere dignaremur. Nos enim vestris et aliorum nostrorum subditorum utilitati et quieti quantum cum deo poterimus proficere cupientes capellam vestram predictam de expressis voluntate et consensu dilectorum filiorum domini Radulphi Aleyn rectoris ac abbatis et conventus monasterii beate Marie de pratis Leycestr' patronorum dicte ecclesie parochialis ville de Kyrkeby Malory necnon incolarum et inhabitancium villam eandem coram nobis per eorum procuratores sufficientem potestatem in hac parte habentes sufficienter et legitime emissis dedicandam fore decernimus et sepulturam ecclesiasticam inibi concedimus et ordinamus ipsas quoque dedicacionem et consecracionem ac sepulture ordinacionem et concessionem imperpetuum et inviolabiliter tenenda fore et observanda pronunciamus declaramus et decernimus per presentes dummodo ex hoc dicte matrici ecclesie de Kyrkeby predicte aut eius rectori qui nunc est et erit institutum preiudicium nullatinus generetur; et vos incole et inhabitantes villulas sive hamelettas de Shilton et Henle predictas presentes et futuros reparetis et reficiatis et si oporteat quociens indignerit de novo edificari faciatis australem partem navis dicte ecclesie de Kyrkeby predicta et latus australe cimiterii eiusdem ecclesie ac ad reparacionem refeccionem et empcionem quociens necessaria fuerit librorum vestimentorum calicum et campanorum in dicta ecclesia per media parte tanquam meri dicte ecclesie de Kyrkeby predicta parochiani prout antea solebatis in signum subieccionis dicte matrici ecclesie debite contribuatis competentes. Que onera omnia et singula per procuratorem vestrum in hac parte sufficienter constitutum coram nobis recognita vobis imponimus perpetuis temporibus inviolabiliter observanda. In quorum testimonium atque fidem sigillum nostrum fecimus hiis apponi. Dat' in castro nostro de Sleford' xj^{mo} die mensis Aprilis anno domini millesimo cccc^{mo} xiiij^o, et consecracionis nostre anno decimo.

9. 1414. May 16th, Leicester. Letters dimissory to Roger Howfe of Swaton (Suavston'), clerk, to all orders. [B.]

10. 1414. May 15th, Leicester. Letters dimissory to John Elys, acolyte, to all orders. [B.]

11. 1414. May 8th, Leicester. Letters dimissory to Iblonus Langford (Langeford'), rector of Nailstone (Nayleston'), to all orders. [B.]

12. 1414. May 13th, Leicester. Letters dimissory to William Hornby, clerk, to all orders. [B.]

13. [Undated.] Testament of Thomas Knight, rector of Hanslope.

TESTAMENTUM RECTORIS DE HAMPSLAP.[1] Universis sancte matris ecclesie filiis presentes litteras inspecturis, Philippus permissione divina Lincoln' episcopus salutem in domino sempiternam et fidem indubiam presentibus adhibere. Cum omnium et singulorum infra nostram diocesim decedencium bona in nostra et aliis diocesibus tempore mortis sue notorie obtinencium testamentorum sive ultimarum voluntatum probaciones approbaciones et insinuaciones et pro valore eorundem pronunciaciones administracionesque bonorum decedencium huiusmodi commissiones compotorumque calculorum et raciocinorum huiusmodi administracionum et finales liberaciones ab eisdem ad nos et nullum alium nobis inferiorem iudicem tam iure et nomine ecclesie nostre Lincoln' quam de consuetudine laudabili legitimeque prescripta ac lege speciali pertineri noscantur. Noverit universitas vestra quod quidam dominus Thomas Knyght, rector dum vixit ecclesie parochialis de Hansplap[2] nostre Lincoln' diocesis, iam defunctus, quam plura bona notabilia in nostra et aliis diocesibus tempore mortis sue notorie obtinens diem suum infra nostram diocesim sicut altissimo placuit suo per eum de bonis suis sive scriptis tamen prout subsequitur condito prius testamento nuncupativo sive ultima voluntate clausit extremum. In primis voluit et legavit quod executores sui solvant fabrice campanilis ecclesie de Hampslap[2] predicta tantum de bonis suis quantum valent fructus ecclesie sue predicte per unum annum. Residuum vero bonorum suorum legavit eisdem executoribus suis pro salute anime sue secundum eorundem discreccionem disponendum et executores suos deputavit et constituit Johannem Knyght Henricum de Chaumbr' et dominum Ricardum Colman presbyterum ac nobilem dominum dominum Ricardum comitem Warr' supervisorem testamenti sui nuncupativi sive ultime voluntatis huiusmodi.

Proved before Bishop Repingdon at Leicester on May 20th, 1414. [to Folio 102ᵛ]

14. 1414. Letter from Richard Clifford, bishop of London (dated May 22nd, at Leicester), reciting John XXIII's mandate for a general council at Constance. The papal mandate has been forwarded by the prior of Christ Church, Canterbury, in letters dated May 6th, during the vacancy of the see of Canterbury.[3] [to Folio 103ᵛ] 1414. May 27th, Leicester. Bishop Repingdon directs Thomas Hill, notary, William Ayliffe (Aylyf), clerk, and Robert Woodcock (Wodecok'), John Gaddington (Gadyngton') and John Bonney (Boney), apparitors, to execute the papal mandate.

[1] Marginal note: "Notabilia". Abstract in *Linc. Wills*, p. 128.
[2] *Sic.*
[3] *Concilia*, III, p. 366; see *Reg. Chichele*, I, p. 17, where the reception of the papal letters at Canterbury is noted but undated. Professor Jacob suggests that Archbishop Chichele's certification that he had received the mandate was returned after the meeting of Convocation in October, 1414. (*Ibid.*, p. 20, n. 5.)

15. 1414. June 19th, Liddington. Letter from Bishop Repingdon to the prioress of the Augustinian priory of Rothwell, directing her to re-admit an apostate nun, Joan Horncastle. This is followed by another letter (dated June 29th), in which Bishop Repingdon recounts the nun's confession of the crime of incest and her subsequent absolution and penance, and he cites the prioress before his commissaries on a charge of contempt for not re-admitting the nun.

LITTERA DE EODEM SICUT ALIAS CUM FORMA PREMUNIENTE DICTE APOSTATE ET SERIE TOCIUS PROCESSUS AC CITACIONEM HUIUSMODI PRIORISSE SUPER CONTEMPTU PROPTER NON RECEPCIONEM HUIUSMODI APOSTATE. Philippus permissione divina Lincoln' episcopus dilecto in Christo filie priorisse prioratus monialium de Rothwell' ordinis sancti Augustini nostre diocesis salutem graciam et benediccionem. Sedentibus nobis nuper in progressu visitacionis nostre ordinarie in ecclesia parochiali de Conyngesby archidiaconatus Lincoln' nostre diocesis quam tunc in dicto archidiaconatu excercuimus adducta erat coram nobis soror Johanna Horncastell' concanonissa vestra et consoror et se monialem in dicto prioratu professam et ab eo apostando religionis sue habitu penitus derelicto recessisso ac suadente diabolo grave crimen incestuo cum quodam Willelmo Luffewyk commisisse et illud per triennium nequiter continuasse humiliter fatebatur et ab hoc ut apparuit amare lacrimando in salutem anime sue sibi in hac parte de remedio oportuno [*Folio 104*] devote a nobis peciit provideri, unde nos attenta disposicionem persone et temporis et aliis attendendis in hac parte eam audita confessione sua et summa execucione quam occasione huiusmodi apostasie sue incurrebat absolventes eam temperandam informandam gubernandam et salubriter inducendam religiosarum et sanctarum ut credimus mulierum custodie commisimus honestatis penitenciam pro suis culpis huiusmodi nobis usque alias specialiter reservantes. Subsequenter autem cum persone et temporis qualitas hoc exposteret eidem Johanne facere cupientes prout nobis demandant canonicas sancciones ipsam sic absolutam ad vos et dictum professionis sue prioratum transmisimus nec dum diu vobis sub certa nostrarum serie litterarum quas vobis tunc destinamus cum eadem in virtute sancte obediencie firmiter iniungentes quatinus dictam sororem Johannam concanonissam vestram et consororem ad vos et dictum suum prioratum redomitem admittentes et mutua tractantes caritate sibi ab excessibus suis huiusmodi pro modo culpe iuxta canonica et ordinis vestri instituta iniungeretis vice nostra salutarem. Vos tamen prout notorietate facta didicimus huiusmodi iniunccioni nostrum et mandatum debite non parentes sicut tenebamini ex vinculo vestri nobis prestiti iuramenti quia ymo ut videtur nos et litteras nostras huiusmodi temere contempnentes. Licet dictam sororem Johannam in dictum vestrum prioratum quasi ......[1] ut accepimus receperitis eam tamen infra cepta dicti prioratus custodire seu sibi iuxta effectum litterarum nostrarum huiusmodi penitenciam

---

[1] Illegible.

non curastis iniungere aliqualem ymo preter effectum litterarum
earundem eam secundo die post recepcionem huiusmodi eciam extra
religionis sue habitum a dicto prioratu ad libitum versus partes inde
remotas abire permisistis. Unde cum nos tantam negligenciam et
inobedienciam in persona vestra intuentes iteratum apostasiam dicte
sororis Johanne perciperemus eam capi et adduci fecimus coram nobis
et in negligenciam vestram considerata suorum inumanitate criminum
sibi penitenciam iniunximus subsequentem, videlicet, ut ipsa per tres
annos proximos et continue iam futuros per quartos annos apostasiam
continuavit supradictam ut pena dilecto videatur respondere in dicto
vestro prioratu vinculis ferreis lugendo offensas suas ligata permaneat
et ut fastus sue carnis facilius reprimatur singulis quartis feriis pane
cervisia et liquimine ac sextis feriis pane et cervisia tamen per
huiusmodi tres annos sit contenta. Quocirca vobis in virtute sancte
obediencie et sub pena contemptus firmiter sicut alias iniungimus et
mandamus quatinus prefatam sororem Johannam concanonissam
vestram et consororem quam ad vos reunitimus cum harum porti-
toribus in dictum vestrum admittentes prioratum eam sub salva et
secura tutela custodire et eam mutua caritate pertractantes penitenciam supradictam plene pagere faciatis eam ad hoc si oporteat iuxta
canonica et ordinis vestri instituta compellentes. Et quia extranearum
affabilitas personarum inperfactis frequenter probet incentivum
delinquendi, vobis insuper et supra iniungimus et mandamus quatinus
per tempus supradictam personam aliquam extraneam secularem ad
dictam sororem Johannam ingressum habere vel secum loqui nisi in
vestram et duarum sororum vestrarum ad minus presencia nullatenus
permittatis. Ceterum negligenciam et obedienciam vestras supradictas
inpunitas transire poti non valentes. Tenore presencium peremptorie
vos citamus quod compareatis coram nobis aut magistro Thoma
Brouns seu David Pryce nostris in hac parte commissariis in ecclesia
prebendali de Buckeden' dicte nostre diocesis die lune proximo post
festum Translacionis sancti Swythini proximum futurum super
huiusmodi contemptu et inobediencia vobis ex officio nostro obiciendi
responsuram facturamque ulterius et recepturam quod fuerit iustum.
Terminum vero peremptorium huiusmodi propter negocii quali-
tatem et alias causas legitimas nos in hac parte moventes sic duximus
assignandum latori etenim presencium nuncio nostro publico et in
hac parte iurato super tradicione earundem vobis fideliter faciendum
fidem firmam volumus adhibere. Dat' sub sigillo nostro in manerio
nostro de Lidyngton' penultimo die mensis Junii anno domini
millesimo cccc^{mo} xiiij^o, et consecracionis nostre anno decimo.

16. 1414. July 23rd, Liddington. Letters dimissory to John Sherlock
(Shirloke), acolyte, to all orders. [B.]

17. 1414. Testament of John Barsham, formerly rector of Rockingham. Dated July 20th. No probate.

BARSHAM TESTAMENTUM.[1] In dei nomine amen. In festo sancte Margarete virginis anno domini millesimo quadringentesimo quartodecimo, ego Johannes Barsham quondam rector ecclesie de Rokyngham in bona et sana memoria condo testamentum meum in hunc modum. In primis lego animam meam deo sancte Marie et omnibus sanctis et corpus meum ad sepeliendum in ecclesia sancti Leonardi in Rokyngham. Item lego meum optimum animal coram[2] corpore meo nomine principali. Item lego cuilibet ordini fratrum Stamford' sex solidos et octo denarios. Et si quid residuum fuerit de bonis meis non legatis do et lego domino Willelmo Burdon' rectori ecclesie de Rokyngham et Willelmo Burdon' de eadem executoribus meis ad ordinandum et disponendum ut melius sit pro anima mea.

[*Folio 104ᵛ*]

18. 1413/14. February 8th, Mantua (Mantue). Dispensation for non-residence granted by John XXIII to Thomas Brouns, rector of Twyford, with permission to put to farm his benefices of Twyford and St. Aldate's, Oxford, provided that the cure of souls is not neglected. The abbots of Osney (Oseney), Eynsham and Abingdon (Abyndon') are directed to execute the papal mandate. [*to Folio 105ᵛ*]

19. 1414. June 12th. Agreement between Henry Ware, rector of Tring, and Thomas Syer, rector of Aldbury, concerning the payment of tithes from certain specified lands within the parish of Tring, to which the rector of Aldbury is entitled.

COMPOSICIO REALIS INTER RECTORES DE TRENGE ET ALDEBURY. In dei nomine amen. Auctor pacis et amator ut inter deum et hominem rupta pacis federa reformaret a summe et ymo descendens pacem nascendo attulit vocaque angelica proclamavit eandem siquidem conversando tenuit predicando docuit in secretis monicionibus discipulis indixit moriendo fecit resurgendo optulit atque finaliter ascendendo reliquit. Nos igitur Henricus Ware rector ecclesie parochialis de Trenge et Thomas Syer rector ecclesie parochialis de Aldebury Lincoln' diocesis pacem a deo nobis datam et relictam quatenus nostre fragilitati premittitur imitari volentes, considerantes quoque quo et quot mala animarum corporum que pericula ipsa virgiore inventrix bonorum dissipatrix mencium distractrix cultusque divini diminutrix pacis emula inter rectores de Trenge et Aldebury retroactis temporibus adinvenit, volentes eadem inposterum arcius evitare de et super iure percipiendi decimas infra limites infrascriptos pro nobis et successoribus nostris ad perpetuam rei memoriam convenimus in hunc modum, videlicet, quod rector de Trenge qui pro tempore fuerit futuris semper temporibus percipiet et habebit solus et insolidum

[1] Abstract in *Linc. Wills*, p. 110.   [2] *Sic.*

integre et quiete omnes et singulas decimas bladorum et feni de quibuscumque fundis et locis infra fines et limites seu loca quecumque ecclesie de Trenge decimabilia quomodolibet provenientes, decimis de locis subscriptis dumtaxat exceptis, videlicet, exceptis decimis garbarum de duabus croftis dictis Woderore cum clausuris suis et una pecia terre eisdem croftis adiacente dicta Long Woderore croftis que aliis in et circa villam de Pendelee, exceptis insuper decimis feni de septem acris prati de tenura domini Thome Aldebury militis, quarum quatuor iacent contigue iuxta pratum rectoris de Trenge dictum le Hoke. Et tres acre iacent in   ¹ et nominantur Leighton'. Et de una pecia prati continens   ¹ acras dictas Tatevellis Hoke et de una pecia trium acrarum dictas Wellis Hoke. Et de una acra dicta Magges acre, de quibus rector de Aldebury decimas tam garbarum quam feni percipere consuevit et debet infuturum. Exceptis eciam decimas de duabus dimidiis acris prati predicte acre dicte Magges acre contiguis quarum una nominatur Halle et altera Brokas, quas decimas prefatus rector de Trenge eidem rectori de Alderbury de novo concessit. Pro residuo vero decimarum eidem rectori de Aldebury infra fines et limites seu loca decimabilia ecclesie de Trenge predicte debitarum rector de Trenge qui pro tempore fuerit solvet annuatim rectori de Aldebury seu procuratori suo acquietanciam inde facienti in ecclesia de Trenge in vigilia dominico que dicitur in Ramis palmarum sexaginta solidos bone et legalis monete Anglicane sine ulteriori dilacione. Et si quid absit rector de Trenge qui pro tempore fuerit in predicta solucione defecerit, liceat reverendo in Christo patri domino Lincoln' episcopo qui pro tempore fuerit fructus redditus et proventus quoscumque ecclesie de Trenge sequestrare et sub firmo custodire sequestro donec de eisdem sexaginta solidis rectori de Aldebury fuerit plenarie satisfactum. Ego quoque Henricus Ware pro me et successoribus meis in quantum in me est omni appellacioni et provocacioni omnibus que remediis nostris et facti contra huiusmodi sequestrum interponendis palam et expresse renuncio in hiis scriptis. Rector insuper de Aldebury de decimis oblacionibus aut [aliis] iure parochiali de manerio de Chaumpenrys in quo Johannes Adam armiger cum sua familia iam inhabitat provenientibus se nullo modo inposterum se intromittet sed rectorem de Trenge eisdem gaudere permittet pacifice et quiete. Dat' xij° die mensis Junii anno domini millesimo cccc^{mo} xiiij°.

20. 1414. August 19th, Lincoln. Dispensation to Thomas Derham, rector of Heather (Hether'), clerk, for two years' non-residence for study [C.], "dummodo faciat se promoveri in subdiaconum infra annum a tempore regiminis accepti."

21. Same date and place. Letters dimissory to Thomas Derham, to all orders. [B.]

¹ Blank in MS.

22. 1414. August 20th, Lincoln. Licence to Thomas Southam, rector of Wickenby (Wykynby), acolyte, for seven years' non-residence for study [C.], "dummodo faciat se in subdiaconum promoveri infra annum a tempore regiminis accepti."

23. 1414. September 3rd, Liddington. Licence to John Forster, rector of Bolnhurst, to put his benefice to farm for two years, at the request of Thomas, duke of Clarence.

Tercio die mensis Septembris anno domini supradicto apud Lidyngton' concessa fuit licencia domino Johanni Foster rectori ecclesie parochialis de Bolnhurst Lincoln' diocesis quod possit dimittere fructus ecclesie sue ad firmam aliquibus personis ydoneis per biennium contemplacionis[1] domini Thome ducis Clarencie.

[Folio 106]

24. 1413. November 3rd, Sleaford. Notification by Bishop Repingdon to the archdeacon of Huntingdon or his official of Archbishop Arundel's mandate for the public denunciation of John Oldcastle, Lord Cobham, as a heretic. The denunciation is to be read, in English, in all churches in the archdeaconry.
There follows a full account of the trial of Oldcastle, his declaration of faith, and his condemnation.

MANDATUM DOMINI CANTUAR' AD DENUNCIANDUM DOMINUM JOHANNEM OLDECASTELL' DOMINUM DE COBHAM HERETICUM. Philippus permissione divina Lincoln' episcopus dilecto filio archidiacono nostro Huntyngdon' eiusque officiali salutem graciam et benediccionem. Litteras reverendi in Christo patris et domini domini Ricardi dei gracia London' episcopi nuper recepimus sub hac forma. Reverendo in Christo patri ac domino domino Philippo dei gracia Lincoln' episcopo Ricardus permissione divina London' episcopus salutem et sincere dileccione continuum incrementum. Litteras reverendissimi in Christo patris et domini domini Thome dei gracia Cantuarien' archiepiscopi tocius Anglie primas et apostolice sedis legati nuper recepimus in hec verba. Thomas permissione divina[2] (etc.) [*to Folio 106ᵛ*]. Et articulorum super quibus extitit examinatus tenor sequitur et est talis.

NOTA OPINIONES JOHANNIS OLDECASTELL' QUAS IUDICIALITER LIBERAVIT DOMINO CANTUARIEN' IN QUADAM CEDULA INDICATIS. I Johan Oldecastelle knyght lord of Cobham Wole yᵗ alle cristen men wyte

---

[1] See Memo., I, p. 43 n.
[2] As in *Concilia*, III, pp. 353–7 (from Archbishop Arundel's Register). Cf. *Reg. Bubwith*, I, p. 154, *Reg. Rede*, part i, pp. 151 *et seq.*, *Fasciculi Zizaniorum* (Rolls Series), p. 443. See also *Reg. Chichele*, I, p. xv.

and undyrstonde that I clepe almyghty God in to wytynesse y^t it hath ben now is and euer wyth ye helpe of God shal be myne entent and my wylle to byleve feithfully and fully alle ye sacramentes yat euer God ordeyned to be doe in holichurche and more ouer for to declare me in yis foure poyntys. I beleve y^t ye most worshipfulle sacrament of the autere is Cristis body in forme of brede the same body y^t was borne of ye blessyd vyrgyn oure lady seint Marye doon on ye crosse deed and buryed the thrydde day roos fro deeth to lyfe ye whyche body is now glorified in hevene. Also as for the sacrament of penance I beleve yat it is nedefulle to euery man yat shalle be saved to forsake synne and do due penance for synne before doon wyth trewe con-fessyoun verray contrycyoun and duhe satisfaccyoun as Goddys lawe lymyteth and techeth and ellys may he not be saved, wich penance I desire alle men to doo. And as of ymages I undyrstonde yat yei be not of bileve but yat yei were ordeyned sith ye bileve was gife of Criste be suffrance of ye churche to be calenders to lewed men to represent and bryng to mynde ye passyon of oure lorde Jesu Cryste and martyrdom and good lyvyng of other seyntes and yat who so it be that doth ye worshyp to deed ymages yat is duhe to God or puttyth forth hope or trust in helpe of hem as he shuld doo to God or hath affeccyoun in oon more yan in another he doth in yat ye grete synne of mawmetry. Also I suppose yis fully yat euery man in yis erthe is a pylgryme towarde blisse or towarde peyne and yat he yat knoweth not ne will not knowe ne kepe ye holy comaundementes of God in hys lyvyng here al be it yat he go on pilgremage to alle ye world and he dye so he shalle be dampned and he that knoweth ye holy comaundementes of God and kepith hem to his ende he shalle be saved though he never in his lyfe go on pilgrimage as men use nowe to Canturbury or to Rome or to any other place.

Qua cedula cum istis articulis contentis in eadem[1] (etc.) [*to Folio 107*]. Quas quidem determinaciones eodem die transferri fecimus et eidem die dominica proximo sequenti realiter liberari, quarum deter-minacionum tenor sequitur et est talis.

DETERMINACIONES DIVERSE TRADITE JOHANNI OLDECASTELL' PER DOMINUM CANTUARIEN' INSCRIPTIS SUPER QUIBUS DEBET ALIAS RESPON-DERE. The feith and the determinacioun of holy churche touchyng ye blysfulle sacrament of the autere is this, that aftir ye sacramentalle wordes ben said be a prest in his masse the materialle bred that was before is turned in to Cristis verray body and the materialle wyne yat was byfore is turned in to Cristes verray blode and so there leveth in the autere no materialle brede ne materialle wyne the whiche were there before the seyinge of the sacramentalle wordes. Howe lyve ye this article. Holichurche hath determined yat euery cristen man lyvyng here bodylich in erthe oughte to be shryve to a prest ordeyned be the churche yf may com to hym. Howe fele ye yis article. Cryst ordeyned seynt Petre ye apostelle to ben his vicar here on erthe whoos

---

[1] As in *Concilia*, III, p. 355; *Reg. Bubwith*, I, p. 158.

see is this ye churche of Rome ordeynyng and grauntyng the same power yat he gaf to Petre shuld succede to alle Petres successours ye whyche we callen now popes of Rome by whos power in churches particuler specyalle ben ordeyned prelatis and archebysshops bysshops curats and othere degres to whome cristen men oughte to obbey after the lawes of the churche of Rome, this is the determinacyoun of holychurche. Howe fele ye this article. Holychurche hath determined that it is nedefulle to a cristen man to go a pilgrimage to holy places and yer specyally to wurschype holy relyques of seyntes apostols martyrs confessours and alle seyntes approved be the churche of Rome. Howe feele ye this article.

Nota sentenciam diffinitivam super conviccione Johannis Oldecastell' et condemnacione eiusdem in hereticum. Quo die lune videlicet xxv die dicti mensis Septembris coram nobis[1] (etc.) [*to Folio 108*]. Dat' in manerio nostro de Maydeston' x^{mo} die mensis Octobris anno domini millesimo cccc^{mo} xiij°, et nostre translacionis anno decimo octavo. Quarum auctoritate litterarum vobis reverendo patri firmiter iniungendo mandamus ut vos[2] (etc.). Dat' sub sigillo nostro in manerio nostro de Hadham xxiij° die mensis Octobris anno dicto supradicto, et nostre translacionis anno septimo. Nos igitur ut omnis scissura tunice domini inconsutilis debite reformetur, heresesque et errores in ecclesiam dei quod dolenter referimus iam indies forcius insurgentes radicitus abscindantur partes nostre sollicitudinis totis nostris conatibus ut verus amator fidei catholice interponere volentes, vobis tam communiter quam divisim in virtute obediencie ac sub penis contemptus et suspiccionis heresis quam desidia vestra exigente si in execucione que mandamus remissi fueritis dicto domino Cantuar' volumus intimari dictarum litterarum auctoritate firmiter iniungimus et mandamus quatinus in singulis ecclesiis parochialibus dicti archidiaconatus Huntyngdon' per curatos earundem dum maior inibi affuerit Christi fidelium multitudo prefatum dominum Johannem Oldecastell' hereticum dampnatum scismaticum et in articulis supra scriptis errantem. Necnon omnes et singulos dictum dominum Johannem decetero in sui favorem erroris receptantes defensantes aut sibi auxilium vel favorem in ea parte prebentes tanquam fautores et defensores hereticorum per sentenciam diffinitivam supradictam excommunicatos sic ut prefertur fuisse et esse prout in processu predicto plenius continetur ipsamque sentenciam et processum huiusmodi ac omnia et singula in eisdem contenta iuxta et secundum seriem et tenorem dictarum litterarum de verbo ad verbum alta et intelligibili voce et in lingua materna prout superius est expressum publicari exponi intimari et declarari faciatis. Vosque in singulis sanctis sinodis capitulis ac cleri et populi visitacionibus et congregacionibus per vos exnunc celebrandis coram populi multitudine inibi congregata cum personis vestris consimiliter publicetis exponatis declaretis et intimetis. Nos de omni eo quod feceritis in premissis et qualiter premissa executi fuerit et ea feceritis exequi citra festum Pasche proximum

---

[1] As *Reg. Bubwith*, I, p. 160.   [2] *Ibid.*

futurum distincte et aperte certificantes per litteras vestras patentes harum et facti vestri seriem plenius continentes signo autentico consignatas. Dat' sub sigillo nostro in castro nostro de Sleford' iij° die mensis Novembris anno domini supradicto et consecracionis nostre anno nono.

[*Folio 108ᵛ*]

25. 1414. September 6th, Liddington. Letters dimissory to John Permenter, acolyte, to all orders. [B.]

26. 1414. September 20th, Liddington. Licence to Thomas Stere of Tealby (Tevelby), vicar of Little Coates (parva Cotes), to celebrate one anniversary on account of the poverty of his benefice, the permission to last for one year.

27. 1414. September 15th, Liddington. Licence to the monks of Peckwater's Inn in the University of Oxford for the private celebration of divine services.

Memorandum quod xv die mensis Septembris anno domini millesimo cccc^mo xiiij° apud Lidyngton' concessa fuit licencia monachis presbyteris in hospicio de Pekwethersyn' universitatis Oxon' quod possint missas et alia divina officia celebrare in oratoriis sive aliis locis quibuscumque decentis et honestis infra dictum hospicium consociorum presencia facere celebrari quamdiu domino placuerit duraturum.

28. 1412/13. Testament of William de Roos, lord of Helmsley (Hamelake, Helmesley) and Belvoir (Belverum, Beuver, Bieuver). Dated February 22nd.[1]
Proved before Bishop Repingdon at Liddington on September 15th, 1414. [*to Folio 109ᵛ*]

29. 1414. Letter from Richard Clifford, bishop of London (dated

---

[1] Abstract in *Linc. Wills*, p. 136. Printed in full in *Reg. Chichele*, II, p. 2. Two additional clauses are given in Repingdon's Register, i.e. (a) Item lego et ordino communitati eiusdem domus (abbatie Ryevall') in recompensacione unius plaustri octo boves ac aliarum rerum quas de eis habui xx libras si in vite mea eis inde non fuerit satisfactum. (b) Item volo et ordino quod per supervisorem et gubernacionem reverendi in Christo patris et domini mei domini Thome Arundell' archiepiscopi Cantuar' predicti quem de sua gracia et reverendissima paternitate obsecro humiliter et exoro cum magistro Johanne Neuton' thesaurario ecclesie cathedralis Ebor' et magistro Henrico Herburgh supervisores existere presentis testamenti mei intuitu caritatis.

August 22nd), forwarding a mandate from Archbishop Chichele (dated August 18th) for Convocation at St. Paul's on October 1st. Bishop Repingdon directs the dean and chapter and the archdeacons of the diocese to proceed to the election of proctors, and notifies the archbishop of the execution of the mandate.

MANDATUM PRO CONVOCACIONE.[1] Reverendo in Christo patri ac domino domino Philippo dei gracia Lincoln' episcopo Ricardus permissione divina London' episcopus salutem et sincere dileccionis continuum incrementum. Litteras reverendi in Christo patris et domini domini Henrici dei gracia Cantuar' archiepiscopi tocius Anglie primatis et apostolice sedis legati nuper recepimus in hec verba. Henricus permissione divina Cantuar' archiepiscopus tocius Anglie primas et apostolice sedis legatus venerabili fratri nostro domino Ricardo dei gracia London' episcopo salutem et fraternam in domino caritatem. Olim a sanctis patribus salubriter nominus[2] institutum ut metropolitani singulis annis cum suis suffraganeis provincialia non omittant concilia celebrare in quibus de corrigendis excessibus et moribus presertim in clero reformandis tractatum cum dei timore habeant diligentem, nos igitur qui licet immeriti Cantuar' provincie in Anglicana ecclesia iure metropolitico presidemus volentes splendorem solitum cleri provincie predicte velud lucernam supertande labarum positam cunctis qui in domo sunt perfeccius rutilare, considerantes iuxta sapientis eloquunt quod multitudo prudencium sanitas est orbis terrarum et in rebus arduis ad quod a pluribus queritur mediante altissimo facilius reperitur concilium provinciale ex causis predictis et aliis statum et utilitatem ecclesie prefate concernentibus tempore et loco subscriptis duximus convocandum. Quocirca fraternitati vestre committimus et mandamus quatinus omnes et singulos nostre Cantuar' ecclesie suffraganeos infra dictam nostram Cantuar' provinciam constitutos et absencium episcoporum huiusmodi siqui fuerunt vicarios in spiritualibus [*Folio 110*] generales citetis peremptorie, et per eos decanos et priores ecclesiarum cathedralium ac singula capitula earundem archidiaconos abbates et priores conventus sub se habentes et alios ecclesiarum prelatos exemptos et non exemptos clerusque cuiuslibet diocesis provincie antedicte quod compareant coram nobis aut nostris in hac parte locumtenentibus vel commissariis si nos quod absit tunc impediri contigerit in ecclesia sancti Pauli London' primo die mensis Octobris proximo futuro cum continuacione et prorogacione dierum tunc sequencium et locorum. Omnes videlicet venerabiles fratres nostri episcopi suffraganei et ceteri prelati superius nominati et eciam hii qui iurisdiccionem ecclesiasticam obtinent et excercent personaliter, capitula vero ecclesiarum cathedralium per unum ad minus fidedignum sufficienter litteratum providum et discretum clerusque cuiuslibet diocesis per duos consimiles pariter et potentes ad tractandum nobiscum de et super premissis et

---

[1] Not in *Concilia*, although there is a short note concerning this Convocation's grants of two tenths to King Henry V and of a subsidy for the delegates attending the Council of Constance. *Concilia*, III, p. 358.
[2] *Sic*.

ea concernentibus ipsis tunc ibidem seriosius exponendis suaque
consilia et auxilia super eis impensuri et ad consenciendum hiis que
ibidem ex deliberacione communi ad honorem dei et ecclesie sue
contigerint ordinari facturique ulterius et recepturi quod premissorum qualitas exigit et requirit, denunciantes eisdem venerabilibus
fratribus nostris ac per eos decanis archidiaconis ac ceteris prelatis
exemptis et non exemptis iurisdiccionem ecclesiasticam sic ut premittitur obtinentibus et existentibus, necnon procuratoribus pro
capitulis cathedralium ecclesiarum aut pro clero in forma supradicta
electis quod ipsos aut ipsorum aliquem a personali comparicione in
huiusmodi congregacione excusatos seu excusatum nullo modo habere
intendimus ista vice ymmo in casus non comparaverint modo supradicto ipsorum qui absentes fuerint contumaciam iuxta iuris exigenciam canonice puniemus. Tenore eciam presencium peremptorie
vos citamus quod eisdem die et loco coram nobis vel locum nostrum
tenentibus aut commissariis personaliter compareatis de et super
premissis una cum aliis suffraganeis nostris ut premittitur tractaturi
facturique et recepturi quatenus ad vos attinet prout superius continetur, presensque mandatum nostrum quatenus vestras civitatem-
que diocesim concernit exequi per omnia faciatis. Prelatisque
ecclesiarum exemptarum non mendicantibus vestre et aliorum
venerabilium fratrum nostrorum coepiscoporum dicte provincie
diocesis cuiuscumque fuerint ordinis per vos et confratres vestros
prout vos et unumquemque vestrum concernit volumus intimari, ut
prefatis die et loco absque preiudicio privilegiorum suorum in hac
parte quibus per hoc derogari nolumus nobiscum intersint facturi et
recepturi in premissis et ea contingentibus quod superius est
expressum. Vobis eciam ut supra iniungimus et mandamus quod
omnibus et singulis venerabilibus fratribus nostris coepiscopis suffraganeis nostris antedictis et vicariis in spiritualibus huiusmodi
iniungatis seu faciatis iniungi quod singuli eorum singillatim de facto
suo quatenus pertinet ad eosdem nos seu locum nostrum tenentes vel
commissarios dictis die et loco per suas litteras patentes citatorum
nomina continentes distincte certificent et aperte, vosque pari forma
nos vel commissarios nostros quatenus ad vos attinet eisdem die et
loco more solito debite certificare curetis litteris vestris patentibus
habentibus hunc tenorem. Dat' in manerio nostro de Lambeheth'
xviij° die mensis Augusti anno domini millesimo cccc^{mo} xiiij°, et
nostre translacionis anno primo. Quarum auctoritate litterarum vos
reverende pater cum ea qua docet reverencia tenore presencium
peremptorie citamus quatinus coram reverendo patre supradicto aut
eius in hac parte locumtenentibus vel commissariis predictis primo
die mensis Octobris et loco in supradictis litteris superius expressatis
cum continuacione et prorogacione dierum tunc sequencium et
locorum ad negocium huiusmodi secundum vim formam et effectum
litterarum predictarum personaliter compareatis ipsasque litteras
quatenus vestras civitatem et diocesim concernencia iuxta formam et
tenorem earundem debite exequamini et exequi per omnia faciatis et
eisdem litteris pareatis realiter cum effectu. Omniaque et singula in
huiusmodi litteris contenta paternitati vestre predicte intimanda et

denuncianda harum serie intimamus et eciam denunciamus. Vobis insuper auctoritate qua supra iniungimus et mandamus quatinus dictum reverendum patrem aut eius locumtenentem vel commissarium de facto vestro in hac parte debite certificetis prout littere predicta exigunt et requirunt. Dat' sub sigillo nostro in palacio nostro London' xxij° die eiusdem mensis Augusti anno domini supradictis, et nostre translacionis anno septimo.

CONCLUSIO AD DECANUM ET CAPITULUM. Nos igitur ut ecclesie Christi zelator fidelis excessuum correccioni et morum reformacioni quantum in nobis partes nostre sollicitudinis interponere cupientes, auctoritate litterarum supradictarum vos decanum et capitulum predicte ecclesie nostre Lincoln' tenore presencium peremptorie citamus quod die et loco in predictis locis superius expressatis cum continuacione et prorogacione dierum tunc sequencium et locorum coram prefato reverendissimo patre aut eius in hac parte locumtenentibus sive commissariis vos videlicet decane et hii qui iurisdiccionem ecclesiasticam obtinent et excercent personaliter, vosque capitulum per unum fidedignum procuratorem sufficienter litteratum providum et discretum compareatis facturi et recepturi in omnibus et per omnia qua tenor et effectus earundem litterarum exigunt et requirunt vel insuper decano predicto omnia et singula in dictis litteris intimanda et denuncianda harum serie intimamus et denunciamus et ea per vos hiis qui iurisdiccionem ecclesiasticam obtinent et excercent ac procuratori capituli predicto electo intimari volumus et denunciari ut eisdem pareatis et pareant in omnibus ut tenemur humiliter et cum effectu. Et quid feceritis in premissis nos aut magistros Thomam Brouns seu [*Folio 110ᵛ*] David Pryce nostros in hac parte commissarios die jovis proxima post festum sancti Mathei apostoli proximum futurum in ecclesia parochiali beate Marie Huntyngdon' nostre diocesis distincte et aperte certificetis per litteras vestras patentes harum seriem ac nomina et cognomina harum qui iurisdiccionem ecclesiasticam ut premittitur obtinent et excercent ac procuratoris huiusmodi plenius continentes sigillo autentico consignatas. Dat' sub sigillo nostro in manerio nostro de Lidyngton' viij° die mensis Septembris anno domini millesimo cccc^mo xiiij° supradicto, et nostre consecracionis anno decimo.

CONCLUSIO AD ARCHIDIACONOS. Nos igitur ut ecclesie Christi zelator fidelis excessum correccioni et morum reformacioni quantum in nobis est partes nostre sollicitudinis interponere cupientes, vos archidiaconum nostrum predictum auctoritate litterarum supradictarum tenore presencium peremptorie citamus et per vos seu officialem vestrum predictum omnes et singulos abbates et priores conventus sub se habentes ac aliarum ecclesiarum prelatos quoscumque tam exemptos quam non exemptos infra dictum archidiaconatum vestrum ubilibet constitutos consimiliter citari volumus et mandamus quod die et loco in supradictis litteris expressatis cum continuacione et prorogacione dierum tunc sequencium et locorum coram prefato reverendissimo patre aut eius in hac parte locumtenente vel commissario vos archidiaconos ac dicti abbates priores et prelati superius nominati et eciam hii qui iurisdiccionem ecclesiasticam obtinent et excercent personaliter compareatis compareant et eorum quilibet compareat facturi et recepturi in omnibus et per omnia que tenor et effectus earundem litterarum exigunt et requirunt. Citetis insuper seu citari faciatis peremptorie clerum archidiaconatus predicti quod compareat coram nobis aut magistris Thoma Brouns seu David Pryce nostris in hac parte commissariis in ecclesia parochiali beate Marie Huntyngdon' nostre diocesis die jovis proximo post festum sancti Mathei apostoli et evangeliste proximum iam futurum duos procuratores fidedignos sufficienter litteratos providos et discretos pariter et potentes una cum clero aliorum archidiaconatuum dicto nostre diocesis secundum exigenciam litterarum predictarum electuri et transmissuri ac super eorundem procuratorum expensis concorditer tractaturi et provisuri facturique ulterius et recepturi quod earundem litterarum qualitas exigit et natura. Vobis insuper archidiacono nostro predicto omnia et singula in dictis litteris intimanda et denuncianda harum serie intimamus et denunciamus et per vos seu officium vestrum predictum ceteris abbatibus prioribus prelatis et aliis supradictis consimiliter intimari et denunciari volumus et mandamus ut eisdem pareatis et pareant ut tenemini humiliter et cum effectu, nosque aut dictos nostros commissarios de omni eo quod feceritis in premissis dictis die jovis et loco distincte et aperte certificetis litteris vestris patentibus harum seriem ac singularum personarum per vos in hac parte citatarum nomina et cognomina plenius continentibus sigillo autentico consignatis. Dat' sub sigillo nostro in manerio nostro de Lidyngton' octavo die mensis Septembris anno domini supradicto, et consecracionis nostre anno decimo.

CERTIFICATORIUM AD ARCHIEPISCOPUM. Auctoritate igitur litterarum prescriptarum decanum et capitulum ecclesie nostre Lincoln' singulosque archidiaconos in eadem abbates et priores conventus sub se habentes et alios ecclesiarum prelatos nostre diocesis exemptos et non exemptos necnon omnes illos qui iurisdiccionem ecclesiasticam obtinent et excercent ac clerum nostre diocesis peremptorie citavimus et citari fecimus iidem decanus archidiaconi abbates priores prelati ac alii qui iurisdiccionem excercent ecclesiasticam personaliter capitulumque dicte ecclesie nostre per unum ad minus clerusque nostre diocesis per duos procuratores fidedignos sufficienter litteratos providos discretos et potentes coram vobis reverendissimo patre vestris ve in hac parte locumtenentibus vel commissariis in ecclesia sancti Pauli London' primo die mensis Octobris in litteris vestris reverendis superius limitatis cum continuacione et prorogacione dierum tunc sequencium et locorum compareant et eorum quilibet compareat super omnibus et singulis in eisdem litteris vestris contentis et ea concernentibus vobis cum tractaturi facturique consilia et auxilia super eisdem impensuri, necnon omnia alia et singula facturi et recepturi que premissorum qualitas ac dictarum litterarum series in se exigunt et requirunt. Denunciavimus insuper intimavimusque et denunciari fecimus ac fecimus intimari decano et capitulo dicte

ecclesie nostre abbatibus et prioribus ceterisque prelatis exemptis et
non exemptis et aliis iurisdiccionem ecclesiasticam ut premittitur
excercentibus necnon procuratoribus capituli ecclesie nostre predicte
ac cleri nostre diocesis omnia in eisdem vestris litteris denuncianda
seu quomodolibet intimanda. Nosque ex tenore dictarum litterarum
ut fatemur citati dictis die et loco domino concedente personaliter
comparebimus facturi in premissis et eciam ea quod superius est
expressum et sic mandatum suprascriptum quatenus ad nos attinet
et nostras civitatem et diocesim concernit exequi fecimus et sumus
secundum exigenciam eiusdem per omnia executi. De quibus omnibus
et singulis dictam paternitatem vestram reverendissimam per has
nostras patentes litteras certificamus cum nominibus citatorum in
cedula hiis litteris nostris certificatoriis annexa descriptis. Dat' sub
sigillo nostro etc.

[*Folio 111*]

30. 1414. September 8th. Ordinance drawn up by the prior of Kirby
Bellars, Leicestershire, on behalf of himself and his successors, that
provision shall be made for two canons to celebrate masses in per-
petuity at the altar of St. John the Evangelist in the priory church,
in memory of John Eynesford and his wife, Margaret. It is agreed
that twenty shillings shall be distributed annually on the anniversaries
of their deaths, that ten pounds shall be paid to the bishop of
Lincoln and one hundred shillings to the archdeacon of Leicester,
and that the bishop shall have the right to sequestrate the rents of
the priory if the agreement is not carried out. The ordinance is to
be read aloud in the chapter house twice yearly, together with other
statutes and constitutions of the Augustinian order. The agreement
is ratified by Bishop Repingdon on September 18th.

KYRKEBY SUPER WRETHEK. COMPOSICIO. Universis sancte matris
ecclesie filiis presentes litteras tripartitas inspecturis frater Alexander
prior prioratus de Kyrkeby super Wrethek ordinis sancti Augustini
Lincoln' diocesis eiusdem loci conventus salutem in domino sempiternam. Magestatis divino inscrutabilis altitudo illorum merita
condigno premio recompensat qui domus domini sic amplificant
facultates ut terrena in celestia et transitoria in eterna solici commercio
transferant et committent, vigor quidem equitatis et ordo eciam exigit
racionis quod bonorum elemosinarum largicio munifica et devota
potissime indigentibus ac eciam piis usibus applicata et inpensa
quatenus zelo ferinde caritatis id procedatur catenus firmitatis perpetue robore minuatur et vigil[i] ac continue memorie feliciter
commendetur. Cum itaque bone memorie nobilis vir dominus
Johannes Eynesford' miles dum ad huc ageret in humanis motus
visceribus pietatis de bonis sibi a deo collatis diversas pecuniarum
summas non modicas et alia bona temporalia in usum et utilitatem
communem prioratus nostri predicti applicandas pro salubri statu
dicti domini Johannis dum vixerit et domine Margarete consortis

sue ac huc superstitis patronorum nostrorum dum vixerint et pro animabus eorundem cum ab hac luce migraverint et pro animabus omnium fidelium defunctorum pluries et largiflue contulerit caritative temporibus egestatis in nostri predicti subsiduum non modicum et relevamen. Nosque prefati prior et conventus super premissis et aliis beneficiis et elemosinis nobis et prioratui prefato per dictam dominam Margaretam ac Thomam Quenby executores predicti domini Johannis Eynesford' militis multipliciter impensis ex parte nostra anime dicti militis et anime dicte Margarete cum ab hac luce migraverit et animabus omnium predictorum aliquam recompensam spiritualem facere affectantes habita primitus super hoc diligenti et matura deliberacione de unanimi omnium nostrorum et singulorum assensu et consensu ac mera spontanea et libera voluntate nostra concessimus et ordinamus per presentes, quod decetero imperpetuum temporibus duraturis per nos et successores nostros inveniantur duo canonici de conventu nostro presbyteri imperpetuum divina celebraturi ad altare sancti Johannis evangeliste in parte australi ecclesie nostre de Kyrkeby supradicta pro salute anime dicti domini Johannis de Eynesford' militis et pro salubri statu domine Margarete quondam consortis sue supradicte dum vixerit et pro anima eiusdem cum ab hac luce migraverit et pro animabus omnium fidelium defunctorum, et quod obitus ipsorum domini Johannis et Margarete cum acciderit uno et eodem die singulis annis in ecclesia nostra predicta pro perpetuo teneatur et observetur, et quod de bonis dicti prioratus eodem die anniversarii sive obitus dictorum domini Johannis et Margarete distribuantur viginti solidi annuatim et pro perpetuo in forma que sequitur, videlicet, priori qui pro tempore fuerit viginti denarios et cuilibet canonico conventus nostri duodecim denarios et diversis pauperibus sex denarios, et ad omnia et singula premissa ex parte nostra et successorum nostrorum firmiter absque fraude seu dolo in forma predicta inperpetuum observanda proficienda necnon fideliter adimplenda obligamus nos et successores nostros ac prioratum nostrum prefatum bona fide. Insuper et in decem libris sterlingorum solvendis domino episcopo Lincoln' pro tempore existenti nomine pene, et in centum solidis sterlingorum solvendis archidiacono Leycestr' qui pro tempore fuerit eciam nomine pene, quod que insuper liceat episcopo Lincoln' qui pro tempore fuerit omnes et singulos fructus redditus et proventus quarumcumque ecclesiarum nobis et prioratui nostro appropriatarum sequestrare et sub arto sequestro custodire ac huiusmodi fructus redditus et proventus distrahere pro tempore quo dicta ordinacio sive composicio non fuerit servata ac de fructibus et proventibus huiusmodi disponere quovisque secundum omnem vim formam et effectum presentis composicionis sive ordinacionis omnia suprascripta serventur. Renunciamus eciam pro nobis et successoribus nostris ac prioratu nostro predicto quibuscumque appellacionibus inhibicionibus querelis prohibicionibus regiis ac omnibus iuris remediis et specialiter iure dicenti generalem renunciacionem non valere nisi precedat specialis sic quod liceat episcopo Lincoln' qui pro tempore erit per sequestracionem fructuum et eorum distraccionem ac per censuras quascumque ecclesiasticas nos et successores nostros ac prioratum nostrum predictum compellere servare que debere omnia et singula premissa summarie et de plano sive strepitu et figura iudicii tociens quociens aliqua concessionum et ordinacionem predictarum per nos vel successores nostros per duos aut tres menses integros minime fuerit observato. Et ne premissa ordinacio pallio ignorancie imposterum obnubiletur, volumus eandem ordinacionem una cum statutis et aliis constitucionibus ad ordinem nostrum spectantibus in domo nostra capitulari bis in anno coram toto conventu aperte recitari. In cuius rei testimonium cuilibet parti huius scripti tripartiti sigillum nostrum commune apposuimus. Dat' in domo nostra capitulari in festo Nativitatis sancte Marie virginis anno domini secundum cursum et computacionem ecclesie Anglicane millesimo cccc^{mo} quartodecimo.

CONFIRMACIO EPISCOPI. Et nos Philippus permissione divina Lincoln' episcopus quia premisse omnia et singula pie sancte et salubriter statuta et ordinata fore comparimus ac nulli ex eis preiudicium generali, idcirco ea omnia et singula ut perpetuo firmitatis robur obtineant vocatis primitus omnibus et singulis de iure vocandis servato que iuris processu in hac parte requisito adinstantem [*Folio 111^v*] peticionem et requisicionem dictorum prioris et conventus auctoritate nostra ordinaria et pontificali confirmamus ratificamus et approbamus per presentes. In cuius rei testimonium sigillum nostrum presentibus est appensum. Dat' in manerio nostro de Lydyngton' quartodecimo kal. Semptembris[1] anno domini supradicto, et nostre consecracionis anno decimo.

31. 1414. November 14th. Confirmation by Bishop Repingdon, sitting in a judicial capacity in the chapel of his manor at Buckden, of an agreement between the abbess and convent of Elstow and the vicar of Wilshamstead concerning the repair of the chancel of Wilshamstead church, which is appropriated to the abbey. The vicar is to be responsible for the repair and rebuilding of the chancel when necessary, and the abbey is to provide him with four cartloads of quarried stone.

COMPOSICIO INTER ABBATISSAM DE ELNESTOWE ET VICARIUM DE WYLSHAMSTEDE PRO REPARACIONE CANCELLI EIUSDEM ECCLESIE. Universis sancte matris ecclesie filiis ad quorum noticiam presentes littere pervenerint, Philippus permissione divina Lincoln' episcopus salutem in sinceris amplexibus salvatoris. Mortalium sena cupiditas ita suum in se ipsos reflectit ardorem ut quicquid sibi possit attrahere non desistat non timens dei offensam nec proximi lesionem, noverit igitur universitas vestra quod orta dudum coram nobis inter religiosas mulieres dominam Johannam Trayly abbatissam domus sive monasterii monialium de Elnestowe nostre Lincoln' diocesis et eiusdem loci conventum ecclesiam parochialem de Wylhamstede dicte diocesis

---

[1] *Sic, recte* Octobris?

in proprios usus suos canonice obtinentes partem actricem ex parte una et dominum Johannem Wrottyng perpetuum vicarium ecclesie parochialis de Wylhamstede predicta partem ream ex parte altera, de et super refeccione et reparacione cancelli dicte ecclesie de Wylhamstede materia litis sive dissensionis, dictisque religiosis mulieribus coram nobis in capella infra manerium nostrum de Bugden' eiusdem nostre Lincoln' diocesis die et anno infrascriptis iudicialiter sedentibus per discretum virum Willelmum Bozun procuratorem earundem sufficienter et legitime constitutum, cuius quidem procuratorii tenor inferius describitur ac dicto domino Johanne vicario iuxta vocacionem in ea parte per nos factam personaliter comparente ac in locum predictum tunc expresse consenciente. Porrecto quoque libello pro parte dictarum religiosarum mulierum contra dictum dominum vicarium et eidem domino Johanni realiter tradito de cuius quidem tenore inferius liquet liteque contestata negative ad eundem habitis que ulterius diversis alteracionibus et allegacionibus hinc inde. Quia salubrius et utilius videbatur tam predicto Willelmo Bozun procuratori dictarum religiosarum mulierum quam dicto domino Johanni vicario predicto laboris et licium dispendia evitare quam cum erogacione gravium expensarum litis amfractus et eventus dubios expectare, premissis eciam tractatu et deliberacione maturis inter ipsos mediantibus que amicis ac eciam nobis ipsos ad concordiam hortantibus legitimis predicta inter partes predictas amicabili concordia sive composicione inter partes easdem conquievit, et ut huiusmodi concordia sive composicio gaudere possent in futurum perpetua firmitate ac eciam servarentur inconcusse, dictus Willelmus nomine procuratorio dictarum religiosarum mulierum ac dictus Johannes vicarius predictus nobis humiliter supplicarunt quatenus predictas concordiam et composicionem ut premittitur factas iustas et racionabiles decernere et declarare ac ipsas auctoritate nostra pontificali ad perpetuam firmitatem confirmare. Necnon et per predictum dominum Johannem vicarium et successores suos vicarios futuros modo quo deducitur in composicione huiusmodi fieri debere ac inviolabiliter observari sentencialiter diffinire et pronunciare dignaremur. Tenor vero suplicacionis[1] huiusmodi concordiam et composicionem continentis sequitur et est talis. Suplicant[1] paternitati vestre reverende vestri humiles et devoti dominus Johannes Wrottyng vicarius perpetuus ecclesie parochialis de Wylshamstede vestre Lincoln' diocesis et Willelmus Bozun procurator et procuratorio nomine religiosarum mulierum domine Johanne Trayly abbatisse domus sive monasterii monialium de Elnestowe dicte vestre diocesis et eiusdem loci conventus ipsam ecclesiam parochialem de Wylshamstede predicta in proprios usus canonice obtinencium quod licet in quadam causa refeccionis et reparacionis cancelli dicte ecclesie de Wylshamstede inter dictas religiosas mulieres partem actricem ex parte una et dictum dominum Johannem vicarium partem ream ex parte altera coram vobis mota libellus per partem dictarum religiosarum mulierum sit oblatus et legitime per dictum dominum Johannem vicarium contestata

[1] *Sic.*

negative ad eundem, quod cum partes predicte pro bono pacis pro se et successoribus suis conquieverunt in hunc modum ut gravibus pareatur laboribus et expensis, videlicet ut dictus dominus Johannes vicarius qui nunc est et successores sui vicarii qui pro tempore erunt vicarie sue nomine cancellum ecclesie parochialis de Wylshamstede quociens et quando refeccione seu reparacione et de novo construccione indignerit suis sumptibus et expensis reficiet reparabit et de novo construet reficient reparabunt et de novo construent sub pena decem librarum episcopo Lincoln' qui pro tempore fuerit tociens quociens dictus dominus Johannes vicarius aut successores sui vicarii in refeccione reparacione seu construccione huiusmodi defecerint solvendorum infra tempus competens per loci ordinarium dicto domino Johanni vicario et successoribus suis vicariis prefixum et limitatum, ac dicte religiose mulieres dabunt predicto domino Johanni quatuor bigatas plenas de lapicidinis sive lapidibus ad refeccionem huiusmodi ita quod amplius in futurum ad hoc non artentur. Remiserunt que insuper dicte religiose mulieres dicto domino Johanni omnes expensas per easdem religiosas mulieres in lite huiusmodi factas quatinus prefatas composicionem et concordiam iustas et racionabiles decernere et declarare ac ipsas auctoritate vestra pontificali ratificare et ad perpetuam firmitatem confirmare necnon per predictum dominum Johannem vicarium et successores suos vicarios futuros modo quo supra deduditur[1] fieri debere ac inviolabiliter observari sentencialiter diffinere et pronunciare dignetur eadem paternitas vestra reverenda intuitu caritatis. Nos igitur quibus convenit ex officio pastorali partes ad concordiam pocius reducere quam cum maiori dispendio ad iurgia et lites animare ad Christi laudem et honorem ad ratificacionem et confirmacionem concordie et composicionis ut prefertur factarum procedimus in hunc modum. In dei nomine amen. Nos Philippus permissione divina Lincoln' episcopus inspectis sive visis per nos quibusdam composicione et concordia in quadam causa reparacionis sive refeccionis cancelli ecclesie parochialis de Wylshamstede nostre diocesis que inter religiosas mulieres dominam Johannam Trayly abbatissam domus sive monasterii monialium de Elnestowe dicte nostre diocesis et eiusdem loci conventum ipsam ecclesiam [*Folio 112*] parochialem de Wylshamstede predicta in proprios usus suos canonice obtinentes partem actricem ex parte una et dominum Johannem Wrottyng vicarium perpetuum eiusdem ecclesie de Wylshamstede partem ream ex parte altera coram nobis movetur initis atque factis ad peticionem dictorum religiosarum mulierum per Willelmum Bozun eorum procuratorem sufficienter constitutum et dicti domini Johannis vicarii personaliter coram nobis comparencium et ipsas composicionem et concordiam nostra auctoritate pontificali confirmari instanter petencium. Cupientes bonum pacis inter partes predictas reformare considerantesque composicionem et concordiam huiusmodi partibus predictis fore commodiferas ipsas concordiam et composicionem sic ut premittitur factas Christi nomine invocato de consilio iurisperitorum nobis assistencium iustas et racio-

---

[1] *Sic, recte* deducitur.

nabiles decernimus et declaramus ac ipsas auctoritate nostra pontificali ratificamus et quatenus in nobis est ad perpetuam firmitatem confirmamus ac futuris temporibus per predictum dominum Johannem et successores suos vicarios modo quo in composicione et concordia huiusmodi deducitur fieri debere ac inviolabiliter observari per partes predictas et earum successores sentencialiter decernimus pronunciamus et diffinimus in hiis scriptis. Tenor vero procuratorii pro parte dictarum religiosarum mulierum coram nobis exhibiti et sigillo communi earundem sigillati talis est. Pateat universis per patentes quod nos Johanna Trayly abbatissa monasterii de Elnestowe et eiusdem loci conventus ordinis sancti Benedicti Lincoln' diocesis ecclesiam parochialem de Wylshamstede dicte diocesis in proprios usus canonice obtinentes in domo nostra capitulari congregate et conventum dicti monasterii facientes unanimi consensu et assensu nostris in omnibus causis et negociis nos ac monasterium nostrum predictum et ecclesiam predictam qualitercumque concernentibus coram reverendo in Christo patre et domino domino Philippo dei gracia Lincoln' episcopo motis vel movendis vel coram quibuscumque iudicibus ordinariis delegatis et eorum commissariis quibuscumque quamcumque iurisdiccionem seu nocionem habentibus quibuscumque diebus et locis quibus nos abesse contingere vel adesse et presertim in quadam causa refeccionis seu reparacionis cancelli dicti ecclesie de Wylshamstede sue contra dominum Johannem Wrottyng perpetuum vicarium dicte ecclesie moveri speratur dilectos nobis in Christo Willelmum Bozun Johannem Herteshorn' Henricum Gold et magistrum Johannem Bileck notarium publicum Lincoln' diocesis coniunctim et divisim et eorum quemlibet per se et insolidum. Ita quod non sit melior condicio occupantis, sed quod unius eorum inceperit eorum quilibet prosequi modiare valeat et finire nostros veros et legitimos procuratores actores factores negociorum gestores et nuncios speciales ordinamus facimus et constituimus per presentes, dantes et concedentes eisdem procuratoribus nostris et eorum cuilibet per se et insolidum potestatem generalem ac mandatum speciale nomine nostro et monasterii nostri predicti agendi defendendi excipiendi replicandi litem contestandi iuramentum tam de calumpnia quam de veritate dicenda ac de stando et parendo mandatis ecclesie et quodlibet aliud genus liciti sacri in animas nostras et cuiuslibet nostrum prestandi tractandi transigendi componendi et finaliter concordandi ac super composicione transaccione diffinicione et concordia huiusmodi ad eternam rei memoriam confirmacionem et auctoritatem venerabilis patris domini Philippi dei gracia Lincoln' episcopo loci diocesani nomine nostre et monasterii nostri petendi et recipiendi ac confirmacioni et auctoritati suis annuendi et consenciendi, necnon beneficium absolucionis seu relaxacionis a quibuscumque suspensionis excommunicacionis et interdicti summis simpliciter ante omnia et ad cautelam petendi recipiendi et obtinendi, provocandi et appellandi procuraciones et appellaciones huiusmodi notificandi et intimandi et earum causas prosequendi cum effectu. Omnia que alia et singula faciendi excercendi et expediendi que in premissis et circa ea necessaria fuerint seu quomodolibet oportuna eciam si maiora sint et mandatum in se exigant maius spirituale, pro eisdem procuratoribus nostris et eorum quolibet rem ratam haberi iudicio sisti et iudicatum solvi cum omnibus suis clausulis sub ypotheca et obligacione omnium bonorum nostrorum promittimus et exponimus canonices per presentes. In quorum omnium et singulorum testimonium sigillum nostrum commune fecimus apponi. Dat' in domo nostra capitulari de Elnestowe predicta xiiij° die mensis Octobris anno domini millesimo cccc^{mo} xiiij°. Tenor vero libelli in dicta causa propositi per dictum Willelmum Bozun procuratorem dictarum religiosarum mulierum talis est. In dei nomine amen. Coram vobis reverendo in Christo patre et domino domino Philippo dei gracia Lincoln' episcopo, ego Willelmus Bozun procurator et procuratorio nomine religiosarum mulierum Johanne Trayly abbatisse domus sive monasterii monialium de Elnestowe et eiusdem loci conventus ordine sancti Benedicti vestre Lincoln' diocesis ecclesiam parochialem de Wylshamstede dicte vestre diocesis in proprios usus canonice obtinencium contra dictum Johannem Wrottyng perpetuum vicarium ecclesie parochialis predicte et contra quemcumque alium legitime in iudicio intervenientem pro eodem dico et . . . . . .[1] propono quod licet vigore dotacionis et ordinacionis vicarie prefati domini Johannis per venerabilem patrem dominum Hugonem[2] nuper Lincoln' episcopum de assensu decani et capituli ecclesie sue Lincoln' que incipit: Omnibus Christi fidelibus sub data quarto nonas Aprilis Pontificatus sui anno vicesimo factarum ac eciam de consuetudine laudabili et legitime prescripta vicarii ecclesie predicte qui pro tempore fuerint vel qui in futurum erunt ad reparacionem sive refeccionem cancelli ecclesie parochialis de Wylshamstede eorum sumptibus et expensis quociensque et quandocumque refeccione sive reparacione dictum cancellum [*Folio 112^v*] indignerit tenebantur et teneri debent in futurum dictusque dominus Johannes vicarius tenetur et obligatur pretextu premissorum. Prefatique vicarii precessores et predecessores dicti domini Johannis suis temporibus successivis ipsum cancellum quociens refeccione seu reparacione indignerat a x. xx. xxx. xl. l. et sexaginta annis ultra et citra necnon per tempus et per tempora cuius contrarii hominis memoria non existet suis sumptibus et expensis reparant et refecerunt dictum que onus subierunt et agnoverunt et eorum quilibet agnovit fueruntque prefate religiose mulieres et earum precessores et predecessores omni tempore supradicte necnon a tempore ordinacionis et dotacionis vicarie predicte ab onere refeccionis et reparacionis cancelli predicti libere et immunes ac vicarii qui pro tempore fuerint extra omnem et omnimodam possessionem iuris et facti dictum onus predictis religiosis mulieribus omni tempore supradicto imponendi seu eas ad hoc quomodolibet artandi. Prefatus tamen dominus Johannes vicarius antedictus dictum cancellum de Wylshamstede notoria refeccione seu reparacione indigens per partem dictarum religiosarum mulierum reficere seu reparare congruis loco et tempore requisitus ipsum cancellum reficere seu reparare seu huiusmodi onus subire recusavit et sic

---

[1] Illegible.
[2] Hugh of Wells, bishop of Lincoln (1209–1235).

recusat in presenti in anime sue grave periculum aliorum que Christi fidelium perniciosum exemplum. Quare facta fide que requiritur in premissis peto ego procurator antedictus nomine dictarum religiosarum mulierum dictam ecclesiam ut prefertur in proprios usus canonice obtinencium onus refeccionis seu reparacionis cancelli predicti ad predictum dominum Johannem vicarie sue nomine et successores suos vicarios pertinere pertinereque debere dictumque dominum Johannem et successores suos vicarios onus refeccionis et reparacionis cancelli eorum sumptibus et expensis subire subireque debere in futurum per vestram sentenciam diffinitivam sentencialiter diffinitive decerni, prefatas que religiosas mulieres et earum successores liberas et immunes ab onere reparandi et reficiendi cancellum predictum pronunciari et declarari dictum que dominum Johannem vicarium qui nunc est ad refeccionem sive reparacionem cancelli predicti canonice compelli et compellandi fore decerni, ac in expensis legitimis predictas mulieres factis et in futurum faciendis realiter et cum effectu condempnari, ulteriusque fieri statui et decerni quod iustum fuerit, iuris beneficio in omnibus semper salvo. In quorum omnium et singulorum testimonium atque fidem has litteras nostras fieri fecimus patentas nostrique presulatus sigilli appensione ac signo et subscripccione Thome Colstone clerici auctoritate apostolica notarii publici nostrique in hac parte actorum scribe iussimus fideliter communiri. Data et acta fuerunt hec omnia et singula prout suprascribuntur et recitantur in capella nostra predicta sub anno ab Incarnacione domini secundum cursum et computacionem ecclesie Anglicane millesimo cccc[mo] xiiij[o] Indiccione octava Pontificatus sanctissimi in Christo patris et domini nostri domini Johannis divina providencia pape vicesimi tercii anno quinto mensis Novembris die quartadecima. Presentibus tunc ibidem venerabili viro magistro Thoma Brouns utriusque iuris doctore ecclesie nostre Lincoln' subdecano ac discretis viris magistro Roberto de Stretton' clerico auctoritate apostolica notario publico necnon domino Adam Jevecok' de Hameryngham Thoma Nassh' de Midlyngton' et Thoma de Burreth' de Alesby nostre diocesis ecclesiarum parochialium rectoribus testibus vocatis specialiter ad premissa.

Et ego Thomas Colstone clericus Lincoln' diocesis publicus auctoritate apostolice notarius dicti reverendi in Christo patris et domini domini Philippi dei gracia Lincoln' episcopi supradicti in hac parte actorum scriba premissis procuratorii exhibicioni loci consensui libelli oblacioni eiusque reali liberacioni litis contestacioni suplicacionis[1] porreccioni sentencie diffinitive et confirmacione composicionis et concordie predictarum prolacioni ac ceteris omnibus et singulis premissis dum sic ut premittitur sub anno domini Indiccione Pontificatu mense die et loci proximis supradictis per dictum reverendum patrem et coram eo agebantur et fiebant una cum prenominatis testibus presens personaliter interfui, eaque omnia sic fieri vidi et audivi scripsi publicavi et in hanc publicam formam redegi me et hic subscripsi ac signo et nomine meis solitis et consuetis una

[1] *Sic.*

cum appensione sigilli presulatus dicti reverendi patris de mandato eiusdem signavi eciam requisitus in fidem et testimonium omnium et singulorum premissorum. Constat michi notario predicto de interlineari harum diccionum *per nos causa*[1] et *tamen*[1] superius in predictis litteris per me facto quod approbo et omni suspiccione sinistra carere volo ego notarius antedictus.

32. 1319. December 19th, Uffington. Decision of the archbishop of Canterbury concerning the provision of a chaplain for Easton chapel by the rectors of Stoke in the deanery of Beltisloe. Previously, on August 16th, 1309, the rectors had been summoned before the bishop of Lincoln's commissary, on the petition of the inhabitants of Easton that the obligation to provide a chaplain had not been fulfilled.

NON INVENCIONEM UNIUS CAPELLANI PER RECTOREM DE STOKE IN CAPELLA DE ESTON' PRESENTENCIAM DOMINI CANTUAR'. Walterus[2] permissione divina Cantuar' archiepiscopus tocius Anglie primas universis ad quorum noticiam presentes littere pervenerint salutem in domino sempiternam. Universitati vestre innotescimus quod cum in visitacione nostra quam in decanatu de Beltislawe Lincoln' diocesis actualiter excercimus inter cetera fuisset compertum, quod domini Johannes Blundell' et Nicholaus rectores ecclesie de Stoke dicte diocesis habentes unum mesuagium et viginti quatuor acras terre in parochia de Eston' pretextu quorum ad inveniendum capellanum qui bis in ebdomada in capella de Eston' annis singulis celebret obligantur, quodque debitum celebracionis huiusmodi suis temporibus subtraxerunt, super quo dicti domini Johannes et Nicholaus nostra auctoritate iudicialiter impetiti et onus huiusmodi agnoscentes ad invencionem capellani taliter celebraturi in capella predicta temporibus pro futuris precepti sentenciam auctoritate prima fuerant condempnati prout hoc in rotulis visitacionis huiusmodi plenarie est contentum. In cuius rei testimonium sigillum nostrum presentibus duximus apponendum. Dat' apud Offyngton' xiiij° kal. Januarii anno domini millesimo ccc^{mo} decimo nono.

[*Folio 113*]

NOTA IDEM PER SENTENCIAM DOMINI LINCOLN'. Noverint universi quod ex gravi conquestione habitatorum et incolorum hameleete de Eston' iuxta Graham nostre diocesis et nichilominus per famam publicam referentem nuper extitit nostris auribus intimatum quod rectores ecclesie parochialis de Stoke iuxta Graham qui iam sunt et pro tempore fuerunt, per multa tempora retroacta habuerunt et habent unam mesuagium et viginti acras terre in villa seu hameletta et campis de Eston' predicta, quorum tenementi et terrarum pretextu

---

[1] Underlined in MS.
[2] Walter Reynolds, archbishop of Canterbuty (1313–1327).

singuli eorundem tenebantur et domini Johannes et Willelmus nunc
rectores eiusdem ecclesie tenentur suis temporibus ad sustentandum
et inveniendum unum capellanum bina vice singulis septimanis annis
singulis in capella de Eston' prefata divina officia celebrantem pre-
cessoresque et predecessores dictorum dominorum Johannis et
Willelmi singuli per tempora supradicta dictum onus agnoverunt
illudque humiliter prout tenebantur efficaciter subierunt. Dicti tamen
domini Johannes et Willelmus rectores ecclesie predicte huiusmodi
capellanum per multos annos subtraxerunt et ipsum invenire et
sustentare ut premittitur penitus recusarunt, unde habitatores et
incole hamelette predicte sibi petiarunt per nos Johannem[1] permissione
divina Lincoln' episcopum de remedio oportuna in hac parte provideri. Nos igitur eosdem Johannem et Willelmum rectores prefatos
decrevimus et fecimus ad comparendos coram nobis vel commissario
nostro subscripto certis die et loco subscriptis super premissis personaliter responsuros citari et legitime premuniri. Iidem vero domini
Johannes et Willelmus rectores suprascripti die et loco huiusmodi
videlicet duodecimo die mensis Aprilis anno domini suprascripto
in ecclesia prebendali de Lidyngton' dicte nostre diocesis coram
magistro Thoma Peper nostro in hac parte commissario personaliter
in iudicio comparentes premissa omnia et singula eis iudicialiter
obiecta expresse fatebantur propterea idem commissarius noster
eosdem dominos Johannem et Willelmum rectores ad dictum onus
sub forma predicta subeundem per sentenciam precepti de voluntatibus eorundem expressis auctoritate nostra ordinaria iudicialiter
condempnavit prout ex actis coram eodem commissario nostro in hac
parte actitatis et habitis evidenter apparet. In cuius rei testimonium
sigillum nostrum presentibus est appensum. Dat' Lafford' quo ad
consignacionem xvij° kal. Septembris anno domini millesimo tri-
centesimo nono, et nostre consecracionis duodecimo.

33. 1413. Testament of Robert Sutton, merchant, of Lincoln. Dated
August 28th.

TESTAMENTUM ROBERTI SUTTON MERCATORIS DE LINCOLN'.[2] In
nomine domini nostri Jesu Christi amen. Ego Robertus de Sutton' de
Lincoln' mercator sane mentis vicesimo octavo die Augusti anno domini
millesimo terciodecimo apud Lincoln' condo testamentum meum in
hunc modum. In primis lego animam meam omnipotenti deo et beate
Marie virgini matri eius et omnibus sanctis suis et corpus meum ad
sepeliendum in capella beate Anne in cimiterio ecclesie parochialis
sancti Andree in Wykeford' Lincoln' cum meliori panno meo corpori
meo pertinente nomine principalis. Item lego vicario ecclesie predicte
decem marcas argenti. Item clerico parochiali eiusdem ecclesie viginti
solidos. Item lego magne gilde beate Marie Lincoln' quinque marcas
sub hac condiccione quod Gracemannus et confratres dicte gilde

---

[1] John Dalderby, bishop of Lincoln (1300–1320).
[2] Abstract in *Linc. Wills*, p. 139.

relaxent et acquietent executores meos de omnibus accionibus quibuscumque predictam gildam tangentibus. Item lego pro expensis circa corpus meum funeralibus ultra hoc quod habeo instauro quinquaginta libras. Item lego fabrice matricis ecclesie Lincoln' quatuor marcas. Item lego canonicis vicariis et clericis eiusdem quatuor marcas pro obitu meo in dicta matrice ecclesia faciendis in exequiis meis. Item lego conventui sancte Katerine extra Lincoln' centum solidos. Item lego cuilibet ordini fratrum Lincoln' duas marcas. Item lego cuilibet ordini dictorum fratrum qualiter septimana durante uno anno post decessum meum sequenti quinque solidos argenti. Item quod quilibet ordinum predictorum semel in qualibet ebdomada in choro suo dicat *Placebo* et *Dirige* cum commendacione et missa in crastino durante uno anno predicto cum uno trentali missarum in ecclesia sua conventuali pro anima mea. Item lego fratri Stephano priori provinciali fratrum Carmelitarum in Anglia quinque marcas. Item fratribus Carmelitis London' viginti solidos. Item lego fratri Bartholomei fitz Aleyn tresdecim solidos quatuor denarios. Item lego magistro fratrum Augustin' Lincoln' tresdecim solidos et quatuor denarios. Item lego magistro fratrum predictorum Lincoln' tresdecim solidos quatuor denarios. Item lego fabrice ecclesie beate Marie de Notyngham viginti solidos. Item lego fabrice ecclesie parochialis de Sutton' iuxta Mannesfelde quadraginta solidos. Item lego cuilibet moniali ordinis de Sempyngham infra comitatu Lincoln' manenti duodecim denarios. Item lego cuilibet sorori eiusdem ordinis in dicto comitatu manenti sex denarios. Item lego conventui de Beauval' viginti solidos. Item volo quod executores mei qualibet septimana post decessum meum durante uno anno integro distribuant pro anima mea quinque solidos pauperibus. Item lego conventui de Stykeswolde viginti solidos. Item conventui de Brodholme viginti solidos. Item Johanni Carlton' capellano quadraginta solidos. Item Thome Barum capellano quadraginta solidos. Item Willelmo Laceby capellano quadraginta solidos. Item lego gilde sancti Christoferi dimidiam marcam. Item lego cuilibet gilde Lincoln' habenti capellanum quinque solidos. Item lego capellanis pro anima mea celebraturis et pauperibus distribuendis secundum disposicionem et ordinacionem executorum meorum centum [*Folio 113ᵛ*] libras. Item lego fabrice diversarum ecclesiarum de Lyndeseye et Kesteven' secundum disposicionem et ordinacionem executorum meorum faciendas centum libras. Item lego fabrice ecclesiarum parochialium de Burton' iuxta Lincoln' Coldhanworth' et Ounby quadraginta solidos porcionaliter. Item lego Agneti uxori mee mille libras sterlingorum. Item lego Hamundo filio meo mille libras sterlingorum. Item lego Roberto Maltester decem marcas sub condicione quod subeat onus unius mei executorum meorum. Item lego Simoni Swaby capellano decem libras sub eadem condiccione. Item lego Waltero Thornholm' centum solidos. Item lego Willelmo Marschall' servienti meo decem marcas sub condiccione quod reddit executoribus meis fidelem compotum de denariis meis receptis et recipiendis. Item lego Willelmo Harolde et Johanne uxori eius decem libras sub condiccione quod iidem Willelmus Harolde reddat executoribus meis fidelem compotum de denariis meis receptis et recipiendis. Item lego Agneti Frevill' famule mee quadraginta solidos. Item lego Johanni fratri meo sub condiccione quod sit presens in exequiis meis funeralibus centum solidos. Item Johanni Sutton et Roberti fratri suo filiis Johannis fratris mei defuncti viginti marcas equo porcione. Item lego Johanni Aquera viginti solidos. Item Johanni Doyngton' viginti solidos. Item lego pro reparacione pontum et viarum in suburbiis Lincoln' centum solidos, ita ut executores mei faciant reparacionem ad libitum suum prout viderint oportunum et aliter non. Item perdono Ricardo Erdyngham quadraginta solidos quos michi debet. Item lego domino Roberto celebranti apud sanctam Katerinam extra Lincoln' dimidiam marcam. Item lego pauperibus ibidem commorantibus vocatis Bedemennis decem solidos. Item lego domini priori ibidem decem solidos. Item lego Willelmo Verious unam marcam argenti. Item lego ad distribuendum inter servientes hospicii mei Burton' et alibi decem libras. Item do et lego Agneti uxori mee omnia terras et tenementa mea ac redditus in Lincoln' cum omnibus pertinenciis suis ad terminum vite sue faciendum capitale dominis servicia inde debita etc. Et post decessum dicte Agnetis uxoris mee, volo quod predicta terre et tenementa ac redditus cum suis pertinenciis Hamundo filio meo si superstes fuerit et heredibus suis vel eius assignatis remaneant imperpetuum. Et si contingat predictum Hamundum ante decessum dicte Agnetis matris sue sine herede de corpore sue libere procreato obire, tunc volo quod predicta Agnes faciat cum predictis terris et tenementis ac redditibus cum pertinenciis suis prout sibi magis viderit oportunum pro animabus nostris. Item volo quod feoffati mei feoffent predictam Agnetem uxorem meam in omnibus terris et tenementis pratis boscis pasturis et pascuis de Newbell' Langwath' Ounby Maydenwell' Skopholm' Hanworth' Holme Burton' et Lincoln' cum omnibus et singulis pertinenciis suis ac in centum sex solidatis octo denariatis redditus annualis de Bloxham ad terminum vite sue, reservandos semper eidem Hamundo filio meo centum sex solidatos octo denariatos redditus annualis exeuntes de terris et tenementis boscis pratis et pasturis de Newbell' predicta cum suis pertinenciis ad terminum vite dicte Agnetis. Et post decessum dicte Agnetis uxoris mee, volo quod omnia predicta terre et tenementa bosci pascua et pastura de Newbell' Langwath' Ounby Maydenwell' Skopholm' Hanworth' Holme Burton' et Lincoln' cum omnibus et singulis pertinenciis suis ac centum sex solidatos octo denariatos redditus cum suis pertinenciis in Bloxham Hamundo filio meo si superstes et heredibus suis et eius assignatis remaneant imperpetuum. Et si contingat predictum Hamundum ante decessum dicte Agnetis matris sue obire sine herede de corpore suo libere procreato quod absit, tunc volo quod predicta Agnes faciat cum predictis terris tenementis pratis boscis pasturis et pascuis de Newbell' Langworth' Ounby Maydenwell' Skopholm' Hanworth' Holme Burton' et Lincoln' cum omnibus suis pertinenciis ac cum centum sex solidatis octo denariatis redditus in Bloxham predicta prout sibi viderit magis oportunum pro animabus nostris sicut respondere voluerit coram deo in die iudicii. Item ordino et volo quod feoffati mei in terris tenementis boscis pratis pascuis pasturis et marescis de Southhykam Hadynton' et Whisseby cum suis pertinenciis teneant ea et possideant quatuor annis proximis post decessum meum ab hac vita sequentibus et totum proficuum et redditum medio tempore de predictis terris tenementis boscis pratis pascuis pasturis et mariscis de Southhykam Hadyngton' et Whisseby predicta cum suis pertinenciis custodiantur ad usum Hamundi filii mei, que quidem proficuum et redditus medio tempore inde provenientes volo quatuor annis predictis perimpletis et transactis instanter predicto Hamundo persolvantur et liberentur, salvis quolibet annorum predictorum quatuor annorum quadraginta solidis de proficuo dictarum terrarum de Southhykam cum suis pertinenciis quos volo habere distributos pro anima mea per executores meos. Ac eciam volo et ordino quod quatuor annis predictis transactis quod predicti feoffati in Southhykam Hadyngton' et Whisseby cum suis pertinenciis feoffent predictum Hamundum in feodo simplici in eisdem si superstes fuerit. Et si contingat predictum Hamundum infra predictos quatuor annos obire non habentem heredem de corpore suo legitime procreatum quod absit, tunc volo quod predicti feoffati feoffent predictam Agnetem in eisdem si fuerit superstes. Et si contingat quod dicta Agnes fuerit mortua ad tunc, tunc volo quod predicte terre [*Folio 114*] et tenementa de Southhykam Hadyngton' et Whisseby predicta cum omnibus suis pertinenciis vendantur per executores meos et executores dicte Agnetis et pecunia inde recepta expendatur in operibus caritativis pro animabus nostris et benefactorum nostrorum. Item volo quod feoffati mei in terris et tenementis meis in Boston' Sutton' et Mannesfelde et Wadyngton' cum suis pertinenciis feoffent Hamundum filium meum in eisdem habendi et tenendi eidem Hamundo herede et assignatis suis predictas terras et tenementa in Boston' Sutton' Mannesfelde et Wadyngton' cum suis pertinenciis imperpetuum. Et si contingat predictum Hamundum ante decessum dicte Agnetis matris sue sine herede de corpore suo legitime procreato obire quod absit, tunc volo quod predicta Agnes faciat cum predictis terris et tenementis cum suis pertinenciis in Wadyngton' prout sibi magis viderit oportunum pro animabus nostris et animabus omnium parentum nostrorum. Et predicte terre et tenementa in Boston' cum suis pertinenciis remaneant Matildi Aileward' filie mee et heredibus de corpore suo legitime procreatis imperpetuum. Et si contingat predictam Matildem sine heredibus de corpore suo legitime procreatis obire, tunc volo quod predicta terre et tenementa in Boston' predicta cum suis pertinenciis remaneant executoribus meis si vixerint, si non executoribus dicte Agnetis, ita quod ipsi vendant predictas terras et tenementa in Boston' predicta cum suis pertinenciis. Et pecunia inde recepta expendatur in operibus caritativis pro anima mea et animabus uxorum filiorum et filiarum meorum et animabus omnium parentum nostrorum et omnium fidelium defunctorum ac eciam volo quod terre et tenementa in Sutton' et Mannesfelde cum suis pertinenciis post decessum dicti Hamundi si ipse obierit sine heredibus de corpore suo legitime procreatis rectis heredibus meis remaneant imperpetuum. Item do et lego Agneti uxori mee dimidium omnium vasorum argenti et iocalium quorumcumque meorum, et alteram dimidium vasorum meorum

argenti et iocalium do et lego Hamundo filio meo. Item do et lego
Agneti uxori mee omnia utensilia domus mee quecumque exceptis
superius legatis, ita quod ipsa distribuat de eisdem utensiliis cum
predicto Hamundo filio meo ad libitum et voluntatem suam prout
sibi placuerit. Item do et lego Agneti uxori mee totum staurum meum
integrum apud Burton' predictam cum omnibus carectis plaustris
carucis equis bobus porcis et ovibus et cum omnibus pertinenciis et
appendiciis suis et tota husbandria ibidem. Item do et lego Hamundo
filio meo antedicto totum staurum meum apud Wadyngton' cum
omnibus carectis plaustris carucis equis bobus porcis et ovibus cum
omnibus pertinenciis et appendiciis suis et tota husbandria ibidem.
Residuum vero omnium bonorum meorum non legatorum do et lego
Agneti et Hamundo predictis, debitis meis primis solutis. Huius testamenti mei exequendum facio et ordino executores meos predictos
Agnetem Hamundum Robertum Maltest' et Simonem Swaby capellanum. Et supervisorem Hugonem Hanneworth' cui lego unam
peciam de auratam pro labore suo. In cuius rei testimonium huic
presenti testamento sigillum meum apposui. Dat' die anno et loco
antedictis.

34. 1414. September 21st, Old Temple. Letters dimissory to Thomas
Hill, rector of Quarrington (Queryngton'), subdeacon, to deacon's
orders. [B.]

35. Same date and place. Letters dimissory to Peter Irforth, clerk,
to all orders. [B.]

36. 1414. October 8th, Old Temple. Letters dimissory to William
Dalby, having the first tonsure, to all orders. [B.]

37. 1414. April 21st, Lincoln. Probate of the testament of Robert
Sutton. Proved before Richard Hethe, the bishop's commissary.

APPROBACIO TESTAMENTI ROBERTI SUTTON' PREDICTI. Item xxj° die
mensis Aprilis anno domini millesimo cccc° xiiij° in camera maiori
infra hospicium Roberti Sutton' dudum civis et mercatoris civitatis
Lincoln' defuncti coram reverendo viro magistro Ricardo Heth' subdecano ecclesie Lincoln' reverendi in Christo patris et domini domini
Philippi dei gracia Lincoln' episcopi, ad recipiendum probaciones
litteras super faccione testamenti dicti Roberti defuncti ipsumque
testamentum approbandum et committendum administracionem
bonorum eiusdem executoribus suis in eodem testamento nominatis
quantum ad ea que sunt infra diocesim Lincoln' si eam gratis
recipere voluerint fideli inventorii bonorum eorundem calculaque et
raciocinio administracionis huiusmodi eidem patri reservatis commissario legatorie deputato et hoc sub hac forma verborum. Philippus

permissione divina Lincoln' episcopus etc. comparverunt Agnes relicta Hamo Sutton filius eiusdem Roberti dum vixit ac dominus Simon Swaby capellanus executores in eodem testamento una cum Johanne Maltest' eorum coexecutori [*Folio 114ᵛ*] pro tunc absente et in partibus ut dicebatur transmarinis existente nominati, qui perduxerunt ibidem duos testes ad probandum huiusmodi testamentum ibidem exhibitum per dictam Agnetem sub sigillo dicti Roberti clausum quibus admissis et iuratis ut in forma aperteque et publice perlecto huiusmodi testamento dicti testes clare probarunt ipsum testamentum fuisse et esse suum testamentum et suam ultimam voluntatem, quorum testium nomina sunt hec, videlicet, Walterus Thornholm' clericus qui ipsum testamentum manu sua scripsit et dominus Thomas Barum capellanus, de quorum executorum peticione et consensu huiusmodi testamentum legitime conditum idem commissarius ibidem iudicialiter approbavit, ac exconsequenti commisit eis administracionem bonorum eorundem in forma iuris iuratis. Reservata facultate committendi consimilem administracionem alteri eorum coexecutori absenti cum venerit si eam recipere voluerit ac compoto et inventario bonorum predictorum reverendo patri domino Lincoln' episcopo supradicto. Super qua quidem approbacione testamenti dicti executores quibus commissa est administracio habuerunt litteras testimoniales sub nomine dicti commissarii sigillatas sub sigillo decani Christianitatis Lincoln'. Presentibus dominis Willelmo Laceby et Johanne Thornton' capellanis et Willelmo Harold' clerico, quorum litterarum tenor talis est. In dei nomine amen. Admissis probacionibus legitimis super faccione testamenti bone memorie Roberti Sutton' quondam civis et mercatoris Lincoln' presentibus annexi per nos Ricardum Heth' subdecanum ecclesie Lincoln' commissarium reverendi in Christo patris et domini domini Philippi permissione divina Lincoln' episcopi in hac parte sufficienter et legitime deputatum, quia vero invenimus dictum testamentum rite conditum fuisse et esse pro eodem testamento sic legitime probato pronunciavimus et declaravimus ac pronunciamus et declaramus administracionemque bonorum dicti defuncti quorumcumque infra diocesim Lincoln' existencium Agneti Sutton' Hamundo Sutton' et domino Simoni Swaby capellano executoribus in eodem testamento nominatis in forma iuris iuratis commisimus et committimus. Reservata tam nobis committendi consimilem administracionem Johanni Maltest' alii coexecutori in huiusmodi testamento nominato cum venerit et eam recipere voluerit quam dicto reverendo patri exigendi fidele inventarium bonorum eorundem calculoque et raciocinio administracionis eorundem executorum in bonis predictis libera facultate. In cuius rei testimonium quia sigillum nostrum pluribus est incognitum sigillum reverendi viri domini archidiaconi Stowe in ecclesia Lincoln' presentibus apponi procuravimus et rogavimus. Et nos Hugo Hanneworth' archidiaconus dicti archidiaconatus Stowe ad specialem rogatum dicti magistri Ricardi Heth' commissarii in hac parte supradicti sigillum nostrum archidiaconale presentibus apposuimus in fidem et testimonium premissorum. Dat' Lincoln' xxij die Aprilis anno domini millesimo ccccᵐᵒ xiiijᵗᵒ.

38. 1414. Letter from Richard Clifford, bishop of London (dated October 27th), forwarding a mandate from Archbishop Chichele (dated October 22nd) for the collection of a subsidy of twopence in the pound on assessed benefices and twelvepence in the mark for unassessed benefices, towards the expenses of delegates to the Council of Constance.[1]

On November 9th, at Buckden (Bugden'), Bishop Repingdon directs the archdeacon of Lincoln, together with Thomas Asgarby (Asgardeby), sequestrator in the deanery of Holland and the Parts of Lindsey, and Nicholas Hungarton, sequestrator in the city of Lincoln and the Parts of Kesteven, to arrange for the collection of the subsidy in the archdeaconry of Lincoln. [to Folio 115ᵛ]

39. 1414. December 2nd. Notification by John, bishop "Surronen'",[2] that he has received the professions of certain nuns of the Benedictine priory of Holy Trinity, Markyate, as directed by Bishop Repingdon on October 9th.

PROFESSIO CERTARUM MONIALIUM DOMUS SANCTE TRINITATIS DE BOSCO IUXTA MARKEYATE. Reverendo in Christo patri ac domino domino Philippo dei gracia Lincoln' episcopo Johannes eidem gracia Surronen' episcopus reverencias et honores in omni promptitudine debita obsequia impendendum litteras vestras reverendas sigillo vestro sigillatas et nobis directas cum reverencia qua decuit tenorem continentes subsequenter. Philippus permissione divina Lincoln' episcopus venerabilibus fratribus nostris dominis Willelmo Soltonien'[3] et Johanni Surronen' episcopis salutem et fraternam in domino caritatem. Cum inter cetera que vestro incumbunt officio pastorali honestum et meritorium videatur mentes sacras per professionem tacitam in domino stabilitas regularis observancie passibus innescire ut per professionem expressam sponso suo Christo qui in celis est continuum exhibeant famulatum, huic est quod dilecte filie nostre Johanna Raby Johanna Askham Elizabeth' Fysshburn' Isabella Reconge Johanna Marchaund Johanna Wirale alias Veiser' Alicia Ledyate domus monialium sancte Trinitatis de Bosco iuxta Markeyate ordinis sancti Benedicti nostre diocesis commoniales ultra annos discreccionis constitute ac per gesturam habitus regularis per annum et ultra ordini supradicto competenter tacite sunt professe, ac eciam professionem expressam facere intendam ordinis predicti ut ex fidedignorum relacione infallibiliter nobis constat. Nos vero variis et arduis negociis predictis quominus circa admissionem professionum dictarum monialium ad presens intendere valeamus, ad admittendum igitur dictarum monialium professiones in sacros manus vestras faciendas, necnon omnia alia et singula faciendum excercendum et

---

[1] See Reg. Chichele, III, p. 312; Reg. Bubwith, I, p. 189.
[2] John Sewale. See Memo., I, p. xxv and n.
[3] William Bellers. See Memo., I, pp. xxiv, 178 and n.

expediendum que circa solempnitatem dictarum professionum et eas concernencia necessaria fuerint seu eius oportuna, vobis coniunctim et divisim tenore presencium committimus vices nostras. Et quid feceritis in premissis nos citra festum Natalis domini proximum futurum distincte et aperte certificetis vestris seu certificet ille vestrum qui presentem commissionem nostram in se receperit exequendum suis litteris patentibus habentibus hunc tenorem sigillo autentico consignatis. Dat' sub sigillo nostro in hospicio nostro apud Vetus Templum London' nono die mensis Octobris anno domini millesimo cccc^{mo} xiiij°, et consecracionis nostre anno decimo. Post quarum quidem litterarum vestrarum recepcionem sccundo die mensis Decembris anno domini supradicto ad domum monialium sancte Trinitatis de Bosco iuxta Markeyate predicte accessimus ac vice et auctoritate vestris professiones religiosarum mulierum Johanne Raby Johanne Askham Isabelle Reconge Johanne Marchaunt Johanne Wirale alias Veiser' et Alicie Ledeyate commonialium domus predicte in manibus nostris factas admisimus. Necnon omnia alia et singula fecimus excercuimus et expeditimus que circa solemnitatem dictarum professionum et eas concernencia necessaria fuerint seu quomodolibet oportuna, et sic litteras vestras reverendas finimus debite executi. In cuius rei testimonium sigillum nostrum presentibus apposuimus. Dat' in domo monialium sancte Trinitatis predicte secundo die mensis Decembris anno domini supradicto.

[*Folio 116*]

40. 1414. December 3rd, Old Temple. Letters dimissory to Richard Magge, clerk, to all orders. [B.]

41. 1414. Letter from Richard Clifford, bishop of London (dated November 6th), reciting Archbishop Chichele's mandate of October 23rd, which directs the publication of the constitution *Cum ex eo quod clerici coniugati*, promulgated in the Convocation held at St. Paul's from October 1st to October 20th. The text of the constitution follows.[1] Bishop Repingdon instructs the archdeacons to publish it in the diocese and notifies the archbishop that this has been done. [*to Folio 116^v*]

42. 1414. December 6th, Old Temple. Letters dimissory to William Wranby, clerk, and to John Milton, clerk, to all orders.

43. 1414. November 19th, Old Temple. Confirmation by Bishop

[1] This constitution, which forbids married or bigamous clerks or laymen from acting in certain cases of spiritual jurisdiction or from holding the office of scribe or registrar, is printed in *Concilia*, III, pp. '360–70, but is not given in the archbishop's Register. See *Reg. Chichele*, I, p. cxliv.

Repingdon of a licence granted to Thomas Wilton, scholar, of Oriel College (*aule sive collegii beate Marie de Oryell'*), Oxford, to study medicine.[1]

44. 1414. November 4th, Buckden (Bugden'). Bishop Repingdon directs Thomas Asgarby (Asgardeby), sequestrator in the Parts of Lindsey and the deanery of Holland, Nicholas Hungarton, sequestrator in the city of Lincoln and the Parts of Kesteven, and the official of the archdeacon of Lincoln, to inquire concerning the extent of and reasons for non-residence among the beneficed clergy, in accordance with the provisions of the recent Convocation at St. Paul's. [*to Folio 117*]

45. 1414. November 20th, Old Temple. After a full consideration of the circumstances, Bishop Repingdon sanctions the union of the parish churches of Autby and North Thoresby. John Thornhill, the rector of North Thoresby, has explained that owing to the scarcity of parishioners, pestilences, the unproductivity of the soil and other causes, the revenues are no longer adequate to support a rector or a chaplain to serve the cure of souls at Autby church.

UNIO ECCLESIE DE ALDEWALDEBY AD ECCLESIAM PAROCHIALEM DE NORTHORESBY. Universis sancte matris ecclesie filiis presentes litteras inspecturis vel audituris. Philippus permissione divina Lincoln' episcopus salutem in domino sempiternam, ad certitudinem presencium et perpetuam memoriam futurorum. Pro parte dilecti in Christo filii magistri Johannis Thornhill' rectoris ecclesie parochialis de Northoresby nostre diocesis per quamplures viros fidedignos nobis extitit expositum quod ecclesia parochialis de Aldewaldeby eiusdem nostre diocesis dicte ecclesie sue de Northoresby predicta propinqua contigua et convicina propter rarietatem parochianorum pestilencias et ypidemeas plus solito ingruentes sterilitatemque terrarum et defectum culture ac alias causas evidentes et probabiles in suis commoditatibus adeo exilis officitur et existit, ipsiusque ecclesie de Alwaldeby predicta fructus redditus proventus decime oblaciones obvenciones et emolumenta alia quecumque ad ipsam ecclesiam spectantes et pertinentes seu de ea quomodolibet proveniencia adeo decreverunt et in valore diminuta existuntur quod ad sustentacionem congruam rectoris in ipsa ecclesia instituendi vel capellani parochialis idonei qui in ipsa ecclesia in divinis deserviret curam animarum parochianorum eiusdem ecclesie subiret ac sacra et sacramentalia inibi ministraret onerumque eidem ecclesie de Aldewaldeby incumbentem debitam supportacionem minime sufficiunt hiis diebus fructus redditus et proventus decime oblaciones obvenciones et emolumenta supradicta. Nec verisimile est cum mundus semper ad deteriora vergat quod sufficient quomodolibet in futurum unde animarum cura paro-

[1] See Memo., II, p. 291.

chianorum eiusdem ecclesie de Alwaldeby negligitur ac ipsi ecclesia et parochiani in spiritualibus et temporalibus dispendia gravia paciuntur. Quare pro parte eiusdem magistri Johannis Thornhill' rectoris antedicti nobis fuit humiliter suplicatum[1] ut cum excellentissimus in Christo princeps et dominus noster dominus Henricus dei gracia Rex Anglie et Francie et dominus Hibernie illustris modernus dictarum ecclesie de Northoresby ut de ducatu sue Lancastrie et ecclesie de Aldewaldeby tam racione temporalium prioratus de Ravendale alienigeni in manu sua occasione guerre mote inter ipsum dominum nostrum Regem et adversarium suum de Francia quam pretextu statuti in ultimo parliamento apud Leycestre tento editi patronus premissa omnia et singula sue serenissime magestati exposita pie considerans eidem magistro Johanni Thornhill' ut ipse dictam ecclesiam de Alwaldeby predicta prefate ecclesie sue de Northoresby uniri annecti et incorporari facere possit sibi et successoribus suis rectoribus dicte ecclesie de Northoresby temporibus futuris perpetuo possidendam licenciam per suas litteras patentes dederit specialem, quatinus omnia et singula premissa nobis per parte eiusdem magistri Johannis Thornhill' superius exposita pie consideracionis intuitu prospicientes et potissime ne cura animarum parochianorum dicte ecclesie de Aldewaldeby que est ars artium sicut hactenus decetero negligatur premissas causas approbare et dictam ecclesiam de Alwaldeby eidem ecclesie de Northoresby cum suis iuribus et pertinenciis universis concurrentibus omnibus et singulis in hac parte requisitis unire annectere et incorporare, et eam eidem magistro Johanni nunc rectori dicte ecclesie de Northoresby et successoribus suis rectoribus in eadem ecclesia inposterum instituendi una cum eadem ecclesia de Northoresby predicta sub nomine rectoris eiusdem ecclesie de Northoresby tamquam eidem ecclesie de Northoresby et huiusmodi eius rectoribus unitam annexam et incorporatam perpetuo possidendam de gracia nostra speciali auctoritate nostra ordinaria et pontificali concedere dignaremur. Nos enim paterne sollicitudinis studio animarum subditorum nostrorum quarum cura nobis ab alto committitur salutem viis et modis quibus possumus procurare cupientes ne in districte dei iudicio desidea nobis imputetur. Et propterea de et super causis unionis annexionis et incorporacionis huiusmodi licet quodammodo note et manifeste extiterint evidencius informari volentes per rectores et vicarios et alios viros laicos fidedignos pleniorem noticiam in hac parte obtinentes auctoritate nostra ordinaria admissos iuratos et diligenter examinatos diligentem et solertem fieri fecimus inquisicionem verumquia per inquisicionem eandem servatis in hac parte de iure servandis ac alias evidencias verisimiles nobis intimatas causas superius expressatas omnes et singulas luculenter invenimus veritate fulciri quodque urgens necessitas et evidens utilitas animarum unionem anneccionem et incorporacionem huiusmodi fieri summe necessario exigunt et exposcunt prout per certificacionem inquisicionis huiusmodi per discretum virum magistrum Johannem Harpour rectorem ecclesie parochialis de Scarthowe

[1] Sic.

iurisperitum nostrum in ex parte commissarium facte liquet manifeste cuius tenorem quatenus expediat hic haberi volumus pro inserto post deliberacionem sufficientem et [*Folio 117ᵛ*] tractatum diligentem de et super causis unionis anneccionis et incorporacionis premissarum cum eis quorum interest in hac parte habitos et precedentes et de eorum expresso consensu pariter et assensu premissis causis unionis et anneccionis huiusmodi per nos primitus tamquam iustis veris et legitimis approbatis cause cognicione et iuris ordine in hac parte requisitis rite et legitime observatis ad unionem anneccionem et corporacionem dicte parochialis ecclesie de Alwaldeby prefate ecclesie parochialis de Northoresby procedimus in hunc modum. In dei nomine amen. Nos Philippus permissione divina Lincoln' episcopus solum deum pro oculis habentes et auctoritate nostra ordinaria in hac parte rite et legitime procedentes ecclesiam parochialem de Alwaldeby nostre diocesis ecclesie parochialis de Northoresby dicte nostre diocesis propinquam continguam et convicinam propter raritatem parochianorum pestilencias et ypidimeas plus solito ingruentes steri-litatem que terrarum et defectum culture ac alias causas evidentes et probabiles in suis commoditatibus adeo exilem cuius fructus redditus et proventus decime oblaciones obvenciones et emolumenta alia quecumque ad ipsam spectancia et pertinenciis seu de ea quomo-dolibet providencia adeo decreverunt et in valore diminuta existunt quod ad sustentacionem congruam rectoris in ipsa ecclesia de Alwaldeby instituendi vel capellani parochialis ydonei qui in ipsa ecclesia in divinis deserviret curam animarum parochianorum eius-dem ecclesie subiret et sacra et sacramentalia inibi ministraret onerumque eidem ecclesie incumbentem debita supportacionem minime sufficiunt hiis diebus fructus redditus et proventus decime oblaciones obvenciones et emolumenta supradicta, nec verisimile est cum mundus semper ad deteriora se declinet quod sufficient quomo-dolibet in futurum in ecclesiam parochialem de Northoresby predicta et eidem ecclesie cum suis iuribus et pertinenciis universis unimus annectimus et incorporamus, ac eandem ecclesiam de Alwaldeby con-currentibus omnibus et singulis de iure in hac parte requisitis in dictam ecclesiam de Northoresby transferimus et eas in unum corpus redigimus et consolidamus ac necnon magistri Johannis Thornhill' eiusdem ecclesie de Northoresby rectoris moderni eiusque succes-sorum eiusdem ecclesie rectorum post cessionem vel decessum aut alias ammocionem canonicam rectoris dicte ecclesie de Alwaldeby qui nunc esse pretenditur siquis sit proprios usus perpetuo possidendam concedimus in hiis scriptis. Statuimus insuper et ordinamus quod dictus magister Johannes Thornhill' rector dicte ecclesie de North-oresby qui iam est et successores sui eiusdem ecclesie rectores prefatam parochialem ecclesiam de Alwaldeby eis et dicte ecclesie de Northoresby annexam incorporatam unitam et consolidatam sub nomine rectoris ecclesie parochialis de Northoresby post cessionem vel decessum aut ammocionem supradictam perpetuo possideant, populusque universitas parochianorum dicte ecclesie de Alwaldeby ad dictam parochialem ecclesiam de Northoresby tamquam ad eorum matricem et parochialem ecclesiam futuris temporibus se divertant et accedant ipsamque honoribus debitis frequentent et onera universa eis pretextu reparacionis refeccionis seu de novo construccionis eiusdem ecclesie de Northoresby vel campanilis aut clausure cimiterii seu ornamentorum in eadem decetero incumbencia et imponenda sicut ceteri eiusdem ecclesie parochiani secundum eorum facultates realiter subeant et agnoscant sacra et sacramentalia in eadem ecclesia de Northoresby a rectore eiusdem pro tempore existenti seu eius in ea parte deputato in futurum recipiant, iuraque parochialia eidem ecclesie et huiusmodi eius rectori persolvant et impendant ac a dicta ecclesia de Alwaldeby ex tunc se penitus subtracthant et recedant, quodque rector dicte ecclesie de Northoresby qui nunc est et successores sui eiusdem ecclesie rectores qui in futurum erunt onera dicte ecclesie de Alwaldeby sique fuerint ordinaria vel extraordinaria incumbencia subiant et agnoscant. Salva insuper nobis et successoribus nostris episcopis Lincoln' qui pro tempore fuerint pensiones duodecim solidorum racione et ex causa indempnitatis nostre et ecclesie nostre Lincoln' necnon emolumentorumque nobis et successoribus nostris huiusmodi de dicta ecclesia de Alwaldeby cum vacaverit et alias obvenirent que iam in futurum non obvenient de quocumque ad dictam ecclesiam de Northoresby in futurum presentato quociens in futurum aliquem ad ipsam ecclesiam de Northoresby nobis vel successoribus nostris presentari contigerit quam quidem pensionem dicti presentati suis temporibus successivis imperpetuum in eorum admissione ad dictam ecclesiam de Northoresby subient agnoscent et persolvent, nostris episcopalibus et alterius cuiuscumque iuribus et consuetudinibus in dicta ecclesia ac ecclesie nostre Lincoln' dignitate in omnibus semper salvis. Siquid vero humano intellectui in premissis dubium emerserit vel obscurum illud interpretandi et declarandi nobis et successoribus nostris pietatem imposterum reservamus. In quorum omnium fidem et testimonium presentes litteras nostras per magistrum Thomam Hill' clericum notarium publicum nostrum in hac parte scribam publicari et in hanc publicam formam redegi eiusque nomine et signo solitis et consuetis signari nostrique sigilli appensione fideliter fecimus communiri. Data et acta fuerunt hec omnia et singula in capella nostra infra hospicium nostrum apud Vetus Templum extra Holburn' barre iuxta civitatem London' situatum sub anno ab incarnacionis domini secundum cursum [*Folio 118*] et computacionem ecclesie Anglicane millesimo cccc^{mo} xiiij^o Indiccione octava Pontificatus sanctissimi in Christo patris et domini nostri domini Johannis divina providencia pape vicesimi tercii anno quinto et mensis Novembris die xx^{mo} nostreque consecracionis anno decimo, presentibus tunc ibidem discretis et venerabilibus viris magistris Thoma Brouns utriusque iuris doctore ecclesie Lincoln' subdecano Thoma Nassh' de Myddelyngton' et Thoma Burreth' de Alesby Lincoln' diocesis rectoribus et Ricardo Belgrave clerico eiusdem diocesis et aliis testibus ad premissa vocatis specialiter et rogatis.

Et ego Thomas Hill' clericus Ebor' diocesis publicus sacra auctoritate apostolica notarius dictique reverendi in Christo patris et domini domini Philippi dei gracia Lincoln' episcopi in hac parte actorum

scriba causarum unionis annexionis et incorporacionis suprascrip-
tarum approbacioni ipsisque unioni anneccioni et incorporacioni ac
dicte ecclesie de Alwaldeby in prefatam ecclesiam de Northoresby
translacioni ac earundem ecclesiarum in unum corpus modo que
prefertur redaccioni et consolidacioni omnium insuper superius statutorum et ordinatorum statuto et ordinacioni dictorum quoque onerum
imposicioni et dicte pensionis duodecim solidorum ac dicti reverendi
patris episcopalium et alterius cuiuscumque iurium et consuetudinum
necnon ecclesie Lincoln' dignitatis et potestatis insuper premissa
omnia et singula si quod in eis dubium emerserit interpretandi et
declarandi dicto reverendo patri et successoribus suis reservacioni,
ceteris que premissis dum sic ut premittitur sub anno domini
Indiccione Pontificatu mense die et loco ac anno consecracionis
supradictis per dictum reverendum patrem dominum Philippum
episcopum Lincoln' et coram eo agebantur et fiebant una cum
prenominatis testibus presens personaliter interfui et ea sic fieri vidi
et audivi et de mandato dicti reverendi patris Lincoln' episcopi scripsi
publicavi et in hanc publicam formam redegi meque hic subscripsi
ac signo et nomine meis solitis et consuetis una cum appensione sigilli
dicti reverendi patris signavi rogatus et requisitus in fidem et testimonium omnium et singulorum premissorum.

46. 1414. October 5th, Old Temple. Commission to William, bishop
"Solton'", to confer benediction upon William of Gisbourne (Gys-
burn'), the newly elected abbot of the Premonstratensian abbey of
Sulby, and to receive his profession of obedience.

47. 1414. December 21st, Sleaford. Letters dimissory to William
Hammond (Hamond') of Mablethorpe (Malberthorp'), acolyte, to all
orders. [B.]

48. 1414. Same date and place. Licence to Thomas Leake (Leke),
vicar of Middle Rasen (Rasen Tupholm'), to celebrate an anniversary
on account of the poverty of his benefice, the permission to last for
one year.

49. 1414/15. January 26th, Sleaford. Licence to Richard Terboke
('Terbok'), Franciscan friar, to preach and to hear confessions in the
diocese, in accordance with the constitution *Super Cathedram*.

50. 1414/15. January 29th, Sleaford. Grant of absolution, by direction
of the papal penitentiary, to the vicar of West Torrington, from the
penalties incurred for performing an irregular marriage ceremony.

TOGODE DISPENSACIO. Item xxix° die mensis Januarii anno domino millesimo cccc^{mo} xiiij° apud Sleford' reverendus in Christo pater dominus Philippus episcopus Lincoln' auctoritate litterarum reverendi patris domini Jordani episcopi Alban' sibi directarum dominum Robertum Togode vicarium perpetuum ecclesie parochialis de Westteryngton' Lincoln' diocesis pro se quod ipse matrimonium inter Johannem Prestempt et Johannam relictam Roberti Atherum non suos parochianos bannis inter eosdem minime editis clandestine celebravit et alias immiscuit se divinis a generalibus excommunicacionis suspensionis et interdicti sentenciis quas per statuta provincialia et synodalia et alias a iure propter hoc incurrit et excessibus huiusmodi et super irregularitate dicto modo contenta absolvit et cum dicto domino Roberto misericorditer dispensavit.

51. 1414/15. February 19th, Sleaford. Licence to Thomas Moston, rector of Aston Flamville (Aston' Flamvyll'), to preach in the diocese.

52. 1414/15. February 22nd, Sleaford. Letters dimissory to William Julyan' of Haynes (Hawnes), having the first tonsure, to all orders. [B.]

53. Same date and place. Licence to the prior and convent of Bridlington (Brydlyngton') to farm the church of Edenham to John Barker (Barkere), chaplain, for three years. [G.]

54. 1414/15. March 12th, Sleaford. Licence to Hugh, vicar of St. Mary's, Torksey (Torkesey), to celebrate an anniversary, the permission to last until Michaelmas.

[*Folio 118ᵛ*]

55. 1413/14. February 13th, Mantua (Mantue). Dispensation for nonresidence granted by John XXIII to John Forster, rector of Lutterworth (Lotriworth'), provided that where there is cure of souls it is not neglected. The archbishop of York and the bishops of London and Bath and Wells are directed to execute the papal mandate [*to Folio 119*]

56. 1414/15. February 22nd, Sleaford. Dispensation by direction of the papal penitentiary, Jordanus, bishop of Albano (Albanen'), to John Hull, acolyte, that he may proceed to all orders and hold a benefice with cure of souls, notwithstanding his illegitimacy.

57. 1414/15. March 17th, Sleaford. Letters dimissory to John Cottesbrook (Cotesbroke), deacon, to priest's orders. [B.]

58. 1414/15. March 15th, Sleaford. Licence to Thomas Walton, rector of Barton in the Clay (Barton' le Cley), for non-residence [C.], the permission to last until Michaelmas. "Presentibus Brouns Stretton et me Colstone".

59. 1414/15. March 19th, Sleaford. Letters dimissory to John Woodford (Wodeford'), clerk, to all orders. [B.]

[*Folio 119ᵛ*]

60. Same date and place. Licence to Thomas Carson, rector of Pickwell (Pykewell'), to put his church to farm for two years [D.], "aliquibus personis idoneis."

61. 1414. December 1st. Mandate from Archbishop Chichele for the collection of the subsidy of twopence in the £ on assessed benefices and twelvepence in the mark on unassessed benefices, granted by Convocation towards the expenses of delegates to the Council of Constance. The subsidy, which should have been collected by November 30th, must be paid within fifteen days of the reception of the present mandate.
    On December 2nd, Bishop Repingdon directs the archdeacons to collect the subsidy, and notifies the archbishop that the mandate has been executed. [*to Folio 120*]

62. 1414/15. January 1st, Sleaford. Commission from Bishop Repingdon to John Legh, sequestrator in the archdeaconries of Oxford and Buckingham (Bukynghamie), to cite those beneficed clergy who remain absent from their benefices while enjoying riotous living at Oxford to appear before the bishop or his commissaries at Sleaford on February 28th. The names of those cited are enclosed.[1]

63. 1413. July 14th. Agreement between Bishop Repingdon and the abbot and convent of the Premonstratensian abbey of Lavendon concerning the annual payment of thirteen shillings and fourpence for the appropriated parish church of Easton by Bozeat.

PRO PENSIONE ECCLESIE DE ESTON' IUXTA BOSYATE. Hec indentura facta inter reverendissimum in Christo patrem et dominum dominum Philippum dei gracia Lincoln' episcopum ex parte una et Nicholaum Lathebury abbatem domus sive monasterii de Lavenden' ordinis Premonstratensis et eiusdem loci conventum ecclesiam parochialem

[1] Not given in the Register.

de Eston' iuxta Bosyate dicte Lincoln' diocesis in proprios usus obtinentes ex parte altera testatur quod prefati abbas et conventus ex communi et unanimi consensu et assensu eorundem ad hoc capitulariter congregatorum concurrentibus omnibus in ea parte de iure requisitis pro eo et ex eo, quod varia commoda non modica ab ipsa ecclesia de Eston' ad episcopos Lincoln' tam de iure quam de consuetudine laudabili legitimeque prescripta temporibus vacacionis [*Folio 120*] dicte ecclesie et aliis temporibus diversis provenerunt et in eventum proventura fuissent si dicta ecclesia de Eston' appropriata non fuisset, quibus episcopi et ecclesie Lincoln' occasione appropriacionis dicte ecclesie de Eston' carebunt verisimiliter in futurum per presens scriptum indentatum se firmiter obligant et astringunt dicto reverendo patri et ipsius successoribus episcopis Lincoln' qui pro tempore fuerint imperpetuum in quadam annua pensione tresdecim solidorum et quatuor denariorum, solvenda eisdem episcopis vel eorum procuratoribus seu procuratori in festis Michaelis Archangeli et Pasche per equales porciones infra palacium Lincoln' perpetuis temporibus futuris annuatim racione et ex causa indempnitatis supradicte ac in recompensacionem dampnorum que ex appropriacione dicte ecclesie episcopi Lincoln' pro tempore existentes et ecclesia Lincoln' sustinere et verisimiliter pati possent in futurum, necnon in signum subieccionis ecclesie de Eston' memorate ad ecclesiam Lincoln' debite antedictam. Ad quas quidem soluciones singulis annis loco et terminis antedictis bene et fideliter ut premittitur faciendas predicti abbas et conventus obligant se et successores suos fructusque redditus et proventus dicte ecclesie de Eston' ac omnia bona sua mobilia et immobilia ad dictum monasterium pertinencia et spectancia presencia et futura ubicumque fuerint inventa obligant impignorant et ypothecant per presentes. Et si contingat ipsos abbatem et conventum et successores suos in solucione dicte annue pensionis tresdecim solidorum et quatuor denariorum sub modo et forma predictis episcopis Lincoln' pro tempore existentibus terminis et loco antedictis facienda in parte vel in toto deficere, extunc bene liceat episcopo Lincoln' qui nunc est et ipsius successoribus episcopis ibidem qui pro tempore erunt ipsis abbate et conventu seu eorum successoribus non vocatis absque aliquo processu iudiciali de fructibus redditibus proventibus et emolumentis quibuscumque ad dictum monasterium seu ecclesiam de Eston' predicta qualitercumque provenientibus eandem pensionem sua propria auctoritate absque cause cognicione et iuris ordine quibuscumque exigere colligere et levare ac eciam post lapsum terminorum huiusmodi fructus redditus et proventus ac emolumenta quecumque dicte ecclesie de Eston' et monasterii prelibati sequestrare eosque et ea sub tuto et arto tenere servare custodire sequestro quousque de pensione predicta una cum dampnis et arreragiis sique occasione premissa idem episcopus et successores sui episcopi incurrerent in eisdem per dictos abbatem et conventum et successores suos futuros plenarie fuerit satisfactum. Predictique insuper abbas et conventus pro se et successoribus suis quibuscumque iuris remediis specialibus et generalibus et presertim appellacionum querelarum prohibicionum regiarum in integrum restitucionem et aliis quibuscumque tam iuris ecclesiastici quam secularis privilegiis eis et eorum monasterio quacumque auctoritate concessis ad impediendum seu retardandum solucionem annue pensionis predicte modo et forma ut prefertur in parte vel in toto competentibus vel competiturus ac iuri dicenti generalem renunciacionem non valere nisi procedat specialis ex certa eorum sciencia renunciavit in hiis scriptis. In cuius rei testimonium uni parti huius indenture penes prefatum reverendum patrem dominum episcopum Lincoln' et successores suos episcopos remanenti prefatorum abbatis et conventus sigillum commune est appensum. Alteri vero parti penes dictos abbatem et conventum remanenti prefati reverendi patris domini episcopi Lincoln' sigillum est appensum. Dat' in domo capitulari dicti monasterii de Lavenden' xiiij° die mensis Julii anno domini millesimo cccc^{mo} xiij° et anno regni Regis Henrici quinti post conquestum Anglie primo.

64. [Undated.] Certificate from Bishop Repingdon to Archbishop Chichele that he has appointed collectors in the archdeaconries of the diocese for the subsidy granted by Convocation in October, 1414, towards the expenses of delegates to the Council of Constance. The names and annual value of those benefices which are exempt from payment are returned separately.[1]

65. 1414. Testament of Margaret Bussy. Dated October 17th, 1414.

TESTAMENTUM MARGARETE BUSSY.[2] In dei nomine amen, xvj° die kal. mensis Novembris anno domini millesimo cccc° xiiij°, ego Margareta Bussy compos mentis et sane memorie condo testamentum meum in hunc modum. In primis lego animam meam deo et beate Marie et omnibus sanctis dei et corpus ad sepeliendum in cancello ecclesie Omnium Sanctorum de Hogham. Item lego optimum meum animal nomine mortuarii mei ut moris est. Item lego quinque cereos ardentes tempore exequiarum et in die sepulture mee circa corpus meum quilibet cereus trium librarum et vj torches ardentes tempore antedicto. Item lego cuilibet sacerdoti divina celebranti ad exequias meas existenti iiij d. et cuilibet clerico ibidem existenti ij d. Item lego xl s. ad distribuendum pauperibus in die sepulture mee. Item lego fabrice ecclesie de Howell' xl s. Item lego fabrice ecclesie de Hogham xl s. Item lego xiij s. iiij d. ad distribuendum in operibus caritatis in villa de Claypoll' ubi maxima necessitas videatur. Item lego capelle beate Marie de Skotton' xx ulnas panni linthei. Item lego fabrice ecclesie de Skotton' xx s. Residuum vero omnium bonorum meorum non legatorum do et lego Thome Claymond' John Flete et Ricardo Denton' quos ordino et constituo executores meos huiusmodi testamenti per visum domine Katerine Hebden' ut ipsi ordinent provideant sive disponant sicut eis videbitur melior expedire.
Proved at Sleaford on January 2nd, 1414/15.

[1] Not given in the Register.
[2] Abstract in *Linc. Wills*, p. 113.

66. 1414/15. January 8th, Canwell Priory. Agreement between Bishop Repingdon and the prior and convent of Canwell (Canewell') in the diocese of Coventry and Lichfield concerning the annual payment of thirteen shillings and fourpence for the appropriated parish church of Ragdale (Rakedale) in the diocese of Lincoln.[1] [*to Folio 121ᵛ*]

67. 1414. December 18th. Mandate from Archbishop Chichele for the collection of the subsidy granted by Convocation for the expenses of delegates attending the Council of Constance. Bishop Repingdon directs the archdeacons to collect the subsidy, and certifies to the archbishop that he has done so. [*to Folio 122*]

68. 1419. April 13th, Lincoln. Transcript of an indult of Boniface IX (dated November 13th, 1400) permitting the prior of Newburgh, in the diocese of York, to put to farm the fruits of the churches, manors, chapels and other possessions of the priory.

BULLA ARRENDANDI ECCLESIAS AD FIRMAM PRO PRIORE DE NOVO-BURGO.[2] Bonifacius episcopus servus servorum dei dilectis filiis priori et conventui monasterii sive prioratus de Novo Burgo ordinis sancti Augustini Ebor' diocesis salutem et apostolicam benediccionem. Quociens illud a nobis petitur quod videtur sacre religioni convenire sub quo devotum et sedulum exhibetis domino famulatum anime nostre decet libenti concedere et petencium desideriis pro eius utilitate congruum suffragum impartiri. Hinc est quod nos vestris in hac parte supplicacionibus inclinati ut tu fili prior monasterii sive prioratus predicti et successores tui priores qui erunt pro tempore ac vos filii conventus omnes fructus redditus et proventus ecclesiarum maneriorum capellarum decimarum porcionum pensionum aliarumque possessionum ad vos vestrumque monasterium pertinencium seu spectancium imperpetuum ad tempus congruum prout vobis videbitur oportunum ordinarii seu ordinariorum loci vel locorum sub cuius vel [*Folio 122ᵛ*] quorum iurisdiccione ecclesie maneria capelle decime porciones pensiones ac possessiones huius fuerint licencia super hiis minime ab eisdem vel ipsorum aliquo requisita vendare arrendare locare seu ad firmam dimittere quibuscumque tam clericis quam laicis cum quibus condicionem vestri monasterii seu prioratus ecclesiarum maneriorum capellarum decimarum porcionum pensionum aliarumque possessionum huius facere poteritis meliorem libere et licite valeatis. Non obstantibus quibuscumque constitucionibus apostolicis et presertim constitucione Bonifacii pape viij° predecessoris nostri per qua concessiones huius sint presumcione temporis fieri prohibentur et aliis generalibus vel specialibus ac bone memorie Ottonis et Octoboni aut aliorum legatorum sedis apostolicorum ac sinodalibus vel provinciali-

[1] See *infra*, no. 122.
[2] Abstract in *Cal. Pap. Lett.*, V, p. 355.

bus [quam] quibuscumque statutis et consuetudinibus monasterii sive
prioratus et ordinis predictorum contrariis nequaquam obstantibus
devocioni vestre auctoritate apostolica tenore presencium indulgemus. Nulli ergo omnino hominum liceat hanc paginam nostre con-
cessionis infringere vel ei ausu temerario contraire. Siquis autem hoc
attemptari presumpsent indignacionem omnipotentis dei et beatorum
Petri et Pauli apostolorum eius se noverit idus Novembris Pontificatus
nostri anno duodecimo. Subtus perlicaturam dicte bulle in inferiori
parte membrane scriptum fuit sic, *Jo. de Bononia*[1], et supra eandem
perlicaturam eciam in inferiori parte scripta erat ista verba, *Gratis de
mandato domini nostri pape*, et subtus ista verba scriptum quod sic,
Vide Rugis, et in dorso eiusdem bulli factum est tale signum, Rex.
Facta fuit collacio de isto transumpto sive transcripto in hiis originalibus in aula subdecanatus ecclesie Lincoln' infra clausum eiusdem
ecclesie ubi tunc registrum domini episcopi tenebatur xiij° die mensis
Aprilis anno domini millesimo cccc^{mo} xix° Indiccione xij° Pontificatus
domini Martini pape quinti anno secundo et concordat huius tran-
scriptum cum eisdem originalibus presentibus magistris Johanni
Hoggesthorp' et Ricardo Kyrkeby clericis Lincoln' et Ebor' diocesium
auctoritate apostolica notariis publicis ac me Thoma Colstone dicti
reverendi patris episcopi Lincoln' registrario. T.C.

Q̲UARTO KALENDAS A̲PRILIS ANNO DOMINI MILLESIMO CCCC^{mo} QUINTO-
DECIM I̲NCIPIT ANNUS UNDECIMUS R̲EVERENDI IN C̲HRISTO PATRIS ET
DOMINI DOMINI P̲HILIPPI DEI GRACIA L̲INCOLNIENSIS E̲PISCOPI.

69. 1415. April 14th, Old Temple. Further monition from Bishop
Repingdon to the archdeacons of the diocese to collect the arrears of
the subsidy of twopence in the pound granted for the expenses of
the delegates to the Council of Constance. [*to Folio 123*]

70. 1415. April 15th, Old Temple. Letters dimissory to John Pul-
monde (Pulmound'), rector of Throcking (Threkkyng), deacon, to
proceed to priest's orders. [B.]

71. 1415. April 18th, Old Temple. Licence to John Woburn
(Woborne), rector of Islip (Islepe), to put his church to farm for
three years. [D.]

72. 1415. Letter from Richard Clifford, bishop of London (dated
April 24th), reciting a mandate from Archbishop Chichele (dated
April 12th), directing that measures should be taken against un-

---

[1] John de Fuschis de Bononia, papal secretary.

licensed collectors of alms.[1] Bishop Repingdon forwards the mandate to the archdeacons and on May 13th he certifies to the archbishop that this has been done. [*to Folio 124*]

73. 1415. Letter from Richard Clifford, bishop of London (dated April 20th), reciting Archbishop Chichele's mandate of April 9th for special processions to be held for the peace and security of the church, king and kingdom, for the fruitfulness of the crops and good weather. An indulgence of forty days is promised to all who take part.[2]

On May 8th, Bishop Repingdon directs the archdeacons to execute the mandate, and certifies to the archbishop that this has been done. [*to Folio 124ᵛ*]

[*Folio 125*]

74. 1415. Testament of Robert Marchaund, chaplain, of Grantham. Dated May 4th.

TESTAMENTUM ROBERTI MARCHAUND' CAPELLANI DE GRANTHAM.[3] In dei nomine amen. Quarto die mensis Maii anno domini millesimo ccccᵐᵒ quintodecimo, ego Robertus Marchaund' capellanus manens inter fratres minores de Grantham infirmus corpore sanus tamen mente condo testamentum meum in hunc modum. In primis lego et commendo animam meam deo omnipotenti creatori meo et beate Marie genitrici eius et omnibus sanctis corpusque meum ad sepeliendum in ecclesia fratrum minorum de Grantham. Item lego vicariis de Grantham unam vaccam nomine mortuarii mei. Item lego decem libras cere ad ardendum circa corpus meum in die sepulture mee et ad exequias meas. Item cuilibet capellano existenti ad exequias meas in ecclesia prebendali predicta vj d. Item lego ad opus eiusdem ecclesie iij s. iiij d. Item lego fratribus minoribus de Grantham x l. iij s. iiij d. legalis monete Anglie ut ipsi faciant me habere fratrem ad celebrandum pro anima mea et pro animabus omnium fidelium defunctorum per triennium vel tres fratres per unum annum. Item lego Isabelle matri mee xl s. et omnia utensilia mea ac vestes pro corpore meo et lecto ut inde sibi sumat quicquid voluerit habere et de reliquo destribuat partes amicis meis prout sibi videbitur expedire. Item lego Johanni Knyght xx s. Item lego Emme sorori mee xl s. Item lego Henrico Hugate xl s. Item lego Margerie sorori mee xx s. Item lego Johanni [filio] Henrici Hugate xiij s. iiij d. et unam togam cum capicio et accionem meam versus fratrem Johannem Bryggeford' racione cuiusdam libri vocati *Campflore*. Item lego Elizabethe filie Johannis Knyght xl s. ad maritagium suum quos volo esse sub custodia predicti Henrici Hugate vel matris mee supradicte usque ad tempus desponsa-

[1] The archbishop's letter is printed in *Reg. Bubwith*, I, p. 209. See *Reg. Chichele*, IV, p. 125.

[2] See *Reg. Chichele, III*, p. 324.

[3] Abstract in *Linc. Wills*, p. 130.

cionis eiusdem Elizabethe. Item lego domino Willelmo Forman capellano xx s. Item lego fratri Willelmi Brumley iij s. iiij d. Attamen si
executores mei non poterint levare debita mea ad complecionem
legacionum predictarum, volo quod de eisdem legacionibus fiant
defalcaciones proporcionaliter secundum eorum quantitates. Residuum vero bonorum meorum superius non legatorum relinquo
Willelmo Forman et Johanni Knyght quos ordino facio et constituo
executores meos, quorum supervisorem et coadiutorem predictum
Henricum Hugate ordino per presentes ut ipsi executores mei
ordinent et disponant de eisdem cum consilio predicti Henrici in
omnibus occasionibus presens testamentum cum mea ultima voluntate tangentibus, ita quod sit ad laude dei et salutem anime mee et
omnium fidelium defunctorum. Dat' apud Grantham die et anno
domini supradictis.
Proved before Bishop Repingdon. [No date.]

75. 1415. June 20th, Sleaford. Licence from Bishop Repingdon to
Robert Garrick of Coningsby for the celebration of mass by suitable
chaplains at the newly erected and as yet unconsecrated altar of the
Holy Cross in Coningsby church.

LICENCIA CELEBRANDI IN ALTARI NON CONSECRATE AC, ETC. Philippus
permissione divina Lincoln' episcopus dilecto filio Roberto Garike
de Conyngesby nostre diocesis salutem graciam et benediccionem.
Peticionibus tuis favorabiliter inclinati ut in altari quod in honore
sancte Crucis infra ecclesiam parochialem de Conyngesby predictam
ut accepimus construi fecisti decenter munere consecracionis nondum
insignas missas per capellanos ydoneos valeas facere celebrari super-
altari tamen consecrato eidem superposito, dumtamen ex hoc preiudicium nemini generetur et aliud canonicum non obsistat licenciam
in tibi et capellanis huiusmodi tenore presencium concedimus
specialem usque quindenam Pasche proximam futuram tummodo
duraturam. In cuius rei testimonium sigillum nostrum presentibus
est appensum. Dat' in castro nostro de Sleford' xx^{mo} die mensis Junii
anno domini millesimo cccc^{mo} xv^o, et consecracionis nostre anno
xj^{mo}.

76. 1415. May 18th, Sleaford. Letters dimissory to Richard Raymond
(Reymond'), clerk, to all orders. [B.]

77. 1415. May 22nd, Sleaford. Licence to the provost and scholars
of Oriel College (*aule beate Marie del Oryell'*) in the University of
Oxford to put to farm the appropriated church of Coleby for five
years.[1] [G.]

[1] See Memo., I, p. 29.

[*Folio 125ᵛ*]

78. 1415. May 24th, Sleaford. Dispensation by authority of the papal penitentiary, Jordanus, bishop of Albano, to John of Halton, deacon, that he may take priest's orders and hold a benefice with cure, notwithstanding that he had carnal knowledge of one Alice Dyke, whom he subsequently married and who has since died.

79. 1413. September 15th. Confirmation by the bishop's commissary, Thomas Brouns, of the settlement of the dispute between the prior and convent of Canons Ashby and the inhabitants of the hamlet of Adstone, concerning the provision of a chaplain for the chapel of St. John the Baptist at Adstone.

CONFIRMACIO LAUDI ET DECRETI SUPER LITE MOTA INTER PRIOREM DE ASSHEBY ET INCOLOS DE ATTENESTON'. Quintodecimo die mensis Septembris anno domini millesimo ccccᵐᵒ terciodecimo Indiccione sexta Pontificatus sanctissimi in Christo patris et domini nostri domini Johannis divina providencia pape vicesimo tercio anno quarto, in ecclesia parochiali de Sempyngham Lincoln' diocesis coram venerabili viro magistro Thoma Brouns utriusque iuris inceptore reverendi in Christo patris et domini domini Philippi dei gracia Lincoln' episcopi commissario ad infrascripta sufficienter deputato pro tribunali iudicialiter sedente venerunt personaliter discreti viri Willelmus Aylyff clericus honestorum virorum Roberti Maynard' Johanne uxoris sue Thome Herfray Henrici Warde Johannis Gregory Johannis Basset Thome Smyth' ac ceterorum inhabitancium villulam sive hamelettam de Atteneston' dicte Lincoln' diocesis, et Robertus Derfeld' rector ecclesie parochialis de Charwelton' religiosorum virorum prioris et conventus prioratus de Canon Assheby procuratores litteratorie constituti et procuratoria sua eidem commissario exhibuerunt. Post quorum procuratoriorum exhibicionem et lecturam dicti procuratores nomine dominorum suorum a dicto magistro Thoma Brouns commissario instanter pecierunt et ipsum attento rogaverunt ut quoddam arbitrium arbitracionem sive laudem sive amicabilem composicionem per venerabilem virum magistrum Johannem Southam archidiaconum Oxon' nuper factum inter dictos inhabitantes villulam sive hamelettam de Atteneston' et religiosos viros priorem et conventum prioratus de Canon Assheby de et super exhibicione et invencione unius capellani ydonei missas et alia divina officia in capella in honore sancti Johannis Baptiste apud Atteneston' predicta constructa celebraturi ac habitantibus villulam sive hamelettam ipsam pro tempore quibuscumque, sacramenta et sacramentalia ecclesiastica quecumque sacramentis baptismi et sepulture dumtaxat exceptis ministraturi aliaque facturi quod instrumento publico sigillo dicti archidiaconi Oxon' sigillato ac signo et subscripccione magistri Roberti atte Kirke de Southscarle notarii publici signato et ibidem exhibito continebantur, cuius tenor sic incipiebat, Universis sancte matris ecclesie filiis etc. approbare ratificare et confirmare dignaretur. Unde idem magister Thomas Brouns commissarius antedictus inspecto et examinato dicto instrumento considerans et attendens contenta in eadem fore iuri non repugnancia et in utilitatem partis utriusque supradicte tendencia ad approbacionem ratificacionem et confirmacionem dicti arbitrii laudi sive amicabilis composicionis invocato Christi nomine processit et illud arbitrium laudum sive amicabilem composicionem in scriptis approbavit ratificavit et confirmavit sub hac forma verborum. In dei nomine amen. Nos Thomas Brouns in legibus licenciatus reverendi in Christo patris et domini domini Philippi dei gracia Lincoln' episcopi commissarius in hac parte sufficienter deputatus visis et intellectis per nos laudo decreto arbitrio sive amicabili composicione magistri Johannis Southam archidiaconi Oxon' in ecclesia Lincoln' arbitri arbitratoris sive amicabilis compositoris de et super invencione unius capellani in capella in honore sancti Johannis Baptiste de Atteneston' Lincoln' diocesis quem Robertus Maynard' Johanna uxor eius Thomas Herfray Henricus Warde Johannes Gregory Johannes Basset Thomas Smyth' ac ceteri inhabitantes villulam sive hamelettam de Atteneston' predicta a priore et conventu prioratus de Assheby canonicorum in capella predicta sacramenta et sacramentalia quecumque sacramentis baptismi et sepulture dumtaxat exceptis ministraturum exhiberi vendicant et inveniri. Quia concurrentibus omnibus et singulisque in hac parte de iure requiruntur vocatisque omnibus et singulis quorum interest in hac parte exhibita coram nobis invenimus laudum pronunciacionem decretum sive amicabilem composicionem inter partes predictas fore de consensu et assensu partium earundem per magistrum Johannem Southam amicabilem compositorem suprascriptum fuisse et esse latere nichilque in hac parte obtinere quod dictum laudum pronunciacionem sive decretum iuri consona impedire posset cum de consensu partium predictarum ad utilitatem [*Folio 126*] earundem et bonum pacis procedant atque tendant manifesto. Idcirca auctoritate dicti reverendi patris qua fungimur in hac parte ipsum laudum pronunciacionem decretum sive amicabilem composicionem approbamus ratificamus et confirmamus ac ipsa perpetuis temporibus inviolabiliter fore servando modo ut preferi et de consensu partium predictarum in registris dicti reverendi patris ad perpetuam rei memoriam inferenda fore decernimus pronunciamus et declaramus sentencialiter et diffinitive in hiis scriptis, presentibus tunc ibidem discretis viris magistris Roberto Scarle notario publico domino Johanne vicario perpetuo ecclesie parochialis de Billingburgh' tunc decano de Avelond' et Henrico capellano cantarie in ecclesia prebendali sancti Botulphi Lincoln' ac Roberto de Stretton' notario publico et in hac parte actorum scriba cum aliis multis etc.

80. 1415. May 29th, Sleaford. Permission granted by Bishop Repingdon for a chaplain for the dependent chapel at Brentingby, to be provided by the vicar of Thorpe Arnold.

CONCESSIO CAPELLANI IN CAPELLADE BRENTYNGBY AD CERTUM TEMPUS. Universis sancte matris ecclesie filiis presentes litteras inspecturis. Philippus permissione divina Lincoln' episcopus salutem in domino. Noverit universitas vestra quod cum de et super invencione unius capellani qui in capella infra villulam sive hamelettam de Brentyngby ab ecclesia de Thorpernald' nostre diocesis dependenti divina omni die dominica mercurii et veneris singulis septimanis sumptibus vicarii de Thorpernald' predicta pro tempore existentis celebraret coram magistro David Pryce nostro in hac parte commissario inter Willelmum Dalton' et Willelmum Allbold' incolas et inhabitantes dictam villulam sive hamelettam de Brentyngby vice sua ac une et nomine ceterorum incolarum et inhabitancium eandem villulam partem actricem ex parte una et dominum Johannem Heyme vicarium perpetuum ecclesie parochialis de Thorpernald' predicta partem ream ex parte altera in iudicio personaliter existentes orta fuisset materia questionis dictis Willelmo et Willelmo affirmantibus dictum vicarium ad invenicionem huiusmodi capellani racione vicarie sue teneri ipsoque vicario contrarium asserente. Demum post plures altercaciones inter partes easdem occasione premissa habitas hinc et inde dictus dominus Johannes concessit pro bono pacis reformandum inter ipsum et dictos parochianos suos quod ipsi Willelmus et Willelmus ac ceteri incole dicte villule toto tempore quo idem dominus Johannes steterit vicarius in ecclesia antedicta habeant et percipiant absque impedimento ipsius domini Johannis seu alicuius alterius nomine sue omnes et omnimodas decimas et oblaciones ac emolumenta alia quecumque ad ipsum dominum Johannem nomine vicarie sue de dicta hameletta sive inhabitantibus eadem proveniencia et proventura et de ipsis decimis oblacionibus et emolumentis unum honestum capellanum et discretum qui divina in dicta capella sub modo et forma predictis celebret sibi sub suo periculo conducant toto tempore supradicto. Unde idem commissarius noster perpendens premissa concordiam et pacem inter partes predictas reformare et nutrire valere ea omnia et singula per dictum dominum Johannem vicarium concessa de consensu ipsius domini Johannis expresso nostra auctoritate ordinavit et statuit pro tempore supradicto fore inviolabiliter observanda. Ordinavit insuper idem commissarius auctoritate nostra predicta quod predictus vicarius toto tempore sue omnia sacramenta ecclesiastica dictis incolis sive inhabitantibus per se vel alium capellanum idoneum vice sua ministrare seu ministrari facere teneatur. In quorum omnium testimonium sigillum nostrum presentibus est appensum. Dat' in castro nostro de Sleford' vicesimo nono die mensis Maii anno domini millesimo cccc^{mo} xv^{mo}, consecracionis nostre anno xj^{mo}.

81. 1415. June 12th, Sleaford. Bishop Repingdon directs the archdeacons, or their officials, to execute the king's writ of May 28th for the array of the clergy for the defence of the kingdom. The number of clergy in array in the diocese is to be returned to the bishop by July 1st. The dean and chapter of Lincoln are also informed of the king's writ, and are directed to put themselves in array.

BREVE REGIUM PRO ARRAIACIO CLERI.[1] Philippus permissione divina Lincoln' episcopus dilecto filio archidiacono nostro Lincoln' seu eius officiali salutem graciam et benediccionem. Breve domini nostri Regis xj^{mo} die instantis mensis Junii reverenter ut decuit recepimus in hec verba. Henricus dei gracia Rex Anglie et Francie et dominus Hibernie venerabili in Christo patri Philippo eadem gracia episcopo Lincoln' salutem.[2] [to Folio 126^v] Nos igitur circa ea per que fides catholica ac mater nostra ecclesia videlicet sacrosancta regnumque inclitum Anglie quod prosperis pacis successibus gaudere consuevit defendi valeant et tueri prout ex debite tenemur totis nostris viribus laborare volentes, vobis in virtute obediencie et sub pena contemptus regii atque nostri et sub pena in dicto brevi regio expressata eiusdem brevis et nostra auctoritate firmiter iniungimus precipimus et mandamus quatinus premissa omnia et singula in dicto brevi specificata ac ipsum idem breve ad tocius cleri dicti archidiaconatus tam religiosorum quam secularium exemptorum et non exemptorum noticiam cum omni celeritate possibili deducatis ac ipsa omnia et singula fideliter intimetis et notificetis eisdem. Necnon eundem clerum tam religiosos quam seculares exemptos et non exemptos idoneos et defensabiles tam infra libertates quam extra dicti vestri archidiaconatus quatinus sibi de armis et preparamentis competentibus ac tuicioni et defensioni fidei ecclesie et regni predictorum necessarius iuxta status et facultates suos ut hostibus et inimicis fidei ecclesie et regni premissorum forenis valeant resistere provideant et providere curent nemini in hac parte parcendo premuniatis moneatis et requiratis prout nos eos tenore presencium consimiliter premunimus requirimus et monemus sic quod prompti sint et parati in defensionem et tuicionem fidei ecclesie et regni huiusmodi contra et adversus proterviam maliciam et infestacionem inimicorum predictorum quociens et quando necessarie fuerit et oportunum. Et ne in eorum negligenciam et tepeditatem quod absit dampna in premissis eveniant ullo modo. Citetis insuper et premuniatis seu citari et premuniri faciatis ac uniatis et congregatis clerum predictum tam religiosos quam seculares in forma predicta eis que auctoritate brevis predicti et nostra districcius iniungatis quod diebus et locis in cedula presentibus annexa designatis coram nobis aut nostris in hac parte commissariis in armis armaturis et aliis preparatoriis defensivis iuxta et secundum facultates sibi a deo collatas compareant et eorum quilibet compareat se que monstrent et monstret more armatorum et arraiatorum sicuti fidei ecclesie et regni predictorum fideles defensores inveniri ac penam forisfacture in predicto brevi expressatam indignacionemque regiam atque nostram voluerint evitare. Vosque archidiaconum nostrum predictum consimiliter requirimus monemus et premunimus quatinus in armis persone et statui vestris congruentibus coram nobis aut commissariis nostris apud Leycestr' die lune proximo post festum apostolorum Petri et Pauli proximum futurum in persona vestra seu aliis competentibus

---

[1] Abstract in *Cal. Close Rolls*, 1413–1419, p. 218. The bishop is ordered, "for particular causes now moving the king," not to meddle in such array within the University of Oxford.

[2] As *Reg. Chichele*, IV, p. 130.

et defensabilibus compareatis et cetera faciatis que superius exprimuntur. Et quid in premissis feceritis nos aut nostros commissarios antedictos diebus et locis huiusmodi certificatis litteris vestris patentibus harum et facti vestri seriem ac nomina et cognomina omnium et singularum personarum sic per vos premunitarum monitarum et citatarum una cum expressis designacionibus condiccionum statuum ordinum et graduum personarum que earundem ac locorum in quibus commorantur plenius continentibus sigillo autentico consignatis. Dat' sub sigillo nostro in castro nostro de Sleford' xij^{mo} die mensis Junii anno domini millesimo cccc^{mo} xv°, et consecracionis nostre anno undecimo.

MANDATUM DECANO ET CAPITULO LINCOLN' ECCLESIE PRO EODEM. Philippus permissione divina Lincoln' episcopus dilectis filiis presidenti et capitulo ecclesie nostre Lincoln' decano et subdecano eiusdem absentibus salutem graciam et benediccionem. Breve domini nostri Regis etc. Henricus etc. Nos igitur ut fides catholica materque nostra sacrosancta videlicet ecclesia ac regnum Anglie inclitum quod temporibus retroactis prosperis pacis successibus gaudere consuevit ab huiusmodi hostium et inimicorum insultibus preserventur potissime cum sit licitum vim vi repellere partes nostre sollicitudinis apponere volentes sicuti ut tenemur, vobis in virtute obediencie et sub pena contemptus regii atque nostra precipimus firmiter iniungimus et mandamus quatinus clerum ecclesie nostre Lincoln' predicte infra clausum eiusdem seu alia loca eidem contigua et vestre iurisdiccioni subdita et subiecta existentem tam exemptos si qui sint quam non exemptos auctoriate brevis regii antedicti et nostra premuniatis moneatis et requiratis quos nos eciam tenore presencium sic premunimus monemus et requirimus sub forisfactura in dicto brevi expressata ut sibi de armis armaturis et aliis preparamentis defensivis competentibus ac tuicioni et defensioni fidei ecclesie et regni predictorum necessariis iuxta status et facultates suos provideant et providere curent. Vosque decanum et presidentem predictos monemus quatinus de similibus armis armaturis et preparamentis iuxta status et facultates vestras vobis ipsis providere curetis ut hostibus et inimicis huiusmodi si qui forsan insurgant quod absit cum dei adiutorio forenis resistatur firmam spem tenentes quod non ab homine sed ex deo [*Folio 127*] consistit victoria, clerumque huiusmodi tam exemptos quam non exemptos idoneos et defensabiles cum omni celeritate possibili nulli in hac parte parcendo aliquo die citra primum diem Julii proximum futurum in aliquo loco spacioso uniatis et congregetis sicque uniri et congregari faciatis et supervideatis ipsumque clerum bene et competenter arraietis et muniatis ac arraiari et muniri iuxta status et facultates suas faciatis et compellatis et in arraiacione huiusmodi vos ipsi sitis et ipsius clerum ponatis et conservatis sic quod perempti sitis et sint ac parati secundum effectum et exigenciam brevis regii antedicti quociens et quando necesse fuerit et oportunum ne in vestri aut eorum defectu negligencia vel tepeditate quod absit dampnum eveniat in premissis contumaces que seu sic arraiari et muniri recusantes et absentes si qui fuerint in premissis ad consimilem arraiacionem compellatis et per potestatem laicam si necesse fuerit compescatis eos que pro huiusmodi contumaciis suis iuxta canonicas sancciones et dicti brevis continenciam puniatis. Ceteraque omnia et singula faciatis excerceatis et expediatis que in premissis vel circa ea aut eorum aliquod necessaria fuerint seu oportuna, ad que omnia et singula vobis committimus vices nostras per presentes cum cuiuslibet cohercionis necessarie potestate. Mandantes ut supra quatinus nos de omni eo quod feceritis in premissis octavo die mensis Julii proxima futuro in ecclesia prebendali de Sleford' dicte nostre diocesis ad ultimum distincte et aperte certificetis per litteras vestras patentes harum et facti vestri seriem ac modum et formam arraiacionis et municionis huiusmodi multum que ac nomina et cognomina personarum cleri huiusmodi sit arraiati et muniti plenius continentes sigillo autentico consignatas. Dat' etc.[1]

Same date. Commission from Bishop Repingdon to the abbots of the Augustinian abbey of T. and the Premonstratensian abbey of N. and the rector of L. to supervise the array of clergy in the diocese, and to certify to the bishop by July 8th that this has been carried out. The names of the clergy in array are to be returned.

COMMISSIO AD SUPERVIDENDUM CLERUM IN ARRAIACIONE. Philippus permissione divina Lincoln' episcopus dilectis filiis abbatibus monasterii de T. ordinis sancti Augustini et de N. ordinis Premonstratensis ac rectori ecclesie parochialis de L. nostre diocesis salutem graciam et benediccionem. Breve domini nostri Regis etc. Henricus etc. Cuius quidem litteris et nostra auctoritate singulis archidiaconis nostris et eorum officialibus ut ipsi clerum nostre diocesis tam religiosos quam seculares exemptos et non exemptos idoneos et defensabiles tam infra libertates quam extra ut sibi de armis et preparamentis competentibus ac defensioni et tuicioni fidei ecclesie et regni predictorum necessariis iuxta status et facultates suas provideant premunirent monerent et requirerent quodque eundem clerum tam religiosos quam seculares predictos ut certis diebus et locis per nos ad hoc prefixis et assignatis coram nobis aut certis nostris commissariis in armis armaturis et preparamentis defensivis comparerent se que monstrent et monstret quilibet eorundem prout moris est arraiatorum et armatorum citarent unirent et congregarent ac nos seu nostros commissarios huiusmodi de facto suo in premissis autentice certificarent dedimus firmiter in mandatis. Verumquia aliis Regis et regni negociis consimilibus sumus ad presens multipliciter prepediti quominus premissis personaliter intendere valeamus, ad recipiendum certificatorium archidiaconi nostri Lincoln' seu eius officiali in hac parte faciendum die lune proximo post festum apostolorum Petri et Pauli proximum futurum apud G. quos diem et locum ad hoc prefiximus et assignavimus et exhabundanti vobis prefigimus et assignamus dieque et loco huius-

---

[1] In August, 1415, the king directed Dean Macworth and Henry Welles, archdeacon of Lincoln, to go to their cathedral church and put themselves in array, in accordance with his previous mandate. *Foedera*, IX, p. 254.

modi vice et nomine nostris presidendum clerum que huiusmodi tam religiosos quam seculares exemptos et non exemptos idoneos et defensabiles tam infra libertates quam extra uniri et congregari videndum ipsumque clerum bene et competenter arraiandum et muniendum ac arraiari et muniri iuxta status et facultates suas nemini in hac parte parcendo faciendum et compellandum ac in arraiacione huiusmodi sic quod prompti sint et parati iuxta effectum brevis regii antedicti quociens et quando necesse fuerit et oportunum. Ne in eorum defectu seu vestri negligencia vel tepeditate dampnum in premissis eveniat ponendum et conservandum contumaces que seu sic arraiari recusantes et renuentes ac absentes si qui fuerint quod absit in premissis ad consimilem arraiacionem compellandum et compescendum eosque pro huiusmodi contumaciis suis iuxta canonicas sancciones et dicti brevis continencia puniendum. Ceteraque omnia et singula facienda excercenda et expedienda que premissis vel circa ea aut eorum aliquod necessaria fuerint sue oportuna. Vobis de quorum circumspeccione industria plurimum in domino confidimus vices nostras committimus per presentes cum cuiuslibet cohercionis et execucionis canonice potestate, quod si non omnes premissis exequendis intendere valeatis duo vestrum ea nichilominus exequantur. Vobis eciam auctoritate brevis regii predicti et nostra sub pena in eodem brevi lata et contenta firmiter iniungimus precipimus et mandamus ut vos in premissis sedulos exhibeatis ne pro negligencia aut torpore redarguamini in futurum seu occasione negligencie vestre quod absit dampnum eveniat in premissis. Et quid feceritis in premissis nos octavo die mensis Julii proximo futuro in ecclesia prebendali de Sleford' dicte nostre diocesis ad ultimum distincte et aperte certificetis per litteras vestras patentes harum et facti vestri seriem ac modum et formam arraiacionis et municionis [*Folio 127*] ac multum nominaque et cognomina personarum cleri huiusmodi sic arraiati et muniri plenius continentes aliquo sigillo autentico consignatas, certificatorium dicti archidiaconati scu eius officialis vobis in hac parte liberatum nobis transmittendo. Dat' etc.

Bishop Repingdon returns a certificate to the king giving the numbers of secular and religious clergy in array in the diocese of Lincoln. The total number in array is 5,495.

CERTIFICATORIUM DOMINO REGI. Excellentissimo in Christo principi et domino nostro domino Henrico dei gracia Regi Anglie et Francie et domino Hibernie illustri Philippus permissione divina Lincoln' episcopus salutem in eo per quem reges regnant et principes dominantur ac de inimicis feliciter reportare triumphalis litteras vestre regie celsitudinis patentes et sigillo vestro magno sigillatas xj^{mo} die mensis Junii proximo preterito cum omni cordie humilitate ac reverencia debita recepimus sub hac forma. Henricus etc. Quarum quidem litterarum auctoritate et vigore clerum nostre diocesis tam religiosos quam seculares exemptos et non exemptos idoneos et defensabiles tam infra libertates quam extra cum omni celeritate qua potuimus uniri fecimus et congregari ipsumque clerum prout sub-

scribitur bene et competenter arraiari et muniri iuxta status et
facultates suas nomini in hac parte parcendo fecimus et compulimus
et in arraiacione huiusmodi poni fecimus et pro posse nostro con-
servabimus et conservari faciemus eisque districcius iniungis fecimus
auctoritate vestra regia supradicta quod prompti sint et parati ad
resistendum malicie protervie et infestacioni inimicorum predictorum
quociens et quando necessarie fuerit et oportunum. Ceteraque fecimus
que dicte littere patentes exigunt et requirunt et de cetero faciemus
prout nostre possibilitati convenit et potestati. Modus vero arraiacionis
predicte ac numerus personarum cleri predicti sic arraiati talis est.

In primis persone de clero seculari arraiate et ad arma parate $cc\ iiij^{xx}\ xij$
et sagittarii cum armaturis sibi competentibus $m\ ^{t}m\ ^{t}m\ ^{t}.xxxij$. Item
de religiosis exemptis et non exemptis non mendicantibus ad arma
paratis et arraiatis $c\ iiij^{xx}\ xiiij$. Item sagittarii cum armaturis sibi competentibus $m^{t}\ iiij^{xx}\ xv$. Item religiosis mendicantibus videlicet sagittarii
cum armaturiis sibi competentibus $cc\ iiij^{xx}\ xij$. Numerus vero omnium
armatorum $cccc\ iiij^{xx}\ vj$. Sagittariorum vero $v^{m^{t}}\ ix$. Omnium vero
$v^{m^{t}}\ cccc\ iiij^{xx}\ xv$. De quibus omnibus et singulis vestram regiam
celsitudinem certificamus per presentes sigillo nostro sigillatas, et
excellenciam vestram regiam in prosperis conservet felicitet singulis
in agendis sancta Trinitas unus deus. Dat' etc.

Mandate to the stewards of the episcopal castles and manors to
carry out the king's writ for array and to return numbers to the bishop
by July 16th.

PRECEPTUM CONSTABULARIIS CASTRORUM ET DOMINIORUM DOMINI
EPISCOPI PRO ARRAIACIONE. Philippus permissione divina Lincoln'
episcopus dilecto nobis in Christo N.T. senescallo nostro maneriorum
et dominiorum nostrorum de Stowe et Nettelham salutem et graciam
dextere salvatoris. Nuper siquidem excellentissimus in Christo princeps et dominus noster dominus Henricus dei gracia Rex Anglie et
Francie et dominus Hibernie illustris modernus nobis per litteras
suas patentes sigillo magno sigillatas dedit firmiter in mandatis ut
clerum nostre diocesis tam religiosos quam seculares exemptos et non
exemptos idoneos et defensabiles tam infra libertates quam extra cum
omni celeritate possibili uniamus et congregemus ipsumque clerum
bene et competenter arraiamus et muniamus ac arraiari et muniri
iuxta status et facultates suas nemini in hac parte parcendo faciamus
et compellamus ac in arraiacione huiusmodi ponamus et conservemus,
ita quod prompti sint et parati ad resistendum malicie protervie et
infestacioni hostium et inimicorum fidei catholice ecclesie et regni
Anglie si illa ipso Rege extra regnum Anglie pro recuperacione iurium
corone sue existente invadere perturbare seu infestare presumpserint.
Nosque qui in vobis gerimus ut fides ecclesia et regnum predicta
feliciter prosperentur vigore dictarum litterarum regiarum per quas
eciam idem dominus Rex mandavit universis et singulis cleri predicti

et aliis ligeis suis sub forisfactura omni que sibi forisfacere poterunt ut nobis in premissis assistant intendant consulant et auxilientur, clerum nostre diocesis in forma predicta mandavimus arraiari. Verumquia non ab homine sed ex deo consistit victoria et volentes propterea potestatem nobis a deo datam circa fidei catholice ac iuris nostre ecclesie videlicet sacrosancte regnique incliti Anglie quod prosperis pacis successibus gaudere consuevit tuicioni cum sit licitum vim vi repellere contra hostium et inimicorum huiusmodi incursus et insultus virilius excercere volumus et vobis in fide et dileccione quibus dicto domino nostro Regi et nobis tenemini rogando mandamus firmiter iniungentes quatinus omnes et singulos homines infra domum nostrum de N. idoneos et defensabiles sagittarios videlicet et armatos seu ad arma potentes et valentes in forma predicta arraietis et in arraiacione ponatis et conservetis. Ita quod prompti et parati sint cum et quando necessitatis eventus id exposcat iuxta et secundum effectum et exigenciam litterarum regiarum predictarum nemini in hac parte parcendo sic quid in vestri defectu seu eorum negligencia vel tepeditate dampnum non eveniat in premissis ullo modo. Certificantes nos citra xvj^{um} diem mensis Julii proximum futurum de modo arraiacionis huiusmodi et numero arraiatorum. Dat' sub sigillo nostro secreto apud Sleford' etc.

[*Folio 128*]

Mandate from Bishop Repingdon to keep the clergy in array as previously directed.

MANDATUM AD CONSERVANDUM CLERUM IN ARRAIACIONI PRIUS ORDINATA. Philippus permissione divina Lincoln' episcopus dilectis filiis etc. arraiatoribus cleri tam religiosorum quam secularium exemptorum et non exemptorum tam infra libertates quam extra per decanatus de H. et L. nostre diocesis constitutorum per nos auctoritate regia deputatis salutem graciam et benediccionem. Auctoritate litterarum regiarum nobis in hac parte directarum et quarum copiam vobis alias transmisimus sub pena in eisdem litteris contenta firmiter iniungimus et mandamus quatinus vobis et vestrum cuilibet de armis armaturis municionibus et aliis preparamentis tam invasivis quam defensivis pro numero personarum in cedula presentibus annexa descriptarum et in forma in eadem cedula expressata ultra canonicos vestros defensabiles et idoneos quos tanquam sagittarios competenter volumus arraiari faciatis congrue provideri cum omni celeritate possibili in hac parte. Ceterosque religiosos in eadem cedula conscriptos iuxta formam inibi descriptam ut sibi consimiliter ultra confratres suos idoneos et defensabiles quos similiter ut sagittarios competenter volumus arraiari, ac beneficiatos ceteros in dicta cedula descriptos ut sibi consimiliter iuxta formam sibi conscriptam provideant et provideat quilibet eorundem sub pena antedicta auctoritate regia supradicta moneatis et hoc eis districcius iniungatis ipsosque in arraiacione huiusmodi ac ceteros de clero dictorum decanatuum in arraiacione per vos nobis certificata ponatis et conservetis. Ita ut vos in arraiacione vobis per nos ut prefertur assignata ac ceteri religiosi et beneficiati ac clerus predicti sitis et sint parati ad resistendum proterive malicie et infestacioni inimicorum fidei catholice ecclesie et regni Anglie ne quod absit in vestri aut ipsorum negligencia vel tepeditate eisdem fidei ecclesie aut regno dampnum eveniat ullo modo. Certificantes nos de facto vestro in premissis ac numero nominibus et cognominibus canonicorum et monachorum ut premittitur more sagittariorum arraiandum die etc. proximo futuro autentico sub sigillo. Dat' etc.

82. 1415. July 8th, Sleaford. Letters dimissory to Robert Reading (Raydyng), subdeacon, John Hungerford (Hungyrford'), Robert Arkston (Erkaston'), Richard Wilderley (Yldylley) and John Abingdon (Abydon'), canons of St. Frideswide's Priory, Oxford, having the first tonsure, to all orders. [B.]

83. 1415. Mandate from Bishop Repingdon to the archdeacon of Lincoln, reciting Archbishop Chichele's letter of June 7th, 1415, forwarded by Richard Clifford, bishop of London, for special prayers and processions to be held throughout the diocese on behalf of the Emperor Sigismund and his efforts for the unity of the church.[1] [to Folio 128ᵛ]

84. 1415. August 12th, Sleaford. Letters dimissory to John Pakenham, deacon, John Harringworth (Haryngworth') and John Rysle, canons of Dunstable Priory, acolytes, to all orders. [B.]

85. 1415. August 16th, Sleaford. Licence to John Saddington (Sadyngton'), canon of St. Mary de Pré (beate Marie de Pratis), Leicester, scholar in theology, to preach in the diocese of Lincoln.

86. Same date and place. Letters dimissory to William Kirtlington (Kyrtlyngton'), John Henley, John Wallingford (Walyngford'), Stephen Langley (Langeley), Thomas Wallingford, John Cirencester (Circestr'), John Winchester (Wynchestr') and John Marlow (Merlowe), canons of Notley (Notteley) Abbey, having the first tonsure, to all orders. [B.]

[Folio 129]

87. 1414/15. February 25th, in the chapel in the house of Thomas

---

[1] See Reg. Chichele, III, p. 435.

Duffeld, chancellor of Lincoln. Arbitration in the dispute between Bishop Repingdon and Richard Elvet, archdeacon of Leicester, concerning the probate of wills in the case of persons dying in Leicester archdeaconry and having property in several dioceses, and especially of the canons and other ministers of the Newarke collegiate church at Leicester. John Southam, archdeacon of Oxford, Thomas Brouns and David Pryce are appointed as arbitrators.

On August 6th, 1415, a commission is issued to the abbot of St. Mary de Pré, Leicester, and William Irby, rector of Medbourne, to deal with probate in disputed cases until a final decision is reached by the arbitrators.

COMPROMISSUM EPISCOPI LINCOLN' ET ARCHIDIACONI LEYCESTR' PRO INSINUACIONE TESTAMENTORUM MOBILIUM ET CANONICORUM NOVE COLLEGIATE LEYCESTR'. In dei nomine amen. Per presens publicum instrumentum cunctis appareat evidenter quod anno ab incarnacione domini secundum cursum et computacionem ecclesie Anglicane millesimo cccc^{mo} xiiij^o Indiccione octava Pontificatus sanctissimi in Christo patris et domini nostri domini Johannis divina providencia pape vicesimi tercii anno quinto et mensis Februarii die xxv^{to}, in quadam capella infra hospicium reverendi viri magistri Thome Duffeld' cancellarii ecclesie Lincoln' et infra clausum eiusdem ecclesie situata, in mei Roberti notarii auctoritate apostolica publica testimonium que subscriptorum presencia conscienti fuerunt personaliter reverendus in Christo pater et dominus dominus Philippus permissione divina Lincoln' episcopus ex parte una et discretus vir dominus Ricardus Elvet archidiaconus Leycestr' in eadem ecclesia Lincoln' ex parte altera, qui dixerunt publice quod licet fuerat alias quedam causa molestacionis inquietacionis et perturbacionis iuris et iurisdiccionis ac possessionis probacionis approbacionis et insinuacionis testamentorum quorumcumque subditorum dicti archidiaconatus Leycestr' decedencium habencium bona in diversis diocesibus tempore mortis eorundem et presertim canonicorum ecclesie nove collegiate beate Marie Leycestr' ac vicariorum aliorumque ministrorum quorumcumque eiusdem ecclesie iure prevencionis aliorum que gravaminum coram reverendo et discreto viro magistro Johanne Southam archidiacono Oxon' reverendi in Christo patris bone memorie domini Thome dei gracia tunc Cantuar' archiepiscopi iam defuncti ad inquirendum de et super premissis et ipsum eundem reverendum patrem huiusmodi inquisicionis negociis expedito certiorandum commissario sub certa forma deputato alias mota prout in actis et processibus inde habitis per eundem commissarium, de quibus michi eidem notario nunc et registratori et scribe eiusdem ad tunc sufficienter constabat et constat liquet manifesto. Voluerunt tamen et volunt dicti reverendus pater et archidiaconus finem sive concordiam quantum in eis fuit aut est huiusmodi liti et discordie imponere pro suis temporibus duraturam, et ex hoc nominarunt eundem magistrum Johannem Southam ac reverendos et discretos viros magistrum Thomam Brouns legum doctorem et David Pryce in legibus bacallarium, quos tres reverendos viros in arbitros sive arbitratores diffinitores sive amicabiles compositores huiusmodi litis et discordie ut pro temporibus eorundem reverendi patris episcopi et archidiaconi mutuo elegerunt et assumpserunt, dando eisdem coniunctim plenam et liberam potestatem huiusmodi causam sive negocium decidendi terminandi et diffiniendi diebus feriatis et non feriatis tociens quociens iuxta discreccionem eis a deo datam quamcitius commode poterint et hoc specialiter et principaliter iuxta acta actitata deducta proposita et probata in inquisicione nuper ut premittitur super causa molestacionis inquietacionis et perturbacionis productis per magistrum Johannem Southam pro tunc dicti reverendi patris Cantuar' commissarium et alia munimenta quecumque coram eodem habita. Ad que omnia et singula dicti arbitri arbitratores diffinitores sive amicabiles compositores necnon alia si necessarie fuerit eisdem ab ipsis et utroque eorundem administranda pro informacione plenaria habendi et concipienda recursum liberum habere valeant et debeant locis et temporibus oportunis. Et postquam iuxta huiusmodi acta et actitata plenam conceperint in materia predicta informacionem et in materia arbitracionis huiusmodi finaliter concluserint et determinaverint omnia premissa acta et actitata cum ceteris aliis hanc causam concernentibus in archivis ecclesie Lincoln' sine aliqua mutacione aut variacione dolo et fraude omnimodis prorsus cessantibus secure et fideliter reponantur et perpetuo conserventur ad usam informacionem et utilitatem eorum et eorundem alterius successorum ad huiusmodi causam sive litem fortassis recurrere volencium temporibus eventuris. Ac quod acta et actitata et alia munimenta quecumque coram quibuscumque iudicibus pro informacione dictorum arbitrorum requisicionem liberarent traderent et assignarent promittentes hinc et inde bona fide ut apparuit se stare in alto et in basso laudo decreto arbitrio et diffinicioni eorundem ac se ratum et gratum in personis suis habituros totum et quicquid dicti arbitri sive amicabiles compositores laudaverint decreverint seu diffinierint faciendi vel observandi in hac parte Philippum huiusmodi tamen compromissum non intendebant nec intendunt ut dixerunt dicte partes preiudicare in aliquo iuri et possessioni quod et quam habuerunt in premissis ante factum huiusmodi compromissum prout ibidem publice hinc et inde protestabantur. Quibus habitis eodem partes mutuo ibidem convenerunt et concordarunt quod nec idem dominus episcopus nec idem archidiaconus per se aut suos ministros testamenta aliquorum in casu predicto infra dictum archidiaconatum sive aliorum predictorum dicte ecclesie nove collegiate decedencium ab isto die usque ad finalem decisionem sive diffinicionem premissorum ullatenus approbarent aut ministracionis bonorum eorundem quovis modo committerent seu finales acquietancias facerent vel concederent. Set quod omnia premissa preter eorum acquietancia deberent committi uni personi ydoneo eiusdem archidiaconatus fideliter exequenda quem nominarunt ibidem, videlicet magistrum Willelmum Irby rectorem ecclesie parochialis de Medburn' partes supradicte in commissarium per dictos iudices arbitros sive amicabiles compositores specialiter deputandum. Et in casu quo contingat aliquem dictorum trium arbitrorum sive amicabilium compositorum ante finalem decisionem huiusmodi quod absit obire vel decedere tunc eodem partes mutuo reservarunt sibi ipsis potestatem obligendi et quod de facto eligerent eis unum alium clericum discretum et ydoneum associandum loco sic decedentis aliis duobus iudicibus existentibus habentem eandem potestatem cum ipsis quam habuerunt tres nominati supradicti et pariforma etc. Acta sunt hec etc. Presentibus magistro Newerk' decretorum bacallario et T. Hill' notario publico et aliis etc.

[*Folio 129ᵛ*]

COMMISSIO AD APPROBANDUM TESTAMENTA HUIUSMODI DICTO COM-PROMISSO PENDENTE. Johannes Southam archidiaconus Oxon' in ecclesia Lincoln' Thomas Brouns legum doctor et David Pryce in legibus licenciatus, ad cognoscendum procedendum ordinandum et laudandum in quadam causa molestacionis inquietacionis et perturba-cionis iuris et iurisdiccionis ac permissionis probacionis approbacionis et insinuacionis testamentorum quorumcumque subditorum archi-diaconatus Leycestr' decedencium habencium bona in diversis diocesibus tempore mortis eorundem ac eciam canonicorum ecclesie nove collegiate beate Marie Leycestr' ac vicariorum aliorumque ministrorum quorumcumque eiusdem ecclesie iure prevencionis aliorumque gravaminum coram nobis Johanne Southam archidiacono Oxon' predicto recolende memorie domini Thome dei gracia dudum Cantuar' archiepiscopi defuncti ad inquirendum de et super premissis commissarium sub certa forma deputata alias mota per reverendum in Christo patrem et dominum dominum Philippum dei gracia Lincoln' episcopum ac reverendum virum dominum Ricardum Elvet archidiaconum Leycestr' arbitri arbitratores diffinitores sive amic-abiles compositores sub certa forma in compromisso huiusmodi limitata concorditer electi et assumpti reverendo religionis viro abbati monasterii beate Marie de pratis Leycestr' et discreto viro magistro Willelmo Irby rectori ecclesie parochialis de Medeburn' Lincoln' diocesis salutem in domino sempiternam. Cum nuper prefati reveren-dus pater episcopus Lincoln' predictus et archidiaconus Leycestr' antedictus in compromisso huiusmodi mutuo convenerint et con-cordaverint quod nec idem dominus episcopus nec idem archi-diaconus per se aut suos ministros testamenta aliquorum in casu predictorum infra dictum archidiaconatum sive aliorum predictorum dicte ecclesie nove collegiate decedencium a die compromissi predicti usque ad finalem decisionem sive diffinicionem premissorum ulla-tenus approbarent aut ministraciones bonorum eorundem quovis-modo committerent seu finales acquietancias facerent vel concederent. Sed quod omnia premissa preter eorum acquietancias que illi pro quo laudaverimus remanebunt deberent committi duabus personis idoneos dicti archidiaconatus fideliter exequenda quas nominarunt ibidem, videlicet vos abbatem et rectorem predictos in commissarios per nos iudices arbitros sive amicabiles compositores predictos coniunctim et divisim specialiter deputandos. Nos igitur Johannes Thomas et David predicti onus huiusmodi compromissi pro bono pacis et quietis inter dictos reverendum patrem et archidiaconum fovendo in nos gratanter acceptantes et assumentes, volentes que ipsum compromissum in sui forma conservare ne iuri alterius partium predictarum preiudicium generetur, ad recipiendum probaciones testamentorum quorumcumque subditorum dicti archidiaconatus Leycestr' infra dictum archidiaconatum decedencium et bona in diversis diocesibus tempore mortis eorundem habencium necnon canonicorum dicte ecclesie nove collegiate beate Marie Leycestr' ac vicariorum aliorumque ministrorum quorumcumque eiusdem ecclesie ipsa quoque testamenta approbandum insinuandum et pro eisdem testamentis pronunciandum. Administracionem eciam omnium et singulorum bonorum eosdem defunctos et huiusmodi sua testamenta concernencium ac infra dictos archidiaconatum et ecclesiam collegiatam tempore mortis eorundem existencium executoribus in eisdem testamentis nominatis committendum seu alias eam eis precludendum. Ceteraque omnia et singula faciendum excercendum et expediendum in premissis necessaria et oportuna calculo compoto et raciocinio administracionum huiusmodi ac finali dimissione iuxta formam predictam reservatis. Vobis coniunctim et divisim vigore et auctoritate compromissi huiusmodi potestatem committimus per presentes cum cuiuslibet cohercionis et execucionis canonice potestate, et quid feceritis in premissis nos citra festum Natalis domini proximum futurum distincte et aperte certificetis per litteras vestras patentes harum et facti vestri seriem ac nomina et cognomina decedencium huiusmodi et executorum eorundem plenius continentes sigillo autentico consignatas, veras copias testamentorum huiusmodi per vos approbatorum una cum certificatorio vestra huiusmodi nobis transmittendo. In cuius rei testimonium quia sigilla nostra privata sunt et minus cognita sigillum decani decanatus de Sleford' presentibus apponi procuravimus, et ego decanus dicti decanatus de Sleford' ad specialem requisicionem dictorum arbitrorum sive amicabilium compositorum sigillum officii mei presentibus apposui in fidem et testimonium premissorum. Dat' apud Sleford' vj^{to} die mensis Augusti anno domini millesimo cccc^{mo} xv^{mo}.

88. 1415. August 15th, Sleaford. Commission from Bishop Repingdon to John, bishop "Surronensis", John Bernard (Bernarde), rector of Bletchley by Shenley (Blechesle iuxta Shenle), and Robert Esebach to proceed in the case of John Lawe, *plomer*, of Shenley, and Agnes Pratt (Prat, Pratte), who have been granted a dispensation, by authority of the papal penitentiary, Jordanus, bishop of Albano (Alban'), that their marriage may be regarded as valid although they are related in the fourth degree of consanguinity.[1]

89. 1415. August 25th, Sleaford. Permission to Agnes Wyghtham, the newly elected abbess of Godstow (Goddestowe) Abbey, to receive benediction from any catholic bishop.

[1] See *infra*, no. 258.

90. 1415. August 23rd, Sleaford. Letters dimissory to Richard Hosyer, clerk, to all orders. [B.]

[*Folio 130*]

91. 1415. August 26th, Sleaford. Letters dimissory to William Chapman, having the first tonsure, to all orders. [B.]

92. 1415. August 28th, Sleaford. Commission to Thomas Asgarby (Asgardeby), sequestrator in the Parts of Lindsey and the deanery of Holland, John Harper (Harpour), rector of Scartho (Scarthowe), and John Thomson ('Tomson'), chaplain, to collect the fruits of Healing (Helynge) parish church during the absence of the rector, Robert Tiverington ('Tyveryngton'), and to provide a suitable chaplain to serve the cure of souls.

93. Same date and place. Licence to Stephen Brackley (Brakle), rector of Ayot St. Lawrence (Ayotte sancti Laurencii), to celebrate one anniversary, the permission to last for one year.

94. [Undated.] Citacion of T.W., a monk of Norton Abbey[1] in the diocese of Lichfield, whose letters of presentation to the vicarage of Burton-on-Stather, Lincoln diocese, purporting to come from the abbot, were subsequently found to be false.

CITACIO CONTRA SURREPTICIE ADQUIRENTEM PRESENTACIONEM AD BENEFICIA ETC. Philippus permissione divina Lincoln' episcopus dilecto filio archidiacono nostro S. seu eius officiali salutem graciam et benediccionem. Licet nos alias fratrem T.W. canonicum et confratrem monasterii beate Marie de Norton' ordinis sancti Augustini Lichfeld' diocesis, ad vicariam perpetuam ecclesie parochialis de Burtonstather nostre diocesis vacantem per abbatem et conventum dicti monasterii de Norton' per eorum pretensas litteras patentes et sigillo suo communi pretenso sigillatas nobis ut idem frater Thomas pretendebat et suggerebat presentatum ad vicariam eandem admiserimus ipsumque vicarium perpetuum instituerimus in eadem ac vobis ut ipsum fratrem T. in corporalem possessionem eiusdem vicarie induceretis per nostros certi tenoris litteras dederimus in mandatis. Ad nostrum tamen ex multorum insinuacione fidedignorum pervenit auditum quod dictus frater T. litteras presentatorias huiusmodi fallaciter delose fraudulenter et surrepticie preter scienciam et noticiam

---

[1] "The priory [of Norton] was made an abbey early t. Henry VI, if not sooner." *Medieval Religious Houses*, ed. Knowles, D., and Hadcock, R. N. (new ed., 1971), p. 168 n.

abbatis predicti et ipso abbate penitus ignorante de se ad vicariam predictam fieri ipsasque litteras false Februarii obtinuit et procuravit. Nos igitur volentes eiusdem fratris Thome in hac parte versuciis fraudi dolo et fallacie via iuris qua possumus obviare ne de dolo suo huiusmodi commodum gaudeat reportasse, vobis tenore presencium districcius inhibemus ne vigore seu auctoritate mandati nostri predicti vobis ut premittitur directi prefatum Thomam aut aliquem alium eius nomine in possessione vicarie predicte inducatis seu induci faciatis set ab omni execucione mandati nostri huiusmodi cessetis et supersideatis omnino quousque aliud a nobis super hoc habueritis specialiter in mandatis. Citetis insuper seu citari faciatis peremptorie prefatum fratrem Thomam quod compareat etc. in ecclesia etc. die etc. super premissis etc. terminum autem peremptorium huiusmodi etc. que ex premissis etc. Et quid etc. Dat' etc.

95. 1415. August 23rd, Sleaford. Licence to John Ayliffe (Ayleff), rector of Ellesborough (Eselburgh), to celebrate one anniversary, the permission to last for three years.

96. 1415. August 18th, Sleaford. Commission to Robert Dembleby, donzel, John Lambe, Robert Walton and Walter Sely, to collect the fruits of Dembleby parish church and to provide a suitable chaplain to serve the cure of souls during the absence of the rector, Thomas Yong.

97. 1415. August 23rd. Commission to the rectors of Owmby (Ounesby) and Newton (Neuton') to receive an account of the administration of the revenues of Dembleby church from Robert Dembleby.

98. 1415. Testament of Henry Westby, esquire. Dated August 16th, at York.

TESTAMENTUM HENRICI WESTEBY.[1] In dei nomine amen. Sextodecimo die mensis Augusti anno domini millesimo cccc^{mo} xv^{mo}, ego Henricus Westby armiger compos mentis mee condo et ordino testamentum meum in hunc modum. In primis lego et commendo animam meam deo et beate Marie ac omnibus sanctis et corpus meus ad sepeliendum infra ecclesiam fratrum predicatorum Ebor'. Eciam do et lego omnia bona mea tam mortua quam viva Ricardo Billeston' et Galfrido Hertlie servientibus meis ad disponendum pro anima mea et animabus omnium fidelium defunctorum prout coram summo iudico voluerint respondere, quos quidem Ricardum et Galfridum ordino et constituo executores meos, presentibus fratribus Johanne atte Hawe Thoma Multon' sacre theologie doctoribus et Thoma

---

[1] Abstract in *Linc. Wills*, p. 144.

Clederowe servienti dicti Henrici. Dat' Ebor' die et anno supradictis. Proved before Bishop Repingdon at Sleaford on August 27th.

99. 1415. Testament of Emma Ypers, widow. Dated May 10th, at Althorpe.

TESTAMENTUM EMME YPERS.[1] In dei nomine amen. Ego Emma Ypers vidua compos mentis licet egra corpore testamentum meum verbale sive nuncupativum condo et dispono in hunc modum. In primis lego animam meam deo omnipotenti beate Marie virgini et omnibus sanctis ac corpus meum ad sepeliendum in ecclesia parochiali de Althorp' Lincoln' diocesis cum meliori averio meo nomine princi-palis. Item volo quod primitus solutis debitis meis omnibus de residuo maritetur [*Folio 130ᵛ*] Emme de Westby filie Ricardi Westby filii mei senioris. Et ad istius testamenti mei verbalis sive nuncupativi execucionem nomino et depono Henricum Westby filium Ricardi Westby filii mei senioris fideliter faciendum quos de residuo si quod post maritacionem dicte filie mee superfuerit disponere volo et ipsos ad disponendum de bonis huiusmodi meos executores nomino et dispono. Dat' apud Althorp' decimo die mensis Maii anno domini millesimo cccc^{mo} xv^{mo}.

Proved before Bishop Repingdon at Sleaford on August 27th.[2]

100. 1415. August 30th, Sleaford. Commission to Thomas Tyberay to sequestrate the fruits of a chantry at North Mimms (Northmymys) and to provide for services during the absence of the chaplain, Thomas Mayne (Mayn').

101. 1415. September 19th, Sleaford. Letters dimissory to John Peck (Pekke), rector of Taynton (Teynton') by Burford, to all orders. [B.]

102. [Undated.] Mandate from Bishop Repingdon to John Legh, sequestrator in the archdeaconries of Oxford and Buckingham, to take steps to sequestrate the revenues of non-resident beneficed clergy, in accordance with the constitution recently passed in Convocation, and to enforce residence within a specified period under pain of excommunication. [*to Folio 131*]

103. [Undated.] Commission from Bishop Repingdon to John Southam and other members of the cathedral chapter to inquire con-cerning crimes, excesses and immorality which are reported to be prevalent in the city and diocese of Lincoln.

[1] Abstract in *Linc. Wills*, p. 146.
[2] Marginal note: "*Notabilia*".

COMMISSIO AD INQUIRENDUM DE CRIMINIBUS ET EXCESSIBUS QUORUM-
CUMQUE SUBDITORUM IN GENERE CUM CLAUSULA CERTIFICANDI DE COM-
PERTIS IN INQUISICIONE HUIUSMODI ETC. Philippus permissione divina
Lincoln' episcopus dilectis filiis et confratribus nostris magistris
J[ohn] S[outham] canonico Thome Duffeld' cancellario Johanni
[Haget] thesaurario et Ricardo H[ethe] canonico ecclesie nostre
Lincoln' salutem graciam et benediccionem. Ad nostrum nuper frequenti et assidua relacione quod non sive cordis amaritudine referimus
pervenit auditum quod nonnulli subditi nostri utriusque sexus nostre
diocesis [et] civitatis nostre Lincoln' que tanquam speculum pre-
eminencie foret toti nostre diocesi tam in sacris ordinibus constituti
quam eciam coniugati et soluti quam plura enormia grava excessus
et delicta ut pote adulteria incestus incontinencia fornicaciones stupra
levocinium et alia enormia debita correccione indigencia propter que
ipse deus misericordie et tocius consolacionis a sua misericordia verisimiliter ut timetur avertit et provocatur ad flagellum dampnat'
commiserunt et indies committere et continuare non formidant in
suarum grave periculum animarum et aliorum Christifidelium per-
horrendum exemplum, nos igitur quibus tocius nostre diocesis cura
iminet animarum lacrimose meditantes quod exigentibus hominum
peccatis initu divino qui iuste pro peccatis irascitur et contriccione
penitencium placatur evenerunt temporibus retroactis prout magistra
rerum experiencia que non fallit edocet manifeste et hiis diebus plus
solito eveniunt pestilencie fames sterilitates terrarum inundaciones
aquarum bella et cediciones et de gravioribus timetur verisimiliter
eventuris nisi populus indomitus et dure cervicis remedium penitencie
humiliter postulaverit ad deum creatorem suum cicius se convertat
et peniteat de commissis suis, et volentes propterea ea que salutem
impediunt animarum pro nostre possibilitatis vigore evellere ac virtutum plantaria que iram mitigant et misericordiam excitant salvatoris
in fidelium mentibus seminare, ad inquirendum in debita iuris forma
per viros fidedignos honeste et inculpate vite infamia minime re-
spersos qui lucri gracia inimicicie causa carent suspicione ac sciunt
volunt valent et audent in hac parte super inquirendis ab eisdem
dicere veritatem tam in genere quam in speciale contra et adversus
omnes et singulos infra nostram civitatem predictam huiusmodi
delinquentes ac eorum nominibus cognominibus et criminibus per
eos commissis vocatis in hac parte vocandis diebus et locis vestro
arbitrio statuendis iuxta et secundum discreccionem vobis a deo
datam. Ceteraque faciendum et excercendum que in huiusmodi
inquisicione negocio dictaverint canonice sancciones. Vobis de
quorum conscienciarum puritate fidelitate et devocione servare plurimum in domino confidimus vices nostras committimus per presentes
cum cuiuslibet cohercionis canonice potestate. Quod si non omnes
hiis exequendis intendere valeatis, duo vestrum ea nichilominus
exequantur. Et quid feceritis in premissis nos citra festum etc.
distincte et aperte certificetis vestris seu certificent illi vestrum qui
premissa fuerint executi suis litteris patentibus habentibus harum
seriem ac nomina et cognomina denunciatorum huiusmodi una cum
qualitatibus criminum et excessuum et delictorum super quibus

fuerint denunciati plenius continentibus sigillo autentico consignatis. Dat' etc.

104. [Undated.] Citacion of a vicar who has delayed the solemnization of a marriage until he shall have received payment.

CITACIO CONTRA CURATUM DIFFERENTEM MINISTRARE SACRAMENTIS QUOUSQUE EXEGERIT PECUNIA PRO EISDEM. Philippus permissione divina etc. Licet in constitucionibus legatinis editis in hoc casu proinde sit statutum ut sacramenta ecclesiastica in quibus salutis remedia continentur exclusa qualibet cupidatis labe absque ulla difficultate seu solucione ab ea recipientibus pretextu cuiuscumque consuetudinis facienda gratis conferantur, exigentes que quicquam pro ministracione sacramentorum huiusmodi tanquam simoniaci puniri debent secundum canonicas sancciones, ad nostrum tamen nuper clamore valido per multorum factique notorietate pervenit auditum quod quidam dominus N. vicarius etc. plus operum terrenorum questum quam sacramentorum ecclesiasticorum que estimacionem non capiunt officium attendens matrimonium inter R.T. et M.C. etc. quousque idem R. non modicam suorum bonorum quantitatem eidem domino N. vicario persolvisset nullo obstante canonico indebite distulit solempnizare debite requisitus. Quocirca vobis coniunctim et divisim in virtute etc. quatinus citetis etc. quod compareat etc. super premissis eidem ex officio mero etc. Terminum autem peremptorium huiusmodi propter iminencia anime sue pericula que ex premissis verisimiliter poterunt evenire sic duximus assignandum. Et quid etc. Dat' etc.

105. 1415. Testament of Walter Fauconberg, knight. Dated August 24th, at Snaith.

TESTAMENTUM DOMINI WALTERI FAUCONBERG' MILITI DEFUNCTI.[1] In dei nomine amen. In vigilia sancti Bartholomei anno domini millesimo cccc^{mo} quintodecimo ego Walterus Faukonberge miles sanus mentis et memorie condo testamentum meum in hunc modum. In primis commendo animam meam deo beate Marie et omnibus sanctis et corpus meum ad sepeliendum in ecclesia beate Marie de Gyseburgh' in Cliveland'. Item lego pro mortuario meo unum equum badium. Item lego decem marcas ad distribuendum inter servientes meos hospicii mei ad disposicionem executorum meorum. Item lego Johanni Rede servienti meo quinque marcas usque ad terminum vite sue percipiendas ad ordinacionem et disposicionem executorum meorum ubicumque voluerint. Item lego omnes pannos meos usuales aptas corpori meo distribuendos inter servientes meos hospicii mei exceptis perl et peluris. Item lego conventui abbathie beate Marie de Gysburgh' in Cliveland' decem marcas ad orandum pro me et anima-

---

[1] Abstract in *Linc. Wills*, p. 120.

bus omnium benefactorum meorum. Residuum vero bonorum meorum non legatorum do et lego Matildi uxori mee ad ordinandum pro
me ut velit respondere coram summo iudice quam ordino executricem
meam et dominum Robertum capellanum meum et Johannem Rede
eciam executores meos ut velint respondere coram summo iudice.
Dat' apud Snaith' die et anno supradictis.

Proved before Bishop Repingdon at Sleaford on September 11th.
[*to Folio 131ᵛ*]

106. 1415. September 20th, Lincoln. Dispensation by authority of
the papal penitentiary, Jordanus, bishop of Albano (Alban'), to John
Mablethorpe (Malberthorp'), that he may proceed to all orders and
hold a benefice with cure, notwithstanding his illegitimacy.

107. 1415. September 24th, Nettleham. Commission to William
Egmanton', clerk, to sequestrate the goods of John Halliwell,
deceased, late warden of St. Leonard's Hospital at Newark in the
diocese of York.

COMMISSIO AD SEQUESTRANDUM ET ARESTANDUM BONA CUSTODIS
HOSPITALIS DE NEWERK'. Philippus permissione divina Lincoln'
episcopus dilecto nobis in Christo Willelmo Egmanton' clerico castri
nostri de Newerk' salutem in domino. Cum omnis et omnimoda ac
solida iurisdiccio ecclesiastica et excercicium eiusdem in et infra
hospitale nostrum sancti Leonardi iuxta Newerk' predicta Ebor'
diocesis et in personis eiusdem custodia que et libera disposicio
bonorum quorumcumque custodum eiusdem qualitercumque et
ubicumque decedencium quousque bonorum eorundem administracio personis idoneis nostra auctoritate committatur ad nos solum
et insolidum et nullum alium tam de fundacione eiusdem hospitalis
ac eciam iure patronatus nostro in eodem quam de consuetudine
laudabili legitimeque prescripta et hactenus pacifice et inconcusse
obtenta et observata pertineant et debeant pertinere, ac quidam
dominus Johannes Haliwell' custos dicti hospitalis nostri defunctus
nuper infra diocesim nostram Lincoln' diem suum clauserit extremum
cuius pretextu ipsius defuncti bonorum omnium infra dictum hospitale reposita sive existencia sequestres et sub tuto et arto sequestro
custodias et serves. Alia quoque res et bona eiusdem defuncti ubicumque infra dominium nostrum de Newerk' predicta poterunt inveniri
necnon redditus debita et arreragia quecumque in quorumcumque
manibus infra dictum dominium nostrum de Newerk' predicta
remanencia arestes seu facias per ballivum nostrum eiusdem dominii
nostri nostra auctoritate arestari sicque arestata serves et custodias
seu servari facias et custodiri quousque aliud a nobis super hoc
habueris specialiter in mandatis. Et quid feceris in premissis ac que
qualia et quanta bona dicti defuncti inveneris sequestraveris seu
arestaveris et in quibus locis ea inveneris nos citra festum sanctorum
Dionisii sociorumque eius martirum proximum futurum distincte et

aperte certifices litteris tuis patentibus harum et facti tui seriem, plenius continentibus sigillo autentico consignatis. Dat' sub sigillo nostro secreto in manerio nostro de Nettelham xxiiij^{to} die mensis Septembris anno domini millesimo cccc^{mo} xv^{mo}.

108. 1415. September 24th, Nettleham. Monition to John Macworth, dean, who has neglected to keep due residence in accordance with the statutes and customs of the cathedral church of Lincoln and the obligations of his office. The bishop directs him to take up residence within six months. The citation is to be affixed to his decanal stall and to the doors of the cathedral.

[*Folio 132*]

109. 1415. September 24th, Nettleham. Commission to the official of the archdeacon of Bedford to make proclamation in the churches of the archdeaconry of the forthcoming trial by compurgation of William Pyngill', mason, of Toddington, Gloucestershire, who was arrested at Chicksands, indicted before the king's justices for theft, and delivered to the ecclesiastical jurisdiction as a convicted clerk. The official is directed to cite any persons who object to the purgation to appear before the commissaries and show cause for their objection.

The priors of Wroxton and Chacombe are commissioned to receive the purgation, and Thomas Chaucer, constable of Banbury castle, is directed to bring the accused before the commissaries on the appointed day.

PYNGILL' INCARCERATI DELIBERACIO. Willelmus Pyngill' mason de Todyngton' in comitatu Glouc' captus apud Chikesand' pro eo quod indictatus est coram prefatis iusticiariis domini Regis de pace de eo quod ipse die jovis proximo ante festum Omnium Sanctorum anno regni Regis Henrici quinti post conquestum primo diversa bona et catalla in quodam fardello posita, videlicet, unam togam furratam precii xiij s. iiii d., v pares linthiaminum precii x s., ij virgas de panno blodio precii xx d. et alia bona et catalla ad valenciam xl s., cuiusdam ignoti apud Chikesand' ......[1] felonice furatus fuit. Et predictus Willelmus culpabilis est per iuratores predictos de felonia predicta. Ideo ipse liberatur prefato ordinario tanquam clericus convictus salvo custodiendum periculo quod incumbit etc.

xxiiij die mensis Septembris anno domini millesimo cccc^{mo} xv^{mo} apud Nettelham commissum fuit officiali archidiaconi Bedeford' ad faciendum publicas proclamaciones infra archidiaconatum predictum quod si quis contra purgacionem Willelmi Pyngill' predicti prosequi velit ad diem lune proximum post festum Omnium Sanctorum in ecclesia prebendali de Bannebury compareat coram prioribus de Wroxton' et Chacombe commissariis in hac parte deputatis quicquid

---

[1] Illegible.

sibi competat in hac parte in forma iuris propositurus et prosecuturus etc.

Eisdem die et loco commissum fuit prioribus de Wroxton' et Chacombe coniunctim et divisim ad audiendos publicas proclamaciones etc. et ad recipiendos certificatorium proclamacionis huiusmodi die et loco antedictis illud que inspiciendos et examinandos et si huiusmodi die et loco nullus oppositor apparuerit ad precludendos viam oppositoribus huiusmodi etc. Necnon ad recipiendos purgacionem dicti Willelmi si eam dictis commissariis afferre voluerit et certificandos dicto negocio expedito una cum nominibus et cognominibus compurgatorum dicti Willelmi etc.

Item eisdem die et loco preceptum fuit Thome Chaucer' constabulario castri de Bannebury seu eius locum tenenti ad exhibendum et sistendum coram dictis commissariis circa retrusionem et deliberacionem dicti Willelmi et ad faciendum quod dicti commissarii duxerint ordinandum etc.

110. [Undated.] Mandate from Bishop Repingdon ordering penance to be performed in Lincoln cathedral by certain persons suspected of heresy and known to have protected Lollards, especially John Bond, heretical chaplain.

MANDATUM AD VOCANDUM CERTOS AD PENITENCIAM PRO CONVICCIONE DIFFAMATORUM SUPER LOLLARDRIA. Philippus permissione divina Lincoln' episcopus etc. Cum nos nuper dominum J.B.[1] vicarium perpetuum ecclesie parochialis de W. et dominum N.B. capellanum in K. nostre diocesis nobis dudum super fomento et sustentacione lollardorum et hereticorum denunciatos et detectos monuerimus quod ipsi cum aliquibus personis super lollardria seu erroribus aut heresibus suspectos seu diffamatos et presertim cum quodam domino Johanne Bonde capellano pretenso sic multipliciter diffamato et evidenter suspecto quemvismodo communicarent aut eos sustentarent faverent aut foverent ac subsequenter eosdem dominos Johannem vicarium et Nicholaum super eo quod ipsi prefatum dominum Johannem Bonde citra et post monicionem huiusmodi sustentassent fovissent et sustinuissent coram nobis responsuros ad certos diem et locum iam effluxos ad iudicium fecerimus evocari, iidemque dominus Johannes vicarius et Nicholaus coram nobis personaliter comparentes humiliter fatebantur et iudicialiter sunt confessi quod ipsi cum dicto domino Johanne Bonde preter et contra monicionem nostram predictam sic per nos eis factum in via in mansa et aliis diversis locis communicabant et commitabantur ipsumque dominum Johannem Bonde dictus dominus Johannes vicarius aluit et fovit sibique esculenta et poculenta ministravit. Unde nos ex officia nostra legitime procedentes eisdem dominis Johanni vicario et Nicholao de perficiendo penitenciam sibi per nos propter iniungendam iuratis penitenciam infrascriptam iniunximus in forma subscripta

[1] Probably John Bagworth, vicar of Wilsford. See *infra*, nos. 201, 227.

perficiendam, videlicet, ut ipsi nudi capita[1] capiciis dimissis et super-
pelliciis induti singulos cereos ponderis singularum librarum cere in
manibus suis deferentes more penitencium antecedant primam
[quedam] fratrum civitatis nostre Lincoln' in primo ordine processionis die veneris iam proximo futuro emicium ab inicio processionis huiusmodi usque dum veniant in ecclesiam nostram Lincoln'
et cum ipsam fuerint ingressi expectent in medio navis eiusdem
ecclesie iuxta pulpitum quousque processio fratrum dicte nostre
civitatis et eciam ecclesie nostre predicte ipsam ecclesiam totaliter
fuerint ingressa et eciam usque dum sermo si quem ibidem ad populum tunc fieri contingit integre perficiatur in quo per predicantem
causam penitencie huiusmodi clero et populo exponi decrevimus
publice in vulgari et demum cereos ipsos ad summum altare in dicta
ecclesia post processionem et sermonem finitos offerant humiliter et
devote. Quocirca etc.

111. [Undated.] Mandate from Bishop Repingdon to proclaim the
purgation of Thomas Noveray of Illston, indicted before the king's
justices for holding Lollard opinions, and to cite any persons who
object to the purgation or to the compurgators to appear before the
bishop or his commissaries on an appointed day.

MANDATUM AD CITANDUM OPPOSITORES PURGACIONI INDICTATI DIF-
FAMATI SUPER LOLLARDRIA. Philippus etc. Cum nuper Thomas
Noverey de Ilveston' nostre diocesis super certis oppinionibus et
articulis in cedula presentibus annexa descriptis coram certis domini
nostri Regis commissionariis indicatus[2] nobisque per breve regium
secundum canonicas sancciones indicandus liberatus ac demum infra
terminum .in statuto regio in hoc casu edite limitatum ad iudicium
super eisdem oppinionibus et articulis responsurus certis die et loco
iam effluxis coram nobis evocatus et personaliter constitutus ipsos
oppiniones et articulos expresse negaverit et constanter, nosque eidem
ad purgandum se super eisdem oppinionibus et articulis cum duodecim viris sui gradus et status super huiusmodi oppinionibus minime
suspectis coram nobis aut dilectis filiis abbate monasterii beate Marie
de pratis Leycestr' et archidiacono nostro Leycestr' commissariis
nostris in hac parte in ecclesia parochiali sancti Martini Leycestr' die
sabbati proxima ante festum Omnium Sanctorum proximum futurum
prefixerimus et assignaverimus ac proclamacione in hac parte de iure
requisitas fieri decreverimus iusticia id poscente. Vobis in virtute
obediencie et sub pena contemptus firmiter iniungimus et mandamus
quatinus aliquibus diebus dominicis seu festiviis immediate post
recepcionem presentium sequentibus in ecclesia parochiali de Carlton'
Curly nostre diocesis cuius parochianus idem Thomas existit et aliis
locis ubi contra ipsum Thomum super premissis infamia dicitur

---

[1] Sic.
[2] Thomas Noveray was brought before the king's justices at Loughborough on
February 6th, 1413/14. Anc. Ind. File 204, nos. 178, 180.

laborare coram populi multitudine inibi congregata palam et publice ac in genere proclametis et citetis peremptorie omnes et singulos qui premissos articulos seu eorum aliquem contra dictum Thomam probare seu prosequi aut alius quicquam contra ipsius purgacionem seu compurgatores per ipsum ad tunc producendos dicere obicere seu opponere voluerint quod compareant et eorum quilibet compareat coram nobis aut commissariis nostris predictis die et loco antedictis quicquid sibi competat in hac parte in forma iuris dicturos obiecturos et opposituros, facturosque ulterius et recepturos quod fuerit iustum. De diebus vero recepcionis presencium ac proclamacionem et citacionem vestrarum et locis quibus hac proclamaveritis et qualiter premissa fueritis executi nos aut dictos nostros commissarios dictis die et loco certificetis.

COMMISSIO AD RECIPIENDUM DICTAM PURGACIONEM. Philippus etc. Cum Thomas Noverey de Ilveston' nostre diocesis etc. usque ad hec verbis minime suspectis coram nobis aut vobis quos coniunctim et divisim adinfrascripta nostros adtunc assignavimus commissarios in ecclesia etc. ac proclamaciones in hac parte de iure requisitas per officialem vestrum archidiacono predicto fieri mandaverimus iusticia id poscente, ad recipiendum igitur certificatorium proclamacionem et citacionem dicti officialis in premissis faciendum die et loco antedictis omnesque per huiusmodi proclamaciones citatos audiendum ac eis et dicto Thome ministrandum in premissis iusticie complementum [*Folio 132ᵛ*] necnon purgacionem dicti Thome super huiusmodi oppinionibus et articulis si nullus apparuerit legitimus contradictor sive oppositor et ipse se ad hoc coram vobis obtulerit in forma predicta faciendam in forma iuris recipiendum ac in negocio huiusmodi cum omnibus suis emergentibus dependentibus et connexis cognoscendum procedendum et statuendum ac ipsum negocium fine canonico terminandum et diffiniendum. Ceteraque omnia et singula faciendum excercendum et expediendum in premissis necessaria seu oportuna penitencia dicte Thome si ipsum super premissis vel eorum aliquo canonice convinci contigerit nobis specialiter reservata. Vobis de quorum circumspeccione ac industria in domino plene confidimus committi vices nostras committimus per presentes. Mandantes quatinus etc. citra festum sancti Martini proximum futurum etc. harum et facti vestri seriem una cum nominibus et cognominibus compurgatorum dicti Thome si super premissis etc.

112. 1415. Testament of John Halliwell, rector of St. Peter's, Ingoldmells. Dated September 21st, 1415, at Kyme.

TESTAMENTUM DOMINI JOHANNIS HALYWELL'.[1] In dei nomine amen. Ego Johannes Haliwell' rector ecclesie sancti Petri de Ingoldmels compos mentis et sane memorie die sabbati vicesimo primo die mensis Septembris anno domini millesimo cccc^{mo} xv^{mo} apud Kyme condo

---

[1] Abstract in *Linc. Wills*, p. 122.

testamentum meum in hunc modum. In primis lego et commendo animam meam deo omnipotenti et omnibus sanctis et corpus meum ad sepelliendum in domo capitulari ecclesie conventualis beate Marie de Kyma cum optimo equo meo nomine mortuarii. Item lego priori de Kyme vj s viij d. Item lego suppriori de Kyme et eiusdem loci conventui xiij s iiij d. Residuum vero bonorum meorum ultra debitum meum non legatorum volo quod distribuatur et disponatur pauperibus et in locis necessariis pro anima mea et animabus omnium fidelium defunctorum per discreccionem executorum meorum. Istius vero testamenti mei facio et ordino executores meos Johannem Knaresburgh' de Kyma et Thoma Haliwell' ut presens testamentum meum et voluntatem meam fideliter compleant et perficiant prout eis melius videbitur dei placere et anime mee expedire. In quorum omnium testimonium huic testamento meo sigillum meum apposui. Dat' die loco et anno domini supradictis.

Proved before Bishop Repingdon at Sleaford on October 5th.

113. 1415. October 6th, Sleaford. Letters dimissory to Ralph Pinchbeck (Pynchebek), *literatus*, to all orders. [B.]

114. 1415. October 11th, Sleaford. Commission to Thomas Brouns to appoint an assistant to the rector of Hampton Poyle.

115. [Undated.] Appointment of the rector of Waddington (Wadyngton') as custodian of Nocton (Nokton' Park) Priory during the absence of the prior, Robert Frisby (Frysseby).

116. 1415. October 12th, Sleaford. Licence to Richard Grant (Graunt), chaplain of the chantry of St. Mary and St. Anne at Bulwick (Bulwyk') parish church, to celebrate one anniversary, the permission to last for one year.

117. 1415. Testament of Thomas Ingham of Corby. Dated October 13th.

TESTAMENTUM THOME INGHAM DE CORBY.[1] In dei nomine amen. In festo Translacionis sancti Edwardi Regis in mense Octobris anno domini millesimo xv^{mo}, ego Thomas Ingham de Corby condo testamentum meum in hunc modum. In primis lego animam meam deo beate Marie et omnibus sanctis et corpus meum ad sepeliendum in capella beate Marie de Corby ad pedes patris mei. Item lego meum melius animal nomine principali. Item lego fabrice ecclesie de Corby vj s. viij d. Item lego quatuor libras cere ardendas circa corpus meum

---

[1] Abstract in *Linc. Wills*, p. 127.

in die sepulture mee. Item lego fratribus minoribus de Grantham iij
s. iiij d. Item lego fratribus predicatorum[1] Stamford' iij s. iiij d. Item
lego fratribus Carmelitis de eadem iij s. iiij d. Item fratribus Augustini
de eadem iij s. iiij d. Residuum vero omnium bonorum meorum non
legatorum do et lego domino Johanni Welby capellano et Johanni
Colby ut ipsi fideliter disponant pro anima mea. Et circa administracionem huiusmodi mei testamenti fideliter faciendum dominum
Johannem Welby capellanum et Johannem Colby de Roppesley facio
et constituo executores meos ut presens testamentum meum fideliter
exequantur et compleant cum effectu. Presentibus ibidem et audienti-
bus domino Willelmo Smyth' capellano de Corby Willelmo Ricard'
seniori de eadem domino Willelmo Stewyn capellano de eadem et
aliis. Dat' die loco et anno supradictis.

Proved before Bishop Repingdon at Sleaford on October 22nd.

118. 1415. Letter to Bishop Repingdon from Richard Clifford, bishop
of London (dated October 1st), reciting Archbishop Chichele's
mandate (dated September 15th) for Convocation to meet at St. Paul's
on November 18th.[2] The archbishop's mandate is received by Bishop
Repingdon on October 18th, and on October 19th, at Sleaford, he
directs the archdeacons of the diocese to execute it. [to Folio 133ᵛ]

The document which follows, headed CONCLUSIO PRO CAPITULO PRO
CONVOCACIONE, is an undated mandate for special prayers and processions for the success of the king's expedition abroad and for the
unity of the church.

In an undated letter from Old Temple, London, Bishop Repingdon
certifies to Archbishop Chichele that the mandate for Convocation
on November 18th has been executed in Lincoln diocese.

119. 1415. November 21st, Sleaford. Licence to John Permenter,
rector of Scotter (Scoter), to put his church to farm for three years. [D.]

120. [Undated.] Commission from Bishop Repingdon to the abbot
of Osney and the archdeacon of Oxford or his official, to receive
certain Oxfordshire Lollards indicted before the king's justices, in
accordance with the statute passed in the parliament at Leicester,[3]
and to deliver them to the constable of Banbury castle for safe custody.

COMMISSIO AD RECIPIENDUM LOLLARDOS INDICTATOS CORAM IUSTI-
CIARIIS DOMINI REGIS.[4] Philippus etc. dilectis filiis abbati monasterii

---

[1] Sic.
[2] See Reg. Chichele, III, p. 3.
[3] Stat. Realm, II, pp. 181–3 (2 Henry V 1 c.7).
[4] See Anc. Ind. File 205, no. 21. Oxfordshire Lollards who were indicted before
the king's justices included William Brown of Woodstock, glover, John Chacombe
of Banbury, carpenter, John Geffray of Bladon, mason, Henry Millward of Handborough, millward, Robert Cooper of Kidlington, cooper, John Webb of Kidlington,
webber, William Brigg of Kirtlington, labourer, William Taylor of Kirtlington,
tailor, John Rook of Over Heyford, fuller, and John Mybbe, clerk, of Oxford
University. Ibid.

de Oseney ordinis sancti Augustini nostre diocesis ac archidiacono nostro Oxon' suoque officiali salutem etc. Cum in statuto domini nostri nunc Regis in parliamento suo apud Leycestr' nuper tento edito contineatur quod singuli episcopi regni Anglie ceteros commissarios qui omnes et singulos coram iusticiariis de banco domini Regis iusticiariis ad pacem seu iusticiariis ad assisam capiendis super heresibus seu erroribus aut lollardria seu manutencione recepcione fomento sustentacione hereticorum aut lollardorum scolarum congregacionum seu confederacionum eorundem hereticorum sive lollardorum aut scriptura librorum vel sermonum suorum indictatos per indenturas in hac parte faciendas recipiendi sufficientem ab eisdem episcopis habeant potestatem in singulis comitatibus suarum diocesium ordinare et constituere teneantur. Nos statutum huiusmodi et ipsius effectum in omni sui parte [*Folio 134*] quantum in nobis est observare volentes ut tenemur ad recipiendum quoscumque infra comitatum Oxon' super premissis vel eorum aliquo sic indictatos sive indictandos ab illis qui eos liberandi plenam habeant facultatem secundum omnem vim formam et effectum forenti predicti indenturas que super recepcione et liberacione huiusmodi indictatorum inter vos et ipsos liberantes conficiendum ac ipsos sic receptos ad castrum nostrum de Bannebury inibi salvo custodiendos ducendum et eosdem constabulario eiusdem castri nostri liberandum, ita quod semper parati sitis ad gaolam ipsius domini nostri Regis ad ipsis indictatos recipiendum. Ceteraque omnia et singula faciendum excercendum et expediendum que in premissis aut circa ea necessaria fuerint seu oportuna. Vobis et vestrum cuilibet tam communiter quam divisim committimus vices nostras et plenariam potestatem, vosque commissarios nostros ad premissa omnia et singula tam communiter quam divisim ut premittitur tenore presencium constituimus deputamus et ordinamus. Mandantes quatinus premissa omnia et singula vobis sic per nos commissa ubilibet per dictum comitatum Oxon' publicari faciatis et nos de facto vestro in premissis infra viginti dies recepcionum huiusmodi indictatorum seu indictandorum vobis liberatorum et per vos receptorum immediate sequentes debite certificetis autentico sub sigillo veram copiam articulorum super quibus fuerint indictati ac indenturam recepcionis eorundem una cum certificatorio vestro nobis transmittendo. Dat' etc.

121. [Undated.] Citacion of persons not paying due procurations to Bishop Repingdon during his recent visitation of the archdeaconry of Northampton, and in particular of the abbess and convent of Delapré (*beate Marie de pratis*), Northampton, who have not made the customary payment for the appropriated parish church of Fotheringhay (Fodryngey) in the deanery of Oundle (Oundell').

122. [Undated.] Documents proving the claim of the prior of Canwell to the advowson of Ragdale church in Leicestershire, of which he has been deprived by Ralph Shirley, knight.

(a) 1411/12. January 21st. Inspeximus and confirmation by Henry IV of (1) the charter of Geva, daughter of Hugh, earl of Chester, founding the church of St. Mary, St. Giles and All Saints at Canwell for the use of the monks, and granting them in frankalmoin certain specified lands, meadows, pastures, woods and mills in the fee of the earl of Chester for their maintenance, and also the churches of Dunton and Ragdale, (2) a grant of further land by Ralph Bassett of Drayton, (3) the ratification of these grants by Ralph, son of Ralph, son of Ralph, lord of Drayton Bassett, in the reign of Edward III, and (4) the grant by Ralph Bassett of the advowson of Ragdale church, appropriated to Canwell Priory in the reign of Richard II.

(b) Decision of the king's justices in Leicestershire, on the evidence of a sworn inquest, in favour of the prior's claim to the advowson of Ragdale church.

(c) Papal confirmation of the appropriation by Canwell Priory of the churches of Ragdale and Dunton.

EXHIBITA PRIORIS DE CANEWALL' PRO IURE ET POSSESSIONE ECCLESIE DE RAKEDALE. Henricus dei gracie Rex Anglie et Francie et dominus Hibernie omnibus ad quos presentes littere pervenerint salutem. Inspeximus[1] cartam Geve filie Hugonis nuper comitis Cestr' factam in hec verba. Universis sancte dei ecclesie fidelibus Geva filia Hugonis comitis Cest' salutem. [a] Notum sit omnibus tam presentibus quam futuris quod ego Geva pro salute anime mee et animabus omnium antecessorum meorum consilio religiosarum personarum et auctoritate Rogeri episcopi Cestr'[2] fundavi quandam ecclesiam in honore sancte Marie et sancti Egidii et Omnium Sanctorum in loco qui dicitur Canewella ad opus monachorum ibidem deo serviencium. Ad quorum sustentacionem dedi et presentis carte testimonio confirmavi in puram et perpetuam elemosinam terram de Sticheleia et partem nemoris quod extenditur in longitudine a loco qui dicitur Calewehull' usque Barcheleiam, et in latitudine a veteri fossato usque ad ipsam ecclesiam. Et in Draitona unam mansuram que fuit Clementis presbiteri cum terra que ad eam pertinet. Et in eadem villa unum pratum quod vocatur Littlemers et aliud quod vocatur Boilesput cum terra que fuit Siwardi et molendinum in Faresleia et hoc concessu Ranulphi comiti Cestr' in cuius feodo predicta ecclesia fundata est. Dedi eciam eisdem monachis et eorundem successoribus imperpetuum ecclesiam de Duntona et ecclesiam de Rakedale et in Duntona quinque virgates terre cum prato adiacente et unam culturam terre pro tribus toftis que defuerant tribus virgatis de quinque supradictis. Et in eadem villa unum de duobus molendinis quod est in parte occidentali. Hanc autem concessionem feci assensu heredum meorum Galfridi Ridell' et Radulphi Basset, et volo et firmiter constituo ut predicti monachi

---

[1] There is an abstract of Henry IV's ratification of the grants to the prior and convent of Canwell in *Cal. Pat. Rolls*, 1408–1413, pp. 269–270. For the foundation of the priory by Geva, wife of Geoffrey Ridell of Wittering, Northamptonshire, see Dugdale, *Monasticon*, IV, p. 104; *Victoria County History, Staffordshire*, III (1970), p. 213.

[2] Roger de Clinton, bishop of Chester (1129–1148).

teneant hec omnia bene et in pace et honorifice libere et quiete ab omni servicio seculari ad me vel ad heredes meos pertinente et habeant curiam suam et omnes libertates suas in bosco in plano pratis et pascuis et pannagiis et omnibus aliis libertatibus. Et ego Geva et heredes mei hec dona cum supradictis libertatibus in omnibus defendemus et contra omnes homines predictis monachis warantizabimus. [(b)] Huius donacionis sunt testes Willelmus abbas de Rademora Ricardus abbas de Leycestr' Osbertus capellanus Ailsi presbiteri de Draitona Thomas de Ses Willelmus de Ses Walterus de Cuilli Adam de Tamwrtha Ranulphus de Bret Ivo de Gorges Robertus [Bagot] Ricardus Basset Matill' Stafford. Valete. Inspeximus eciam quoddam scriptum Radulphi Basset palmeri factum in hec verba. Omnibus sancte matris ecclesie filiis ad quos presens scriptum pervenerit, Radulphus Basset de Draitona filius Radulphi Basset palmeri salutem. Noverit universitas vestra me dedisse concessisse et hac presenti carta mea confirmasse deo et ecclesie sancti Egidii [*Folio 134ᵛ*] de Kanewall' et monachis ibidem deo servientibus pro salute anime mee et antecessorum meorum in puram et perpetuam elemosinam omnes donaciones res et possessiones quos Geva Ridell' et alii antecessores mei et ego eis dederunt et confirmaverunt, cum molendino domine de Tamwrthe et viginti solidatos annui redditus de molendino de parco de Draitona, scilicet ex dono Geve Ridell' terram de Sticheleye et partem nemoris que extenditur in longitudine a loco qui dicitur Calwhull' usque Bircheleyam et in latitudine a veteri fossato usque ad predictam ecclesiam et in Draitona unam mansionem que fuit Clementis presbiteri cum terra que pertinet ad eandem mansionem et unum pratum quod vocatur Littlemers et aliud quod vocatur Boilesputte et unam virgatam terre que fuit Sywardi in Faresleye et molendinum in eadem villa et ecclesiam de Duntona et ecclesiam de Rakedale cum pertinenciis suis. Et in villa de Duntona quinque virgates terre de dominico meo cum prato adiacenti, et in eadem villa duo molendina cum pertinenciis suis et ex dono Radulphi Basset in Faresleya landam que vocatur Langeleye. Preterita eis domum cum pertinenciis et moram cum stagno et exclusis que Edwardus molendinarius quondam tenuit in Faresleya libere et quiete in omnibus libertatibus. Et ego dictus Radulphus Basset volo ut predicti monachi habeant curiam suam et omnes libertates suas in bosco et plano in pascuis in pannagiis et omnibus aliis libertatibus et quieti sint de secte curie mee et ab omni servicio seculari et consuetudinibus michi et heredibus meis pertinentibus.[1] Et ego dictus Radulphus et heredes mei prenominatas terras et res et possessiones et libertates cum pertinenciis suis dictis monachis et successoribus suis contra omnes gentes imperpetui warantizabimus. Hiis testibus domino Radulpho Basset de Sapercot' domino Roberto de Grendon' domino Willelmo de ly Mare Waltero de Beresfort Augustino de Wissawe et Henrico filio suo Henrico de Lilleburne Ricardo de Thikebrome Nicholao de Wyssawe et aliis. Inspeximus insuper quoddam aliud scriptum Radulphi filii Radulphi Basset nuper domini de Drayton' Basset factum in hec verba. Uni-

---

[1] *Sic.*

versis sancte matris ecclesie filiis ad quos presentes littere pervenerint Radulphus filius Radulphi filii Radulphi Basset domini de Drayton' Basset salutem in omni salvatore. Litteras Geve filie Hugonis comitis Cestr' prime fundatricis ecclesie monachorum de Canewella Coventr' et Lichfeld' diocesis progenitricis nostre vidimus et inspeximus in hec verba. Universis sancte dei ecclesie fidelibus Geva filia Hugonis comitis Cestr' salutem. Notum sit (etc.).[1] Huius donacionis sunt testes Willelmus abbas de Rademora Ricardus abbas de Leycestr' Osbertus capellanus Ailsi presbiteri de Draitona Thomas de Ses Willelmus de Ses Walterus de Cuilby Adam de Thamwrtha Ranulphus de Bret Ivo de Gorges Robertus Bagot Ricardus Basset Matill' de Stafford'. Valete. Quas quidem litteras ac omnia et singula in eisdem contenta plenius recensentes ea tenore presencium ratificamus et approbamus et eisdem monachis pro nobis et heredibus nostris concedimus ac contra omnes mortales warantizabimus et imperpetuum defendemus. Hiis testibus dominis Baldewyno de Fryvyll' Johanne de Clynton' Johanne de Fireford' Fulcone de Byrmyntham militibus Johanne atte Lee Johanne le Arch' Hugonis de Aston' Johanne de Lile et aliis. In cuius rei testimonium hinc presenti confirmacioni sigillum meum apposui. Dat' apud Draiton' Basset septimo die mensis Maii anno regni Regis Edwardi tercio post conquestum vicesimo sexto. Inspeximus eciam quoddam aliud [*Folio 135*] scriptum Radulphi Basset de Draytona similiter factum in hec verba. Universis sancte matris ecclesie filiis ad quos presens scriptum pervenerit Radulphus Basset de Draytona salutem in omni salvatore. Noverit universitas vestra me dedisse concessisse et hac presentati carta mea confirmasse deo et ecclesie sancti Egidii de Canewella et monachis ibidem deo servientibus pro salute anime mee et omni antecessorum meorum in puram et perpetuam elemosinam ius patronatus ecclesie parochialis de Rakedale in comitatu Leycestr' eisdem canonice uniendi et appropriandi et in usus proprios retinendi cum suis iuribus et pertinenciis universis prout ex dono et feoffamento bone memorie Radulphi Basset antecessoris mei quondam habuerunt, habendum et tenendum prefatum ius patronatus dicte ecclesie de Rakedale eisdem ecclesie sancti Egidii et monachis ibidem deo servientibus bene et in pace libere et quiete imperpetuum. Et ego Radulphus Basset antedictus et heredes mei dictum ius patronatus dicte ecclesie de Rakedale dictis ecclesie sancti Egidii et monachis ibidem deo servientibus cum suis iuribus et pertinenciis universis contra omnes gentes warantizabimus imperpetuum. Hiis testibus dominis Johanne Layre Nicholao Kynchale Johanne Bradeley Johanne Cumburford' et aliis. In cuius rei testimonium sigillum meum huic presenti scripto apposui. Dat' apud Canewall' in festo Epiphanie domini anno regni Regis Ricardi secundo post conquestum duodecimo. Nos autem donaciones concessiones et confirmaciones predictas ac omnia et singula in carta et scriptis predictis contenta rata habentes et grata ea pro nobis et heredibus

---

[1] As *supra*, [a] to [b], with the following variants:
Stichesleya *for* Sticheleia, Bircheleyam *for* Barcheleiam, Faresleya *for* Faresleia.

nostris quantum in nobis est acceptamus approbamus et dilectis nobis in Christo Roberto Attorton' nunc priori loci predicti et eiusdem loci conventui ac eorum successoribus confirmamus prout carta et scripta predicta racionabiliter testavitur et prout iidem priori et conventus et predecessores sui ecclesias terras et tenementa molendina et possessiones et alia premissa virtute carte et scriptorum predictorum hactenus racionabiliter habuerunt et tenuerunt. In cuius rei testimonium has litteras nostras fieri fecimus patentes. Teste me ipso apud Westm' vicesimo primo die mensis Januarii anno regni Regis duodecimo.

Per breve de privato sigillo et pro viginti solidis solutis in hanaperio.

De termino sancte Trinitatis anno regni Regis Henrici quinti post conquestum secundo Ro. cxxxiij.

EXHIBITA PRIORIS DE CANWALL' PRO ECCLESIA DE RAKEDALE. Prior de Canewall' in propria persona sua petit versus Radulphum Shyrley chivaler advocacionem ecclesie de Rakedale ut ius ipsius prioris sancti Egidii de Canewall' per breve Regis de recto quam ei iniuste deforciet etc. Et unde dicit quod quidam Johannes Molton' nuper prior de Canewall' predecessor predicti nunc prioris fuit seisatus de advocacione predicta ut de feodo et iure ecclesie sue sancti Egidii de Canewall' predicta tanquam persona impersonata in eadem de advocacione sua propria et ecclesiam illam tenuit in proprios usus per consolidacionem loci illius diocesis tempore pacis tempore domini Ricardi nuper Regis Anglie secundi post conquestum capiendam inde expletis ut in grossis decimis minutis decimis oblacionibus obvencionibus et aliis emolumentis et proficuis dicte ecclesie de Rakedale pertinentibus ad valenciam etc. Et quod tale sit ius suum et ecclesie sue sancti Egidii de Canewall' predicte offert etc.

Et predictus Radulphus per Johannem Howes attornatum suum venit, et defendit ius suum quando etc. et seisinam predicti Johannis nuper prioris de Canewall' predecessoris predicti nunc prioris de cuius seisina etc. ut de feodo et iure ecclesie sue sancti Egidii de Canewall' predicte, et totum etc. maxime de advocacione predicta etc. et ponit se in magnam assisam domini Regis. Et petit recognicionem sibi fieri verum ipse melius ius habeat tenendi predictam advocacionem predicte ecclesie de Rakedale ut ius suum sibi et heredibus suis imperpetuum sicut eam tenet an prefatus nunc priori habendi advocacionem illam et tenendi predictam ecclesiam de Rakedale sibi et successoribus suis in proprios usus imperpetuum ut de iure ecclesie sue sancti Egidii de Canewall' predicta sicut eam petit, et predictus nunc prior similiter. Et super hoc predictus Radulphus petet licenciam interloquendi ad misam predictam superius annotatam et habet etc. Postea idem Radulphus solempniter exactus ad manutenendum misam predictam non venit set in contemptu curie recessit se consecutus est quod predictus nunc prior recuperet versus prefatum Radulphum advocacionem predictam habendi eidem nunc priori et successoribus suis imperpetuum et tenendam ecclesiam predictam de Rakedale eidem nunc priori et successoribus suis imperpetuum quiete de predicto Radulpho et heredibus suis imperpetuo in forma qua idem nunc prior superius versus eum narravit. Et nichil de misericordia ipsius Radulphi quia venit primo die per sacramentum etc. Set quia dubitatur de fraude inter partes predictas inde prelocuta contra statutum quo cavetur ne terre aut tenementa ad manum mortuam deveniant quoquomodo. Precatus est vicecomiti quod venire faciat hic in octabis sancti Johannis Baptiste per iusticiarios xij etc. de visneto de Rakedale per quos etc. Et qui predictum nunc priorem nulla etc. ad recognitionem super sacramentum qualiter ius idem nunc prior habet in advocacione predicta, et quis predecessorum suorum fuit [*Folio 135ᵛ*] inde in seisina et predictam ecclesiam de Rakedale tenuit in proprios usus ut de iure ecclesie sue sancti Egidii de Canewall' predicta tempore domini Henrici nuper Regis Anglie filii Regis Johannis progenitoris domini Regis nunc, et interim si advocacionem predictam in manum domini Regis capiat. Ita quod neuter predictorum nunc prioris et Radulphi ad ea manum apponat. Et scire faciat capitalibus dominis mediatis et immediatis quod tunc sint ibi audituros illam recognitionem si voluerint, et interim cesset execucio etc. Ad quem diem venit predictus prior in propria persona sua et predicti iusticiarii coram quibus etc. miserunt hic recordum suum in hec verba. Postea die et loco infracontentis coram Johanne Cokayn' et Jacobo Strangways iusticiariis domini Regis ad assisas in comitatu Leycestr' capiendas assignatis venit prior de Canewall' infranominatus in propria persona sua, et iuratores exacti similiter veniunt. Et super hoc facta publica proclamacione prout moris est siquis pro domino Rege prosequi calumpniare aut informare sciret vel vellet dictos iuratores super infracontentos quod tunc veniret eosdem iuratores pro domino Rege inde plenius informandum. Et nullus veniat ad hoc faciendum super quo processum est ad capcionem inquisicionis predicte per iuratores prius impanellatos et modo comparentes qui quidem iuratores ad veritatem super premissis, ad dicandum electi triati et iurati dicunt super sacramentum suum quod Johannes Molton' nuper prior de Canewall' predecessor ac predicti prioris infranominati seisitus de advocacione ecclesie de Rakedale unde infra sit mencio ut de feodo et iure ecclesie sue sancti Egidii de Canewall' tanquam persona impersonata in eadem de advocacione sua propria et ecclesiam illam tenuit in proprios usus in forma qua predictus nunc prior per breve et narracionem sua infra supponet. Et dicunt quod quidam Hugo nuper prior loci predicti predecessor predicti nunc prioris fuit seisitus de advocacione predicte ecclesie de Rakedale et eandem ecclesiam tenuit in proprios usus ut de iure predicte ecclesie sue sancti Egidii de Canewall' tempore domini Henrici nuper Regis Anglie filii Regis Johannis progenitoris domini Regis nunc. Et post ipsum Hugonem omnes successores sui priores predicte ecclesie sancti Egidii de Canewall' et predecessores predicti nunc prioris et similiter predictus nunc prior successive fuerunt seisiti de advocacione predicta ut de feodo et iure predicte ecclesie sue sancti Egidii de Canewall' et predictam ecclesiam de Rakedale tenuerunt in proprios usus quousque Radulphus Shyrley chivaler infranominatus illam prefate nunc priori iniuste deforcitam. Et dicunt ulterius super sacramentum suum quod non est aliqua fraus seu colusio inter predictum nunc priorem et predictum Radulphum super recuperacione advocacionis predicte ecclesie de Rakedale, ideo considerant quod predictus nunc prior habeat execucionem versus predictum Radulphum de advocacione predicta etc. Nomina iuratorum inquisicionis infrascripta. Thomas Hutte de Loughtburgh Simon Breton' de Loughtburgh Robertus Sadyler de eadem Johannes Bille de Barwe Willelmus Somervyll' de Cosyngton' Johannes Brette de Rotherby Willelmus Roteley de Sitheston' Johannes Payn de Croxton' Johannes atte Vykars de Belton' Willelmus Tebbe de Barnesby Robert Pykewell' de eadem Johannes Nauncell' de Hatherus etc.

RAKEDALE ET DUNTON' ECCLESIARUM CONCESSIO APOSTOLICA PRIORI ET CONVENTU DE CANWELL' COVEN' ET LICH' DIOCESIS IN PROPRIOS USUS. Innocencius[1] episcopus servus servorum dei dilectis filiis priori et conventui de Canewella salutem et apostolicam benediccionem. Dignum est et racioni conveniens ut hiis qui operibus caritatis intendunt favorem apostolicum impendamus et ne pauperatarum necessitate ab hospitalitatis officio retrahamur paterna nos convenit solicitudine providere. Cum igitur recepcioni et obsequis pauperum laudabiliter sicut accepimus insistatis et per frequencia hospitum quos caritative suscipitis vos ultra quam possitis multociens onerari contingat nec redditus hospitum domus vestre quos hactenus habuerit ad hospitum expensas sufficiant vestris iustis postulacionibus clemencius annuentes, devocioni vestre presentibus litteris indulgemus ut obvenciones et fructus ecclesiarum vestrarum scilicet de Rakedale et de Duntona cum eis vacare contigerit propter hospitum usus et pauperum sustentacionem licitum sit vobis de cetero ad manus proprias retinere salvo iure et debita obediencia in spiritualibus diocesano episcopo eiusque ministris assignata quoque capellanis in eis deservientibus ipsorum fructuum porcione de qua valeant congrue sustentari. Decernimus ergo ut nulli omnimodo hominum liceat hanc paginam nostre indulgencie infringere vel ei ausu temerario contraire. Siquis autem hac attemptare presumpserit indignacionem omnipotentis dei et beatorum Petri et Pauli apostolorum eius se noverit incursurum. Dat' Lateran' xij kalendas Julii Pontificatus nostri anno tercio.

Bonifacius[2] episcopus servus servorum dei dilectis filiis priori et conventui monasterii de Canewella ordinis sancti Benedicti per priorem soliti gubernari Lich' diocesis salutem et apostolicam benediccionem. Cum a nobis petitur quod iustum est et honestum tam vigor equitatis quam eciam ordo exigit racionis ut id per solicitudinem officii nostri ad debitum perducatur effectum, ea propter dilecti in domini filii vestris iustis postulacionibus grata concurrentes assensu personas vestras et locum in quo divino estis obsequio mancipati cum omnibus bonis que impresenciarum racionabiliter possidetis aut infuturum iustis modis prestante domino poteritis adipisci sub beati Petri proteccione suscipimus atque nostra omnes que libertates immunitates a predecessoribus nostris Romanis pontificibus sive per

---

[1] Innocent IV.   [2] Boniface VIII.

privilegia vel alias indulgencias vobis et [*Folio 136*] monasterio vestro predicto concessas, necnon omnes libertates et exacciones secularium a regibus principibus vel aliis Christifidelibus racionabiliter vobis et monasterio predicto concessas specialiter autem parochiales ecclesias de Rakedale et Duntona Lincoln' diocesis quas in proprios usus canonice obtinetis cum pertinenciis suis necnon terras decimas possessiones et alia bona ad dictum monasterium spectancia sicut ea iuste et pacifice possidetis vobis et per vos eidem monasterii confirmamus et presentis scripti patrocinio communimus. Salva in predictis decimis moderacione concilii generalis. Nulli ergo omnimodo hominum liceat hanc paginam nostro proteccionis et confirmacionis infringere vel ei ausu temerario contraire. Si quis autem hoc attemptare presumpserit indignacionem omnipotentis dei et beatorum Petri Pauli apostolorum eius se noverit incursurum. Dat' Rome apud sanctum Petrum iij idus Marcii Pontificatus nostri anno septimo.

123. [Undated.] Commission to Thomas Brouns to inquire concerning the non-payment of the annual sum of twenty shillings due from the abbot and convent of Newhouse (Newhous) for the appropriated parish church of Kirmington (Kyrnyngton').[1]

124. 1415. December 7th, Delapré Abbey, Northampton. Agreement between Bishop Repingdon and the abbess and convent of Delapré (*de Pratis*) concerning the annual payment of thirteen shillings and fourpence due for the appropriated parish church of Great Doddington (Dodyngton'). [*to Folio 136ᵛ*]

125. 1415/16. January 12th, Kirby Bellars Priory. Agreement between Bishop Repingdon and the prior and convent of Kirby Bellars (Kyrkeby super Wrethek) concerning the annual payment of twenty shillings due for the appropriated parish church of Twyford in the archdeaconry of Leicester. [*to Folio 137*]

126. 1413. September 17th, Bourne Abbey. Agreement between Bishop Repingdon and the abbot and convent of Bourne (Brunne) concerning the annual payment of thirteen shillings and fourpence due for the appropriated parish church of Wilsford (Wilesford', Willesford').

127. 1412. November 5th, Chacombe Priory. Agreement between Bishop Repingdon and the prior and convent of Chacombe concerning the annual payment of thirteen shillings and fourpence due for the appropriated parish church of Barford (Berford'). [*to Folio 137ᵛ*]

---

[1] This entry is in brackets, with the marginal note: "Vacat".

128. 1415. November 11th, Old Temple. Letters dimissory to Henry Langton, clerk, to all orders. [B.]

129. Same date and place. Letters dimissory to Henry Hansard (Hannsarde), rector of Clifton Reynes (Clyfton' Reynes), having the first tonsure, to all orders. [B.]

130. 1415. November 13th, Old Temple. Letters dimissory to John Sewell of Doddington, acolyte, to all orders. [B.]

131. 1415. November 25th, Old Temple. Letters dimissory to Simon Wylde, clerk, to all orders. [B.]

132. 1415. November 27th, Old Temple. Licence to John Crouche (Crowche), rector of Sutton, to preach in the archdeaconries of Huntingdon and Bedford, for one year.

133. Same date and place. Commission to Robert Woodlark, vicar of Chesham, to collect the fruits of Hawridge church and to provide for the cure of souls.

Eisdem die loco et anno domini commissum fuit magistro Roberto Wodelake vicario de Chesham ad colligendum et custodiendum fructus ecclesie de Hawryge et ad faciendum curam deserviri ac domos reparari de fructibus eiusdem ecclesie etc. ut in forma etc.

134. 1415. November 29th, Old Temple. Letters dimissory to Henry Stones of Chelveston (Cheluston'), clerk, to all orders. [B.]

135. 1415. Testament of John Daubriggecourt, knight. Dated July 25th, at Wimborne, and proved before Bishop Repingdon at Old Temple, London, on November 30th.[1] [to Folio 138ᵛ]

136. 1415. December 8th, Stamford. Commission from Bishop Repingdon to William Burton to preside in the consistory court during the absence of the official-principal, and to hear and determine all suits and appeals.

[1] Abstract in *Linc. Wills*, p. 116. The will is given in full in *Reg. Chichele*, II, pp. 51–54, with probate before the archbishop on November 8th, 1415; codicil (August 6th, 1415) and probate (February 4th, 1417), *ibid.*, pp. 108–110; commission to the executors (March 5th, 1417), *ibid.*, p. 113. See *infra*, no. 141.

COMMISSIO PRESIDENTI CONSISTORII LINCOLN'. Philippus permissione divina Lincoln' episcopus dilecto filio magistro Willelmo Burton'[1] utriusque iuris bacallario graciam et benediccionem. Ad presidendum in consistorio nostro Lincoln' in absencia officialis nostri Lincoln' principalis quociens ipsius abesse contigerit, necnon in omnibus et singulis causis et negociis ad forum ecclesiasticum et iurisdiccionem nostram episcopalem spectantibus, eciam criminalibus matrimonialibus divorcii in ipse consistorio motis et movendis cognoscendum procedendum et statuendum ipsaque causas et negocia cum omnibus et singulis suis emergentibus incidentibus dependentibus et connexis, eciam si ad ipsum consistorium per viam appellacionis fuerint devoluta secundum canonicas sancciones terminandum et diffiniendum. Ceteraque omnia et singula faciendum excercendum et expediendum in premissis vel eorum aliquo necessaria seu de iure requisita. Vobis de cuius fidelitate et legalitate ac circumspeccionis industria plurimum in domino confidimus vices nostras committimus [Folio 139] per presentes cum cuiuslibet cohercionis et exequendi per vos decrevenda canonice potestate, vos que presidentem consistorii nostri predicti tenore presencium deputamus ordinamus et constituimus per sigilli officii presidentis huiusmodi tradicionem innescimus personaliter in eadem. In cuius rei testimonium sigillum nostrum ad causas presentibus est appensum. Dat' apud Stamford' viij° die mensis Decembris anno domini millesimo cccc^{mo} xv^{mo} et nostre consecracionis anno xj^{mo}.

137. 1415. Testament of Edward, duke of York. Dated August 17th.[2] Proved before Bishop Repingdon at Old Temple on December 1st. [to Folio 139^v]

138. 1415. December 21st, Sleaford. Licence to Thomas Thirkell, master of arts, to preach in the archdeaconries of Lincoln and Huntingdon, during the bishop's pleasure.

139. 1415/16. February 28th, Sleaford. Admission of John Waynefleet (Waynflete), Carmelite friar, to hear confessions, in accordance with the constitution *Super Cathedram*.

---

[1] William Burton was president of the consistory court in 1420. Reg. Fleming, f. 214. See Memo., I, p. xxi.

[2] Abstract in *Linc. Wills*, p. 146, from Memo. Repingdon. The will, which is in French, is printed in full in *Reg. Chichele*, II, pp. 63–66, with probate before the archbishop on November 30th, 1415. *Ibid.*, p. 66. See *infra*, no. 141. In Memo. Repingdon the text includes the following clause, which is not given in the archbishop's register: "Je veuille qe mon corps soit caris a mon dit college de Fodrynghay."

[*Folio 140*]

140. 1415. Testament of John Hamsterley, of Norton Disney. Dated November 29th. Last will dated September 6th.

TESTAMENTUM JOHANNI HAMSTERLEY.[1] In dei nomine amen. Die veneris in vigilia sancti Andree apostoli anno domini millesimo cccc^{mo} xv^{mo}, ego Johannes Hamseley de Norton' Dysney compos mentis cernens mortis periculum iminere condo testamentum meum in hunc modum. In primis lego animam meam dei omnipotenti beate Marie et omnibus sanctis et corpus meum ad sepeliendum in ecclesia sancti Petri in Norton' predicta. Item lego meum optimum equum nomine principalis mei. Item lego Beatrici sorori mee sex marcas. Item lego Johanni filio eiusdem Beatricis quatuor marcas. Item lego Ricardo filio eiusdem Beatricis xxvj s. viij d. Item lego Roberto filio eiusdem Beatricis xxvj s. viij d. Item lego Johanni Helmesley xl s. Item lego Johanni Thomas de Barueby xxvj s. viij d. Item lego Johanni Sutton' xxvj s. viij d. Item lego Hugoni Sherd' xxvj s. viij d. Item lego Margerie Dysney xxvj s. viij d. Item lego Mariote Sherd' xxvj s. viij d. Item lego Margarete Parker' xxvj s. viij d. Item lego Johanne filie Beatricis sororis mee unam vaccam. Item lego Elizabethe filie eiusdem Beatricis unam vaccam. Item lego Thome Gerard' unam vaccam. Item lego Johanni Saunderson' unam vaccam. Item lego Roberto in the Lane unam vaccam. Item lego Thome Sherd' unam vaccam. Item lego Johanni Sherd' unam vaccam. Item lego Johanni Nutt unam iuvencam. Item lego Thome Palmer' unam iuvencam. Item lego Thome Nutte unam iuvencam. Item lego Elizabethe uxori mee terciam partem omnium bonorum et catallorum meorum. Item lego eidem Elizabethe uxori mee ultra dictam terciam partem sex boves pro aratro. Item lego eidem Elizabethe dimidiam partem equarum mearum. Item lego Thome Claymond' xl s. Item lego Johanni Choshall' xl s. Item lego Baldewino Wrley xl s. Residuum vero omnium bonorum et catallorum meorum superius non legatorum do et lego predictis Thome Claymond' Johanni Choshell' Baldewino Wrley Johanni Thomas et Johanni Helmesley quos ordino et constituo executores meos ut ipsi disponant et ordinent pro anima mea prout eis melius videbitur expedire. Dat' apud Norton' Dysny die et anno domini supradictis.

ULTIMA VOLUNTAS EIUSDEM. Hec est ultima voluntas tempore scripccionis Johannis Hamsterley facta die veneris proxima ante festum Nativitatis beate Marie virginis anno regni Regis Henrici quinti post conquestum tercio videlicet rogo et supplico meos coniunctim feoffatos scilicet Gerardum Usflete militem Thomam Bosom Johannem Leek et Thomam Claymond' per finem in curia domini Regis levatos de maneriis de Norton' Dysny et Stapleford' et omnibus aliis terris et tenementis redditibus et serviciis in Wellyngton' que maneria terras et tenementa nuper huiusmodi ex dono et

[1] Abstract in *Linc. Wills*, p. 122.

feoffamento Willelmi Dysny defuncti, cuius anime propicietur deus quod statim post decessum meum infra unum annum vel duos ad eorum libitum faciant statum de predictis maneriis terris et tenementis Elizabethe uxori mee et heredibus meis de corpore Elizabethe uxoris mee procreatis, et quod predicta Elizabetha per sufficientem securitatem ab ea capiendam quod inveniet tota vita sua unum capellanum idoneum celebrantem et dicentem matutinas horas missa et vesperas ut capellanus honestus faceret et diceret pro anima predicta Willelmi Dysny et patris sui Willelmi Hamsterley patris mei Elizabethe Hamsterley matris mee Elizabethe de Staunton' avie mee. Et quod predictus capellanus celebret in ecclesia de Norton' Dysny in capella in qua prefatus Willelmus Dysny est sepultus. Et si contingat quod predicta Elizabetha obierit sine herede mei predicti Johannis de corpore predicte Elizabethe procreato quod predicta maneria terre et tenementa rectis heredibus predicti Willelmi Dysny defuncti remaneant imperpetuum. Item volo quod cum proficuis reddituum meorum in Baruby inveniatur alius idoneus capellanus celebrans divinum servicium in ecclesia de Staunton' in capella in qua predicta Elizabetha de Staunton' est sepulta pro animabus supradictis per duos annos integros post obitum meum proximos sequentes. Et quod tercius idoneus capellanus inveniatur cum proficuis terrarum et tenementorum meorum in Skredyngton' in ecclesia de Stoke iuxta Newerk' in capella in qua predicta Elizabetha Hamsterley est sepulta per duos annos integros proximos post obitum meum pro omnibus animabus supradictis divina celebraturus. Et post omnia predicta impleta volo quod feoffati mei feoffent Johannem filium meum si deus ipsum ordinaverit ad tunc vivendum de omnibus terris et tenementis meis in Skredyngton' habendum ad terminum vite Elizabethe matris mee, et post eiusdem Elizabethe decessum volo quod predicte terre et tenementa in Skredyngton' remaneant rectis heredibus Willelmi Hamsterley patris mei imperpetuum. Et quo ad terras et tenementa in Baruby volo quod feoffati mei paciantur Elizabetham uxorem meam habere omnia proficua eorundem ad exhibicionem Johannis filii mei usque idem Johannes ad plenam etatem pervenerit, et quod tunc iidem feoffati feoffent predictum Johannem filium meum in eisdem terris et tenementis in Baruby habendum sibi et heredibus de corpore suo exeuntibus et pro defectu exitus corporis sui remanere rectis heredibus Johannis Bussy militis imperpetuum. Item volo quod predicta Elizabetha uxor mea habeat post mortem Petri Marshall' valetti omnia terras et tenementa mea in Carlton' que nuper fuerunt Johannis Wright de Carlton' habend' eidem Elizabethe ad terminum vite sue. Et volo quod eadem Elizabetha habeat ad terminum vite sue omnia prata mea in Carleton' que nuper fuerunt Elie de Midelton' ad terminum vite eiusdem Elizabethe, et quod predicta terre et tenementa ac prata in Carleton' post mortem predictorum Petri et Elizabethe dentur heredibus meis de corpore predicte Elizabethe procreatis remanere inde pro defectu exitus corporum suorum remanere rectis heredibus mei Johannis Hamsterley. Item volo quod omnia terre et tenementa mea in Basyngham dentur Elizabethe uxori mee ad terminum vite sue et post decessum suum heredibus mei de corpore predicte Elizabethe uxoris mee procreatis et pro defectu exitus remanere rectis heredibus meis. Et quo ad tenementa mea in Snellound' volo quod Elizabetha uxor mea illa habeat post decessum [*Folio 140ᵛ*] meum ad terminum vite sue faciend' fieri celebrari pro anima mea quolibet anno durante vita eiusdem Elizabethe unum trentale sancti Gregorii et post decessum eiusdem Elizabethe heredibus meis de corpore predicte Elizabethe procreatis et pro defectu exitus etc. remanere rectis heredibus meis imperpetuum. Et quo ad terras et tenementa mea in Newerk' et in Scarthorp' in comitatu Notynghamie, volo quod duo trentalia sancti Gregorii celebrantur pro anima mea post decessum meum et postea dentur Johanni Hamsterley nepoti meo ad terminum vite sue et post decessum suum volo quod predicta terre et tenementa remaneant rectis heredibus Willelmi Hamsterley patris mei imperpetuum nisi Willelmus Hamsterley frater senior predicti Johannis viderit predictum Johannem fratrem ipsius Willelmi ita vigentem et bone gubernantem quod placuerit eidem Willelmi dare predicta terras et tenementa predicto Johanni et heredibus de corpore suo exeuntibus. Et ita fuerat voluntas mea si ipsam vidissem vigere etc.

Proved before Bishop Repingdon at Sleaford on December 3rd.

141. 1415. November 6th. Licence from Richard Clifford, bishop of London, to Bishop Repingdon to prove the wills of Edward, duke of York, and John Daubriggecourt, knight.[1]

LICENCIA EPISCOPI LONDON' APPROBANDI TESTAMENTUM DUCIS EBOR' ET ALIUS INFRA DIOCESIM SUAM. Reverendo in Christo patri ac domino domino Philippo dei gracia Lincoln' episcopo Ricardus permissione divina London' episcopus salutem et sincere dileccionis continuum incrementum. Ut testamenta nobilis viri domini Edwardi ducis quondam Ebor' et Johannis Daprescourt militis defunctorum infra nostram episcopalem iurisdiccionem probare approbare et insinuare ac probaciones in hac parte requisitas recipere ac administracionem bonorum dictorum defunctorum prout ad vos attinet illis de quibus de iure fuerit committendum committere. Ceteraque in hac parte necessaria et requisita infra eandem nostram iurisdiccionem excercere et facere licite valeatis. Vobis tenore presencium hac vice liberam et plenam committimus potestatem, iure ecclesie nostre London' et alterius cuiuscumque in omnibus semper salvo. In cuius rei testimonium sigillum nostrum presentibus est appensum. Dat' in palacio nostro London' sexto die mensis Novembris anno domini millesimo cccc^{mo} xv^{mo}, et nostre translacionis anno nono.

LICENCIA CELEBRARE IN CAPELLA SANCTI LEONARDI DE MUMBY AD TEMPUS. Philippus permissione divina Lincoln' episcopus dilectis filiis parochianis ecclesie nostre de Moumby nostre diocesis salutem graciam et benediccionem. Ut in capella que in honore beati

---

[1] *Supra*, nos. 135, 137.

Leonardi infra dictam parochiam ut accepimus decenter est constructa missas et alia divina officia per capellanos et alios ministros idoneos licite valeatis facere celebrari, sic tamen quod nobis aut matrici ecclesie de Moumby predicta seu alicui alii nullum ex hoc preiudicium generetur nec aliud canonicum obsistat licenciam vobis pro capellanis huiusmodi tenore presencium concedimus specialem de hinc usque diem mercurii in capite ieiunii proximum futurum tummodo duraturum. Dat' sub sigillo nostro in castro nostro de Sleford' nono die mensis Januarii anno domini millesimo cccc^{mo} xv^{mo}, et nostre consecracionis anno xj^{mo}.[1]

143. 1415/16. January 11th, Sleaford. Letters dimissory to John Grebe, *literatus*, to all orders. [B.]

144. 1414. August 20th, Sleaford. Commission from Bishop Repingdon to Henry Ware, rector of Tring, to admit to probate the wills of those with property in several dioceses.

COMMISSIO HENRICO WARE AD APPROBANDUM TESTAMENTA HABENCIUM BONA IN DIVERSIS DIOCESIBUS. Philippus permissione divina Lincoln' episcopus dilecto filio magistro Henrico Ware in legibus licenciato ecclesie parochialis de Trenge nostre diocesis rectori salutem graciam et benediccionem. Cum omnium et singulorum decedencium ubicumque obierint et bona notabilia in nostra et aliis diversis diocesibus tempore mortis sue obtinencium testamentorum probaciones approbaciones et insinuaciones ac huiusmodi testamentariorum negociorum finales decisiones ad nos solum et insolidum et nullum alium iudicem pro bonis saltem infra nostram diocesim tempore mortis eorundem decedencium existenti-bus tam iure et nomine ecclesie nostre Lincoln' quam de consuetudine laudabili hactenus usitata legitimeque prescripta ac pacifice obtenta et observata pertinere noscantur, ad admittendum et recipiendum quascumque probaciones legitimas testamentorum huiusmodi ipsa quoque testamenta sic rite et legitime probata approbandum et insinuandum ac pro eorum valore pronunciandum administraciones que bonorum omnium et singulorum ipsos decedentes et eorum huiusmodi testamenta concernencium et infra diocesim nostram tempore mortis eorundem existencium executoribus in eisdem testamentis nominatis in forma iuris committendum. Inventaria que bonorum huiusmodi recipiendum ac compotos calcula et raciocinia administracionem huiusmodi audiendum et finaliter liberandum et quietandum ab eisdem acquietancias seu finales dimissiones ab ulteriori huiusmodi compotorum calculorum et raciociniorum reddicione nobis in hac parte reddendum concedendum et liberandum creditores quoque et legatarios ac alios quoscumque quos huiusmodi testamentaria negocia concernunt audiendum et eis in hac parte

---

[1] See also *infra*, nos. 217, 313, 327, 333.

ministrandum iusticie complementum. Ceteraque omnia et singula
faciendum excercendum et expediendum in premissis vel eorum
aliquo de iure seu consuetudine quomodolibet requisita. Vobis de
cuius legalitate et circumspeccione ac [*Folio 141*] industria in domino
plene confidimus vices nostras committimus per presentes et
plenariam in domino potestate cum cuiuslibet cohercionis et
execucionis canonice potestate vosque commissarium nostrum ad
premissa omnia et singula tenore presencium deputamus et constituimus specialem. Rogantes quatinus nos de omni eo quod feceritis
in premissis pro loco et tempore congruis et oportunis distincte et
aperte certificare curetis per litteras vestras patentes harum seriem
una cum veris copiis testamentorum inventariorum et compotorum
huiusmodi plenius continentes sigillo autentico consignatas. Dat' sub
sigillo nostro in castro nostro de Sleford' xx^{mo} die mensis Augusti
anno domini millesimo cccc^{mo} xiiij^{to}, et consecracionis nostre anno
decimo.

145. 1415/16. January 12th, Sleaford. Letters dimissory to John Play,
rector of Coston (Coston'), to all orders. [B.]

146. 1415. Testament of John Pouger, knight, of West Rasen. Dated
November 24th, at Calais.
1415/16. January 4th, Sleaford. Commission from Bishop
Repingdon to John Southam and Richard Hethe, canons of Lincoln,
to admit the will to probate. Probate granted on January 8th.

TESTAMENTUM JOHANNI POUGER' ET APPROBACIO EIUSDEM. Reverendo in Christo patri ac domino domino Philippo permissione
divina Lincoln' episcopo, vester humilis et devotus Johannes Southam
canonicus residenciarius ecclesie vestre Lincoln' obedienciam cum
omni reverencia et honore. Commissionis vestre litteras nuper
reverenter recepi in hec verba. Philippus permissione divina Lincoln'
episcopus dilectis filiis et confratribus nostris magistris Johanni
Southam et Ricardo Hethe ecclesie nostre Lincoln' canonicis
residenciariis salutem graciam et benediccionem. Ad recipiendum
probaciones litteras quascumque testamenti sive ultime voluntatis
nobilis viri domini Johannis Powger militis domini dum vixit de
Westrasynne nostre diocesis iam defuncti qui extra diocesim nostram
decessit et plura bona notabilia in nostra et aliis diocesibus tempore
mortis sue notorie obtinentis cuius pretextu ipsius testamenti probacio
approbacio et insinuacio et pro valore eiusdem pronunciacio admini-
stracionisque bonorum eiusdem defuncti infra nostram diocesim
tempore mortis sue existencium commissio compoti eciam calculi et
raciocinii administracionis bonorum huiusmodi reddicionis audicio
et finalis liberacio et quietacio ab eadem tam de iure et nomine
ecclesie nostre Lincoln' quam de consuetudine laudabili hactenus
usitata legitime que prescripta ac pacifice et inconcusse obtenta et

observata ad nos solum et insolidum et nullum alium iudicem pertinere noscuntur coram vobis exhibendum. Ipsumque testamentum sive ultimam voluntatem sit coram vobis rite probatum approbandum et insinuandum et pro valore eiusdem pronunciandum administracionem quoque omnium et singulorum bonorum dictum defunctum et eius testamentum sive ultimam voluntatem concernencium et infra nostram diocesim tempore mortis sue existencium in eodem testamento sive ultima voluntate nominatis si eam admittere voluerint in forma iuris committendum aut eis precludendum eandem. Ceteraque omnia et singula faciendum et expediendum in premissis necessaria seu oportuna. Vobis de quorum circumspeccionem confidimus communiter et divisim committimus vices nostras, mandantes quatinus nos de omni de quod feceritis in premissis citra festum Purificacionis beate Marie virginis proximum futurum distincte et aperte certificetis vestris seu certificet ille vestrum qui presentem commissionem nostram in se receperit exequendam suis litteris patentibus harum et facti sui seriem plenius continentis sigillo autentico consignatis. Veram copiam testamenti sive ultime voluntatis huiusmodi cum dicto certificatorio nobis remittendo. Dat' sub sigillo nostro in castro de Sleford' quarto die mensis Januarii anno domini millesimo cccc^{mo} xv^{mo}, et nostre consecracionis anno xj^{mo}. Cuius quidem commissionis vigore et auctoritate die octavo instantis mensis Januarii in ecclesia vestra predicta coram me vestro commissario in negocio supradicto iudicialiter sedenti comparuit in iudicio nobilis mulier domina Johanna relicta dicti domini Johannis militis defuncti et quandam litteram sive cedulam pergameni scriptam non sigillatam testamentum sive ultimam voluntatem eiusdem defuncti ut asseruit in se continentem ad effectum approbacionis et insinuacionis eiusdem per me auctoritate vestra fiende et bonorum eiusdem administracionis sibi ut eius executrici unice committendo realiter et in iudicio exhibuit, cuius tenor talis est.[1] In nomine et individue Trinitatis patris et filii et spiritus sancti amen. Ego Johannes Powger miles de comitatu Lincoln' existens Cales' compos mentis licet corpore per infirmitatem debilitatus condo testamentum meum in hunc modum. In primus lego animam meam omnipotenti deo creatori meo et corpus meum ad sepeliendum in ecclesia beate Marie Calesie coram ymagine crucifixi in eadem ecclesia si hic me mori contingat. Item lego pro sepultura mea concedenda in eadem ecclesia xx s. Item lego rectori ipsius ecclesie xl d. Item lego presbytero parochiali vj. viij d. Item lego Willelmo Ledenham mercatori xx s. Item lego Willelmo Sothill' servienti meo x marcas. Item lego Johanni Bery xx s. Item lego Johanni Kelke xiij s. iiij d. Item lego Johanni Mithill' vj s. viij d. Item lego Johanni Barbour vj s. viij d. Item lego Matildi uxori Willelmi Serby hospiti mee xiij s. iiij d. Item lego fratribus Carmelitis viij s. iiij d. Item lego Radulpho pagetto meo xl d. Item lego Elizabethe servienti mee xx s. Et quantum ad omnia bona mea Cales' habita die factura testamenta et circa supervisionem sepulture corporis mei in ecclesia prenotata et ad omnia

---

[1] Abstract in *Linc. Wills,* p. 134.

legata ibidem perimplenda Willelmum Sothill' armigerum ordino et constituo ibidem dispositorem et Willelmum Ledenham civem et mercatorem Lincoln' tunc temporis ibidem existentem supervisorem. Residuum vero omnium bonorum meorum mobilium et non legatorum tam Cales' quam infra regnum Anglie vel alibi existencium do et lego Johanne uxori mee ut ipsa disponat pro anime mee salute prout sibi videbitur expedire et ipsam ordino et constituo executricem meam. Dat' Cales' die dominica proxima ante festum sancti Andree apostoli anno domini millesimo cccc^{mo} xv^{mo}. Et ad probandum huiusmodi cedulam sive litteram scriptam solum fuisse et esse testamentum sive ultimam voluntatem eiusdem defuncti et nullam aliam perduxit ibidem quatuor testes servientes ut asseruit eidem defuncto dum vixit et tempore conditi huiusmodi testamenti sive ultime voluntatis cum eodem presentes et [ea] audientes, quorum nomina et cognomina sunt hec, Willelmus Sothill' domicellus Johannes Bery clericus Johannes Kelke et Robertus Bewyk, quos [*Folio 141^v*] quidem testes omnes et singulos in forma iuris tactis sacrosanctis dei ibidem evangeliis iurare feci prout iuraverunt de dicendo plenam veritatem quam sciverunt deponere de et super testamento sive ultima voluntate defuncti supradicti. Et sic cum Roberto Scarle clerico notario publico scriba mea in hac parte ad examinacionem eorundem ibidem processi et eos et eorum quemlibet per se secreto et singillatim examinavi eorum que dicta et deposiciones per eundem scribam meum subsequenter in scriptis fideliter redegi feci. Et quia per deposiciones testium huiusmodi in uno et eodem concordancium inveni per omnem huiusmodi litteram sive cedulam testamentum sive ultimam voluntatem eiusdem defuncti continere ipsum testamentum tanquam nuncupativum sive ultimam voluntatem fuisse et esse eiusdem defuncti approbavi et in forma iuris insinuavi ac pro valore eorundem pronunciavi. Et ex consequenti administracio omnium bonorum eiusdem infra diocesim vestram Lincoln' qualitercumque existencium eidem executrici in eodem testamento nuncuputivo sive ultima voluntate nominate in formis iuris iurati commisi qua per eam gratis admissa reservam specialiter potestatem exigendi plenum inventarium omnium bonorum huiusmodi ac compotum administracionis huiusmodi bonorum cum videbitur oportunum paternitati vestre reverende supradicte. Et sic huiusmodi vestram commissionem debite ac reverenter sit executus. Que omnia eidem paternitati, reverende significo per has litteras meas patentes tam dicti testamenti nuncupativi sive ultime voluntatis quam dicte commissionis vestre seriem in se continentes sigillo officialitatis curie Lincoln' cuius officii solicitudinem gero de presenti fideliter consignatas. Dat' Lincoln' quo ad sigillacionem presencium x^{mo} die dicti mensis Januarii anno domini supradicto.

147. 1415. Testament of John Marmion, esquire. Dated December 6th. Proved before Bishop Repingdon at Sleaford on January 25th, 1415/16.

TESTAMENTUM JOHANNIS MARMYON.[1] In dei nomine amen. Die veneris in festo sancti Nicholai episcopi et confessoris anno domini millesimo cccc^{mo} xv^{mo}, ego Johannes Marmyon armiger de comitatu Lincoln' condo testamentum meum in hunc modum. In primis lego animam meam deo omnipotenti creatori inde qui eam suo preciosissimo sanguine in cruce redemit et corpus meum ad sepeliendum in abbathia[2] de Sempyngham ordinis sancti Gilberti. Insuper volo et exonero Johannem Pavy et Henricum Russell' prout coram summo iudice in tremendo iudicio voluerint pro anima mea respondere quod sub eadem pena incursuros oneretis Margaretam uxorem meam et executores meos in comitatu Lincoln' quod ipsi in omnibus terris et tenementis meis que habeo in comitatu predicto refeoffant predictam Margaretam ad terminum vite sue ad gubernan- dum inveniendum et custodiendum se ac statum et ius puerorum nostrorum inter nos exeuntes. Et eciam ordino et volo quod filius meus primogenitus post decessum dicte Margarete habeat et possideat hereditatem suam de terris et tenementis meis absque contradiccione sibi et heredibus de corpore suo legitime exeuntibus imperpetuum sub condiccione qua sequitur, quod in nullo sit impediens ac rebellis huic mee ultime voluntati matri fratri nec sorori sue nec alicui alteri, et si non sit intendens et beneplacens eisdem diciatur de hereditate sua et nullam inde habeat possessionem. Item volo quod extunc filio meo iuniori tota illa hereditas mea sit sibi et heredibus de corpore suo legitime procreatis post mortem matris sue interim deliberetur. Item do et lego Mabille filie mee moniali de Sempyngham illas duas marcas annualis redditus ad terminum vite sue exeuntes ad tene- mentum Alicie Pynder quas perquesita de tenemento predicto. Item volo ordino et do Johanni Pavy pro quaterio suo aretro existenti xx s. et quod remuneretur pro bono et honesto servicio suo michi impenso a diu mecum existenti ita in omnibus quod si teneat remuneratur durante vita sua. Item Willelmo capellano de Croxston' j iopam de nigro panno novo. Et Waltero Pyaum j iopam de eadem secta. Et si contingat dictos filios meos sine heredibus de corporibus eorum legitime procreatis decedere quod absit Margareta superstite volo et ordino quod post eius decessum quod extunc omnia et singula terre et tenementa predicta per executores meos vendantur et pecunia inde recepta cum operibus caritativis interim distribuatur sub modo et forma quibus sequuntur. Item quod xx^{ti} libre annuatim ad totam vitam dicte Mabille ordinentur et plene possideat et habeat de Galby et Newton'. Et insuper si contingat et eveniat quod vendicio predictorum terrarum et tenementorum per executores meos omnino fiat, tunc ordino volo et lego domui sancti Gilberti de Sempyngham xl libras ad orandum pro anima mea in divinis serviciis et teneant annuatim in conventu suo diem anniversarii mei cum acciderit. Et insuper volo et lego domui et abbathie de Croxton' de eadem vendiccione dictorum terrarum et tenementorum c libras ad orandum pro anima mea omni die in eorum divinis cotidie in eorum conventu

[1] Abstract in *Linc. Wills*, p. 130.
[2] *Sic, recte* prioratu.

celebratis et celebrandis et tenendis diem obitus mei solempniter imperpetuum. Ad huius autem testamenti mei ac mee ultime voluntatis bone et fideliter in omnibus ut predictum est perimplendum ordino facio et constituo meos executores viz. Johannem Pavy et Henricum Russell' ut ipsi disponant et ordinent pro anima mea sicut esidem videbitur melius expedire. In cuius rei testimonium huic presenti testamento meo sigillum armis meis sculptum fieri roboravi. Dat' die et anno supradictis.

APPROBACIO EIUSDEM. Tenore presencium noverint universis quod nos Philippus permissione divina Lincoln' episcopus testamentum dilecti filii dum vixit Johannis Marmyon nostre diocesis armigeri plura bona notabilia in nostra et aliis diocesibus tempore mortis sue notorie obtinentibus cuius pretextu ipsius testamenti probacio approbacio et insinuacio ac pro ipsius valore pronunciacio administracionis bonorum dicti defuncti commissio compoti sive calculi administracionis huiusmodi reddicio audicio et finalis liberacio ab eadem ad nos solum et insolidum tam iure nomine ecclesie nostre Lincoln' quam de consuetudine laudabili hactenus usitata legitimeque prescripta et ad nullum alium iudicem pro bonis suis infra nostram diocesim tempore mortis sue existentibus dinoscuntur notorie pertinere coram nobis exhibitum et presentibus annexum ac in forma iuris probatum quod quidem testamentum in quibusdam eius terminis sive verbis, videlicet, *insuper volo et exonero Johannem Pavy et Henricum Russell' prout coram summo iudice in tremendo iudicio volueritis pro anima mea respondere quod sub eadem pena incursuros oneretis Margaretam uxorem meam et executores meos in comitatu Lincoln' quod ipsi in omnibus terris et tenementis meis que habeo in comitatu predicto refeoffent predictam Margaretam ad terminum vite sue* propter eorum ambiguitatem sive obscuritatem que ex eis et aliis verbis subsequenter sibi ipsis repugnantibus colligi possent iuxta et secundum probaciones legitimas coram nobis ministratas et per nos admissas [*Folio 142*] intencionem dicti testatoris in hac parte sequentes in hunc modum declaramus. *Item volo et onero Johannem Pavy et Henricum Russell' prout coram summo iudice in tremendo iudicio voluerint pro anima mea respondere quod sub eadem pena incursuros onerent feoffatos meos in comitatu Lincoln' quod ipsi in omnibus terris et tenementis meis que habeo in comitatu predicto refeoffent Margaretam uxorem meam ad terminum vite sue* approbavimus et insinuavimus et per presentes approbamus et insinuamus et pro valore eiusdem testamenti pronunciamus administracionem que omnium bonorum dictum defunctum et eius testamentum concernencium ac infra nostram diocesim antedictam existens Johanni Pavy executori in dicto testamento nominato commisimus et committimus in forma iuris, potestate committendi alii coexecutori suo huiusmodi administracionem cum venerit et eam admittere voluerit ac compoto administracionis huiusmodi in hac parte reddendo nobis specialiter reservatis. Dat' sub sigillo nostro in castro de Sleford' xxvº die mensis Januarii anno domini millesimo ccccᵐᵒ xvᵐᵒ, et consecracionis nostre anno xjᵐᵒ.

148. [Undated.] Mandate from Bishop Repingdon to his commissaries to visit Cold Norton Priory, to inquire concerning abuses which are reported to be prevalent there, and to receive the resignation of the prior.

COMMISSIO AD VISITANDUM PRIORATUM DE COLDENORTON. Philippus permissione divina Lincoln' episcopus dilectis etc. salutem etc. Exigentibus tam utilitate quam necessitate evidenter prioratus de Coldenorton' ordinis sancti Augustini nostre diocesis certisque et legitimis causis de novo emergentibus ac insinuacione clamosa divulgatis nos moventibus, ad visitandum tam in capite quam in membris prioratum de Coldenorton' predictam ac priorem et singulos canonicos et confratres eiusdem necnon ad inquirendum tam generaliter quam specialiter de excessibus et criminibus eorundem et presertim dilapidacionis bonorum dicti prioratus per priorem eiusdem qui nunc est dampnabiliter ut asseritur commissis et continuatis criminaque et excessus huius-modi canonice corrigendum et puniendum et reservandum nec-non contra eosdem priorem et canonicos super eisdem per viam denunciacionis seu accusacionis ad omnem iuris effectum, eciam ad amovicionem et privacionem si et prout de iure fuerit procedendum cognoscendum statuendum ac ipsum negocium cum omnibus et singulis suis emergentibus incidentibus dependentibus et connexis fine debito et canonico terminandum et diffiniendum ipsumque priorem et canonicos predictos sic amovendum et privandum, cas-sionemque renunciacionem sive resignacionem dicti prioris si eam sponte et voluntarie facere voluerit admittendum et recipiendum. Ceteraque omnia et singula faciendum excercendum et expediendum que in premissis et circa ea seu eorum aliquod necessaria fuerint seu oportuna. Vobis de quorum circumspeccione ac industria in domino plene confidimus tam coniunctim quam divisim tenore presencium committimus vices nostras cum cuiuslibet cohercionis et exequendi per vos decrevenda canonica potestate. Mandantes quatinus nos de omni eo quod feceritis in premissis dicto negocio expedito distincte et aperte certificetis per vestras etc.

149. 1415. December 21st, Sleaford. Letters dimissory to Semannus de Thimelby, subdeacon, to all orders. [B.]

150. 1415/16. February 3rd, Sleaford. Letters dimissory to John Northampton, of Ashridge (Assherugge), to all orders. [B.]

151. 1415/16. February 26th, Sleaford. Letters dimissory to John Gamlingay (Gamulgey), bachelor of arts, clerk, to all orders. [B.]

152. 1415. Testament of John Ashby, esquire. Dated September 6th, at Harfleur.

TESTAMENTUM JOHANNIS ASSHEBY.[1] In dei nomine amen. Sexto die mensis Septembris anno domini millesimo cccc^{mo} xv^{mo} Johannes de Assheby armigero in viagio domini nostri Regis apud Harflew nuper existens per ictum lapidis ibidem morte preventus in sua tamen sana memoria existens testamentum suum sive ultimam voluntatem suam condidit et declaravit in hunc modum. In primis legavit animam suam deo creatori suo beate Marie et omnibus sanctis corpusque suum sacre sepulture ubi deus pro eo disposuerit et voluerit providere. Item legavit ecclesie ubi corpus suum sepeliri contigerit vj s. viij d. Item ad istud testamentum exequendum sive ultimam voluntatem suam hic expressam et inferius clarius declaratam perimplendum Thomam de Wylughby de Assheby iuxta Horncastr' et Robertum Terry de Hull' suos et huiusmodi testamenti sui sive ultime sue voluntatis ordinavit et constituit executores ac bonorum suorum administratores. Item legavit ecclesie de Frysseby xx s. Item legavit Johanne Assheby matri sue in aliqualem recompensam exhibicionis sive alimentacionis duarum filiarum suarum imposterum per ipsam fiendam et sustinendam x libras. Ita tamen quod ipsa mater sua subeat onus huiusmodi in quantum honeste fieri poterit usquequo dicte filie sue seipsas sciverint gubernare. Item legavit fratri Johanni Stanburgh' xl s. Item legavit Thome de Wylughby equum suum griseum. Item legavit Johanni Whitebrede xiij s. iiij d. Item legavit Johanni Preston' valetto suo vj s. viij d. Item legavit uni garcioni suo nomine Fyryng' x s. Item idem Johannes voluit et ordinavit quod dicti executores sui omnia bona sua infra regnum Anglie ubicumque existencia et presertim omnia bona sua in manibus hominum subscriptorum remanencia nondum sibi soluta seu per ipsos aut alium quemcumque nomine suo quovismodo recepta quorum nomina inferius singillatim destribuntur colligant et exigant realiter et cum effectu, et quod omnes custodientes huiusmodi bona sua traderent et liberent ac omnes et singuli debitores sui solvant et satisfaciant eisdem executoribus suis prout deberent et tenentur. Et quod dicti executores sui cum eisdem bonis et debitis suis predictis sibi ut presertim nondum solutis neque liberatis solvant seu solvi faciant creditoribus eiusdem Johannis subscriptis debita subscripta que idem Johannes ut asseruit tempore mortis sue dumtaxat debuit eisdem et non plura. Quorum quidem creditorum nomina et summe per ipsum tempore mortis sue debite et declarate inferius fideliter inferuntur et plenius specificantur. Item voluit et legavit ac ordinavit dictus Johannes quod residuum omnium bonorum suorum post huiusmodi debitorum suorum solucionem et testamenti sui sive ultime voluntatis sue huiusmodi complecionem applicetur et fideliter liberetur Katerine uxori sue et duabus filiabus suis predictis in alimentacionem et sustentacionem earundem preterea idem Johannes

---

[1] Abstract in *Linc Wills*, p. 109. *Littera testimonialis super testamento Johannis Assby* (dated December 6th, 1415, at Lambeth), *Reg Chichele*, II, p. 70.

testator deputavit dictum fratrem Johannem Stanburgh' bonorum suorum supervisorem. Dat' die.[1]

[*Folio 142ᵛ*] Proved at Sleaford on February 29th, 1415/16.

153. 1415/16. Letter from Richard Clifford, bishop of London (dated January 20th), forwarding a mandate from Archbishop Chichele (dated January 4th) for the celebration of the feast of St. George with special prayers and for the observance of the festivals of St. David, St. Chad and St. Winifred.[2] Bishop Repingdon transmits the mandate to the archdeacons and to the president and chapter, and certifies to the archbishop that this has been done. [*to Folio 143*]

[*Folio 143ᵛ*]

154. 1415/16. February 21st, Sleaford. Notice of the forthcoming trial before the bishop's commissaries of Nicholas Forbet, clerk, accused of the theft of ecclesiastical property at Grimsby, and committed to custody by the king's justices. The commissaries are directed to proceed with the trial by purgation, and to cite objectors to appear on a given day.

On February 28th, Robert Sharpe, chaplain and commissary, reports to Bishop Repingdon that Nicholas Forbet was duly delivered for trial and was admitted to purgation. The names of the compurgators are returned.

LIBERACIO NICHOLAI FORBET CLERICI CONVICTI. Reverendo in Christo patri ac domino domino Philippo dei gracia Lincoln' episcopo vester humilis et devotus Robertus Sharp' capellanus vester in hac parte una cum aliis per illam clausulam coniunctim et divisim commissariis sub forma subscripta deputatus obedienciam cum omnimoda reverencia et honore debite tanto patri, commissionis vestre litteras reverenter ut decuit nuper recepimus tenorem qui sequitur continentes. Philippus permissione divina Lincoln' episcopus dilectis filiis magistris Radulpho Louth canonico ecclesie nostre Lincoln' et Roberto Scarle ac domino Willelmo Humberston' rectori ecclesie parochialis de Brauncewell' nostre diocesis Roberto Wyntryngham et Roberto Sharp' capellanis iurisperitis salutem graciam et benediccionem. Ad audiendum omnes et singulos per publicas proclamaciones quas per decanum decanatus de Grymesby fieri mandavimus premunitos seu citatos qui Nicholaum Forbet super eo quod ipse ultimo die Januarii anno regni Regis Henrici quinti post conquestum Anglie secundo unum calicem argenteum cum patena eidem calici pertinenti precii c s. in custodia Thome Burgh' unius custodis fabrice ecclesie sancti Jacobi de Grymesby in dicta ecclesia inventum felonice cepit et asportavit diffamatum extitisset et propter hoc per potestatem laicum captum et incarceratum ac nobis per iusticiarios dicti domini

---

[1] *Sic.*   [2] See *Reg. Chichele*, III, p. 8; *Concilia*, III, p. 376.

nostri Regis tanquam clericum in foro ecclesiastico secundum canonum sancciones uno modo vel alio libere iudicandum accusare voluerint aut alias in forma iuris prosequi contra eum quod compareant coram vobis aut vestris in hac parte commissariis in ecclesia parochiali de Bekyngham dicte nostre diocesis die jovis proximo post festum sancti Mathie apostoli proximum futurum si iuridicus fuerit, alioquin proximo die iuridico extunc sequente cum continuacione et prorogacione dierum tunc sequencium si opus fuerit et locorum quos diem et locum pro termino preciso et peremptorio omnibus quorum interest fecerimus assignari. Ad recipiendum certificatorium proclamacionis huiusmodi die et loco antedictis illudque inspiciendum et examinandum, et si huiusmodi die et loco nullus oppositor apparuerit ad precludendum viam oppositoribus huiusmodi quicquam in hac parte ulterius opponendum et obiciendum prefato Nicholao Forbet clerico ex officio nostro crimen predictum sibi ac ceteris quorum interest iusticiam plenam et finalem exhibiendum necnon purgacionem eiusdem Nicholai Forbet de et super crimine antedicta si eam in forma iuris vobis offere voluerit recipiendum. Ceteraque omnia et singula faciendum excercendum et expediendum que in premissis et circa ea necessaria fuerint vel eciam oportuna, vobis coniunctim et divisim tenore presencium committimus vices nostras cum cuiuslibet cohercionis canonice potestate. Et quid in premissis feceritis et inveneritis nos de toto processu vestro in hac parte faciendo una cum nominibus et cognominibus compurgatorum dicti clerici si ad ipsius purgacionem processeritis ipso negocio expedito certificare caretis seu certificet ille vestrum qui presentem commissionem in se receperit exequendum per suas litteras patentes habentes hunc tenorem sigillo autentico consignatas. Dat' sub sigillo nostro in castro nostro de Sleford' xxj^{mo} die mensis Februarii anno domini millesimo cccc^{mo} xv^{mo}, et consecracionis nostre anno xj^{mo}. Quarum quidem litterarum reverendi auctoritate nos commissarius antedictus in ecclesia parochiali de Bekyngham die jovis in vestris litteris suprascriptis limitate ad dicte vestre commissionis litteras exequendas pro tribunali sedens certificatorium decani decanatus de Grymesby sigillo officii sui sigillatum recepimus illud que inspeximus et examinavimus et postmodum commissionem nostram primo et deinde certificatorium illud publice legi fecimus quibus perlectis comparuit coram bonis personaliter Willelmus Egmanton' locumtenens constabularii castri vestri de Newerk' ut asseruit et mandatum sive preceptum vestrum sigillo vestro sigillatum ad producendum exhibendum sive sistendum coram nobis Nicholaum Forbet infrascriptum exhibuit et ostendebat quo eciam perlecto idem Willelmus eundem Nicholaum nobis ibidem liberavit libere iudicandum et ad purgandum se de huiusmodi crimine humiliter offerentem. Unde nos omnes et singulos qui ipsum de dicto crimine accusare voluerit aut contra eum prosequi fecimus publice trina vice preconizari, et quia nullus comparuit oppositor viam ulterius opponendi contra eundem hac parte preclusimus per decretum et ulterius in dicto negocio procedentes illud crimen in vulgari eidem Nicholao iudicialiter obiecimus quod ipse constanter negavit et se de eodem purgaturum in forma iuris iterato obtulit cum numero sibi assignando quem sic se offerentem nullo invento obstaculo sive impedimento ipsum ad purgacionem suam admisimus et ipsius purgacionem canonicam cum compurgatoribus suis, quorum nomina sunt hec, Johannes de Bolton' Robertus Baile Johannes Wranby Ricardus Staynton' Ricardus Bolton' Robertus Godechepe Johannes Wranby[1] Johannes Gosse Willelmus Treuluffe Willelmus Harpham Thomas Martinson' et Robertus Hampton' recepimus, et deinde ipsum sufficienter pronunciatum pronunciavimus eundem prestine sue fame in quantum in nobis fuit restituenda. De quibus omnibus et singulis vestram paternitatem reverendam dictarum litterarum exigenciam tenore presencium certificamus sigillo decani decanatus de Sleford' ad nostram instanciam et requisicionem personalem quia nostrum sigillum privatum est et incognitum sigillatarum. Dat' vicesimo octavo die mensis Februarii anno domini supradicto.

155. 1415/16. March 11th, Sleaford. Dispensation, by direction of the papal penitentiary, Francis, cardinal priest of St. Susanna, to John de Cothill (Cotyll') of Well, scholar, that he may proceed to all orders and hold a benefice with cure, notwithstanding his illegitimacy.

156. 1416. May 24th, Harrold (Harewold') Priory. Agreement between Bishop Repingdon and the prioress and convent of Harrold concerning the annual payment of twenty-six shillings and eightpence for the appropriated parish church of Shackerstone (Shakerston', Shakreston'). [to Folio 144]

157. 1415. Testament of Thomas de Rolleston of Beverley. Dated June 24th.

TESTAMENTUM THOME DE ROLLESTON'.[1] In dei nomine amen. Die lune in festo Nativitatis sancti Johannis Baptiste anno domini millesimo cccc^{mo} xv^{mo}, ego Thomas de Rolleston' de Beverlaco compos mentis et sane memorie condo testamentum meum. In primis commendo animam meam deo et beate Marie et omnibus sanctis et corpus meum ad sepeliendum in choro ecclesie ordinis fratrum predicatorum ville Beverlaci iuxta sepulchrum Beatricis uxoris mee defuncte si me ibidem mori contigerit. Item lego pro j petra marmorea ponenda super sepulcrum meum et dicte Beatricis ibidem decem marcas. Item lego priori et conventui ordinis fratrum predicatorum predictorum centum marcas sub tali condiccione quod prior et conventus prenominati et successores sui imperpetuum annuatim celebrent et faciant unum obitum specialem pro anima mea [et animabus] Beatricis predicte Elizabethe nunc uxoris mee Willelmi Rolleston' patris mei Elene matris mee Roberti Hanley militis Johannis Hanley militis patris Beatricis predicte et animabus parentum amicorum meorum ac animabus omnium fidelium

---

[1] Sic.   [2] Abstract in Linc. Wills, p. 136.

defunctorum. Item lego tresdecim capellanis divina celebrantibus immediate post decessum meum infra villam de Beverlaco pro anima mea et animabus ut supra centum marcas. Item lego Margarete filie mee primogenite quadraginta libras. Item lego Johanne Danyell' filie uxoris mee ad maritagium suum viginti libras. Item lego Katerine Warner de Malbrythorp ad maritagium suum viginti libras. Residuum vero omnium bonorum et catallorum meorum specialiter non legatorum do et lego Elizabethe uxori mee predicte Johanni Holme fratri eiusdem Elizabethe Elene Rolleston' matri mee et Rogero de Keleby. Huius autem testamenti mei ordino facio et constituo Elizabetham uxorem meam predictam Johannem Holme Elenam matrem meam et Rogerum de Keleby predictum meos veros et legitimos executores ut ipsi preoculis habentes deum velle meum perimpleant et pro anima mea ordinent et disponant prout eis melius viderint expedire. In cuius rei testimonium sigillum meum presentibus apposui. Dat' die et anno supradictis. Hiis testibus Ade Tirwhite Johanne Holme de Beverlaco Roberto Sutton' capellano Thoma Kyrkeby et aliis.

Proved before William Cawood (Cawod'), vicar-general of the archbishop of York, at Cawood on November 6th, 1415, and before Bishop Repingdon at Sleaford on April 8th, 1416. [*to Folio 144ᵛ*]

158. 1415. Testament of William Winlove of Willoughby.

TESTAMENTUM WILLELMI WYNLUFF.[1] In dei nomine amen. Anno domini millesimo ccccᵐᵒ xvᵐᵒ, ego Willelmus Wynluff de Wylughby condo testamentum meum in hunc modum. In primis do et lego animam meam deo et beate Marie et omnibus sanctis et corpus meum ad sepeliendum in ecclesia sancti Andree de Wylughby. Item do et lego optimum meum animal nomine mortuarii. Item do et lego fabrice dicte ecclesie iij s. iiij d. Item do et lego campanili dimidium quarterium ordei. Item fonti eiusdem ecclesie dimidium quarterium ordei. Item camere crucifixi eiusdem ecclesie dimidium quarterium ordei. Item luminibus sepulcri dimidium quarterium ordei. Item do et lego fabrice ecclesie beate Marie Lincoln' dimidium quarterium ordei. Item do et lego autentico[2] altari eiusdem ecclesie de Wylughby xij d. pro decimis oblitis. Item capellano parochiali ij quarterios ordei. Item lego Roberto Unyon' seniori iij oves matrices et filio eiusdem Roberti j ovem matricem. Item do et lego Roberto Unyon' minori iiij oves matrices et dimidium quarterium ordei. Item Agneti filie Johannis Unyon' ij oves matrices. Item Alicie filie Thome Unyon' j ovem matricem et dimidium modium ordei. Item Thome Unyon' j modium ordei. Item Willelmo Unyon' dimidium quarterium ordei. Item Willelmo filio Roberti Norys j ovem matricem. Item Thome famulo meo unam buculam. Item do et lego Matildi uxori Willelmi Margery j buculam. Item Thome filio eiusdem Willelmi j buculam et dimidium quarterium ordei. Item do et lego cuilibet executorum

---

[1] Abstract in *Linc. Wills*, p. 145, where the date of probate is given as 1415.
[2] *Sic.*

meorum j quarterium ordei. Residuum vero bonorum meorum non legatorum do et lego Johanne uxori mee Willelmo Margery Johanni Margery Johanni Unyon' et Ricardo Duxworth' quos constituo executores meos ut ipsi disponant pro illis sicut sibi et anime mee melius viderint expedire.

Proved before Bishop Repingdon at Sleaford. on May 4th, 1416.

159. 1415. Testament of John de la More of Asgarby. Dated September 24th.

TESTAMENTUM JOHANNIS DE LA MORE.[1] In dei nomine amen. Die martis proxima post [festum] sancti Mathie apostoli anno domini millesimo cccc^{mo} xv^{mo}, ego Johannes filius Walteri de la More de Asgardeby compos mentis et sane memorie condo testamentum meum in hunc modum. In primis lego animam meam deo omnipotenti et beate Marie et omnibus sanctis dei et corpus meum ad sepeliendum in cimiterio ecclesie parochialis sancti Andree de Asgardeby. Item lego optimum meum animal rectori eiusdem ecclesie nomine mortuarii mei. Item lego fabrice eiusdem ecclesie vj s. viij d. Item lego summo altari eiusdem ecclesie pro decimis oblitis xij d. Item lego fabrice ecclesie de Iwardeby xij d. Item lego cuilibet capellano divina celebranti ad exequias meas existenti iiij d. et cuilibet clerico ibidem existenti ij d. Totum vero residuum bonorum meorum non legatorum do et lego Alicie uxori mee et Ricardi fratri meo quos ordino et constituo executores meos ut ipsi omnia debita mea fideliter persolvant ac de bonis meis provideant et disponent prout ipsis videbitur melius expedire et sicut voluit coram summo iudice in die iudicii personaliter respondere.

Proved before Bishop Repingdon at Sleaford on June 5th, 1416.

160. 1416. June 13th, Sleaford. Letters dimissory to Richard Palmer of Liddington (Lidyngton'), subdeacon, to all orders. [B.]

[Folio 145]

161. 1415/16. Letter from Richard Clifford, bishop of London (dated March 10th), forwarding a mandate from Archbishop Chichele (dated March 6th) for Convocation to meet at St. Paul's on April 1st, to discuss urgent matters relating to church and state, and especially to consider letters from the bishops of Bath and Wells and Salisbury[2] and other English bishops at the Council of Constance.[3] [to Folio 145^v]

---

[1] Abstract in Linc. Wills, p. 130, where the date of probate is given as 1415.
[2] Nicholas Bubwith, bishop of Bath and Wells (1406–1424); Robert Hallum, bishop of Salisbury (1407–1417).
[3] Abstract in Reg. Bubwith, I, p. 232.

162. 1415/16. March 17th, Old Temple. Letters dimissory to Walter Byseley, clerk, to all orders. [B.]

163. 1415/16. March 19th, Old Temple. Letters dimissory to Alan Kirton (Kyrketon'), clerk, to all orders. [B.]

164. 1416. March 25th, Old Temple. Licence to John Peck (Pekke), rector of Taynton (Teynton'), subdeacon, for one year's non-residence for study. [C.]

165. 1416. March 30th, Old Temple. Letters dimissory to Thomas Bynggold', acolyte, Thomas Hilton (Hilton'), clerk, rector of North Thoresby, and Robert Catterick (Catryk), clerk, rector of Witney (Wytteney), to all orders. [B.]

166. 1416. March 31st, Old Temple. Letters dimissory to Nicholas Pardon (Pardon'), deacon, to priest's orders, and to Thomas Ailby (Aleby) of Bigby (Byggesby), clerk, to all orders. [B.]

167. 1416. April 1st, Old Temple. Licence to John Play, rector of Coston, for two years' non-residence for study. [C.]

168. 1416. April 2nd, Old Temple. Letters dimissory to John Butler (Butiller), alias London, clerk, to all orders. [B.]

169. 1416. April 10th, Old Temple. Letters dimissory to John Chamberlain (Chaumberleyn), clerk, to all orders. [B.]

170. 1416. April 6th, Old Temple. Licence to William Pirton (Pirton'), rector of Eynesbury, for one year's non-residence for study. [C.]

171. 1416. April 8th, Old Temple. Licence to the prioress and convent of Broomhall (Bromhale) to put to farm the appropriated church of North Stoke (Northstok'). [G.]

172. Same date and place. Appointment of Robert Malton, rector of St. Magnus the Martyr, London, as assistant to Thomas Malton, rector of Tilbrook (Tillebrok').

173. 1416. April 12th, Old Temple. Commission to the rectors of Little Stukeley and Steeple Gidding to collect the fruits of Little Gidding parish church and to provide a suitable chaplain for the cure of souls, the rector being non-resident.

xij^{mo} die mensis Aprilis anno domini supradicto apud Vetus Templum London' commissum fuit rectoribus ecclesiarum parochialium de parva Styuecle et Stepilgidding coniunctim et divisim ad colligendum et recipiendum fructus ecclesie parochialis de parva Giddyng et ad faciendum curam ibidem deserviri per capellanum ydoneum rectore ibidem non residente.

174. 1416. April 14th, Old Temple. Letters dimissory to John Clampayne, clerk, and Thomas Knight (Knyght), acolyte, to all orders. [B.]

175. 1416. April 28th, Old Temple. Letters dimissory to William de Launde, perpetual vicar of Whaplode (Qwaplade), clerk, to all orders. [B.]

[*Folio 146*]

176. 1416. Letter from Richard Clifford, bishop of London (dated April 27th) forwarding a mandate from Archbishop Chichele (dated April 20th) for the collection of the subsidy of twopence in the pound for the expenses of the English delegates to the Council of Constance.[1] The money is to be collected by June 24th and paid to John Estcourt, examiner-general of the Court of Arches.

Bishop Repingdon notifies the archdeacon of Northampton of the archbishop's mandate, and appoints Thomas Colston as collector for the archdeaconries of Lincoln, Leicester and Stow. [*to Folio 146^v*]

DEPUTACIO COLLECTORUM SUBSIDII PREDICTI. Philippus etc. magistro T.C.[2] etc. Cum nos nuper tam litterarum reverendissimi in Christo patris domini domini Henrici dei gracia Cantuar' archiepiscopi tocius Anglie primatis et apostolice sedis legati ac sui consilii provincialis quam nostra ordinaria auctoritate suffulti per archidiaconos locorum in singulis archidiaconatibus nostre diocesis super vero valore bonorum beneficiorum et possessionum ecclesiasticorum non taxatorum inquisiciones fieri diligentes et eadem fideliter mandaverimus estimari ac exinde duos denarios de libra de omnibus bonis beneficiis et possessionibus ecclesiasticis taxatis et non taxatis per ipsos archidiaconatus ubilibet constitutis pro expensis transmittendorum et modo existencium in concilio generali Constancien' per prelatos et clerum provincie Cantuar' in dicto concilio provinciali communiter concessos in festo Ascensionis domini proximo futuro solvendos levari

---

[1] See *Reg. Chichele*, III, pp. 13–14.   [2] Thomas Colston.

et colligi ac ipsum subsidium sic levatum et collectum vobis per archidiaconos nostros Lincoln' Leycestr' et Stowe seu eorum officiales realiter eciam mandaverimus liberari et sub penis incumbentibus integraliter respondere de eodem cum clausula nos aut vos dicto festo Ascensionis certificandi singulariter de factis suis una cum vero valore bonorum beneficiorum ac possessionum huiusmodi non taxatorum prout in mandatis nostris ipsis directis plenius continetur. Ad admittendum igitur certificatoria archidiaconorum nostrorum Lincoln' Leycestr' et Stowe predictorum subsidiumque predictum tam de bonis beneficiis et possessionibus ecclesiasticis taxatis quam non taxatis de ipsis archidiaconis seu eorum officialibus integre recipiendum et de receptis acquietancias faciendum contumaciasque non comparencium et rebellum in hac parte si qui fuerint canonice puniendum et compescendum ac mandata moniciones municiones et penas quascumque canonicas contra non solventes faciendum et infligendum. Ceteraque omnia et singula faciendum et excercendum que in premissis et circa levacionem et colleccionem dicti subsidii quomodolibet videbuntur oportuna. Vobis tenore presencium committimus vices nostras et exequendum que in hac parte decreveritis potestatem, vosque dicti subsidii receptorem in tribus archidiaconatibus supradictis tenore presencium deputamus. Mandantes quatinus nos de omni eo quod feceritis in premissis una cum summarum descripcionibus per vos receptis quas penes vos servare debetis quousque a nobis aliud in ea parte habueritis in mandatis infra iiij^{or} dies post dictum festum Ascensionis domini debite certificetis dicta certificatoria reservatis vobis copiis cedularum estimacionis bonorum beneficiorum et possessionum huiusmodi non taxatorum eisdem annexarum nobis transmittentes. Dat' sub sigillo nostro in hospicio nostro apud Vetus Templum London' iij° die mensis Maii anno etc. supradicto.

On June 21st, Bishop Repingdon returns an executory certificate to the archbishop.

[*Folio 147*]

177. 1415/16. February 11th, Sleaford. Exoneration of Thomas Brouns, subdean, before Bishop Repingdon, on charges of plurality and non-residence. Letters of John XXIII are produced, dispensing him to hold incompatible benefices, and these letters are inspected and accepted by the bishop in the presence of many witnesses.

DIMISSIO MAGISTRI THOME BROUNS SUPER PLURALITATE ET NON RESIDENCIA. Universis sancte matris ecclesie filiis ad quos presentes littere seu presens publicum instrumentum pervenerit, Philippus permissione divina Lincoln' episcopus salutem in domino sempiternam ac fidem certam et indubiam presentibus adhibere. Universitati vestre notum facimus per presentes quod dilectus filius magister Thomas Brouns utriusque iuris doctor ecclesie nostre Lincoln' subdecanus ac rector ecclesie parochialis de Twyford' nostre diocesis

super assecucione et retencione dictorum subdecanatus et parochialis
ecclesie sibi invicem incompatiencium ac super non residencia sua
in beneficiis suis huiusmodi necnon super eo quod ipse fructus
redditus et proventus dictorum beneficiorum suorum absque nostra
seu superioris nostri licencia petita et obtenta eciam laicis dimisit ad
firmam, responsurus per nos ad iudicium evocatus coram nobis
iudicialiter in capella infra castrum nostrum de Sleford' dicte nostre
diocesis Lincoln' situata iudicialiter sedentibus, in notarii et testium
infrascriptorum presencia personaliter comparuit et quasdem litteras
apostolicas nuper Johannis pape xxiij eidem magistro Thome in et
super premissis graciose concessas coram nobis realiter exhibuit et
ostendit, quibus litteris apostolicis per nos visis inspectis examinatis
rimatis et diligenter ponderatis ipsum magistrum Thomam tanquam
super premissis sufficienter fulcitum et munitum ab ulteriori exhibicione in hac parte ab officio nostro contra eum ea occasione
instituto et instituendo dimisimus sub hec forma. In dei nomine amen.
Cum nos Philippus permissione divina Lincoln' episcopus ex officio
nostro legitime procedentes te magistrum Thomam Brouns ecclesie
nostre Lincoln' subdecanum ac rectorem ecclesie parochialis de
Twyford' nostre diocesis super assecucione et retencione huiusmodi
beneficiorum sibi invicem incompatiencium ac super non residencia
in beneficiis tuis huiusmodi necnon super eo quod tu fructus redditus
et proventus dictorum beneficiorum tuorum absque nostra seu superioris nostri licencia petita et obtenta eciam laicis dimisisti ad firmam
responsurum ad iudicium coram nobis fecerimus evocari, tuque certis
die et loco legitimis et competentibus tibi ad hoc prefixis per nos
et assignatis coram nobis in iudicio personaliter comparens quandam
dispensacionem apostolicam tibi tunc rectori ecclesie parochialis de
Alesby nostre Lincoln' diocesis antedicte per Johannem tunc papam
xxiij ut una cum dicta ecclesia parochiali de Alesby quodcumque aliud
beneficium ecclesiasticum curatum seu cum ea alias incompatibile
eciam si parochialis ecclesia aut parochialis ecclesie perpetua vicaria
seu dignitas personatus administracio vel officium cum cura vel sine
cura in metropolitano seu cathedrali maior post pontificalem aut in
collegiate ecclesia huiusmodi principalis fuerit et ad eam consueverit
quis per eleccionem assumi si alias tibi canonice conferetur vel
assumeris ad illud libere recipere et una cum dicta ecclesia parochiali
quoadvixeris licite retinere necnon parochialem ecclesiam et beneficium huiusmodi simpliciter vel ex causa permutacionis simul et
successive tociens quociens tibi placuerit dimittere et loco dimissi vel
dimissorum aliud vel alia simile vel dissimile similia vel dissimilia
beneficium vel beneficia ecclesiasticum seu ecclesiastica duo dumtaxat
incompatibilia recipere et retinere libere et licite valeas prout in litteris
apostolicis exinde confectis et in registris nostris de verbo ad verbum
registratis,[1] ad quas nos referimus et quatenus expediat haberi volumus pro hic insertis plenius continetur factam, necnon quandam
concessionem sive indulgenciam apostolicam tibi tunc de Twyford'
predicta et sancti Aldati Oxon' eiusdem nostri diocesis ecclesiarum

---

[1] See Memo., II, p. 281; *supra*, no. 18.

parochialium ex dispensacione apostolica tibi ut prefertur facta rectori per eundem Johannem xxiij ut in quocumque loco honesto residendo fructus redditus et proventus dictarum ecclesiarum parochialium de Twyford' et sancti Aldati Oxon' et quorumcumque aliorum beneficiorum ecclesiasticorum que tunc in quibusuis ecclesiis sive locis obtinebas et in futurum obtineres eciam si canonicatus et prebende dignitates personatus vel officio cum cura vel sive cura in metropolitano vel cathedrali seu collegiatis ecclesiis et dignitates ipsi in metropolitano et cathedrali maiores post pontificales seu collegiatis ecclesiis principales fuerint et ad illas illos vel illa consueverint qui per eleccionem assumi quoadvixerit cum ea integritate quotidiavis distribucionibus dumtaxat exceptis libere recipere valeas cum qua illos perciperes si in ecclesiis sive locis huiusmodi personaliter resideres et ad residendum interim in eisdem minime tenearis nec ad id et quoquam invitus valeas coartari iuramento per te vel procuratorem tuum in contrarium prestito vel in futurum prestando ac constitucionibus conciliis et statutis apostolicis legatinis provincialibus sinodalibus ac localibus generalibus vel specialibus contrariis non obstantibus quibuscumque eas quodque eciam fructus redditus et proventus huiusmodi quibuscumque personis eciam laicis cum quibus tuam et parochialium ecclesiarum et aliorum beneficiorum predictorum condiccionem poteris efficere meliore in quociens tibi videbitur arrendare locare seu ad firmam vel pensionem annuam concedere possis diocesanorum locorum et cuiuscumque alterius super hoc licencia minime requisita iuramento per te vel procuratorem tuum in contrarium prefato vel in futurum prestando ac constitucionibus conciliis et statutis apostolicis legatinis provincialibus sinodalibus ac localibus generalibus vel specialibus contrariis non obstantibus quibuscumque sub certa forma in litteris apostolicis super hoc confectis et in registris nostris antedictis eciam de verbo ad verbum registratis ad quas nos referimus quatenus expediat haberi volumus pro hic insertis comprehensa factam certis super hoc executoribus tibi datis realiter exhibuisses et ostendissas, nos visis inspectis examinatis rimatis et diligenter ponderatis huiusmodi exhibitis et ostensis quas litteras apostolicas huiusmodi invenimus non abrasas non abolitas non cancellatas seu viciatas aut in aliqua earum parte suspectas sed veras sanas et integras ac omnium prorsus vicio et suspiccione sinistra carentes. Idcirco nos Philippus permissione divina Lincoln' episcopus predictus de consilio iurisperitorum nobis in hac parte assidencium Christi nomine invocato te magistrum Thomam Brouns subdecanum et rectorem predictum de et super assecucione et retencione dictorum subdecanatus et ecclesie parochialis de Twyford' predicta et non residencia tua personali in eisdem seu eorum altero eciam iurata necnon arrendacione locacione [*Folio 147ᵛ*] ad firmam seu pensionem annuam concessione et dimissione fructuum reddituum et proventuum eorundem subdecanatus et ecclesie parochialis ac aliorum beneficiorum quarumcumque predictorum quoadvixeris fulcitum et munitum tecum que super premissis et eorum quolibet dispensatum sufficienter fuisse et esse pronunciamus decrevimus et declaramus et te ab ulteriori exhibicione in hac parte et officii nostri contra te ea occasione instituti et in futurum instituendi impeticione absolvimus et dimittimus absolutum sentencialiter in hiis scriptis. In quorum omnium et singulorum testimonium atque fidem presentes litteras nostras seu presens publicum instrumentum per Thomam Colstone clericum auctoritate apostolica notarium publicum registrariumque nostrum et in hac parte actorum scribam scribi publicari et in hanc publicam formam redigi eiusque signo et nomine solitis et consuetis ac nostri sigilli ad causas appensione iussimus signari fideliter et communiri. Data et acta sunt in capella nostra antedicta sub anno ab incarnacione domini secundum cursum et computacionem ecclesie Anglicane millesimo cccc^{mo} xv^{mo} Indiccione nona apostolica sede vacante mensis Februarii die xj^{mo}, presentibus tunc ibidem discretis viris David Pryce in utroque iure bacallario dicte ecclesie nostre canonico et Thoma Hill' clerico auctoritate apostolica notario publico necnon dominis Adam Jevecok' et Willemo Semly capellanis nostris Meneven' et Ebor' London' et Wigorn' diocesium ac aliis quam pluribus testibus vocatis et rogatis specialiter ad premissa.

Et ego Thomas Colstone clericus Lincoln' diocesis publicus auctoritate apostolica notarius dictique reverendi in Christo patris et domini domini Philippi dei gracia Lincoln' episcopi registrarius et in hac parte actorum scriba premissis omnibus et singulis dum sic ut premittitur sub anno domini Indiccione mense die et loco supradictis apostolica sede ut prefertur vacante per prefatum reverendum patrem dominum Lincoln' episcopum predictum et coram se agebantur et fiebant una cum prenominatis testibus presens personaliter interfui ea que omnia et singula sic fieri vidi et audivi et de mandato dicti reverendi patris scripsi publicavi et in hanc publicam formam redegi meque hic subscripsi ac signo et nomine solitis et consuetis una cum appensione sigilli dicti reverendi patris ad causas signavi per prefatum magistrum Thomam Brouns eciam rogatus et specialiter requisitus in fidem et testimonium omnium et singulorum premissorum.

178. 1416. May 9th, Old Temple. Licence to Alexander Sparrow (Sparowe), rector of Bucknell (Bukenhill'), subdeacon, for three years' non-residence for study, [C.]

179. 1416. Sleaford. Arbitration by Bishop Repingdon in a dispute between the abbot and convent of Crowland and the rector of Beeby concerning the payment of tithes of corn and hay from the abbey's estates which lie within the boundaries of the parish of Beeby.

CROYLAND' ET BEBY COMPOSICIO. Universis sancte matris ecclesie filiis ad quos presentes littere seu presens publicum instrumentum pervenerint seu pervenerit et quos infrascriptum tangit negocium seu tangere poterit quomodolibet infuturum Philippus permissione divina Lincoln' episcopus salutem in domino sempiternam ac fidem certam et indubiam presentibus adhibere. Noverit universitas vestra quod sedentibus nobis iudicialiter in maiori camera nostra infra castrum nostrum de Sleford' nostro Lincoln' diocesi situata die et anno infrascriptis constituti fuerint coram nobis in iudicio abbas et conventus monasterii Croyland' ordinis sancti Benedicti vestre diocesis antedicte per fratrem Johannem Botheby eorum et dicti monasterii sui commonachum et confratrem suum ad infrascripta procuratorem sufficienter constitutum prout per procuratorem suum sigillo communi dicti monasterii signatum cuius tenor inferius describitur liquet evidenter ac discretus vir magister Willelmus Wynwyk' rector ecclesie parochialis de Beby sepedicte nostre diocesis personaliter qui quidem frater Johannes procurator et procuratorio nomine dictorum abbatis ac conventus ac magister Willelmus rector antedictus personaliter quandam composicionem sive concordiam de et super percepcione decimarum garbarum et feni de terris dominicis dictorum abbatis et conventus in et infra parochiam dicte ecclesie parochialis de Beby predicta existentibus proveniencium inter eosdem religiosos viros ex parte una et dictum magistrum Willelmum rectorem ex parte altera initam atque factam et indentatam ac sigillo communi dictorum abbatis et conventus necnon et sigillo dicti magistri Willelmi rectoris hincinde sigillatam nobis et coram nobis realiter exhibuerunt monstrarunt et presentarunt, ac nobis humiliter sepius et cum instancia supplicarunt quatinus huiusmodi composicionem sive concordiam, si eam iustam honestam et iuri consonam invenerimus, approbare ratificare et nostra auctoritate pontificali et ordinaria confirmare ipsamque composicionem sive concordiam realem ac perpetuis futuris temporibus valituram et partem eidem imposterum contravenientem ad eius observacionem per quemcumque iudicem competentem in hac parte compellandam fore et cohercendam sentencialiter pronunciare declarare et decrevere dignaremur. Cuius quidem composicionis sive concordie tenor sequitur et est talis. Noverint universi has litteras indentatas inspecturis quod nuper mota controversia inter magistrum Willelmum Wynnewyk' rectorem ecclesie parochialis de Beby Lincoln' diocesis ex parte una et religiosos viros abbatem et conventum monasterii Croyland' ordinis sancti Benedicti eiusdem diocesis ex parte altera de et super percepcione decimarum garbarum et feni de terris dominicis arabilibus et pratis dominicis dictorum religiosorum virorum infra fines et limites dicte parochie de Beby provenientes dicto rectore asserente ad se et suos successores et ad predictam ecclesiam suam decimas huiusmodi pertinere et pertinere debere in futurum, dictisque religiosis viris huiusmodi decimas ad se et eorum monasterium pertinere et pertinere debere tam vigore donacionis eorundem decimarum eis et eorum monasterio ante Lateranen' concilium per dominum tunc earundem terrarum ab antiquo concessarum quam vigore consuetudinis in hac parte legitime prescripte et observate necnon iuris immunitatis et libertatis dictorum religiosorum a prestacione quacumque huiusmodi decimarum cuicumque rectori ecclesie parochialis de Beby predicta pro tempore existentis liberorum existencium a tempore cuius contrarii memoria homini non existit in quorumcumque manibus huiusmodi terre extiterint quomodolibet fienda in contrarium asserentibus. Tandem per mediacionem quorumdam amicorum partos huiusmodi ad pacem et concordiam inducentium quandam composicionem realem infra-scriptam pro bono pacis et concordie partium huiusmodi suorum que hinc et inde successorum ac monasterii et ecclesie predictorum utilitate non modica a quiete perpetua unanimiter nuerunt, videlicet quod premissis non obstantibus in recompensacionem decimarum eorundem dicti religiosi viri tam ut huiusmodi ecclesie patrem quam dictorum terrarum dominicarum arabilium et pratorum dominicorum dum temporales et canonici possessores ab antiquo decimarum ear-undem pro se et suis successoribus concesserunt predicto rectori suisque successoribus perpetuis futuris temporibus sex solidos octo denarios bene et legale [*Folio 148*] monete percipiendos singulis annis futuris imperpetuum per dictum rectorem et eius successores a dictis abbate et conventu eorumque successoribus, videlicet in festo sancti Bartholomei apostoli. Quodque ei religiosi viri abbas et conventus predicti pro se et successoribus suis et dictus magister Willelmus rector pro se et suis successoribus dicte ecclesie de Beby rectoribus dictis composicioni et concordie non consenserint aut eas prout eos coniunctim et divisim rata et grata non habuerint pariter et acceptas. Idemque rector pro se et successoribus suis de dictis sex solidis octo denariis sic annuatim percipiendis non reputaverit seu reputaverint contentum seu contentos. Tunc dicte partes submiserunt se et successores suos hinc et inde examini districcioni et cohercioni cuiuscumque iudicis in hac parte competentis ut ipse iudex partes huiusmodi suos que successores hinc et inde ad observacionem pre-missorum eciam ad penam racione indempnitatis unius partis vel alterius contra premissa vel eorum aliquod quomodolibet contra-venientis seu delinquentis ad ipsius premissi iudicis arbitramentum poterit libere cohercere. In quorum omnium testimonium sigilla par-tium predictarum hiis indenturis alternatim sunt apposita. Dat' in monasterio Croyland' xxv[to] die Februarii anno domini millesimo cccc[mo] xij[mo]. Nos igitur partes litigantes ad pacem et concordiam totis conati-bus prout boni iudicis est revocare ac in pacis quiete et dulcedine confovere intunc cupientes attendentesque peticionem sive suppli-cacionem huiusmodi iustam et iuri consonam dictam composicionem sive concordiam vocatis vocandis ac servatis servandis ad peticionem instantem partium earundem in iudicem coram nobis ut prefertur existencium approbavimus ratificavimus et nostra auctoritate ordi-naria et pontificali confirmavimus decrevimus eciam declaramus ipsam composicionem sive concordiam realem et perpetuis futuris temporibus valere et valeri debere ac parte eidem imposterum contravenientes ad eius observacionem per quemcumque iudicem competentem in hac parte compellandam fore et cohercendam sen-tencialiter in scriptis sub hac forma. In dei nomine amen. Philippus permissione divina Lincoln' episcopus composicionem sive con-cordiam de et super percepcione decimarum garbarum et feni de terris dominicis religiosorum virorum abbatis et conventus monasterii Croyland' ordinis sancti Benedicti nostre diocesis infra parochiam ecclesie parochialis de Beby nostre diocesis antedicte existentibus proveniencium inter dictos religiosos viros ex parte una et dilectum filium magistrum Willelmum Wynewik' dicte ecclesie de Beby rectorem ex parte altera initam atque factam quia ipsam eandem composicionem sive concordiam iustam honestam et iuri non contrariam sed consonam ac ad et in utilitatem tam dicti monasterii quam ecclesie parochialis predicte tendentem invenimus vocatis omnibus et singulis in hac parte vocandis et servatis servandis ad peticionem instantem dictorum abbatis et conventus per eorum procuratorem et dicti magistri Willelmi rectoris personaliter comparencium in iudicio coram nobis approbamus ratificamus et nostra auctoritate ordinaria et pontificali tenore presencium confirmamus decrevimus eciam declaramus et pronunciamus ipsam eandem composicionem sive concordiam realem et perpetuis futuris temporibus valere et valere debere ac partem eidem imposterum contravenientem ad eius observacionem per quemcumque iudicem competentem in hac parte compellendam fore cohercendam sentencialiter in hiis scriptis. Tenor vero procuratorii de quo supra fit mencio sequitur et est talis. Pateat universis per presentes quod nos Thomas abbas monasterii Croyland' Lincoln' diocesis et eiusdem loci conventus in domo capitulari dicti nostri monasterii specialiter et capitulariter ad infrascripta congregati facimus constituimus et ordinamus nostros veros et legitimos procuratores actores factores negociorum gestores Johannem Botheby et Johannem Ingoldesby commonachos et confratres dicti monasterii nostri et magistrum Thomam Brouns magistrum David Pryce Edmundum Langford' et Thomam Hill' clericos, dantes et concedentes eisdem procuratoribus nostris et eorum cuilibet coniunctim et divisim ita quod non sit melior condiccio occupantis sed quod unus eorum inceperit alter prosequi valeat mediare et finire mandatum generale et speciale pro nobis et monasterio nostro predicto coram venerabili in Christo patre ac domino domino Philippo dei gracia Lincoln' episcopo ac loci diocesano comparendi ac quandam composicionem inter nos ex parte una et magistrum Willelmum Wynewyk' rectorem ecclesie parochialis de Beby dicte Lincoln' diocesis ex parte altera de et super percepcione decimarum garbarum et feni de terris dominicis arabilibus et pratis dominicis dictorum religiosorum virorum infra fines et limites dicte ecclesie parochialis de Beby provenientibus initam atque factam presentandi monstrandi et exhibendi ac ipsam composicionem sua auctoritate ordinaria ratificari et confirmari petendi et obtinendi ipsamque composicionem ab ipso reverendo patre realem perpetuis temporibus fore decrevendi declarandi et pronunciandi postulandi auctoritatem assensum sive consensum a capitulo dicte ecclesie Lincoln' ac confirmacionem sive ratificacionem in premissis obtinendi exigendi ulterius faciendi et exequendi que in premissis et circa ea necessaria fuerint sive oportuna eciam si mandatum in se manis exigant speciale quam aliquod premissorum. Promittentes nos ratum et gratum pro perpetuo habituros quicquid dicti procuratores vel eorum alter fecerint seu fecerit in premissis ac sub ypotheca et obligacione omnium bonorum canonicorum exponimus et promittimus per presentes. In cuius rei testimonium sigillum nostrum commune presentibus apposuimus. Dat' in domo capitulari dicti nostri monasterii xvij° die mensis Junii anno domini millesimo cccc^{mo} xvj^{mo}.

180. 1416. May 12th, Old Temple. Letters dimissory to John Carbrooke (Carbrok'), clerk, to all orders. [B.]

181. 1416. May 21st, Old Temple. Licence to John Woburn (Oburn'), rector of Islip (Islep'), to put his church to farm for two years. [D.]

182. 1416. May 20th, Old Temple. Letters dimissory to Robert Childe, acolyte, to all orders. [B.]

[*Folio 148*^v]

183. 1416. May 17th, Old Temple. Licence to the prior and convent of Canons Ashby to farm the appropriated church of Podington (Podyngton') to suitable persons, for five years. [G.]

184. 1416. May 29th, Old Temple. Letters dimissory to John Tuly, having the first tonsure, to all orders. [B.]

185. 1416. May 31st, Old Temple. Licence to Thomas Lewknor (Leukenore), rector of Heythrop (Hetrop'), clerk, for one year's non-residence for study. [C.]

186. 1416. June 6th, Old Temple. Letters dimissory to John Plymouth (Plymouth'), clerk, and Thomas Braunceton', clerk, to all orders. [B.]

187. 1415/16. Testament of William Yong, rector of Tinwell. Dated February 3rd.

TESTAMENTUM DOMINI WILLELMI YONG RECTORIS ECCLESIE PARO-CHIALIS DE TYNNEWELL'.[1] In dei nomine amen. Die lune in crastino Purificacionis beate Marie anno domini millesimo cccc^{mo} xv^{mo} ego Willelmus Yong rector ecclesie parochialis de Tynnewell' compos mentis condo testamentum meum in hunc modum. In primis lego animam deo beate Marie et omnibus sanctis et corpus meum ad sepeliendum in cancello dicte ecclesie. Item lego fabrice dicti cancello xl marcas sterlingorum sub condiccione qua sequitur, videlicet quod executores mei non sint vexati per successorem meum pro aliqua

[1] Abstract in *Linc. Wills*, p. 145.

reparacione dicti cancelli seu rectorie eiusdem. Item lego ad distribuendum pauperibus in die sepulture mee x s. Item lego Johanne Piper
Agneti Terry Johanne Miller Johanne Hostiler Alicie Baker Johanne
Garre Margerie Lancastr' Ismarie cuilibet eorum ij s. Item lego
Edwardo iij s. iiij d. Item lego Johanni servienti meo xiij s. iiij d.
Item lego cuilibet ordini fratrum Stamford' x s. Item lego cuilibet
sacerdoti Stamford' xij d. Item lego monialibus iuxta Stamford' vj
s. viij d. Item lego priori sancti Leonardi vj s. viij d. Item lego priori
de Novo Loco vj s. viij d. Item lego gilde sancte Trinitatis Stamford'
xl s. Item lego ecclesie parochialis de Ryhale xl s. Item lego capelle
de Belmersthorp' vj s. viij d. Item gilde sancti Johannis eiusdem ville
xx s. Item gilde Omnium Sanctorum eiusdem ville xiij s. iiij d. Item
Johanni filio Johannis Daveys vj s. viij d. Item lego cuilibet filiolo
meo et filie spirituali iij s. iiij d. Item lego ecclesie parochialis de
Carleby xl s. Huius autem testamenti mei David Cranwell' armigerum
Thomam Basset de Stamford' et Johannem Cobtoo de Ryhale meos
facio ordino et constituo executores quibus lego residuum bonorum
meorum prius non legatorum ad disponendum pro anima mea prout
eis melius videbitur expedire. Item lego eisdem executoribus meis
pro labore suo ad dividendum inter eosdem equaliter vj libras. Dat'
apud Tynnewell' die et anno domini supradictis.
  Proved before Bishop Repingdon at Sleaford on June 19th, 1416.

188. 1416. June 30th, Sleaford. Letters dimissory to Thomas Blyton,
subdeacon, to all orders. [B.]

189. 1416. July 1st, Sleaford. Monition from Bishop Repingdon to
the archdeacons, who have shown negligence in the collection of the
subsidy of twopence in the pound recently granted by Convocation
for the expenses of delegates to the Council of Constance. The archdeacons are cited to appear before the bishop or his commissary at
Stamford on July 20th to account for the delay in the collection of
the subsidy. [to Folio 149]

190. 1415. May 8th, Sleaford. Confirmation by Bishop Repingdon
of the arbitration by Thomas Brouns in the dispute between the
prioress and convent of St. James, Huntingdon, and Stephen
Munden, rector of St. Andrew's, Huntingdon, concerning the payment of tithes and oblations and the provision for the cure of souls
in the parish of the church of St. Peter, which is appropriated to
the priory. In the presence of witnesses, the bishop gives judgment
in favour of the priory, and the exact boundaries of the parish are
defined. The rector of St. Andrew's is to make restitution for tithes
wrongfully taken.

LAUDUM ET ARBITRAMENTUM SUPER CONTROVERSIA MOTA INTER
MONIALES ET RECTOREM SANCTI ANDREE HUNTYNGDON'. In dei nomine

amen. Nos Thomas Brouns utriusque iuris doctor ad procedendum cognoscendum ordinandum laudandum et arbitrandum in quadam lite sive dissencionis materia coram reverendo in Christo patre et domino domino Philippo dei gracia Lincoln' episcopo mota et pendente indecisa inter religiosas mulieres priorissam et conventum prioratus sancti Jacobi iuxta Huntyngdon' Lincoln' diocesis ecclesiam parochialem sancti Petri et capellam sancti Michaelis in villa de Huntyngdon' predicta constitutam que infra et de parochia predicta sancti Petri notorie fuit et est situata in proprios usus obtinentes partem actricem ex parte una et dominum Stephanum Munden' rectorem ecclesie parochialis sancti Andree de Huntyngdon' predictam partem realem ex altera super iure et possessione percipiendi et habendi omnes et omnimodas decimas personales ac eciam oblaciones spirituales de quibuscumque personis in et infra fines et limites ac loca decimabilia dicte parochie ecclesie sancti Petri inhabitantibus ac super iure percipiendi et habendi omnes et omnimodas decimas maiores tam reales quam personales in et infra fines et limites ac loca decimabilia dicte parochie sancti Petri qualitercumque provenientes dictosque inhabitantes ad missas et alia divina officia admittendi et recipiendi ac eis sacramenta et sacramentalia per capellanos per easdem religiosas mulieres deputatos ministrandi ac de et super distinccione finium et limitum parochie sancti Petri predicte necnon occasione dampnorum iniuriarum expensarum et interesse quorum-cumque in premissis et circa ea per partes predictas et earum alteram qualitercumque quandocumque et ubicumque factorum premissa que omnia et singula discuciendum et finaliter decidendum ac terminan-dum ac alia omnia et singula faciendum et excercendum prout in actis dicti reverendi patris et eius registro per Thomam Colstone notarium publicum infrascriptum que sunt sub date in ecclesie beate Marie Huntyngdon' xiij^{me} die mensis Novembris anno domini millesimo cccc^{mo} xiiij^{mo} facta plenius continetur sub penis in obligacionibus a partibus predictis hincinde factis et in registro dicti reverendi patris existentibus quarum date sunt xiiij die mensis Novembris anno regni Regis Henrici quinti post conquestum Anglie secundo. De que omnia et singula et contenta in eisdem nos referimus et pro hic insertis quatenus expediat haberi volumus arbitor arbitrator sive amicabilis compositor unicus per predictas partes hincinde libere et spontanee ac concorditer electus et deputatus habentes plenam et liberam potestatem a partibus superius nominatis hincinde nobis concorditer attributam imponendi et faciendi finem in premissis. Volentes dum-taxat ut arbitrator et amicabilis compositor huiusmodi ad finalem decisionem premissorum procedere ac ea terminare. Quia visis per nos auditis intellectis examinatis rimatis diligenter indagatis et equa lance iusticie discussis meritis et circumstanciis litis sive materis dissencionis antedicte partium que predictarum hincinde iuribus et probacionibus in hac parte coram nobis productis et exhibitis deliber-acione eciam per nos habita diligenti pro bono pacis et concordie vigore potestatis per dictas partes nobis attribute et concesse Christi nomine primitus innotato et ipsum solum oculis nostris proponentes per nostrum laudum sive sentenciam quod vel quam infra terminum compromissi in nos ut premittitur facti existentes proferimus et promulgamus in hiis scriptis laudamus ordinamus sentenciamus arbitramur diffinimus dicimus pronunciamus decrevimus pro iure et possessione dictarum religiosarum mulierum et prioratus predicti ecclesiam predictam sancti Petri cum capella sancti Michaelis in proprios usus obtinencium in premissis omnibus et singulis decimasque personales et oblaciones spirituales quascumque in et de omnibus edificiis domibus et hospiciis ac de inhabitantibus in eadem parochia necnon decimas omnes et singulas maiores tam reales quam personales infra fines et limites et loca decimabilia dicte parochie [*Folio 149ᵛ*] sancti Petri existentes et qualitercumque in futurum provenientes quos fines et limites designamus fuisse et esse tales, videlicet, incipiendo a parte australi a quadam domo vocata Godemansplace pretendunt se fines et limites huiusmodi a dicta domo versus boream per quoddam fossatum vocatum Kyngesdyche per spacium quarterii unius miliaris usque ad capellam sancti Edmundi Huntyngdon' et ab illa capella pretendunt se fines et limites per quandam viam regiam que ducit ab illa capella sancti Edmundi versus forestam vocatam Sappele versus occidentem borialiter per spacium dimidii miliaris vel circiter usque ad quendam locum vocatum Caldewell' pytte et ab illo loco Caldewell' pytte pretendunt se fines et limites huiusmodi per quandam semitam versus orientem per spacium trium stadiorum usque ad fontem sive conductum fratrum Augustinencium[1] Huntyngdon' et ab illo fonte sive conductu pretendunt se fines et limites huiusmodi parochie per quandam viridem viam versus austrum per spacium trium stadiorum vel circiter usque ad quendam locum vocatum Baldeweneshowe in villa de Huntyngdon' situatum et inter illum locum Baldeweneshowe et domum vocatum Godemansplace est quedam via regia intermedia, quos quidem fines et limites pro veris finibus et limitibus huiusmodi iuxta ministrata coram nobis et probata dictam ecclesiam sancti Petri cum capella sancti Michaelis eiusdem ab aliis parochiis circumquaque ibidem iacentibus distinguentibus et dividentibus dicimus et declaramus ad dictas religiosas mulieres et ad prioratum earundem iure et nomine ecclesie sancti Petri predicte solum et insolidum et nullatinus ad ecclesiam sancti Andree predictam neque ad rectorem eiusdem pertinuisse pertinere et pertinere debere ipsaque loca omnia et singula infra fines et limites ecclesie parochialis sancti Petri predicte fuisse et esse situata, omnes que inhabitantes omnia et singula hospicia sive edificia infra fines et limites superius designata dicte ecclesie sancti Petri et capelle sancti Michaelis eiusdem et nullatinus dicte ecclesie sancti Andree fuisse et esse debere parochianos decernimus pronunciamus et declaramus ius que huiusmodi inhabitantes omnes et singulos ad missas et alia divina officia in dicta ecclesia sancti Petri que iam diruta existit cum fuerit refecta seu de novo constructa vel reedificata et loco eiusdem in dicta capella sancti Michaelis que dedicata existit recipiendi et admittendi ac eis sacramenta et sacramentalia ut veris ipsius ecclesie sancti Petri parochianis per capellanos idoneos ministrandi et ministrari faciendi ad ipsas religiosas mulieres sive

[1] *Sic.*

prioratum predictum iure et nomine ecclesie sancti Petri predicte
pertinuisse et pertinere debere semper in futurum laudamus ordinamus arbitramns pronunciamus decernimus et declaramus, ac silencium
perpetuum dicto domino Stephano Munden' rectori ecclesie sancti
Andree in premissis omnibus et singulis et ea concernentibus
imponimus ac dictum dominum Stephanum Munden' rectorem dicte
ecclesie sancti Andree ad restitucionem quarumcumque decimarum
maiorum et minorum realium et personalium, videlicet anno domini
millesimo cccc^{mo} xiij^{mo} per eundem dominum Stephanum iniuste
subtractarum et abductarum si extent, alioquin in xiij s. iiij d. nomine
vere estimacionis earundem prefatis religiosis mulieribus et eorum
prioratui iure et nomine ecclesie sancti Petri predicte realiter et
effectualiter fiendam infra unius mensis spacium per laudum nostrum
huiusmodi condempnamus et mandamus restitucionem fieri, dictumque dominum Stephanum Munden' rectorem sancti Andree predicte
in expensis legitimis per partem dictarum religiosarum mulierum in
negocio huiusmodi compromissario ac circa litem in hac parte factam
eisdem religiosis mulieribus realiter persolvendis et tradendis citra
festum Omnium Sanctorum proximum futurum quas quidem expensas ad viginti solidos bone et legalis monete Anglicane provida
moderacione prehabita taxamus in hiis scriptis recepto prius iuramento a parte dictarum religiosarum mulierum tactis sacrosanctis
evangelis se tantum et ultra expendisse occasione litis sive dissencionis
materie antedicte laudando condempnamus in hiis scriptis. Que omnia
et singula superius scripta et contenta prout superius scribuntur et
continentur in hiis scriptis ordinamus laudamus pronunciamus
decernimus declaramus sentenciamus diffinimus dicimus et precipimus per partes supradictas quatenus ipsas communiter aut divisim
attinent fieri et impleri necnon inviolabiliter observari sub pena in
compromisso in nos facto superius memorato contenta. In quorum
omnium et singulorum fidem atque testimonium sigillum subdecanatus mei in ecclesia Lincoln' una cum signo et subscripccione
supradicti Thome Colstone clerici auctoritate apostolica notarii
publici dictique reverendi patris episcopi Lincoln' registrarium et
ipsius reverendi patris in confirmacione sua subscripta actorum scribe
presentibus est appensum. Data et acta sunt hec in presencia reverendi
in Christo patris et domini domini Philippi dei gracia Lincoln'
episcopi predicti ac notarii supra et testimonium infrascriptorum in
capella dicti reverendi patris infra castrum suum de Sleford' sue
Lincoln' diocesis situata sub anno ab incarnaccione domini secundum
cursum et computacionem Anglicane millesimo cccc^{mo} xv^{mo} Indiccione viij° Pontificatus sanctissimi in Christo patris et domini nostri
domini Johannis divina providencia pape xxiij anno quinto mensis
Maii die octavo, presentibus tunc ibidem discretis viris magistris
David Pryce utriusque iuris bacallario ecclesie Lincoln' canonice et
Edmundo Langeford' clerico auctoritate apostolica notario publico
ac dominis Thoma Nassh' et Willelmo Warwyk' capellanis Meneven'
Sarum Lincoln' et Wygorn' diocesium testibus vocatis et rogatis
specialiter ad premissa. Et nos Philippus permissione divina Lincoln'
episcopus antedictus auditis per nos inspectis et plenius intellectis

negocii compromissi et laudi predictorum ac meritis eorundem ea omnia et singula ad peticionem partium predictarum coram nobis in iudicio legitime comparencium approbavimus confirmavimus et ratificavimus in scriptis sub hac forma. In dei nomine amen. Nos Philippus permissione divina Lincoln' episcopus auditis per nos visis inspectis et plenius intellectis negocio compromissi et laudi predictorum ac meritis eorundem ea omnia et singula canonice prelata reperientes ipsa omnia et singula auctoritate nostra ordinaria et pontificali ad peticionem partium predictarum coram nobis in iudicio legitime comparencium approbamus confirmamus et ratificamus in hiis scriptis. In quorum omnium et singulorum testimonium presentes nostras approbacionem confirmacionem et ratificacionem sic per nos factas per Thomam Colstone clericum auctoritate apostolica notarium publicum registrariumque nostrum et in hac parte actorum scribam subscribi publicari et in hanc publicam formam redegi ac signo et subscripccione suis signari nostrique sigilli ad causas appensionem missimus communiri. Data et acta sunt hec in capella nostra predicta sub anno domini Indiccione Pontificatu mense et die proximis supradictis presentibus testibus supranominatis eciam in hac parte specialiter requisitis. Et ego Thomas Colstone clericus Lincoln' diocesis [*Folio 150*] publicus auctoritate apostolica notarius dictique reverendi patris episcopi Lincoln' supradicti registrarius et in hac parte actorumque scriba premissis omnibus et singulis dum sit ut premittitur per prefatum magistrum Thomam Brouns arbitrum arbitratorem sive amicabilem compositorem predictum primo et de inde coram dicto reverendo patre episcopo Lincoln' et per eos sub anno domini Indiccione Pontificatu mense die et loco predictis successive et divisim agebantur et fiebant una cum prenominatis testibus presens personaliter interfui, ea que omnia et singula sic fieri vidi et audivi scripsi publicam et in hanc publicam formam redegi me que hic subscripsi ac signo et nomine meis solitis et consuetis una cum appensionibus sigillorum tam subdecanatus dicti magistri Thome quam reverendi patris supradicti ad causas de mandato eiusdem reverendi patris ac rogatu et requisicione ipsius magistri Thome ac eciam partium predictarum signavi in fidem et testimonium omnium et singulorum premissorum.

191. 1416. Mandate from Archbishop Chichele (dated January 2nd) for the collection of the arrears of the subsidy of fourpence in the pound granted for the expenses of those attending the Council of Pisa.[1] On May 20th, at Old Temple, London, Bishop Repingdon transmits the mandate to the archdeacons or their officials, and cites them to appear at Stamford on July 20th to render an account of the collection of the subsidy and of the arrears of payment. [*to Folio 150ᵛ*]

---

[1] See *Reg. Chichele*, III, pp. 7–8 (dated January 1st).

192. [Undated.] Bishop Repingdon reports to Archbishop Chichele that after receiving the mandate concerning the arrears of payment of the subsidy, he has made diligent inquiries in the diocese and cited the archdeacons and their officials, who were appointed collectors, to appear before him on a given day and render their accounts.

The archdeacons of Oxford, Stow and Leicester have produced letters of quittance showing that they have made full payment to the receivers-general. The official of the archdeacon of Huntingdon is at the University of Cambridge, outside the bishop's jurisdiction. The executors of the official of the archdeacon of Lincoln, now deceased, have produced his accounts, which are being forwarded to the archbishop. The executors of the official of the archdeacon of Buckingham, also deceased, have failed to produce his accounts. Proceedings are being taken against the officials of Northampton and Bedford for contempt.

Reverendissimo in Christo patri ac domino domino Henrico dei gracia Cantuarien' archiepiscopo tocius Anglie primati et apostolice sedis legato Philippus permissione divina Lincoln' episcopus obedienciam tam debitam quam devotam cum omnimodis reverencia et honore. Mandatum vestrum reverendum xv° die mensis Maii ultimo preterito cum ea qua decuit reverencia recepimus tenorem qui sequitur continentes. Henricus etc. Cuius quidem mandati vestri reverendi auctoritate et vigore de denariis subsidii memorati aretro existentibus, videlicet in quorum manibus consisterent in quantum levacio colleccio et solucio ipsius subsidii nostras civitatem et diocesim concernebant diligenter et fideliter fecimus inquiri collectores et receptores eiusdem subsidii, videlicet singulos archidiaconos nostros in singulis suis archidiaconatibus ad colligendum et levandum huiusmodi subsidium collectores deputatos eorumque officialium eiusdem subsidii receptores et eorumque decesserunt executores et bonorum administatores coram nobis ad certos diem et locum iam effluxos facturi et recepturi quid tenor dicti mandati vestri reverendi exigit et requirit fecimus evocari. Qui quidem collectores et receptores die et loco huiusmodi comparentes, videlicet archidiaconi nostri Oxon' et Stowe dicti subsidii in suis archidiaconatibus collectores litteras acquietanciales in plenam solucionem subsidii huiusmodi sibi per magistros Ricardum Brynkle et Johannem Perche eiusdem subsidii generales receptores factas et eorum sigillatas in sui exoneracionem realiter exhibuerunt et ostenderunt. Archidiaconus vero Leycestr' et collector consimiliter deputatus eciam comparens nobis exposuit quod ipse summas de subsidio huiusmodi per ipsum levatas prefatis generalibus receptoribus persolvit et de huiusmodi solucionibus litteras acquietanciales obtinuit ad eisdem, nomina quoque delatorum eiusdem subsidii ad tunc ipsum subsidium non solvencium eisdem receptoribus liberavit de quibus summis et nominibus iidem receptores ut asseritur reputarunt se contentos et ipsum collectorem habuerunt de ipsius subsidii levacione et solucione sufficienter excusacium. In archidiaconatu Huntyngdon nullum denarium de huiusmodi subsidio a retro existentem per inquisicionem huiusmodi invenire potuimus sed comparimus per eandem quod quidam magister Thomas Mordon' tunc officialis archidiaconati Huntyngdon' ac collector et receptor huiusmodi subsidii in ipso archidiaconatu ad huc superstes est et manet ut asseritur in universitate Cantibrig' extra nostram iurisdiccionem ideo ipsum ad huiusmodi raciocinium reddendum coram vobis non potuimus evocare. In archidiaconatu vero Lincoln' per archidiaconum loci illius seu eius officialem consimiliter inquiri et subsidium aretro existens colligi et levari mandavimus per quam quid inquisicionem comparimus quod magister Robertus Broughton' tunc officialis archidiaconi Lincoln' nunc defunctus fuit collector et receptor sub ipso archidiacono dicti subsidii in ipso archidiaconatu. Idcirco dominum Robertum Upsale capellanum et Johannem Hoggesthorp' clericum executores testamenti dicti magistri Roberti ad huiusmodi compotum reddendum coram nobis fecimus evocari, qui quidem executores consimiliter comparentes compotum dicti collectoris cuius copiam vos pater transmittimus presentibus annexis reddiderunt verum quia dicti archidiaconus et officialis dictum subsidium de bonis et in ipso compoto descriptis prout in cedula presentibus annexis continetur aretro existens beneficiis non levaverunt nec levare curarunt contra ipsos vestra auctoritate prout possumus procedemus. Comparimus eciam per inquisicionem in archidiaconatu Buck' captam denarios huiusmodi subsidii in ipso archidiaconatu per magistrum Stephanum Merston' iam defunctum tunc officialem archidiaconi Buck' et huiusmodi subsidii in ipso archidiaconatu collectorem et receptorem collectos fore et receptos. Idcirco dominum Johannem Prentys vicarium perpetuum ecclesie parochialis de Padebury et Johannem atte Yatte de Adestok' nostre diocesis executores testamenti dicti magistri Stephani defuncti ad ipsum collectoris compotum reddendum ad certos diem et locum coram nobis seu Thome Tyberay commissario nostro fecimus evocari, qui quidem commissarius noster ipsos executores citatatos[1] non comparentes servato iuris ordine excommunicavit et ipsos que sic excommunicatos mandavimus publice denunciari ipsi tunc exes indurato corde summam excommunicacionem huiusmodi sustinentes adhuc comparere seu compotum huiusmodi reddere non curarunt nec curant in presenti. Necnon in archidiaconatibus North' et Bedford' per officiales archidiaconorum dictorum archidiaconatuum consimiles fieri mandavimus inquisiciones quos quid officiales per eo quod mandata nostra eis in hac parte directa debite certificare non curarunt super contemptu et in obediencia coram nobis fecimus evocari et contra eos ea occasione districcius quo potuimus processimus et procedemus. De quibus omnibus pater vos reverende cum ea qua decet reverencia tenore presencium certificamus, etc.

[1] *Sic.*

[*Folio 151*]

193. 1413/14. March 4th. William Barrow, chancellor of the University of Oxford, acknowledges Bishop Repingdon's letter of February 12th, giving notice of an episcopal visitation of the University to inquire concerning suspected heresy. The visitation is to be held on March 5th in St. Mary's church, Oxford, and is to be confined to matters of heresy. The chancellor returns the names of those cited to be present.[1] [*to Folio 151ᵛ*]

[*Folio 152*]

194. 1416. July 4th. Agreement between Bishop Repingdon and the abbot and convent of Tupholme (Tuppeholme) concerning the annual payment of twenty shillings due for the appropriated parish churches of Ranby (Randeby), Market Stainton (Staynton') and Middle Rasen (Rasen Tupholm').

195. 1416. July 19th, Sleaford. Licence to John Pettingale (Petyngale), rector of Croft (Croft'), to celebrate one anniversary on account of the poverty of his benefice, the permission to last for two years.

[*Folio 152ᵛ*]

196. 1416. July 30th, Sleaford. Commission to Thomas Asgarby (Asgardeby), sequestrator in the Parts of Lindsey (Lyndeseye), to collect the fruits of Long Ludford (Longludford') parish church during the absence of the rector, William Jonson', and to provide for the cure of souls.

197. 1416. July 31st, Sleaford. Commission to William Irby, rector of Medbourne, to admit to probate the wills of certain persons dying in the archdeaconry of Leicester, pending the settlement by arbitrators of the dispute between the bishop of Lincoln and the archdeacon of Leicester.

COMMISSIO RECTORI DE MEDBURN' AD INSINUANDUM TESTAMENTA.[2] Ultimo die mensis Julii anno domini etc. supradicto apud Sleford' magister Johannes Southam archidiaconus Oxon' Thomas Brouns legum doctor et David Pryce in legibus licenciatus arbitri sive amicabiles compositores electi et assumpti per reverendum patrem dominum Philippum episcopum Lincoln' et Ricardum Elvet archidiaconum Leycestr' in quadam lite super approbacione testatorum subditorum dicti archidiaconatus decedencium et habencium bona

---

[1] Printed in full in *Snappe's Formulary*, pp. 181–186.
[2] *Supra*, no. 87, and *infra*, no. 364.

in diversis diocesis tempore mortis eorundem ac canonicorum vicariorum aliorumque ministrorum quorumcumque ecclesie nove collegiate beate Marie Leycestr' inter ipsos reverendum patrem dominum episcopum et archidiaconum et de iure prevencionis mota per litteras suas patentes sigillo subdecanatus ecclesie Lincoln' signatus vigore et auctoritate compromissi huiusmodi commiserunt potestatem magistro Willelmo Irby rectori ecclesie parochialis de Medeburn' Lincoln' diocesis huiusmodi testamenta approbandi et insinuandi et cetera faciendi prout in consimili commissione libere memorandum de tempore eiusdem Philippi folio cxiiij plenius continetur.

198. 1416. August 6th, Sleaford. Licence to John Stirtup', rector of Calthorpe (Kaylesthorp'), to celebrate one anniversary, the permission to last for two years.

199. 1416. August 10th, Sleaford. Appointment of commissaries to visit Cold Norton Priory, to reform abuses and punish offenders.

COMMISSIO AD VISITANDUM PRIORATUM DE COLDENORTON'. X^{mo} die mensis Augusti anno domini millesimo cccc^{mo} xvj^{mo} apud Sleford' commissum fuit magistris Willelmo Hoper' legum doctori et Johanni Bothum in utroque iure ac Ricardo Gorgoyn in legibus bacallariis coniunctim et divisim ad visitandum prioratum de Coldnorton' corrigendum et reformandum ac canonice puniendum suspendum privandum et amovendum etc. ut in forma communi.

200. Same date and place. Letters dimissory to John Newman of Ramsey (Ramesey), clerk, to all orders. [B.]

201. 1416. August 5th, Sleaford. Commission from Bishop Repingdon to Thomas Duffeld, chancellor, Richard Hethe, John Southam and David Pryce, assisted by the masters of the four mendicant orders at Lincoln, to examine the books of John Bagworth, vicar of Wilsford, who is suspected of heresy. Any books which are found to contain heretical or erroneous opinions are to be publicly burnt at Lincoln.

COMMISSIO AD EXAMINANDUM LIBROS SUSPECTOS VICARII DE WYLLESFORD'.[1] Philippus permissione divina Lincoln' episcopus dilectis filiis et confratribus nostris magistris Thome Duffeld' cancellario Ricardo Heth' in sacra theologia bacallario Johanni Southam in legibus licenciato et David Pryce utriusque iuris bacallario canonicis ecclesie nostre Lincoln' salutem graciam. De vestris fidei

---

[1] *Supra*, no. 110, and *infra*, no. 227.

sinceritate conscienciarum puritatibus et circumspeccionum industriis plurimum in domino confidentes, ad recipiendum videndum
inspiciendum examinandum et solicitius investigandum libros et
quaternos omnes et singulos quos vobis una cum presentibus mittimus
liberandos in custodia et possessione domini Johannis Baggeworth'
vicarii perpetui ecclesie parochialis de Willesford' nostre diocesis
nobis super suspiccione heresum et errorum detecti et denunciati
repertos et inventos et quos fore suos et se verum eorum proprietarium
coram nobis iudicialiter recognovit exitacione et requisicione ex parte
nostra et ecclesie dei prius facta magistris quatuor ordinum fratrum
mendicancium Lincoln' ut vobis in huiusmodi examinacione assistant
et auxilient, ipsosque libros et quaternos quos per diligentem
examinacionem et indagnacionem in toto vel in parte suspectos
hereticos erroneos aut determinacioni sancti matris ecclesie contrarios
vel repugnantes inveneritis et repereritis dampnandum et repro-
bandum ac pro damnatis et reprobatis in ecclesia nostra predicta
aliquo die solempno dominico vel festivo tempore processionis vel
sermonis publici inibi fiendi dum maior afferuit populi multitudo ac
causam et causas dampnacionis et reprobacionis huiusmodi publice
exponendum et publicandum ac eosdem libros et quaternos sic
dampnatos et reprobatos comburendos fore decrevendum et in
publice comburi faciendum vocatis ad hoc pro assistencia vobis in
ea parte facienda maiore et burgensibus civitatis nostre Lincoln'.
Ceteraque omnia et singula faciendum excercendum et expediendum
que in premissis vel aliquo premissorum necessaria fuerint seu
quomodolibet oportuna, vobis coniunctim et divisim tenore presencium committimus vices nostras et plenam in domino potestate cum
cuiuslibet cohercionis et exquendi que decreveritis canonica potestate. Mandantes quatinus dicto negocio expedito nos de omni eo
quod feceritis in premissis distincte et aperte certificetis per vestras
seu certificet ille vestrum qui presentem commissionem nostram in
se receperit exequendi per suas litteras patentes harum et facti sui
series una cum expressis designacionibus librorum et quaternorum
sic dampnatorum et combustorum ac singulorum articulorum con-
clusionum et opinionum dampnacionis et combustionis eorundem
plenius continentes sigillo autentico consignatas. Dat' apud Sleford'
sub sigillo nostro quinto die mensis Augusti anno domini millesimo
xvj^{mo}, et consecracionis nostre anno xij^{mo}.

202. 1416. August 11th, Sleaford. Notification by Bishop Repingdon
of an episcopal visitation of the cathedral chapter on September 24th,
and citation of all canons, vicars, chaplains, clerks and other ministers
of the cathedral church to be present in the chapter house on the
appointed day to answer concerning alleged discords, irregularities
and other grave abuses which disturb cathedral life and interfere with
the proper performance of divine offices.

LITTERA PRO VISITACIONE CAPITULI LINCOLN'. Philippus etc. dilectis filiis decano et capitulo ecclesie nostre Lincoln' salutem graciam

et benediccionem. Inter ceteras sollicitudines pastorali officio incumbentes visitacio ordinaria fore noscitur infutura per quam viciorum sontibus extirpatis mores homini reformantur et virtutum plantaria seminantur, cum igitur sicuti nedum fama publica referente verum eciam insinuacione lamentabili pro parte capituli ecclesie nostre predicte nobis facta, ad nostrum pervenit auditum quod nonnulle lites dissenciones et discordie pacis reformacionem indigentes in ecclesia nostra predicta exorte sint et indies oriuntur ac quam plures excessus et defectus correccione notorie digni a personis in eadem ecclesia nostra committuntur quibus divina officia perturbantur et ecclesia nostra prefata graviter scandalizatur. Hinc est quod nos ecclesiam nostram Lincoln' predictam cui spirituali vinculo preceteris arcius obligamur ac personas canonicos vicarios capellanos clericos et ministros eiusdem die jovis proximo post festum sancti Mathei apostoli proximum iam futurum decrevimus et proponimus concedente domino ex nostri officii debito iure ordinario ex premissis et aliis causis legitimis ordinis et urgentibus visitare. Tenore igitur presencium peremptorie vos citamus et per vos omnes et singulas personas dignitates personatus vel officia in dicta nostra ecclesia obtinentes canonicos que vicarios capellanos clericos et ministros ipsius ecclesie presentes videlicet personaliter et absentes iuxta modum et formam hactenus [*Folio 153*] in eadem ecclesia usitatem consimiliter peremptorie citari volumus et mandamus quod dicto die jovis cum continuacione et prorogacione dierum subsequencium usque ad huiusmodi visitacionis expedicionem plenariam et finalem in domo capitulari dicte ecclesie nostre coram nobis aut magistris Thoma Brouns seu David Pryce nostris in hac parte commissariis si nos tunc quod absit impediri contigerit compareatis et compareant visitacionem nostram huiusmodi humiliter subituri ac super interrogandis a vobis et ipsis officium visitacionis huiusmodi tangentibus qui presentes fueritis et fuerint veritatem quam noverint et noveritis dicturi et eciam responsuri titulos quoque quos in beneficiis vestris et suis que in eadem ecclesia obtinetis et obtinent et si vos vel illi forsan plurales fueritis vel fuerint dispensacionem si quam habueritis seu habuerint canonicam pro termino peremptorio et sub pena iuris exhibituri et ostensuri facturique ulterius et recepturi in premissis quod iusticia suadebit. Qualitasque et natura dicti negocii exigunt et requirunt vobis insuper inhibemus et per vos dictis personis ceteris auctoritate nostra inhiberi volumus et mandamus ne in preiudicium visitacionis nostre huiusmodi faciendum quicquam indebite attemptetis quomodolibet vel attempent seu faciatis aut faciant attemptari. Terminos vero peremptorios huiusmodi propter iminenciam animarum periculam et alias causas legitimas nos in hac parte moventes sic diximus assignandos latori etenim presencium nuncio nostro in hac parte iurato super tradiccione earundem vobis fideliter facienda fidem firmam volumus adhibere. De die vero recepcionis presencium execucionis que earundem forma nominibus et cognominibus omnium et singulorum per vos in hac parte citatorum ac beneficiorum ipsorum ac qualiter premissa fueritis executi nos aut dictos commissarios nostros dictis die et loco distincte et aperte

certificetis litteris vestris patentibus habentibus hunc tenorem. Dat'
in castro nostro de Sleford' xj^{mo} die mensis Augusti anno domini
millesimo cccc^{mo} xvj^{mo}, et consecracionis nostre anno xij^{mo}.

203. 1416. August 16th, Sleaford. Commission to the prior of
Dunstable (Dunstaple) and Henry Ware, rector of Tring (Trenge),
to confirm the election of Robert Farnborough (Farneburgh') as rector
of Ashridge (Assheruge, Assherugge) and to direct his installation by
the archdeacon of the place.

204. Same date and place. Commission to Henry Ware to collect the
fruits of Hawridge (Hawryge) parish church and to provide for the
cure of souls during the absence of the rector, John Atwood (atte
Wode).

205. 1416. August 9th, Sleaford. Appeal by John Haget, treasurer,
on behalf of the chapter, for an episcopal visitation to reform abuses
and to put an end to the dissensions which seriously disturb cathedral
life and divine services. In the presence of many witnesses, Bishop
Repingdon agrees to hold a visitation. On August 12th, episcopal
letters giving notice of the visitation are handed to the notary, Thomas
Hill, who promises to deliver them to the dean and chapter and to
report faithfully the chapter's reply.

QUERELA FACTA EPISCOPO PER CAPITULUM LINCOLN' PRO VISITACIONE
IBIDEM FACTA. Memorandum quod ix^{mo} die mensis Augusti anno
domini millesimo cccc^{mo} xvj^{mo} Indiccione ix° apostolica sede vacante
in maiori camera infra castrum de Sleford' Lincoln' diocesis situata
coram reverendo in Christo patre et domino domino Philippo dei
gracia Lincoln' episcopo in mei notarii publici et testium proximorum
subscriptorum presencia personaliter constitutus honorabilis vir
magister Johannes Haget thesaurarius ecclesie Lincoln' ad presenciam
dicti reverendi patris per capitulum dicte ecclesie Lincoln' ut asseruit
destinatus eidem reverendi patri lamentabili ut apparuit insinuacione pro parte dicti capituli et sua exposuit quod in dicta ecclesia
Lincoln' quam plures lites discordie contenciones et dissenciones
pacis reformacione non modicum indigentes quod dolendum est
exorte sunt et quod gravius est indies oriunt gravesque excessus et
defectus correccione notorie digni a personis dicte ecclesie committuntur quibus divini officii ministerium in dicta ecclesia per-
turbatur ac ipsius ecclesie decor graviter maculatur. Quare idem
magister Johannes thesaurarius vice sua et dicti capituli ut asseruit
eidem reverendi patri instancius supplicavit quatinus ad dictam
ecclesiam suam et capitulum eiusdem declinare ac in eisdem et personis
eorundem visitacionis sue ordinarie officium excercere ipsa que
visitare ac reformanda reformare et corrigenda corrigere, litterasque
suas de et super visitacione sua huiusmodi inibi inchoanda et
excercenda decano et capitulo eiusdem ecclesie dirigere dignaretur.

Ad que respondens dictus reverendus pater condolendo ut asseruit de tantis miseriis et quietis scissuris inimico homine procurante in ipsa ecclesia que pacis et quietis dulcedine ac vite ministrorum in eadem mundicia inter ceteras Anglicanas ecclesias pollere consuevit sic nequitur pululantibus ad eas et viciorum sontes extirpandos et virtutum plantaria inibi seminanda dixit se velle sic requisitus cum ad id ex vinculo federis coniugalis teneatur libentissime interponere partes sue sollicitudinis pastoralis habita primitus cum concilio suo super hiis deliberacione provida et matura, presentibus tunc ibidem magistro Thoma Hill' clerico auctoritate apostolica notario publico et Willelmo Ayliff clerico Ebor' et Lincoln' diocesium. Et subsequenter videlicet xj^{mo} die eiusdem mensis Augusti anno et Indiccione predictis apostolica sede ut prefertur vacante in capella infra castrum predictum situata prefatus reverendus in Christo pater et dominus dominus Philippus dei gracia Lincoln' episcopus, in mei notarii publici scribe que sui in hac parte et testium proximorum infrascriptorum presencia sedens iudicialiter decrevit dictam ecclesiam suam Lincoln' et capitulum eiusdem ac personas eorundem die jovis proximo post festum sancti Mathei apostoli proximum futurum cum continuacione et prorogacione dierum tunc sequencium si oporteat in domo capitulari per ipsum auctoritate sua ordinaria fore visitandum ac visitacionem suam ordinariam huiusmodi in ecclesia capitulo et personis eiusdem excercendum decrevit eciam decanum et capitulum dicte ecclesie ac singulas personas dignitates personatus vel officia in dicta ecclesia obtinentes canonicos vicarios capellanos clericos et ministros eiusdem ecclesie iuxta morem in ipsa ecclesia in talibus usitatum ad dictos diem et locum visitacionem suam huiusmodi in [*Folio 153^v*] forma iuris subituri et cetera facturi et recepturique iuris fuerint in hac parte coram ipso aut magistris Thoma Brouns seu David Pryce commissariis suis peremptorie fore citandos ad litteras suas citatorias et inhibitorias in hac parte dictis decano et capitulo fore dirigendas, presentibus predicto Thoma Hill' et Willelmo Ayliff clerico Lincoln' diocesis. Postmodum videlicet xij^{mo} die eiusdem mensis Augusti anno et Indiccione predictis apostolica sede ut prefertur vacante in predicta camera magna prefatus reverendus pater episcopus Lincoln' predictus mandatum suum et litteras suas citatorias et inhibitorias de quibus supra fit mencio de date dicte xj^{mo} die mensis Augusti[1] quarum tenor inferius describitur Thome Hill' clerico et nuncio suo in hac parte tradidit et liberavit. In mei et testium subscriptorum presencia decano et capitulo predictis liberandas prefato primitus per eundem Thomam Hill' iuramento corporali prout de facto iuravit quod iniuncta sibi in hac parte fideliter exequetur ac mandatum sive litteras huiusmodi dictis decano et capitulo sive capitulo decano absente liberavit et de facto suo in hac parte dicto reverendo patri fidele reportabit responsum.[2] Dat' etc. presentes Brouns Pryce et Ayliff ac me Colstone.

---

[1] *Supra*, no. 202.

[2] Thomas Hill delivered the letters to the dean and chapter on August 14th. Liber Sextus, II, f. 51. Cf. *infra*, nos. 291, 437, 503.

206. 1416. Testament of John Kele, canon of Lincoln. Dated May 4th, Lincoln.

TESTAMENTUM MAGISTRI JOHANNI KELE CANONICI LINCOLN'.[1] In nomine sancte et individue Trinitatis patris et filii et spiritus sancti amen. Ego Johannes de Kele canonicus ecclesie cathedralis Lincoln' et residenciarius in eadem die lune proxima post festum Invencionis sancte Crucis anno domino millesimo cccc^{mo} xvj^{mo} in hospicio habitacionis mee infra clausum Lincoln' compos mentis et memorie licet eger in corpore testamentum meum condo facio ordino et constituo sub hac forma. In primis lego et commendo animam meam deo omnipotenti beate Marie virgini et omnibus sanctis corpusque meum sepeliendum iuxta tumulum magistri Ricardi de Stafford' nuper defuncti in ecclesia cathedrali Lincoln' predicta. Item lego fabrice eiusdem ecclesie cathedralis Lincoln' quinque marcas. Item lego cuilibet canonico et confratri residenciario presenti in exequiis meis vj s. viij d. Item lego clerico altaris sancti Petri in eadem ecclesia eciam in exequiis meis presenti ij s. Item lego vicariis in chore eiusdem ecclesie similiter in exequiis meis presentibus xl s. Item lego capellanis non vicariis habitum in dicta ecclesia portantibus ut prefertur presentibus xl s. Item lego pauperibus clericis presentibus vj s. viij d. Item lego cuilibet choriste presenti vj d. Item lego clerico capituli ecclesie Lincoln' ij s. Item lego notario eiusdem capituli ij s. Item lego clerico commune ij s. Item lego sacriste ij s. Item lego pulsantibus companas et facientibus sepulchrum meum v s. Item lego utrique custodi summi altaris vj d. Item lego cuilibet domui fratrum mendicancium Lincoln' xx s. Item lego ecclesie parochiali de Germethorp' calicem meum argenteum deauratum. Item lego eidem ecclesie missale meum de usu Sarum. Item fabrice eiusdem ecclesie parochialis xx s. Item lego fabrice ecclesie prebendalis de Welton' iuxta Dunham vj s. viij d. Item lego pauperibus parochianis ibidem magis indigentibus vj s. viij d. Item lego magistro Roberto Scarle portiforium meum de usu Sarum. Item lego gilde sancti Christofori Lincoln' xiij s. iiij d. Item lego Gerardo Hesill' vicario in chore ecclesie cathedralis Lincoln' unum librum vocatum *Tabula Martiniani super Decretis*. Item lego eidem Gerardo optimam cistam meam et unum amulum aureum cum ymagine sancti Christofori cum bursa ad quam pendet. Item lego Nicholao Barbour xx s. vel unum lectum. Item lego domino Willelmo Burgh' vicario in choro ecclesie cathedralis Lincoln' unum ciphum argenteum optimum cum coopertorio eiusdem. Item lego domino Ade Santon' rectori ecclesie parochialis de Southhykham unum alium ciphum argenteum optimum post unum cum coopertorio eiusdem. Et volo quod residuum bonorum pro salute anime mee per executores meos subscriptos fideliter disponatur. Huius autem testamenti mei executores ordino facio et constituo videlicet magistrum Robertum Scarle de Scarle dominum Willelmum Burgh' vicarium in choro ecclesie cathedralis Lincoln' et dominum

---

[1] Abstract in *Linc. Wills*, p. 127.

Adam Santon' rectorem ecclesie parochialis de Southhykham, in quorum omnium testimonium sigillum meum presentibus apposui, presentibus discretis viris domino Johanni Swaton' capellano Gerardo Hesill' Nicholao Barbour de Lincoln' et aliis testibus ad premissa vocatis specialiter et rogatis.

Proved before the bishop's commissary, Richard Hethe, archdeacon of Huntingdon, on August 8th, at Lincoln. [*to Folio 154*]

207. [Undated.] Exemption of two chantry chaplains at Bulwick parish church from making payments towards the repair of the chantry of St. Mary and St. Anne.

EXONERACIO CAPELLANORUM CANTARIE DE BULWYK' A REPARACIONE SOLVENDIS. Universis sancte matris ecclesie filiis ad quos presentes littere pervenerint Philippus etc. salutem in domino semperiternam. Noverit universitas vestra quod nos ex intimis nostris precordiis considerantes quantos sollicitudines sumptus et expensas nimium excessivas dilecti filii domini Ricardus Graunt et Hugo Edwyn capellani perpetue cantarie in honore beate Marie virginis et sancte Anne martiris eiusdem in ecclesia parochiali de Bulwyk' nostre diocesis fundate in prosequendo pro confirmacione regia bonorum et possessionum temporalium eadem cantarie et capellanis eiusdem ex devocione Christifidelium per antea collatorum sustinuerint et sustinere eos oportet, et volentes propterea eosdem dominos Ricardum et Hugonem alicuius subvencionis auxilio relevare ipsos Ricardum et Hugonem ab omni resolucione reparacionis in morte eorum vel dimissione cantariam huiusmodi eorum successoribus solvenda, dumtamen iidem domini Ricardus et Hugo ipsa bona et possessiones sic collata per dominum Regem obtineant confirmari et reparacionem in dicta cantaria et pertinentibus ad eandem tempore suo secundum ipsius cantarie fundacionem et ordinacionem fecerint competentem de speciali gracia nostra quantum in nobis est exoneravimus et absolvimus et per presentes absolvimus et exoneramus. Que omnia vestre universitati innotescimus per presentes. In cuius rei testimonium etc. Dat' etc.

208. 1416. September 13th, Sleaford. Letters dimissory to Robert Elyot, clerk, to all orders. [B.]

209. Same date and place. Appointment of John Howes and Elizabeth, widow of Thomas Harrington (Haryngton') of Grantham as administrators of the estate of Thomas Harrington, who died intestate.

210. 1416. September 17th, Sleaford. Licence to Thomas Butler (Botiler), rector of Hatley (Hatle), subdeacon, for three years' non-residence for study. [C.]

211. 1416. September 20th, Sleaford. Licence to John Godrich (Goderych'), rector of Brickhill (Brykhull'), having the first tonsure, for one year's non-residence for study. [C.]

212. 1416. September 4th, Sleaford. Letters dimissory to John Morgan, acolyte, to all orders. [B.]

213. 1416. September 26th, Lincoln. Licence to William Waynefleet (Waynflete), rector of St. Mary's, Binbrook (Bynnebroke), for three years' non-residence for study [C.], "et quod possit stare in eodem ordine subdiaconus."

214. 1416. Testament of Nicholas Hebden, knight, of Gosberton. Dated June 12th.

TESTAMENTUM DOMINI NICHOLAI HEBDON' MILITIS.[1] In dei nomine amen. Ego Nicholaus Hebdon' de Gosbykyrk' miles compos mentis et sane memorie duodecimo die Junii anno domini millesimo cccc^{mo} xvj^{mo} condo testamentum meum in hunc modum. In primis lego animam meam deo beate Marie et omnibus sanctis et corpus meum ad sepeliendum in cancello ecclesie parochialis de Howell'. Item lego meum optimum animal nomine principalis. Item lego fabrice ecclesie de Howell' xx s. Item lego fabrice ecclesie de Claypole xx s. Item lego summo altari de Gosbykyrk' pro decimis oblitis xx s. Item lego cuilibet ordini fratrum de Boston' xx s. Item lego ad distribuendum die sepulture mee c s. Item lego cuilibet sacerdoti ad exequias meas existenti iiij d. Item lego cuilibet clerico ibidem existenti ij d. Item lego quinque cereas ardentes x libras pondere circa corpus meum ad exequias meas et ad missam die sepulture mee. Item lego vj torches ardentes circa corpus meum ad exequias meas tempore predicto. Residuum vero omnium bonorum meorum debitis et legatis meis ac eciam funeralibus meis expensis persolutis do et lego executoribus meis quos ordino et constituo dominam Katerinam uxorem meam magistrum Johannem Loterell' rectorem de Gedeney Johannem Flete de Frampton' Thomam Spenser' de Somercotes et Ricardum Melton' de Howell' ut ipsi disponant et ordinent de bonis meis predictis pro anima mea ut melius eis videbitur expedire. In cuius rei testimonium [Folio 154^v] sigillum meum presentibus apposui. Dat' die et anno domini supradictis.
Proved before Bishop Repingdon at Sleaford on September 22nd.

215. 1416. September 28th, Sleaford. Letters dimissory to Thomas Yorke, having the first tonsure, to all orders. [B.]

[1] Abstract in Linc. Wills, p. 124.

216. 1416. September 30th, Sleaford. Licence to John Andrew (Andru), rector of Thistleton ('Thostelton'),[1] to celebrate one anniversary on account of the poverty of his benefice, the permission to last for one year.

217. 1416. October 2nd, Sleaford. Commission to the dean of Calceworth to relax the interdict which has been placed on St. Leonard's chapel in the parish of Mumby and to celebrate divine services there until the feast of the Epiphany, after which the interdict is to be reimposed.

RELAXIO INTERDICTI CAPELLE SANCTI LEONARDI DE MUMBY. Secundo die mensis Octobris anno domini etc. xvj^{mo} apud Sleford' commissum fuit decano de Calcewath' ad denunciandum suspensionis et interdicti sentencias in capella sancti Leonardi infra parochiam de Mumby situata interpositas relaxionem ac aliis ecclesiis convicinis immediate etc. usque festum Epiphanie domini proximum futurum et omnibus quorum interest intimandum quod missas et alia divina officia in dicta capella valeant celebrare seu facere celebrari premissis sentenciis non obstantibus et lapso dicto termino sentencias huiusmodi in suo robore permanere etc.

218. 1416. August 24th. Commission from Bishop Repingdon to Thomas Brouns and William Irby, rector of Medbourne (Medeburn'), to prove the testament of Thomas Ashby of Quenby.

219. 1416. Testament of Thomas Ashby of Quenby. Dated April 24th.

TESTAMENTUM THOME ASSHEBY DE QUENBY[2] In dei nomine amen. Die veneris vicesimo quarto die mensis Aprilis anno domini millesimo cccc^{mo} xvj^{mo}, ego Thomas Assheby de Qwenby sane mente constitutus condo testamentum meum in hunc modum. In primis lego animam meam deo omnipotenti et corpus meum sepeliendum in ecclesia parochiali de Hungarton' Lincoln' diocesis in archidiaconatu Leycestr'. Item volo quod expense mee funerales fiant ad ordinacionem et disposicionem reverendi in Christo patris et domini domini Philippi dei gracia Lincoln' episcopi quem huiusmodi testamenti mei ac mee ultime voluntatis supervisorem constituo et executorum meorum quorum nomina subscribuntur. Item do et lego fabrice ecclesie de Hungarton' predicte sex solidos et octo denarios. Item do et lego Thome filio Ricardi Hotoft de Humberstone xiij libras sex solidos et octo denarios bone et legalis monete. Item do et lego Roberti Stonton' servienti meo viginti solidos. Item do et lego Roberto

---

[1] *Thistelton*' in marginal note.
[2] Abstract in *Linc. Wills*, p. 109. See *infra*, no. 432.

Okham servienti meo viginti solidos. Item do et lego cuilibet aliorum servientum meorum sex solidos octo denarios. Item do et lego pauperibus domus elemosinarum infra collegium ecclesie nove collegiate beate Marie virginis Leycestr' situata quinque marcas sterlingorum solvendas eisdem pauperibus per decem annos continuos immediate post datum presentis testamenti et proximos subsequentes videlicet quolibet anno sex solidos octo denarios. Item do et lego cuilibet ordini fratrum mendicancium Leycestr' sex solidos octo denarios. Item do et lego Johanni filio meo medietatem diversorum omnium et singulorum utensilium meorum tam in aula camera promptuaria coquina brasona et piscrina quam eciam lectorum meorum necnon medietatem equorum equarum carectariorum et carucariorum meorum medietatem eciam taurorum meorum vaccarum bovium boviculorum iuvencarum meorum ac eciam medietatem aprorum suum[1] porcorum et porcellorum meorum. Item do et lego ad numerum viginti capellanorum celebraturos per unum annum integrum pro anima mea et pro animabus illorum pro quibus orare et satisfacere quoque modo sum astrictus et animabus omnium fidelium defunctorum pro suo salario annali cuilibet eorundem septem marcas bone et legalis monete. Sed si facultates mee et bona ad tantam summam thesauri pro divinis huiusmodi celebrandis ut premittitur extendere se nequiverint quod tunc liceat executoribus meis inferius nominatis consilio dicti reverendi patris episcopi Lincoln' taliter ordinare ut tot et tales capellani ad divina celebranda in locis eisdem capellanis assignandis per annum conducere qui ex meis facultatibus ad summam eis per me limitatem poterunt sustentari. Residuum vero omnium bonorum meorum committo disposicioni et ordinacioni domini Rogeri Baret perpetui vicarii ecclesie parochialis de Hungarton' predicte Ricardi Hotoft de Humberston' Thome Segrave de Scalford' et Johannis Assheby filii mei [*Folio 155*] naturalis quos huiusmodi testamenti mei ultime voluntatis facio ordino et constituo executores, presentibus honestis et discretis viris dominis Rogero Baret perpetuo vicario ecclesie parochialis de Hungarton' Johanne Hornyngwold' de Leycestr' viro litterato et Willelmo Fauken de Qwenby testibus in omnibus et singulis premissis.

220. 1416. October 9th, Sleaford. Licence to William Northorpe (Northorp'), rector of Morborne, to put his church to farm for one year. [D.]

221. 1416. October 4th, Sleaford. Commission to Thomas Duffeld, chancellor of Lincoln, and Robert Tripp (Tryppe), chaplain, to sequestrate the fruits of the chantry at Witham (Wytham).

222. 1416. Letter from Richard Clifford, bishop of London (dated August 13th), forwarding a mandate from Archbishop Chichele (dated

[1] *Sic.*

August 2nd) for the continuance of special prayers and processions for King Henry V and the Emperor Sigismund, the church, and good weather.[1] Earlier archiepiscopal mandates[2] have not been obeyed. [*to Folio 155ᵛ*]

223. 1416. Letter from Richard Clifford, bishop of London (dated July 8th), forwarding Archbishop Chichele's ordinance for the probate of wills (dated July 1st).[3] Executors are to submit an inventory of the testator's goods before his estate may be administered. Administrators must see that bequests are carried out within one year, and must keep accurate accounts. Fees for probate should not exceed five shillings. [*to Folio 156*]

Bishop Repingdon directs the archdeacons to execute the ordinance. [*to Folio 156ᵛ*]

224. [Undated]. Bishop Repingdon directs the archdeacons to execute the provincial constitution against heretics.[4]

225. [Undated]. Mandate from Bishop Repingdon to Laurence Blakesley, sequestrator in the archdeaconry of Leicester, to cite non-resident parish clergy, many of whom continue to be absent from their benefices without legitimate cause, despite repeated monitions.

226. 1416. Testament of William Waltham, canon of Lincoln and York. Dated September 8th, at Dunnington, with codicil dated October 5th.

TESTAMENTUM MAGISTRI WILLELMI WALTHAM CANONICI LINCOLN'.[5] In nomine sancte Trinitatis patris et filii et spiriti sancti glorioseque virginis Marie et omnium sanctorum amen. Ego Willelmus de Waltham canonicus ecclesie Ebor' mortale quodlibet ad non esse declinans et mortis mee certissime incertam horam considerans dum tempus ad huc super est et michi sanus animi intellectus assistet testamentum meum seu ultimam voluntatem meam condere et ordinare dispono in hunc modum. In primis in firma fide catholica existens omnipotenti deo animam meam lego et commendo et corpus seu verius cadaver meum sepeliendum in ecclesia Lincoln' iuxta sepulchrum avunculi mei domini Johannis de Ravenser nec super cadaver meum ponatur aliquis lapis preter pavimentum ipsius ecclesie Epithaphium meum vero intitulatur in lapide ipsius domini Johannis de Ravenser hoc modo, hic iacent dominus Johannes de Ravenser et Willelmus nepos eius etc. iuxta avisamentum executorum meorum

[1] See *Reg. Chichele*, IV, p. 158.
[2] See *Reg. Chichele*, IV, pp. 123–4, 127.
[3] See Concilia, III, p. 377; *Reg. Chichele*, III, pp. 16–17.
[4] See *Reg. Chichele*, III, pp. 18–19.
[5] Abstract in *Linc. Wills*, p. 142.

qui disponant pro sepultura mea sine pompa. Et lego fabrice eiusdem Lincoln' centum marcas, et fabrice ecclesie Ebor' xl libras. Item lego fabrice ecclesie Beverlacen' pro construccione fenestre orientalis in choro quadraginta libras. Et lego domino Johanni Danyell' fratri hospitalis sancti Leonardi viginti solidos, et cuilibet fratri hospitalis quadraginta denarios. Et Alicie matrifamilias vj s. viij d., et cuilibet alii sorori eiusdem domus ij s., et centum solidos distribuendos inter pauperes ipsius hospitalis iuxta eorum indigenciam per discreccionem dicte Alicie. Item lego cuilibet domui fratrum mendicancium in Ebor' in Beverlaco in Hull' in Lincoln' in sancto Botulpho et Grymesby xx s. Et lego patri meo quadraginta libras cui sit provideatur de bonis meis ut non egeat. Et lego fratri Johanni Parysch' quinque marcas. Item lego capellanis cantarie vocate Ravenser Chauntre quadraginta solidos, et eidem cantarie magnum portiforium quod fuit Ricardi de Ravenser, et quod eadem cantaria habeat missale magnum quod est in custodia patris mei et fuit domini Johannis de Ravenser, cui eciam lego unum bonum vestimentum ac calicem phialas et paxbrede argentei que Beverlaci existunt. Et lego fabrice ecclesie del Algarkirk' xl s. Item lego communitati ville de Walthame x libras. Et Ricardo Maudson' de Waltham xl s., et Johanne filie Henrici Thomasson' de eadem xx s., et Roberto de Graynesby xl s., et Nicholai Wall' xl s. Item Johanne de Waltham consanguinee mee unum ciphum argenteum coopertum formatum ad modum calicis. Et sorori domini Willelmi Dioniss' xl s. Item lego capellano qui mecum commorari contigerit tempore mortis mee iiij marcas. Et Willelmo Gate clerico meo centum marcas et breviarium meum usus Sarum cum integro lecto meo qui est Beverlaci. Et Reginaldo Gateford' xx libras, et Johanni Wandesford' xx marcas, et Willelmo Howthorp' quinque marcas, et Johanni Man' c s. Et Ricardo coco meo quinque marcas, et Johanni Nyghtyngale xl s., et Johanni de coquina xl s., et Coke Cooke[1] xl s., et Thome Bryan' iiij marcas, et Johanni Dyghton' xxvj s. viij d., et Roberto Lassels xxvj s. viij d. Item Willelmo Tole xx s., et Roberto de coquina xx s., et Johanni de stabulo xx s. Item lego ecclesie mee de Algerkirke antiphonarium meum ibidem existens si moriar rector illius ecclesie. Item lego magistro Ricardo de Holme unum bonum ciphum deauratum et coopertum. Et domino Ricardo Claydon' quendam ciphum coopertum formatum ad modum campane quem michi donavit. Et magistro Waltere Cooke unum bonum ciphum deauratum. Et Petro Hyrford' xx marcas. Item Henrici Herbur unum ciphum argenteum quinque marcarum aut quinque marcas. Et Thome Langdale x marcas, et Patricio fratri suo quinque marcas, et eorum matri unum ciphum argenteum deauratum. Et domino Thome Beelby iiij marcas, et domino Stephano Percy v marcas, et domino Ricardo Blakburn' unum ciphum valoris quinque marcarum aut quinque marcas, et magistro Roberto Langdale quinque marcas. Huius testamenti mei seu ultime voluntatis mee ordino et constituo dominum Robertum de Ragenhill' clericum in cancellario domini nostri Regis dominum Johannem Tathewell' personam in ecclesia Beverlacen'

---

[1] Sic.

Willelmum Gate clericum meum et dominum Robertum Semar' capellanum executores. Et lego cuilibet executorum meorum qui administracionem testamenti mei receperit x marcas. Et huius testamenti mei seu ultime voluntatis mee supervisorem ordino et constituo dominum Simonem Gaunsted' canonicum ecclesie Ebor', cui eciam lego duas ollas argenteas quas emi de executoribus testamenti domini Willelmi Dyoness' et xx marcas. Et volo ut dicti executores mei de residuo bonorum meorum pro anima mea et animabus parentum propinquorum et benefactorum meorum disponant et ordinent prout in bona consciencia eis videbitur melius expedire. Et volo quod in predicta ecclesia Lincoln' fiat unus obitus centum solidorum annuatim pro animabus domini Ricardi de Ravenser et Johannis de Ravenser et anima mea et animabus omnium fidelium defunctorum. Scripta sunt hec octo die mensis Septembris apud Donyngton' anno domini millesimo cccc^{mo} xvj^{mo}, et anno regni Regis Henrici quinti post conquestum Anglie quarto. Hiis testibus magistro Stephano Percy canonico capelle beate Marie et sanctorum Angelorum[1] Ebor' domino Thoma Beelby persona in ecclesia Ebor' domino Johanne Hamelton' capellano Willelmo Howethorp' et Johanne Wandesford' litteratis et aliis.

ULTIMA VOLUNTAS EIUSDEM WILLELMI. In die nomine amen. Quinto die Octobris anno domini millesimo cccc^{mo} xvj^{mo}, ego Willelmus Waltham canonicus ecclesie Ebor' et Beverlacen' compos mentis existens lego et volo ut collegium Regium Cantabrigie libros habeat infrascriptos, videlicet, lecturam domini Johannis Andree in antiquis in duobus voluminibus exaratis, et *Speculum Iudiciale* in duobus voluminibus, lecturam Johannis Andree super regulis iuris in papiro, Johannem de Limano super Clementinas. Item volo quod magister Petrus [*Folio 157*^{v}] Irforth' habeat Bibliam meam et volo quod interpretaciones et psalterium executores mei scribi faciant in eadem quam quidem Bibliam post decessum predicti magistri Petri volo in ecclesiam beati Johannis Beverlaci imperpetuum remanere. Item volo quod predictus Petrus habeat *Pharetram Boneventur'* ad totam vitam suam et post eius decessum remaneat imperpetuum in ecclesia sancti Johannis predicta. Item volo omnes alios libros meos civilis et canonici in ecclesia Beverlaci imperpetuum remanere. Item volo quod dictus Willelmus Bele rector ecclesie de Irby Lincoln' diocesis sit unus executorum meorum prestando quod non est intencionis mee quod huiusmodi codicellus testamento meo per me prius facto preiudicium iugerat quoque modo. Presentibus discretis viris dominis Johanne Tathewell' et Willelmo Lond' capellanis Ebor' diocesis magistro Willelmo Cotyngham notario publico et aliis. In cuius rei testimonium huic presenti codicello sigillum meum est appensum.

Proved before Bishop Repingdon at Sleaford on October 15th.

227. [Undated.] Notice of an inquiry to be held at Sleaford before Bishop Repingdon or his commissary into the charge of heresy

---

[1] Sometimes known as St. Sepulchre's chapel.

brought against John Bagworth, vicar of Wilsford, who possesses many books and writings in English and in Latin which are suspected of containing heretical opinions.

CITACIO INQUISITORUM CONTRA VICARIUM DE WYLLESFORD' HERETICO.[1] Philippus permissione divina Lincoln' episcopus dilecto filio etc. salutem etc. Cum in concilio provinciali nuper London' celebrato proinde sit statutum ut singuli episcopi provincie Cantuar' in singulis decanatibus ruralibus suarum diocesium ad minus bis in anno per tres vel plures boni testimonii viros de singulis decanatibus et parochiis in quibus fama est hereticos habitare in hac parte iuratos de personis de heresi suspectis, videlicet an si qui sint heretici seu occulta conventicula celebrantes aut a communi conversacione fidelium vita et moribus discrepantes hereses ve aut errores tenentes sive libros suspectos in lingua vulgari conscriptos habentes aut personas de heresibus sive erroribus suspectas receptantes eisdem ve faventes aut infra loca huiusmodi habitantes conversantes sive ad eadem recursum habentes per se vel alios diligenter inquirant et ulterius procedant secundum effectum constitucionis memorate. Nosque vigore constitucionis huiusmodi dominum J[ohannem] B[aggeworth'] vicarium perpetuum ecclesie parochialis de W[yllesford'] nostre diocesis nobis super heresibus erroribus ac de eo quod ipse quamplures libros suspectos in vulgari et latino sermone conscriptos haberet aut aliis articulis quamplurimis evidenter suspectum et multipliciter diffamatum super premissis responsurum ad iudicium evocantes contra ipsum dominum Johannem vicarium memoratum iuxta et secundum formam et tenorem constitucionis memorate inquisicionem fieri specialem et ne ovis morbida totum gregem inficiat sua labe ipsum dominum Johannem vicarium in custodia nostra carcerali interim decrevimus conservari. Tibi in virtute obediencie etc. peremptorie vicarios perpetuos ecclesiarum de Haydour Rauceby et Osbernby et alios quinque ecclesiarum rectores et vicarios sibi viciniores quod compareant coram nobis aut magistro David Pryce commissario nostro in ecclesia prebendali de Sleford' eiusdem nostre diocesis die etc. iuramentum huiusmodi secundum formam dicte constitucionis proferturos ac veritatem quam noverint et sciverint de et super inquirendo ab eisdem in hac parte dicturos et deposituros facturosque ulterius etc.

228. 1416. Letter to Bishop Repingdon from Richard Bruton, chancellor of Wells and vicar-general of the bishop of London (dated October 13th), forwarding a mandate from Archbishop Chichele (dated September 20th, at Calais) for Convocation to meet at St. Paul's on November 9th.[2] [to Folio 158]

229. 1416. October 31st, Old Temple. Letters dimissory to William Cooper (Couper'), subdeacon, to deacon's and priest's orders. [B.]

[1] Supra, nos. 110, 201.   [2] See Reg. Chichele, III, pp. 22–23.

230. 1416. April 4th, Old Temple. Licence to John Play, rector of Coston, for two years' non-residence for study. [C.]

231. 1416. April 1st, Old Temple. Letters dimissory to John Fowke, clerk, to all orders. [B.]

232. 1416. November 24th, Old Temple. Letters dimissory to Thomas Hoyges, acolyte, to all orders. [B.]

233. 1416. December 9th, Sleaford. Commission to John Garbra, Edmund de Thornton and John Herleston' to collect the fruits of Stroxton (Strauxton') parish church and to provide for the cure of souls during the absence of the rector, Hugh Martell (Martill').

[*Folio 158ᵛ*]

234. 1416. August 18th, Sleaford. Commission to inquire concerning the legitimacy of John, son of Thomas and Juliana Sykylbrys, of Pinchbeck, formerly of Middelburg in Zeeland. The inquiry establishes the legality of their marriage and the legitimacy of their son, and letters testimonial to this effect are issued.

LITTERA AD INQUIRENDUM SUPER NATALIBUS JOHANNIS SYKYLBRYS. Philippus etc. dilecto filio etc. salutem etc. Pro parte dilecti nobis in Christo Johannis S[ykylbrys] nati ut asseritur Thome S[ykylbrys] de P[ynchebek] et Juliane eius uxoris in partibus transmarinis ut accepimus iam a diu conversantis nobis fuit humiliter supplicatum ut super natalibus ipsius Johannis diligenter inquirere et de hiis que per inquisicionem huiusmodi invenerimus testimonium perhibere dignaremur. Nos igitur huiusmodi supplicacionibus favorabiliter inclinati vobis committimus et mandamus quatinus de et super dicti Johannis videlicet an matrimonium inter eosdem Thomam et Julianam legitime fuerat solempnizatum ac idem Johannes in vero et legitimo matrimonio inter ipsos Thomam et Julianam sic solemp-nizato procreatus et an iidem Thomas et Juliana ipsum Johannem pro eorum legitimo filio aluerint nominaverint et reputaverint et utrum idem Johannes pro ipsorum Thome et Juliane legitimo filio in vero et legitimo matrimonio procreatus in villa de P[ynchebek] predicta et partibus convicinis dictus habitus communiter fuerat et reputatus ac super aliis articulis in hac parte necessariis et consuetis per viros fidedignos coram vobis in forma testium iurandorum et iuratos huiusmodi rei noticiam melius obtinentes ac secreto et singillatim examinatos vocatis in hac parte vocandis diligentem et fidelem faciatis inquisicionem. Et quid per eandem inquisicionem invenire poteritis et feceritis in premissis nos dicto negocio expedito distincte et aperte certificetis per litteras vestras patentes et clausas harum et dictorum inquisitorum dicta et deposiciones plenius continentes sigillo autentico consignatas. Dat' apud Sleford' xviij° die mensis Augusti anno domini millesimo cccc^{mo} xvj^{mo}, et consecracionis nostre anno xij^{mo}.

LITTERA TESTIMONIALIS SUPER NATALIBUS ALICUIUS. Philippus permissione divina Lincoln' episcopus preeminentis discrecionis viro magistro census alias dicto magistro redditus Zelandie universisque et singulis sancte matris ecclesie filiis ad quos presentes littere pervenerint salutem in domino sempiternam ac fidem certam et indubiam presentibus adhibere. Status puritatem uniuscuiusque natalibus legitimis decorati in dubium revocatam submotis errorum et dubietatis obstaculis pium reputamus et congruum auctoritatis nostre testimonio comprobare. Hinc est quod ad vestrum singulorum noticiam deducimus per presentes quod dilectus nobis in Christo Johannes Sykylbrys natus Thome Sykylbrys et Juliane eius uxoris de Pynchebek nostre diocesis in villa de Midelburgh' in Zelandia iam a diu ut accepimus conversatus et moram trahens fuit et est verus et legitimus filius et natus dictorum Thome Sykylbrys et Juliane eius uxoris in vero et legitimo matrimonio inter dictos Thomam et Julianam in dicta ecclesia de Pynchebek predicta rite et legitime solempnizato procreatus et pro eorundem Thome et Juliane legitimo filio et nato in vero et legitimo matrimonio procreato in dicta villa de Pynchebek et aliis partibus convicinis habitus dictus tentus et reputatus et sic laboravit et adhuc laborat communis omni optimo et assercio prout per dicta et deposiciones quamplurimum testium fidedignorum premissorum noticiam melius obtinencium rite et legitime iuratorum et fideliter examinatorum super hiis omnibus et singulis nobis sufficiens extitit facta fides sic quod omnium libertatis et legitimitatis privilegio valeat et debeat congaudere. Vestram igitur universitatem sub mutue vicissitudinis obtentu in visceribus Jesu Christi requirimus et rogamus quatinus ipsum Johannem ut liberum et legitimum ac de vero et legitimo thoro matrimoniali natalibus que generosis exortum et procreatum ubique locorum pertractare et in suis quibuslibet agendis recommendatum habere dignemini prout decet. In quorum omnium testimonium atque fidem sigillum nostrum presentibus est appensum. Dat' etc.

235. [Undated.] Mandate from Bishop Repingdon to John Bonney, apparitor, to cite the archdeacons and their officials for negligence in the collection of the subsidy of twopence in the pound for the expenses of delegates to the Council of Constance.

Philippus permissione divina Lincoln' episcopus dilecto filio Johanni Boney nuncio nostro publico et iurato salutem graciam et benediccionem. Licet nos alias nedum nostra verum eciam reverendissimi in Christo patris et domini domini Thome dei gracia Cantuar' archiepiscopi tocius Anglie primatis et apostolice sedis legati nobis

in hac parte commissa auctoritate archidiaconos nostros Lincoln'
Stowe Leycestr' Bukyngham Oxon' Bedeford' et Hunt' cuiusdam
subsidii duorum denariorum de libra de omnibus bonis beneficiis et
possessionibus ecclesiasticis provincie Cantuar' pro expensis transmittendorum et modo existencium in concilio generali Constancien'
in dicta provincia concessi in singulis suis archidiaconatibus collectores eadem auctoritate deputatos eorumque officiales vice et
nominibus eorundem primo secundo et tercio ac peremptorie sub pena
excommunicacionis maioris quam in personas eorum si non pro-
fecerint quod adtunc mandavimus eisdem suis mora culpa dolo et
offensa nostraque trina canonica monicione huiusmodi procedente et
id merito exigente tunc tulimus in scriptis monuerimus quod ipsi
subsidium huiusmodi de singulis bonis beneficiis et possessionibus
ecclesiasticis per dictos suos archidiaconatus existentibus exigerent
et cum debita diligencia colligerent levarent et nobis terminis et locis
iam a diu effluxis eis ad hoc assignatis et prefixis integraliter res-
ponderent de eodem. Prefati tamen archidiaconi ac eorum officiales
quasi quodam torpore gravati et negligencia gravati dictum subsidium
colligere exigere vel levare seu de eodem terminis et locis huiusmodi
integraliter satisfacere non curarunt dictam maioris excommunicacionis sentenciam in non parenda quod mandavimus dampnabiliter
incurrendo, quocirca tibi in virtute iuramenti tui prestiti firmiter etc.
quatinus prefatos archidiaconos et eorum officiales in dictam maioris
excommunicacionis sentenciam ea occasione incidisse et excommunicatos fuisse et esse pro locis et temporibus congruis et oportunis debite
denuncias et per alios facias publice denunciari, cites insuper seu citari
facias peremptorie eosdem quod compareant et eorum quilibet
compareat coram nobis aut magistris Thoma Brouns seu David Pryce
commissariis nostris in ecclesia prebendali de Sleford' nostre diocesis
die jovis proximo post festum etc. proximum futurum super [*Folio
159*] fomento scismatis antiqui in ecclesia sancta dei heu prodolor
a diu regnantis cuius causa in dicto generali concilio iam agitur eis
et eorum cuilibet ex officio nostro mero ad meram animarum suarum
salutem obiciendis responsuri facturi etc. quod in premissis fuerit
iustum et consonum racioni, terminum autem peremptorium huiusmodi propter unionem ecclesie universalis ac scismatis antiquati
extirpacionem quorum res iam agitur sic duximus assignandum. Et
quid feceris etc. Dat' etc.

236. [Undated.] Mandate to denounce certain persons for non-
payment of the subsidy.

MANDATUM AD DENUNCIANDUM CERTAS PERSONAS EXEMPTAS PROPTER
NON SOLUCIONE SUBSIDII PREDICTI. Philippus permissione divina etc.
dilecto filio etc. Cum nuper magister Thomas Tyberay noster in hac
parte commissarius nostra et concilii provincialis Cantuar' iam ultimo
London' celebrati auctoritate legitime procedens quasdam certas
personas quarum nomina in cedula presentibus annexa conscribuntur
tanquam fautores antiquati scismatis in ecclesia sancta dei heu

prodolor adiu regnantis cuius causa in concilio generali Constan' iam agitur occasione non solucionis cuiusdam subsidii duorum denariorum de libra de omnibus bonis beneficiis et possessionibus ecclesiasticis dicte provincie pro expensis transmittendorum et tunc existencium in predicto generali concilio Constanc' per prelatos et clerum dicte provincie Cantuar' concessi et eo pretextu nostre iurisdiccionis exempcionibus aut privilegiis ordinibus suis aut personis eorundem concessis non obstantibus quibuscumque subditas et subiectas ad certos diem et locum iam effluxos citatos preconizatas diutius expectatas et nullo modo comparentes pronunciaverit contumaces et in penas contumaciarum suarum huiusmodi attenta qualitate cause sive negocii supradicti excommunicaverit iusticia id poscente. Vobis in virtute obediencie et sub pena etc. quatinus personas huiusmodi omnes et singulas etc. in ipsis monasteriis prioratibus ac ecclesiis aliis parochialibus convicinis diebus dominicis etc. Citetis insuper seu citari faciatis peremptorie etc. quod compareant etc. personaliter coram vobis etc. super fomento huiusmodi antiquati scismatis eis et eorum cuilibet ex officio nostro mero ad meram animarum suarum correccionem dumtaxat obiciendis responsuri facturique ulterius etc., terminum autem peremptorium supradictum et causam personalis eorum comparicionis propter unionem universalis ecclesie iam in proximis utinam fiendam ac scismatis huiusmodi extirpacionem quorum res iam agitur sic duximus statuendi et exprimendi. De diebus vero recepcionis presencium ac denunciacionem et citacionum vestrarum et si dictas personas personaliter citaveritis necnon quid feceritis in premissis nos aut etc. certificetis per litteras vestras patentes harum seriem ac nomina sic denunciatarum et citatarum plenius continentes etc.

237. [Undated.] Mandate to sequestrate the fruits of the parish church of Kirkby on Bain.

MANDATUM AD SEQUESTRANDUM FRUCTUS ECCLESIE PRO INDEMPNITATE EPISCOPI SERVANDA RACIONE LICENCIE REGII. Philippus etc. nuper auctoritate cuiusdam brevis regii de venire facta per priorem Dunelm' contra et adversus Thomam Bowet alias Key rectorem ecclesie parochialis de Kyrkeby super Bayn nostre diocesis prosecutum nobis per partem dicti prioris liberati ac nostra auctoritate ordinaria pro indempnitate nostra et ecclesie nostre Lincoln' in hac parte conservanda fructus redditus et proventus dicte ecclesie de Kyrkeby predicta sequestrati ac sub arto sequestro custodiri ipsumque Thomam ut ipse certo termino in dicto brevi limitato coram iusticiario domini nostri Regis compareret dicto priori de placito quod contra ipsum monere intendebat responsurus premuniri fecimus et citari. Verum quia prout facti experiencia didicimus nos in graves et excessivos exitus in dicto termino et ceteris terminis citra continue contingentibus propter negligenciam et defectum ipsius Thome incurrimus et graviores incurrere formidamus. Nos igitur indempnitati nostre in premissis debito remedio sicuti de iure possumus precavere volentes, tibi in virtute obediencie etc. quatinus dicti brevis regii et nostra auctoritate omnes et singulos fructus redditus et proventus dicte ecclesie et ad eam pertinentes provenientes extantes et futuros realiter sequestros eosque sic sequestratos sub tuto et arto sequestro custodias et custodiri facias prout nobis de eisdem in eventu volueris respondere sic quod nullus ad ipsos manum temerariam presumat apponere huiusmodique sequestrum eidem Thome rectori ac aliis quorum interest intimes notifices et denuncias temporibus et locis congruis et oportunis, et si quos huiusmodi sequestri nostri violatores reppereris de quibus diligenter inquiras aut te in execucione premissorum quomodolibet impedientos cites seu citari facias peremptorie eosdem quod compareant et eorum quilibet compareat etc. super huiusmodi sequestri nostri violacione ac iurisdiccionis nostre episcopalis usurpacione eis et eorum cuilibet ex officio nostro mero ad meram animarum suarum correccionem obiciendum responsuri etc.

238. 1416. November 6th, Westminster. Settlement of the dispute between Bishop Repingdon and Richard Stanhope, knight, concerning the wardship of the heir and the estate of Thomas Bassett of Fledborough.

INSTRUMENTUM CONCORDIE INTER EPISCOPUM LINCOLN' ET RICARDUM STANOP' MILITEM SUPER CUSTODIA TERRE ET HEREDIS THOME BASSET. In dei nomine amen. Per presens publicum instrumentum cunctis appareat evidenter quod cum inter venerabilem in Christo patrem et dominum dominum Philippum dei gracia Lincoln' episcopum ex parte una et nobilem virum dominum Ricardum Stanop' militem ex parte altera de et super ac pro custodia terre Willelmi filii et heredis Thome Basset de Fletburgh' defuncti in minori etate existentis ac manerii de Fletburgh' predicta durante minori etate ut asserebatur et mota et exorta fuisset materia questionis tandem per mediacionem amicorum suorum partes ipsas ad concordiam inducere volencium partes eidem in venerabiles ac prepotentes viros, videlicet dictus reverendus pater dominus Lincoln' episcopus in prepotentem virum dominum Thomam Gresley militem et Johannem Flete pro parte sua dictus que Ricardus Stanop' in dominum   [1] militem
    [1] pro parte sua simpliciter compromiserunt et in eos posuerunt ut uterque eorum posuit ius suum. Qui quidem dictus Thomas Gresley Johannes Flete et dominus   [1] compromissarii in quadam capella beate Marie subtus capellam sancti Stephani Westmonasterii London' diocesis in palacium regium situata sub anno ab incarnacione domini secundum cursum et computacionem ecclesie Anglicane millesimo cccc^{mo} xvj^{mo} Indiccione decima apostolica sede pastore carente mensis Novembris die sexta. In mei notarii publici et testimonii subscriptorum presencia personaliter constituti laudum suum in hac causa et inter partes predictas ut asseruerunt datum per

___
[1] Blank in MS.

prefatum Johannem Flete compromissarium[2] suum eciam de expresse
prefati   [1] compromissarii[2] sui tunc absentis ut asseruerunt
consensu et assensu in publicum recitari et explicari fecerunt qui
quidem Johannes Flete compromissarius de voluntate et mandato
dictorum compromissariorum[2] suorum tunc ibidem presencium ut
michi notario satis apparuit ac voluntate ut asseruerunt et mandato
dicti   [1] compromissarii[2] sui absentis eciam in presencia et
audiencia dicti domini Ricardi Stanop' tunc ibidem [*Folio 159ᵛ*]
presentis laudum suum sub consequenti vel consimili forma fuisse
et esse datum asseruit et prolatum, videlicet quod dictus reverendus
pater concederet dicto Ricardo Stanop' et assignatis suis custodiam
terre et manerii predictorum et Willelmi filii et heredis dicti Thome
Basset usque ad legalem etatem eiusdem Willelmi una cum pertinenciis et maritagio dicti Willelmi, et quod dictus Ricardus Stanop'
solveret dicto reverendo patri episcopo Lincoln' xl libras de quibus
idem reverendus pater ut asseruit dictus Johannes Flete dicto domino
Ricardo Stanop' ob reverenciam et devocionem quas erga ipsum
reverendum patrem et ecclesiam suam Lincoln' idem dominus
Ricardus gerere comprobaturus xx libras remisit et condonavit
dumtamen residuas xx libras debite persolvatis. Quod quidem laudum
idem dominus Ricardus approbavit ut michi notario apparuit et
quandam obligacionem de dictis xx libris dicto reverendo patri in
festo sancti Petri advincula proximo futuro solvendis consilio dicti
reverendi patris ibidem liberavit et idem reverendus pater custodiam
prefatorum terre heredis et manerii prefato domino Ricardo Stanhop'
per cartam suam sigillo suo ad causas sigillatam et dicto domino
Ricardo liberatam concessit, cuius quidem carte tenor talis est.
Omnibus ad quos presentes littere pervenerint Phillippus permissione
divina Lincoln' episcopus salutem in domino. Sciatis nos concessisse
Ricardo Stanop' militi custodiam terre et heredis Thome Basset
videlicet Willelmi filii et heredis predicti Thome infra etatem existentis et manerii de Fletburgh' cum suis pertinenciis cum omnibus aliis
terris et tenementis redditibus et serviciis cum suis pertinenciis ac
omnibus aliis proficuis et emolumentis que prefato Willelmo pertinere
possunt que custodia nobis pertinet habendi et tenendi prefato
Ricardo et assignatis suis usque ad legalem etatem predicti Willelmi
una cum maritagio eiusdem Willelmi per presentes. In cuius rei
testimonium sigillum nostrum presentibus apposuimus. Dat' quinto
die mensis Novembris anno regni Regis Henrici quinto post conquestum Anglie quarto, presentibus magistris Thoma Walton' et
Thoma Nassh' ecclesie Lincoln' canonicis Hugone Wylughby Rogero
Huswyffe Edmundo Dyve domicello et Johanne Chapeleyn litteratis
Ebor' et Lincoln' diocesium testibus vocatis et rogatis specialiter ad
premissa.
     Et ego Thomas Colstone clericus Lincoln' diocesis publicus
auctoritate apostolica notarius premissi laudi recitacioni et publi-
cacioni ac carte et obligacionis premissorum hinc inde liberacioni
ceteris que premissis omnibus et singulis dum sic ut premittitur sub

[1] Blank in MS.
[2] *comcompromissarium, comcompromissarii, comcompromissariorum* in MS.

anno domini Indiccione mense die et loco per me superius descriptis
apostolica sede ut prefertur vacante agebantur et fiebant una cum
prenominatis testibus presens personaliter ea que sic fieri vidi et audivi
scripsi publicavi et in hanc publicam formam redegi me que hic
subscripsi ac signo et nomine meis solitis et consuetis signavi rogatus
et requisitus in fidem et testimonium omnium et singulorum
premissorum etc.

239. 1416. May 26th, Old Temple. Mandate from Bishop Repingdon
to the clergy of the archdeaconry of Northampton to enforce the
prohibition against the laity sitting in the chancels of parish churches.
He has heard that this practice is prevalent at Towcester, despite the
fact that it is contrary to canon law.

Monicio contra laicos sedere in cancellis ecclesiarum
presumentes. Philippus etc. dilectis filiis officiali archidiaconi nostri
Northampton' ac universis et singulis decanis ruralibus rectoribus
et vicariis ac capellanis curatis et non curatis per archidiaconatum
Northampton' ubilibet constitutis salutem etc. Insinuacione clamosa
nostris auribus noviter est perlatum quod licet sacrorum prohibuerit
canonum auctoritas ne persone alique preter illas que de iure approbate circa ministeria divina legendo vel cantando occupantur in
ecclesiarum cancellis sedilia sibi presumant vendicare presertim cum
cancelli pro proximioribus Christi ministris et ecclesie pro reliquo
populo ab ecclesia deputentur nec enim decens est ut dum exhibentur
domino famulatus inter proximiores dei ministros et populum loci
distribuatur paritas cum ordo sit diversis et de recto ordine racionis
quilibet iuris sui limitibus debeat contentari, quidam tamen inprovide
deliberacionis filii propriis finibus non contenti tam viri quam
mulieres laici et seculares parochiani ecclesie parochialis de Toucestr'
nostre diocesis extra casus predictos et alios a iure permissos sedilia
in cancello dicte ecclesie sue inprovide vendicare presumunt et
occupant contra dictorum canonum instituta in subversionem debiti
ordinis domus dei et cultus eiusdem non modicum impedimentum.
Nos enim qui executores sumus canonum tam inprovidam temerita-
tem populi eorundem auctoritate canonum cupientes refrenare, vobis
tam communiter quam divisim in virtute obediencie et sub pena
contemptus firmiter iniungimus et mandamus quatinus huiusmodi
viros et mulieres omnes et singulos qui tantam temeritatis audaciam
presumere non verentur in dicta parochiali ecclesia publice et in
genere primo secundo et tercio moneatis quos nos eciam tenore
presencium sic monemus quod cancellum dicte ecclesie sue tempore
domini servicii in eadem extra casus predictos vel dum intrantes
offerunt et recedunt ingredi seu in illo sedilia vendicare et tenere
amodo non presumant sub pena excommunicacionis maioris quam
nos in personas eorum omnium et singulorum monicionibus huiusmodi non parencium cum effectu mora culpa et dolo suis dictaque
canonica monicione premissa in hac parte procedentibus extunc prout
exnunc et extunc prout exnunc[1] ferimus in hiis scriptis. Alioquin si

[1] Sic, recte exnunc prout extunc.

monicionibus huiusmodi parere non curaverint omnes et singulos eisdem non parentes in dictam maioris excommunicacionis sentenciam incidisse ac eos extunc excommunicatos fuisse et esse in dicta ecclesia aliquibus diebus dominicis et festivis intra missarum solempnia cum omni solempnitate iuris publice et solempniter denuncietis, vobis rectori et capellanis in dicta ecclesia divina celebrantibus tenore presencium sub pena suspensionis a divinis firmiter iniungentes ne divina in presencia dictorum canonum contemptorum quousque resipiscant celebrare quomodolibet presumatis. Dat' apud Vetus Templum London' xxvj die mensis Maii anno domini millesimo cccc^{mo} xvj^{mo}, et consecracionis nostre anno xij^{mo}.

CITACIO CONTRA SEDERE PRESUMENTES IN CANCELLIS POST MONICIONES FACTAS SUB PENA EXCOMMUNICACIONIS. Philippus etc. Licet[a] alias sacrorum auctoritate canonum quorum executores fore dinoscuntur omnes et singulos tam laicos quam mulieres qui in cancello ecclesie predicte preter et contra eorundem canonum prohibiciones sedilia sibi vendicare presumunt locumque qui pro dei ministris ut deo quietius et liberius ministrent deputatur navi ecclesie pro populo ordinata non contenti inibi occupare contendunt, ut ab huiusmodi presumpcionibus resipiscerent et cancellum huiusmodi ecclesie ingredi aut sedilia in eodem de cetero vendicare nisi in casibus a iure permissis minime presumerent sub pena excommunicacionis maioris quam in personas contraveniencium in hac parte exnunc prout extunc et extunc prout exnunc suis mora culpa et dolo nostra que trina [*Folio 160*] canonica monicione precedentes tunc tulimus in dicta ecclesia de Toucestr' intra missarum solempnia in genere fecerimus moneri iusticia suadente, quedam tamen Johanna uxor Laurencii Mortymer de Toucestr' predicta premissorum non ignara sed postquam sibi de premissa monicione sentenciam que excommunicacionis maioris predicte in personas contraveniencium in hac parte lata et publice in dicta ecclesia denunciata sufficienter constabat et ad plenum locum sive sedile in cancello dicte ecclesie de Toucestr' extra casus in hac parte a iure permissos vendicare presumpsit et vendicat ac occupavit et occupat preter et contra prohibiciones canonum predictorum formam que monicionis nostre antedicte in dei ministrorum inibi deo ministrancium et psallencium dispendium et iacturam divinorum que ministeriorum notorium impedimentum anime sue periculum et aliorum perniciosum exemplum.[b] Quocirca vobis tam communiter quam divisim etc. quod compareat etc. super premissis eidem ex officio nostro mero ad meram anime sue correccionem dumtaxat obiciendis responsura facturaque ulterius et receptura etc. Terminum autem etc. propter iminencia anime sue pericula et alias causas legitimas nos in hac parte moventes etc., de diebus vero recepcionis presencium citacionis que breve et si dictam Johannam personaliter citaveritis necnon quid feceritis in premissis etc.

240. 1416. November 29th, London. Permission to Henry Welles, archdeacon of Lincoln, to visit the deaneries of Sleaford, Langoboby,

Grantham and Beltisloe in his archdeaconry, pending the bishop's visitation.

Licencia quod archidiaconus possit visitare certos decanatus pendente visitacione episcopi. Penultimo die mensis Novembris anno domini millesimo cccc^{mo} xvj^{mo} apud London' concessa fuit licencia magistro Henrico Welles archidiacono Lincoln' in ecclesia Lincoln' ut decanatus de Sleford' Langhouboby Grantham et Belteslowe sui archidiaconatus pendente visitacione domini episcopi Lincoln' possit visitare iuxta consuetudinem singulis annis in dicto archidiaconatu usitatam, dumtamen eidem visitacioni domini Lincoln' episcopi predicti per hoc non fiat preiudicium aliquale etc.

241. 1416. December 15th, Sleaford. Commission to William Ansell (Aunsell') of Newton to administer the estate of John Leicester (Leycestr') of Newton, who died intestate.

242. 1416. December 17th, Sleaford. Letters dimissory to Thomas Forster, acolyte, to all orders. [B.]

243. 1416. December 16th, Sleaford. Dispensation by authority of the papal penitentiary, Jordanus, bishop of Albano (Alban'), to Thomas Freeman (Freman') of Lissington (Lyssyngton'), that he may proceed to all orders and hold a benefice with cure, notwithstanding his illegitimacy.

244. 1416. December 19th, Sleaford. Licence to William Blackburn (Blakeborne), rector of Dishley (Dyxley), subdeacon, for two years' non-residence for study. [C.]

245. 1416. December 18th, Sleaford. Licence to Thomas Hilton, rector of North Thoresby (Northoresby), deacon, for non-residence for study [C.] "usque ad octavum diem mensis Marcii proximum futurum".

246. 1416. December 19th, Sleaford. Letters dimissory to Everard Pulter', acolyte, to all orders. [B.]

247. 1416. December 29th, Sleaford. Licence to William Bek, rector of Oxcombe, to celebrate one anniversary, the permission to last for three years.

248. 1416/17. Letter from Richard Bruton, chancellor of the diocese of Bath and Wells (dated January 5th), to Bishop Repingdon, forwarding Archbishop Chichele's mandate (dated December 16th) for the observance of the feast of St. John of Beverley on May 7th.[1] Bishop Repingdon directs the archdeacons of the diocese to carry out the archbishop's instructions.[2] [to Folio 160^v]

249. [Undated.] Mandate from Bishop Repingdon to the archdeacon of Leicester or his official to cite the clergy and four or six representatives of each parish to appear before the bishop or his commissaries during a visitation to inquire concerning heresy in the archdeaconry.[3] [to Folio 161]

250. 1415/16. March 18th, Old Temple. Licences to Thomas Derham (Derhame), rector of Heather (Hether'), subdeacon, for two years' non-residence for study [C.], and to Henry Hansard (Hunsarde), rector of Clifton Reynes (Clyfton' Reynes), subdeacon, for three years' non-residence. [H.]

251. [Undated.] Commission to the abbots of Notley and Missenden to bestow the veil, ring and mantle of widowhood on certain noblewomen in the archdeaconries of Oxford and Buckingham.

COMMISSIO GENERALIS AD DANDUM VELUM VIDUITATIS. Philippus etc. abbatibus de Notteley et Missenden' nostre diocesis salutem etc. Cum inter cetera que nostro incumbunt officio pastorali meritorium videatur et honestum mentes sacras castitatis zelo in domino stabilire ab pudicicie insigniis innestire ut per votum perpetue continencie sponso suo Christo qui in celis est continuum exhibeant famulatum pluresque ut accepimus mulieres nobiles archidiaconatuum Oxon' et Bukynghame devocionis fervore accense huiusmodi continencie votum emittere vellent si oportunitas ad hec adesset, nos enim ipsarum piam devocionem plurimum in domino commendantes et ipsarum proinde parcere cupientes laboribus et expensis cum nos alias in partibus inde remotis in ecclesie nostre negociis multipliciter occupati quominus ad hec intendere valeamus ne ab earum proposito sancto si in defectu ministerii nostri inprovide retrahantur ad examinandum voluntates mulierum huiusmodi ac de ipsarum redditibus et facultatibus debite inquirendum, et ipsas mulieres morum gravitate et animo constanti constitutas ipsarum que quamlibet sufficienter dotatas esse in redditibus et facultatibus pro sua et unius familiaris ad minus exhibicione congrua ad tempus eius vite poteritis invenire premissaque subire voluerunt nullumque canonicum obviaverint in hac parte,

[1] See Reg. Chichele, III, pp. 28–29.
[2] The archibishop's mandate was also transmitted to the dean and chapter. Liber Sextus I, f. 79.
[3] For the full text of the mandate, see infra, no. 299.

ad admittendum huiusmodi vota eisdemque et earum cuilibet sub forma premissa postulanti velum, anulum et mantellam cum officio debito et consueto solempniter impendendum. Vobis tam communiter quam divisim tenore presencium committimus nostras de hinc usque ad festum Michaelis proximum futurum tantummodo duraturum salvis episcopalibus iuribus et consuetudinis etc. et quid feceritis in premissis nos citra dictum festum Michaelis una cum nominibus et cognominibus quarum in dicta forma vota admiseritis distincte et aperte certificetis litteris vestris patentibus harum modum et formam [gestarum] per vos et coram vobis plenius continentibus sigillis vestris consignatis, et sic certificet uterque vestrum qui per se divisim hanc nostram commissionem in se susceperit exequendum. Dat' etc.

252. 1416. April 2nd, Old Temple. Licence to John Marshall (Marschall'), bachelor of theology, to preach anywhere in the diocese, during the bishop's pleasure.

253. 1416. April 4th, London. Commission from Bishop Repingdon to John Legh and Thomas Seman to inquire concerning the presence of secular persons in nunneries in the archdeaconry of Buckingham and to take steps for their removal.

COMMISSIO AD AMMOVENDUM SECULARES HABITANTES INTER MONIALES. Philippus permissione divina Lincoln' episcopus dilectis filiis magistris Johanni Legh et Thome Seman' in decretis bacallariis salutem graciam et benediccionem. Cum sacris constitucionibus cantum dinoscatur quod in abbathiis prioratibus monialium persone seculares suam habere non debeant habitacionem ne pretextu habitacionum eorundem mulieres que castitatis zelo se devoverunt ad inhonestatem provocentur ut tamen accepimus in monasteriis et prioratibus archidiaconatus Bukynghame nostre diocesis nonnulle sunt mulieres et persone seculares [Folio 161ᵛ] inhabitantes lege sive licencia speciali non privilegiate seu minute consuetudine in eisdem se inhabitant ad eos secularium communis habetur accessus per quas religio deformatur et scandilum multipliciter generat, volentes igitur scandala removere et pericula que futuris temporibus possint evenire ad inquirendum de et super omnibus et singulis premissis et veritatem facti huiusmodi concernentibus et si premissa veritate fulciri constitit ipsas seculares personas ammovendum predictasque abbatissas et priorissas et earum quamlibet canonice puniendum, vobis coniunctim et divisim committimus vices nostras cum cuiuslibet cohercionis quam decreveritis in hac parte canonice potestate et quid feceritis in premissis etc. Dat' London' quarto die mensis Aprilis anno domini millesimo ccccᵐᵒ xvjᵐᵒ.

254. 1416. April 6th, Old Temple. Licence to William Pirton, rector of Eynesbury, for non-residence for study [C.], "et quod possit stare in ordine diaconatus per unum annum duraturum".

255. Same date and place. Licence to William Lichfield (Lychefelde) and John Wat', bachelors of theology, to preach in the diocese, during the bishop's pleasure.

256. 1416. April 8th, Old Temple. Commission to the abbot of Missenden and the rector of Ashridge (Assheruge) to give the veil, ring and mantle of widowhood to Agnes Maffay of Lincoln diocese.

257. Same date and place. Licence to William Trengoff', bachelor of theology, to preach in the counties of Oxford and Buckingham, during the bishop's pleasure.

258. 1416. April 10th, Old Temple. Mandate from Bishop Repingdon, by authority of the papal penitentiary, to the rector of Shenley to join in marriage John Lawe and Agnes Pratt, although related in the fourth degree of consanguinity.

MANDATUM AD SOLEMPNIZANDUM MATRIMONIUM LAWE ET PRATTE. Philippus permissione divina Lincoln' episcopus dilecto filio rectori seu vicario ecclesie parochialis de Shenley nostre diocesis seu eius capellano parochiali salutem graciam et benediccionem. Cum venerabilis pater dominus Johannes Surronen' episcopus in quodam dispensacionis negocio pro parte dilectorum nobis in Christo Johannis Lawe plomer' de Shenley predicta et Agnetis Pratte mulieris dicte diocesis legitime procedens cum eisdem Johanne et Agnete ut non obstante quod in quarto consanguinitatis gradu invicem sint coniuncti in matrimonio alias inter ipsos huiusmodi impedimentum ignorentes contracto licite remanere et ad solempnizacionem eiusdem procedere valeant secundum omnem vim formam et effectum litterarum Jordani miseracione divina episcopi Abbinen'[1] dudum penitenciarie domini nostri pape curam gerentis nobis in hac parte directarum tam in ipsarum litterarum quam nostra sibi in hac parte commissa auctoritate observatis in ea parte servandis dispensaverit prolem ex eodem matrimonio suscipiendam legitimam decernendo, vobis mandamus quatinus matrimonium inter dictos Johannem Lawe et Agnetem bannis tamen inter eos primitus editis ut est moris nullo alio canonico impedimento reperto solempnizetis seu per alium faciatis debite solempnizari. Dat' in hospicio nostro apud Vetus Templum London' x die mensis Aprilis anno domini millesimo cccc^{mo} xvj^{mo}, et nostre consecracionis anno xij°.

259. 1416. April 15th, Old Temple. Commission to the sequestrator in Northampton archdeaconry and the vicar of All Saints, Northampton, to absolve Thomas and Alice Sale from the sentence of

[1] Sic, recte Albinen'.

excommunication passed on them for contracting matrimony when the banns had only been proclaimed once.

COMMISSIO AD ABSOLVENDUM T. SALE DE NORTH' ET UXOREM SUAM CONTRAHENTES INTERESSENTES ETC. Memorandum quod quintodecimo die mensis Aprilis anno domini millesimo cccc^{mo} sextodecimo apud Vetus Templum London' commissum fuit sequestratori North' ac perpetuo vicario Omnium Sanctorum North' coniunctim et divisim ad absolvendum Thomas Sale et Aliciam uxorem suam a sentencia excommunicacionis a constitucione provinciali que sic incipit *Humana concupiscencia* etc. in eos late pro eo quod ipsi matrimonium inter se procurarunt solempnizari in ecclesia sua parochiali Omnium Sanctorum predicta bannis una vice publice et solempniter editis, necnon ad absolvendum capellanum huiusmodi matrimonium solempnizantem ac omnes et singulos ad huiusmodi matrimonium interessentes in forma iuris etc., necnon ad iniungendum eisdem penitenciam salutarem pro commissis.

260. [Undated.] Commission to John Legh and Thomas Seman to inquire concerning the refusal of the rector of Farthinghoe to administer the sacrament of the Eucharist to William Ricote, a parishioner.

COMMISSIO AD FACIENDUM MINISTRARI EUKARISTIE SACRAMENTUM PAROCHIANO. Philippus permissione divina Lincoln' episcopus dilectis filiis magistris Johanni Lye et Thome Seman salutem graciam et benediccionem. Cum sacris canonibus cantum dinoscatur quod omnes utriusque sexus semel in anno sua peccata suo proprio sacerdoti teneantur confiteri ut in Pascha sacramentum eukaristie assumere alioquin vivens ab ingressu ecclesie arceatur et moriens Christiana careat sepultura ac ut accepimus quidam Willelmus Ricote nostre diocesis parochianus ecclesie parochialis de Faryngho dicte nostre diocesis dictorum canonum formam observare et perimplere ut filius Christiane fidei proprio sacerdoti confessus et in Pascha sacramentum eukaristie sibi petens ministrari per rectorem de Faryngho predicta suum proprium curatum absque causa legitima seu quacumque ut asserit in hac parte quominus sacramentum eukaristie fideliter assumere posset fuit et sit repulsus in grave sibi periculum scandalum non modicum ac aliorum Christifidelium perniciosum exemplum unde ex parte dicti Willelmi Ricot' nobis fuit supplicatum quatinus premissis attentis sibi sacerdotem assignare et sacramentum eukaristie sibi facere ministrari dignaremur. Nos igitur qui curam tocius diocesis gerimus volentes saluti anime cuiuscumque prospicere et scandala que hincinde oriri poterunt removere ad examinandum causas sive causam denegacionis sacramenti eidem Willelmo ministrandi et si causam istam illegitimam reperitis prefato Willelmo sacerdotem sacramentum eukaristie ministrari faciendum ulteriusque decrevendum cognoscendum faciendum statuendum et expediendum que in hac parte necessaria fuerint sive oportuna vobis coniunctim et divisim committimus vices nostras cum cuiuslibet cohercionis et exequendi que decreveritis canonice potestate, et quid feceritis in premissis etc.

261. 1416. April 29th, Old Temple. Licence to John Thornhill, John Cleuch' and William Crosse, bachelors of theology, to preach anywhere in the diocese, during the bishop's pleasure. [to Folio 162]

262. 1416. May 9th, Old Temple. Licence to Richard Stapleton (Stapulton'), Fellow of Balliol Hall (aule Ballioli) in the University of Oxford, to preach in the archdeaconries of Oxford and Buckingham, during the bishop's pleasure.

263. 1416. May 21st, Old Temple. Appointment of Robert Malton, rector of St. Magnus the Martyr, London, and John Palmer, chaplain, as guardians of and assistants to Thomas Malton, rector of Tilbrook (Tillebroke), on account of his age and infirmity.

264. 1416. April 10th, Old Temple. Licence to John, rector of Turvey, for three years' non-residence. [H.]

265. 1416. May 26th, Old Temple. Licence to John Skillington (Skyllyngton'), rector of Lewknor (Leukenore, Lukynnour), for two years' non-residence. [H.]

266. Same date and place. Mandate from Bishop Repingdon to the clergy of the archdeaconry of Northampton to enforce the prohibition against the laity sitting in the chancels of parish churches, especially in Towcester parish church.[1]

267. 1416. May 29th, Old Temple. Letters dimissory to John Tuly, having the first tonsure, to all orders. [B.]

268. 1416. April 3rd, Old Temple. Licence to Richard Ullerston, rector of Little Steeping (parva Stepyng'), for one year's non-residence. [A.]

269. [Undated.] Mandate from Bishop Repingdon to Robert Woodcock and John Bonney, apparitors, to cite the sequestrators of the

---

[1] This is a repetition of the entry supra, no. 239.

diocese and the officials of the archdeacons to appear before the bishop or his commissaries to deliberate concerning the probate of wills, in accordance with the recent provincial constitution.[1]

CITACIO OFFICIALIUM ET COMMISSARIORUM PER DIOCESIM. Philippus permissione divina Lincoln' episcopus dilectis filiis Roberto Wodecok' et Johanni Boney nunciis nostris publicis et iuratis salutem graciam et benediccionem. Vobis tam communiter quam divisim in virtute iuramenti prestiti firmiter iniungimus et mandamus quatinus citetis seu citari faciatis peremptorie magistros Johannem Lygh' in archidiaconatibus Oxon' et Bukyngh' Thomam Tyberay in archidiaconatu Hunt' et Bedeford' Robertum Bylton' in archidiaconatu Northampton' Laurencium Blakesley in archidiaconatu Leycestre' Thomam Asgarby in partibus de Lyndesey et decanatu Holand' Nicholaum Hungarton' in civitate nostra Lincoln' et partibus de Kesteven' ac Johannem Feryby in archidiaconatu Stowe sequestratores nostros necnon officiales archidiaconorum nostrorum Linc' North' Oxon' Buk' Hunt' Leycestr' Bedeford' Stowe quod compareant et eorum quilibet compareat personaliter coram nobis aut commissariis nostris in ecclesia parochiali beate Marie ad pontem Stamford' die lune in festo sancte Margarete virginis proximo futuro declaracionem eiusdem deliberacionis de modo et forma probandi approbandi et insinuandi testamenta quorumcumque subditorum nostrorum nostre diocesis decedencium testatorum ac committendi administracionem [*Folio 162*[v]] bonorum eorundem necnon recipiendi calculum compotum et raciocinium administracionum huiusmodi et finales acquietancias in hac parte liberandi per reverendissimum in Christo patrem et dominum dominum Henricum dei gracia Cantuarien' archiepiscopum tocius Anglie primatem et apostolice sedis legatum aliosque prelatos et clerum Cant' provincie in ultima convocacione provinciali London' celebrata presencium de communi consilio consensu et assensu eorundem prelatorum et cleri facta audituri miniciones que ad tunc in hac parte fiendas recepturi et subituri facturi ulterius et recepturi quod fuerit iustum.

270. [Undated.] Commission from Bishop Repingdon to Thomas Brouns and Thomas Tyberay to take proceedings against those who have not yet paid the subsidy of twopence in the pound granted for the expenses of delegates to the Council of Constance.

271. 1417. July 28th, Sleaford. Commission to the vicar of Ardeley (Erdeley) and Robert Childe of Cottered (Codereth', Codreth') to sequestrate the fruits of Cottered church and to provide for the cure of souls.

[1] *Supra*, no. 223.

272. 1417. August 6th, Sleaford. Licence to Walter Frisney (Frysney), monk of Peterborough Abbey, to preach in the archdeaconries of Northampton and Oxford, the permission to last for three years.

273. 1416/17. Texts of three statutes enacted or re-enacted in Parliament on March 16th. (1) Statute of 7 Hen. IV c.8, against provisions to benefices which already have incumbents.[1] (2) Statute of 13 Rich. II c.18, concerning assizes and juries in the city of Lincoln, together with a charter of 11 Hen. IV permitting the name of the office of bailiff of Lincoln to be changed to that of sheriff.[2] (3) Statute of 4 Hen. V c.8, concerning the fees charged by ordinaries for the probate of wills.[3] [to Folio 163]

274. 1416. October 12th, Sleaford. Commission to expedite the presentation of suitable persons to benefices in the diocese.

COMMISSIO AD EXPEDIENDUM NEGOCIA PRESENTACIONUM. Memorandum quod xij° die mensis Octobris anno domini millesimo cccc^{mo} xvj^{mo} reverendus in Christo pater et dominus dominus Philippus dei gracia Lincoln' episcopus in camera sua principali infra castrum suum de Sleford' sue Lincoln' diocesis situata ad recipiendum quascumque presentaciones de quibuscumque personis ydoneis ad quecumque beneficia ecclesiastica dicte sue diocesis simpliciter vel ex causa permutacionis factas sive faciendas negociaque presentacionum huiusmodi in forma iuris expediendum ac personas presentatas nullo obstante canonico iuxta iuris et huiusmodi presentacionum exigenciam admittendum et instituendum ac per eos quorum intererit induci mandandum. Ceteraque faciendum singulis subditis nostris que sunt iuris et eisdem ad ministrandum iusticie complementum magistro Thome Brouns utriusque iuris doctori cancellario suo commisit vices suas presentes Radulpho Louth' et Johanne Hoggesthorp' etc.

275. 1416. October 22nd, Old Temple. Licence to John Cliffe (Clyff'), rector of Stanford (Stanford'), for one year's non-residence. [H.]

276. 1416. October 27th. Licence for the private celebration of divine services to the monks, canons and priests of Dagville's Inn in the University of Oxford.

Memorandum quod xxvij° die mensis Octobris anno domini millesimo cccc^{mo} xvj° dominus concessit monachis et canonicis atque presbyteris in hospicio dicto Dagwylesyn'[4] vulgariter nominato in

---

[1] Statutes of the Realm, II, p. 193.
[2] Ibid., II, p. 194.
[3] Ibid., II, p. 195.
[4] Probably on the site where the "Mitre" now stands. Hurst, H., Oxford Topography, p. 171.

universitate Oxon' Lincoln' diocesis ut in oratorio sive locis aliis quibuscumque decentibus et honestis infra hospicium habitacionis sue situatis missas et alia divina officia licite valeant celebrare ac capellanos ydoneos in sua et cuiuslibet eorum ac dicti hospicii consociorum presencia facere celebrari licenciam specialem donec dominus revocaverit ut in forma etc.

277. 1416. October 25th, Old Temple. Licence for an oratory to John Bonner, canon of Twinham[1] priory, for five years.

Memorandum quod vicesimo quinto die mensis Octobris anno domini millesimo cccc^{mo} xvj^{mo} apud Vetus Templum London' fratri Johanni Boner' canonico monasterii ecclesie Christi de Twynham Wynton' diocesis ordinis sancti Augustini dominus concessit oratorium per quinquennium ut in forma etc.

278. 1416. October 28th, Old Temple. Licence to the vicar of Lowseby to celebrate divine services and administer the sacraments in the parish church, although an interdict has been imposed.

xxviij^o die mensis Octobris anno domini millesimo cccc^{mo} xvj^o apud Vetus Templum London' concessa fuit licencia vicario perpetuo ecclesie parochialis de Louseby Lincoln' diocesis quod possit celebrari et facere per alios capellanos ydoneos celebrari ac ministrari sacramenta et sacramentalia in ecclesia de Louseby usque festum Pasche proximum futurum inclusive duraturum interdicta et suspensione in dictam ecclesiam per suffraganeum interpositis non obstante et post lapsum dicti termini in suo robore duraturum.

279. 1416. October 29th. Licence to Thomas Kirkby (Kirkeby), rector of South Ferriby, for three years' non-residence. [H.]

[*Folio 163^v*]

280. 1416. October 31st, Old Temple. Licence to David Robyn, master of arts, to preach in the archdeaconries of Northampton, Oxford and Buckingham, for one year.

281. Same date and place. Licence to Henry Rumworth, canon of Lincoln, to celebrate divine services in his chapel or oratory or in any other place where he may be.

Item eisdem die et loco dominus concessit magistro Henrico Rumworth' canonico in ecclesia Lincoln' quod possit in capella sua seu

[1] Christchurch.

oratorio aut aliis locis tam suis quam alienis ubi ipsum morari contigerit divina officia celebrare seu per alios capellanos ydoneos facere celebrari donec dominus revocaverit.

282. 1416. November 3rd. Licence to Alan Hert, rector of St. Mary's, North Berkhamstead (Northberhamstede), for non-residence while in the king's service. [E.]

283. 1416. November 8th. Permission to the Queen Mother for John Verney, Franciscan friar, to hear the confessions of her household while she is in the diocese of Lincoln.

Memorandum quod octavo die mensis Novembris anno domini millesimo cccc^{mo} xvj^o dominus concessit Regine Moderne quod frater Johannes Verney frater ordinis fratrum minorum possit audire confessionem quorumcumque serviencium familiares utriusque sexus ac alios ad ipsam serenissimam dominam nostram Reginam dummodo infra nostram diocesim moram trahere dignetur confluencium et in familia sua commorancium et suorum subditorum peccata sua sibi confiteri volencium nisi casibus exeptis ut in forma etc.

284. 1416. November 14th, Old Temple. Licence to Henry Martin (Martyn'), rector of Gate Burton (Gaytburton'), for two years' non-residence. [H.]

285. April 3rd and April 2nd, Old Temple. Licence to John Play for non-residence, and letters dimissory to John Fowke.[1]

286. [Undated.] Papal indult. Johannes episcopus servus servorum.[2]

287. [Undated.] Remission to Thomas Brouns, by the president and chapter with the consent of the bishop, of the payment to the common fund required by custom from every canon entering upon residence.

REMISSIO COMMUNII CANONICI ECCLESIE CATHEDRALIS LINC' INTROITUS.[3] Presidens et capitulum ecclesie cathedralis Lincoln' decano eiusdem absente venerabili confratri nostro magistro Thome Brouns utriusque iuris doctori dicte ecclesie Lincoln' subdecano salutem in domino sempiternam. Cum secundum consuetudines dicte ecclesie quilibet canonicus dicte ecclesie residenciam inibi faciens

---

[1] Repetition of entries *supra*, nos. 230, 231.
[2] The entry stops here.
[3] This entry is repeated on f. 191^v, *infra*, no. 447.

quoddam communium in introitu residencie sue huiusmodi inde
facere teneatur, nos igitur presidens et capitulum predicti capitulariter
ob hanc causam congregati considerantes quales et quantos labores
et sollicitudines in et pro negociis dicte ecclesie et capituli eiusdem
huiusque multipliciter sustinuistis et imposterum sustinere consimiles
vos oportet et volentes propterea vos in huiusmodi communio
faciendo et eciam de expensis quas in ipso communio effunderetis
alicuius subvencionis auxilio relevare, vos ab huiusmodi communio
quod racione introitus residencie vestre occasione subdecanatus vestri
et prebende de Welton' eidem annexe per vos in dicta ecclesia faciende
de consuetudinibus predictis tenemini facere ac ab omni onere vobis
racione dicti introitus incumbenti et exaccione a vobis ea de causa
exigenda de voluntate consensu et assensu reverendi in Christo patris
et domini domini Philippi dei gracia Lincoln' episcopi exoneramus
absolvimus acquietamus et dimittimus absolutum. Concedimus eciam
vobis ac volumus consentimus et assentimus pro nobis et successoribus nostris quod quociens et quando ad dictam ecclesiam Lincoln'
cum familia vestra declinaveritis et protestacione consueta primitus
emissa inibi moram feceritis cotidianas distribuciones ac omnia alia
et singula emolumenta et commoditates quas et que plenius residenciarius in ipsa ecclesia perciperet et percipere deberet vos percipiatis
et percipere valeatis integre absque diminucione aliquali. In cuius
rei testimonium sigillum nostrum commune presentibus est appensum. Dat' etc.

LITTERA TESTIMONIALIS SUPER EADEM. Universis sancte matris
ecclesie filiis presentes litteras inspecturis presidens et capitulum
ecclesie cathedralis Lincoln' decano eiusdem absente salutem in
domino sempiternam. Cum secundum laudabiles dicte ecclesie consuetudines quilibet canonicus eiusdem ecclesie inibi residenciam
faciens quoddam communium in introitu sue residencie huiusmodi
facere teneatur, noverit universitas vestra quod venerabilis confrater
noster magister Thomas Brouns utriusque iuris doctor dicte ecclesie
Lincoln' subdecanus ac prebendarius prebende de Welton' subdecani
eidem subdecanatui suo annexe introitum residencie sue in dicta
ecclesia secundum quem per dictas consuetudines racione dictorum
subdecanatus et prebende ad hunc tenebatur rite fecit ac laudabiliter
et honeste, nos igitur presidens et capitulum predicti ab hoc capitulariter congregati consencimus voluimus consensimus et assencimus
ac per presentes concedimus volumus consentimus et assentimus pro
nobis et successoribus nostris prefato magistro Thome subdecano et
prebendario predicto quod quociens et quando ad dictam ecclesiam
Lincoln' quod inibi inhabitandi declinaverit ibidem que inhabitaverit
protestacione consueta primitus per eum emissa cotidianas distribuciones ac eciam divisiones omnia que alia et singula emolumenta
et commoditates quos et que plenius residenciarius in dicta ecclesia
perciperet et percipere deberet idem magister Thomas subdecanus
et prebendarius in persona sua percipiat et percipere valeat et debeat
integre absque diminucione quocumque, super quibus omnibus et
singulis eidem magistro Thome litteras testimoniales fecimus has

patentes. In quorum omnium et singulorum testimonium atque fidem sigillum nostrum commune presentibus est appensum. Dat' etc.

288. 1412. May 13th, Rome. Indult of John XXIII to Thomas Balding (Baldyng'), vicar of Moulton (Multon'), permitting him to hold additional benefices or offices in metropolitan, cathedral or collegiate churches, provided that where there is cure of souls it is not neglected. [*to Folio 164*]

289. 1416. November 20th, Old Temple. Commission to John Dighton to grant letters of administration of the estate of Robert Siwardby, knight, of the diocese of York, who died intestate while in the diocese of Lincoln, to William Siwardby, esquire.

COMMISSIO DOMINI ROBERTI SYWARDBY DE DIOCESI EBOR' ET INFRA DIOCESIM LINCOLN' DECEDENTIS. Philippus permissione divina Lincoln' episcopus dilecto filio magistro Johanni Dyghton' iurisperito salutem graciam et benediccionem. Cum dominus Robertus Swardby Ebor' diocesis miles per nostram diocesim iter faciens in ipsa diocesi nostra decesserit intestatus sic que ipsius intestati bonorum et rerum omnium infra nostram diocesim tempore mortis sue existencium administracio iure et nomine ecclesie Lincoln' ac de consuetudine laudabili legitimeque prescripta noscantur notorie pertinere, nos igitur in votis gerentes ut bona ipsius intestati in pios usus pro remedio et salute anime sue pie et salubriter erogentur, ad committendum administracionem omnium et singulorum bonorum ipsius intestati infra nostram diocesim tempore mortis sue existencium dilecto nobis in Christo Willelmo Swardby armigero seu aliis qui de fideli compoto administracionis sue reddendo cavere voluerint prestito primitus per eos quibus commissa fuerit administracio huiusmodi, ad sancta dei evangelia corporaliter tacta iuramento de fideliter bona ipsius defuncti intestati ministrando ac fideli compoto administracionis sue huiusmodi cum exacti fuerint quem nobis specialiter servamus reddendo necnon administratoribus huiusmodi aliquem certum terminum competentem coram nobis aut nostris commissariis in ecclesia prebendali de Sleford' dicte nostre diocesis ad huiusmodi compotimus reddendum peremptorie prefigendum statuendum et assignandum. Ceteraque omnia et singula faciendum excercendum et expediendum in hac parte necessaria et oportuna. Vobis de cuius circumspeccionis industria confidimus vices nostros committimus per presentes, rogantes quatinus nos aut commissarios nostros de omni eo quod feceritis in premissis termino per vos in hac parte assignando vel saltem premissis expeditis certificare velitis per litteras etc. Harum seriem ac nomina et cognomina eorum quibus huiusmodi administracionem commiseritis plenius continentibus. Dat' sub sigillo nostro apud Vetus Templum London' xx^{mo} die mensis Novembris anno domini millesimo cccc^{mo} xvj°.

290. [Undated.] Sleaford. Notification by Bishop Repingdon to Archbishop Chichele that he has held an inquiry into the collection of the subsidy of twopence in the pound granted for the expenses of delegates to the Council of Constance, and that he is returning accounts of the sums collected, in an accompanying schedule.[1]

[*Folio 164ᵛ*]

291. [Undated.] Notification by Bishop Repingdon of the prorogation of his visitation of the cathedral chapter, which was undertaken at their request.

CONTINUACIO VISITACIONIS CAPITULI ECCLESIE LINCOLN'. In dei nomine amen. Cum nos Philippus permissione divina Lincoln' episcopus visitacionem nostram ordinariam dilectorum filiorum decani et capituli singulorum canonicorum presencium et absencium prebendariorum aliorumque ministrorum ecclesie nostre Lincoln' in ecclesia predicta die etc. iam proximo preterito cum continuacione et prorogacione dierum tunc sequencium ex certis causis et legitimis nos in hac parte moventibus inchoaverimus, nos tamen visitacionem nostram huiusmodi ex aliis certis legitimis causis nos ad id moventibus ac eciam de expresse consensu et assensu dictorum decani et capituli et ad eorum peticionem instanter ad diem etc. cum continuacione et prorogacione aliorum dierum tunc sequencium continuamus et prorogamus in hiis scriptis.

292. 1416. November 24th, Old Temple. Licence to Henry Weston, chaplain of a chantry at Hanslope (Hanslape), to celebrate one anniversary, the permission to last for one year.

293. 1416. November 25th, Old Temple. Licence to John Malesors, rector of Cottered (Codreth'), for two years' non-residence. [H.]

294. 1416. November 26th, Old Temple. Licences to John Pulmound', rector of Throcking (Throklyng'), and Richard More, rector of Ibstock, for two years' non-residence. [H.]

295. Same date and place. Commission from Bishop Repingdon to John Castell', doctor of theology, and William Filham, bachelor of theology, to examine and licence preachers in the town and environs of Oxford.

---

[1] Not given in the Register.

COMMISSIO AD EXAMINANDUM ET LICENCIANDUM PREDICATORES. Philippus permissione divina episcopus Lincoln' dilectis filiis magistris Johanni Castell' doctori et Willelmo Filham in theologia bacallario salutem graciam et benediccionem. Licet doctorum ordo sit quasi precipuus in ecclesia sancta dei non debet cum sibi quisquam indifferent' predicacionis officium usurpare, nos igitur cum messes multa sit et operarii pauci in vinea domini laborantes cooperatores mittere cupientes ac de vestris circumspeccionibus et fidei sinceritate plurimum confidentes ad examinandum quascumque dicte universitatis personas se vobis seu uni vestrum afferentes ac de eorum vita fama conversacione sciencia et moribus sollicite inquirendum ac eos quos per huiusmodi examinacionem et inquisicionem ad predicandum fideliter verbum dei ydoneos reperitis super vestras consciencias districcius oneramus ad pascendum gregem dominicum eiusdem verbi pabulo congruis locis et temporibus ubicumque infra villam seu opidum Oxon' et suburbia eiusdem absque alicuius iuris preiudicio iuxta et secundum formam in constitucione provinciali nuper contra detractores evangelicos proinde edita limitatam auctoritatem nostram licenciandum et mittendum. Vobis tam communiter quam divisim tenore presencium committimus vices nostras per triennium a date presencium tantummodo duraturum. Vobis eciam filii predilecti ad consimiliter pascendum gregem vobis commissum pabulo verbi dei in ipsis opido et suburbiis de vestris sciencia moribus fama et conversacione plenius informata iuxta et secundum formam et effectum constitucionis memorate licenciam concedimus per presentes eciam ad triennium proximum futurum valituram. Dat' sub sigillo nostro apud Vetus Templum London' xxvj° die mensis Novembris anno domini millesimo cccc^{mo} xvj°, et consecracionis nostre xij°.

296. 1412. May 17th, Rome. Bull of John XXIII for the appropriation of the parish church of Litlington, in the county of Bedford [sic], to Barking Abbey, on the ground of the abbey's diminishing financial resources. In recent years, abbey lands to the value of 200 marks have been flooded. Provision is made for the installation of a vicar at Litlington, with a stipend of fifteen marks a year, out of which he is expected to pay episcopal and other dues.[1]

BULLA APPROPRIACIONIS ECCLESIE DE LITLYNGTON'. Johannes episcopus servus servorum dei, ad futuram rei memoriam digna exaudiccione vota personarum humilium iunxione divinis laudibus sacre que religionis observancie deditarum apostolico nos convenit favore prosequi' et ipsorum indempnitatibus provisionis occurrere gracia congruentes. Sane peticio dilectarum in Christo filiarum abbatisse et conventus monasterii de Berkyng' ordinis sancti Benedicti London' diocesis nuper nobis exhibita continuebat quod monasterium predictum in quo sanctarum Ethelburge necnon Hildelithe et Wilfride[2] virginum corpora venerabiliter et honorifice recondita quiescunt ut

---

[1] Cf. infra, no. 312.   [2] Sic, recte Wlfilde.

quod iuxta quoddam maris bracchium Thamisiam nuncupatum consistit licet per nonnullos clare memorie Reges Anglie qui fuerunt pro
tempore abolim in certis possessionibus et redditibus sufficienter
dotatum fuerit propter mortalitates que partes illas diutius afflixerunt
necnon inundaciones subditas et excessivas quo aliquas ex huiusmodi
possessionibus necnon terris et pratis ad ipsum monasterium legitime
pertinentibus ad valorem ducentarum marcarum sterlingorum a
triginta annis citra absorbuerunt et alia decima et onera diversa quibus
huiusmodi monasterium retroactis temporibus oppressum extitit in
suis facultatibus existat non mediocriter diminutum. Quare pro parte
dictarum abbatisse et conventus asserencium quod eciam carissimi
in Christo filii nostri Henrici Regis Anglie illustris ad hoc accedat
assensus nobis fuit humiliter supplicatum ut in recompensam aliqualem dampnorum et onerum predictorum parochialem ecclesiam de
Litlyngton' in comitatu Bedeford' Lincoln' diocesis que de dicti
monasterii iure patronatus existit et cuius quadraginta cum omnibus
iuribus et pertinenciis suis eidem monasterii cuius octingintarum[1]
marcarum dicte monete fructus redditus et proventus secundum
communem estimacionem valorem annuum ut ipsi abbatissa et conventus asserunt non excedunt imperpetuum unire annectere et incorporare de benignitate apostolica dignaremur nos igitur huiusmodi
supplicacionibus inclinati ecclesiam predictam cum omnibus iuribus
et pertinenciis supradictis prefato monasterio perpetuo auctoritate
apostolica incorporamus annectimus et unimus. Ita quod cedente vel
decedente rectore dicte ecclesie qui nunc est vel ecclesiam ipsam alias
quomodolibet dimittente liceat eisdem abbatisse et conventus per se
vel alium seu alios [*Folio 165*] ipsius ecclesie corporalem possessionem
auctoritate propria libere apprehendere ipsius que fructus redditus
et proventus prefatos in suos ac dicto monasterio usus perpetuo
convertere et eciam retinere diocesani loci seu alterius cuiuscumque
licencia super hoc minime requisita. Reservata tamen de huiusmodi
fructibus redditibus et proventibus ecclesie prefate perpetuo vicario
in ea instituendo quindecim marcarum eiusdem monete porcione
annua de qua ut ipsi abbatissa et conventus asserunt vicarius predictus
poterit congrue sustentari episcopalia iura solvere et alia sibi incumbencia onera supportare non obstantibus quibuscumque constitucionibus apostolicis necnon statutis et consuetudinibus monasterii et
ordinis predictorum contrariis iuramento confirmacione apostolica vel
quacumque firmitate alia roboratis aut si aliqui super provisionibus
sibi faciendis de parochialibus ecclesiis aut aliis beneficiis ecclesiasticis
in illis partibus speciales vel generales apostolice sedis vel legatorum
eius litteras impetravit, eciam si per eas ad inhibicionem reservacio-
nem et decretum vel alias quomodolibet sit processum quas quidem
litteras et processus habitos per easdem ad dictam ecclesiam volumus
non extendi usque per nullum per hoc eis quo ad assecucionem
parochialium ecclesiarum aut beneficiorum aliorum preiudicium
generari et quibuslibet privilegeis et indulgenciis ac litteris apostolicis
vel specialibus quorumcumque tenorem existant per que presentibus

[1] *Sic.*

non expressa vel totaliter non inserta effectus earum impediri valeat quomodolibet vel differri et de quibus quorumque totis tenoribus habenda sic in nostris mencio specialis, nos exnunc irritum decernimus et mane secus super hiis a quoquam quovis auctoritate scienter vel ignoranter contigerit attemptari. Nulli ergo omnino hominum liceat hanc paginam nostre incorporacionis annexionis unionis voluntatis et constitucionis infringere vel ei ausu temerario contraire. Si quis autem hoc attemptare presumpserit indignacionem omnipotentis dei et beatorum Petri et Pauli apostolorum eius se noverit incursurum. Dat' Rome apud sanctum Petrum xvj° kal. Junii Pontificatus nostri anno secundo.

297. 1416. Recital of Bishop Repingdon's mandate of May 26th to the clergy of the archdeaconry of Northampton concerning the prevalent practice of the laity sitting in the chancels of parish churches.[1]

On November 20th, the dean of Northampton notifies the bishop that he has publicly admonished parishioners at Towcester who have incurred the sentence of excommunication for disobedience.

Quarum auctoritate mandati vestri reverendi omnes et singulos viros et mulieres dicte parochie de Toucestr' predicta in genere primo secundo et tercio publice in ecclesia intra missarum solempnia diebus dominicis et festivis effectualiter monui quod cancellum dicte ecclesie sue tempore divini servicii in eadem extra casus in vestro reverendo mandato contento vendicare vel tenore amodo non presumant ac vos omnes et singulos viros et mulieres in genere qui monicionibus meis quin verius vestris non paruerint cum effectu in dictam maioris excommunicacionis sentenciam incidisse cum omni solempnitate iuris auctoritate vestra publice et solempniter denunciavi et sic mandatum vestrum humiliter fuit executus. Que vobis reverendo in Christo patri et domino domino Philippo dei gracia Lincoln' episcopi significo per presentes, sigillo decani decanatus North' [*Folio 165ᵛ*] presentibus apponi procuravi, et ego decanus decanatus antedicti ad specialem rogatum dicti mandatarii sigillum meum presentibus apposui. Dat' North' que ad consignacionem presencium vicesimo die Novembris anno domini millesimo cccc^{mo} xvj°.

298. [Undated.] Citation of the rector of Steane on a charge of maliciously obtaining royal writs against John Glym, contrary to the constitution *Dierum invalescens malicia*, thereby incurring the sentence of excommunication.

CITACIO IUXTA CONSTITUCIONEM PROVINCIALEM *DIERUM INVALES-CENS*. Philippus permissione divina Lincoln' episcopus dilecto filio magistro Griffino Daumpott' in legibus licenciato salutem graciam et benediccionem. Pro parte Johannis Glym nostre diocesis extitit

[1] As *supra*, no. 239. See also *infra*, no. 352.

intimatum graviter cum querela quod licet omnes et singuli Cant'
provincie subditi qui contra aliquos ad extraneos comitatus in quibus
sui nunquam fuerunt adversare nec cum eis contraxerunt vel alias
diliquerunt seu bona administrarunt brevia regia de compoto vel
transgressione aut alia fraudulenter et maliciose impetrare presumunt
et in illis prosecuntur contra eosdem idem que fieri procurantes ad
id impendentes scienter consensum auxilium vel favorem ac ratum
habentes nomine suo secundum maioris excommunicacionis sentenciam lata a constitucione provinciali que sic incipit, *Dierum invales-
cens malicia* in hoc casu proinde edita dampnabiliter involuti. Quidam
dominus Johannes rector ecclesie parochialis de Stene nostre diocesis
anime sue salutis immemor nonnulla brevia regia contra dictum
Johannem Glym in hac parte minime preminatum sed penitus
ignorantem pro contra[ctu] cum eodem domino Johanne rectore in
comitatu North' inito atque facto ad comitatum Oxon' maliciose et
fraudulenter impetravit et clandestine traxit ac prosequebatur et indies
prosequi non desistit in anime sue grave periculum ac ipsius Johannis
Glym preiudicium dampnum non modicum et gravamen aliorum que
perniciosum exemplum dictam maioris excommunicacionis sentenciam dampnabiliter incurrendo. Super quibus idem Johannes Glym
peciit sibi parvos de remedio congruo provideri, cum igitur processus
et sentencie contra ignorantes et in defensos ......[1] a iure merito
reprobentur nec sit maliciis homini indulgendum, ad inquirendum
cognoscendum procedendum et statuendum ex officio nostro ad dicti
Johannis Glym vel partis aut partium aliarum quarumcumque promocionem sive instanciam contra et adversus prefatum dominum
Johannem rectorem occasione premissorum ac eidem domino Johanni
G. et quatenus super premissis canonice convincatur penitenciam
canonicam infligendum imponendum ac ipsum canonice corrigendum
et puniendum ipsamque causam sive negocium cum omnibus et
singulis suis emergentibus incidentibus dependentibus et connexis
fine debito et canonico terminandum et diffiniendum. Ceteraque
omnia et singula faciendum excercendum et expediendum in premissis necessaria seu oportuna. Vobis de cuius circumspeccione
et industria plene in domino confidimus vices nostras committimus per
presentes cum cuiuslibet cohercionis et execucionis canonice potestate. Mandantes quatinus nos de omni eo quod fecerit in premissis
dicto negocio expedito etc. Patentes harum et facti vestri seriem
etc.

299. 1416. September [?3rd], Sleaford. Mandate from Bishop
Repingdon to the archdeacon of Leicester or his official announcing
a visitation of the archdeaconry to inquire concerning persons
suspected of heresy, in accordance with the recent provincial constitution. The archdeacon is directed to cite all the clergy and four or
six representatives from each parish to appear before the bishop's
commissaries at specified times and places.

[1] Illegible.

Mandatum episcopi pro visitacione archidiaconatus cum clausula inquirendi contra hereticos.[1] Philippus permissione divina Lincoln' episcopus dilectis filiis archidiacono Leycestr' eiusque officiali salutem graciam et benediccionem. Cum per sacros canones constitucionesque provinciales in hoc casu editas proinde sit statutum ut singuli episcopi in suis diocesibus contra hereticos qui quasi vulpecule in vinea domini latitantes ipsam demoliri conantur diligenter inquirant, ac ipsos canones et constituciones contra eosdem debite exequantur sub penis in eisdem contentis, nos igitur volentes prout nobis cura privigil esse debet errores et hereses de finibus nostre diocesis radicitus extirpare ac mores subditorum nostrorum reformare vicia que et alia que profectum virtutis et salutem animarum impediunt propter que visitacio ordinaria noscitur instituta per quam viciorum sontibus extirpatis mores hominum reformare virtutum que plenaria seminantur evellere et penitus eradicare, vos et archidiaconatum vestrum predictum ecclesiasque clerum et populum eiusdem nobis subditos et subiectos ex hiis et aliis causis legitimis per nos pensatis concedente domino decrevimus visitare ac debitum visitacionis nostre ordinarie officium excercere in eisdem. Variis tamen cuius ecclesie universalis ac regiis negociis prepediti quominus eidem visitacioni personaliter intendere valeamus, vos igitur tenore presencium peremptorie citamus vobisque nichilominus tam communiter quam divisim in virtute obediencie firmiter iniungimus et mandamus quatinus omnes et singulos rectores vicarios perpetuos et presbyteros parochialium ecclesiarum dicti archidiaconatus alios que quoscumque infra eundem archidiaconatum divina celebrantes et de qualibet parochia eiusdem quatuor vel sex viros de fidedignioribus secundum pravitatem vel amplitudinem parochianorum huiusmodi vestro arbitrio assumendos citetis seu citari faciatis peremptorie quod omnes illi de decanatu de Framlond' die sabbati proxima post festum sancti Leonardi abbatis et confessoris tunc proximum sequentem in ecclesia parochiali de Waliham. Illi de decanatu de Goscote die lune proxima post idem festum sancti Leonardi in ecclesia parochiali de Houby. Illi de decanatu Christianitatis Leycestr' die veneris proxima post festum sancti Martini episcopi et confessoris in ecclesia sancti Martini ibidem. Illi de decanatu de Akle die sabbati proxima post idem[2] sancti Martini in ecclesia parochiali de Thurlaston'. Illi de decanatu de Sparkenhowe die martis proxima post festum sancti Edmundi episcopi et confessoris in ecclesia de Hether'. Illi de decanatu de Godelaxton' die mercurie proxima post festum sancti Edmundi in ecclesia parochiali de Norburgh' et illi de decanatu de Gartre die sabbati proxima post festum sancti Edmundi Regis et martiris in ecclesia parochiali de Eston' personaliter et de mane compareatis et compareant et eorum quilibet compareat coram magistris Thoma Brouns David Pryce seu Radulpho Louth' commissariis nostris visitacionem nostram huiusmodi in qua tam de et super heresibus

---

[1] Marginal note added later and encircled: "Variis tamen sumus ecclesie universalis ac regiis negociis prepediti quominus eidem visitacioni personaliter intendere valeamus."

[2] *Sic, recte* idem festum.

et erroribus secundum formam canonum et constitucionem provincialem predictorum quam super criminibus et excessibus corrigendis et reformandis circa personas subditorum nostrorum ac eciam statu ecclesiarum predictarum et pertinentibus ad illas necnon super aliis articulis de quibus inferius sit mencio merito informandis generabiliter inquirere et ulterius secundum inventa et comperta [*Folio 166*] providere et statuere intendimus que canonicis conveniant institutis suscepturi et subituri humiliter et devote facturique ulterius et recepturi quod huiusmodi visitacionis et inquisicionis negocium exigit et requirit. Ad hoc vobis ut supra iniungimus et mandamus quatinus omnes et singulos qui infra archidiaconatum predictum plures ecclesias quibus cura iminet animarum seu personatum cui cura simul est annexa cum alio curato beneficio obtinentes necnon omnes et singulos qui infra annum a tempore institucionis sive in ecclesiis curam animarum habentibus quas tenent facta si non fecerint in presbyteros ordinarios ac eos qui ecclesias parochiales sub spe commende detinent seu qui in suis beneficiis non resident ut tenentur aut in capellis seu oratoriis vel locis aliis divina celebrari faciunt vel quovis sacramenta ecclesiastica ministrari ac eos qui ecclesias seu speciales redditus ad firmam tradunt citetis seu citari peremptorie faciatis ut supra quod dictis diebus et locis sufficienter compareant coram commissariis nostris antedictis dispensacionem canonicam vel graciam seu licenciam ac titulos incumbencie sue in beneficiis suis huiusmodi necnon litteras ordinum suorum aut ius si quod habeant speciale in premissis evidencius exhibituri et ostensuri facturique ulterius et recepturi in hac parte quod dictaverit ordo iuris. Vobis que tenore presencium inhibemus et per vos decanis archidiaconatus predicta[1] ac aliis vestri archidiaconi subditis inhiberi volumus et mandamus ne pendente visitacione nostra huiusmodi in archidiaconatu predicto quicquam in preiudicium visitacionis nostre predicte a tempore recepcionis presentis mandati nostri per vos vel alios attemptetis vel attemptent aut faciant quomodolibet attemptare sub pena excommunicacionis inobediencie et contemptus quam si contrarium vos vel eos convinci contigerit attemptasse non poteritis nec poterint aliqualiter evitare. Terminum autem peremptorie supradictum ac causam personalis comparicionis vestre et citandorum predictorum propter iminencia animarum vestrarum et suarum pericula ac alias ecclesiasticas nos in hac parte monentes sic duximus assignandum et exprimendum. De die vero recepcionis presencium et quid super et de hiis omnibus et singulis duxeritis faciendum dictos commissarios nostros per litteras vestras patentes harum seriem et nomina eorum quod quovis occasione de premissis citaveritis ac beneficiorum citatorum eorundem cum expressis designacionibus singularum causarum citacionum huiusmodi et locorum supradictorum in quadam cedula certificatoria vero annexa distincte et aperte expressatis dilucide et aperte plenius continentes prefatis diebus et locis summo mane prefate et singillatim curetis reddere certiores. Dat' sub sigillo nostro in castro nostro de Sleford' terli[2] die mensis

---

[1] *Sic.*   [2] *Sic, recte* tercii?

Septembris anno domini millesimo cccc^mo xvj°, et consecracionis nostre anno xij°.

300. 1416. December 19th, Sleaford. Letters dimissory to Edward Poulter (Pulter'), to all orders. [B.]

301. [Undated.] Mandate from Bishop Repingdon to the archdeacon of Lincoln to cite those persons in the archdeaconry who have not yet paid the subsidy of twopence in the pound, granted by Convocation for the expenses of delegates to the Council of Constance, to appear before the bishop or his commissaries in the prebendal church at Sleaford. [*to Folio 166^v*]

302. [Undated.] Intimation to the archdeacon of Lincoln to refrain from visiting his archdeaconry during the bishop's visitation.

INTIMACIO FACTO ARCHIDIACONO DE SUPERSEDENDO A VISITACIONE. Philippus permissione divina Lincoln' episcopus dilecto filio archidiacono nostro Lincoln' seu eius officiali salutem graciam et benediccionem. Licet nos alias vos et archidiaconatum vestrum predictum ecclesiasque ac clerum et populum eiusdem cura nostre sollicitudinis pastoralis animarum nostra perurgente decreverimus visitare litterasque nostras inhibitorias et citatorias in hoc casu requisitas vobis direxerimus nec dum diu considerantes tamen qualibus et quantis nodum ecclesia et clerus verum eciam et populus oneribus et gravibus expensis aliis hiis diebus plus solito pergravantur ex hiis et aliis causis legitimis per nos merito pensatis negociis que ecclesie nostre Lincoln' arduis eciam occurrentibus ab ipsa visitacione nostra usque alias supersedendum censuimus et censemus clerum et populum ad comparendum in visitacione nostra huiusmodi per vos citatos ab huiusmodi comparicione exonerantes. Premissa igitur vobis harum serie duximus intimanda et intimamus quatinus ab ulteriori execucione harum nostrarum litterarum huiusmodi vobis ut prefertur directorum quousque aliud a nobis super hoc receperitis specialiter in mandatis supersedere curetis iurisdiccionem que vestram archidiaconalem in subsidiis vestris archidiaconatus libere excercere valeatis premissa nostra inhibicione in aliquo non obstante. Dat' etc.

303. 1416/17. January 2nd, Sleaford. Commission from Bishop Repingdon to John Ferriby, sequestrator in the archdeaconry of Stow, to inquire into the proposed union of the parish church of St. Albinus, Spridlington, with the neighbouring parish church of St. Hilary. John Prest, vicar of St. Albinus, and John Christianson, rector of St. Hilary's, have petitioned for the union on the ground of diminishing

financial resources owing to lack of parishioners, unproductivity of the land, epidemics and other causes.

On January 14th, the sequestrator reports that he has held the inquiry as directed, and has heard the evidence of the prior of Bullington, to whose priory the church of St. Albinus is appropriated, of John de Fulnetby, patron of St. Hilary's church, and of many parishioners, who confirm the insufficiency of the resources and support the case for union. The prior stipulates that the rector of St. Hilary's shall be responsible for the payment of all episcopal and other dues, and that the prior and convent shall be exempt from the obligation to provide a vicar for St. Albinus' church and to repair the chancel.

COMMISSIO AD INQUIRENDUM DE CAUSIS UNIONIS VICARIE ECCLESIE SANCTI ALBINI DE SPRIDLYNGTON' ECCLESIE SANCTI HILLARII DE EADEM. Philippus permissione divina Lincoln' episcopus dilecto filio domino Johanni Feryby nostro in archidiaconatu Stowe sequestratori salutem graciam et benediccionem. Peticionum dilectorum filiorum dominorum Johannis Prest vicarii perpetui ecclesie parochialis sancti Albini de Spridelyngton' nostre diocesis ac domini Johannis Crystianson' rectoris ecclesie parochialis sancti Hillarii de eadem nobis exhibitarum series continebant quod tam dicte vicarie quam ecclesie sancti Hillarii predicte fructus redditus decime oblaciones proventus et emolumenta alia quecumque ad dictam vicariam ecclesie sancti Albini[1] ac ecclesiam sancti Hillarii predictam qualitercumque obveniencia tam propter raritatem parochianorum ecclesiarum earundem quam sterilitatem terrarum ac defectu culture pestilenciasque et epidemias temporibus modernis plus solito ingruentes ac alias causas evidentes et probabiles adeo decreverunt et in valore existunt diminuta quod ea que dudum ad duorum capellanorum competentem sufficere videbantur iam vix ad unius capellanum sustentacionem et onerum dictis vicarie et ecclesie sancti Hillarii necessario incumbencium debitam supportacionem minime sufficiunt hiis diebus. Quare pro parte dominorum Johannis vicarii et Johannis rectoris nobis fuit humiliter supplicatum quatinus resignacionem dicti domini Johannis vicarii de vicaria sua antedicta quam in manus nostras ex causis premissis et aliis legitimis ipsum in hac parte moventibus simpliciter facere intendit presertim cum ipsa vicaria de residuis proventibus eiusdem ecclesie propter eorum exilitatem competenter nequeat augmentari propter quod cure dicte ecclesie minime valebit in futurum debite deserviri prout nec poterit in presenti admittere eumque ab onere et cura animarum parochianorum dicte ecclesie sancti Albini exonerare necnon dictam vicariam ecclesie sancti Albini cum suis iuribus et pertinenciis universis prefate ecclesie sancti Hillarii que eidem ecclesie sancti Albini vicina seu quasi contigua existit ex causis premissis vicinitateque et contiguitate ecclesiarum huiusmodi ac earundem ecclesiarum utilitate pensatis auctoritate nostra ordinaria et diocesana omni quorum interest in hac parte consensu interveniente

[1] *Sic.*

concurrentibus que omnibus in premissis requisitis unire annectere et incorporare, ac eandem vicariam cum suis iuribus et pertinenciis universis prefato domino Johanni Cristianson' rectori dicte ecclesie sancti Hillarii et successoribus suis dicte ecclesie rectoribus in proprios usus perpetuo possidendum concedere dignaremur ut quarum neutra ad sustentacionem proprii sacerdotis per se prius sufficiebat iam et ad in unitatem redacte ad unius capellani qui nomen rectoris ecclesie parochialis de Spridelyngton' sancti Hillarii gerat competentem sustentacionem ac onerum eisdem vicarie et ecclesie sancti Hillarii incumbencium debitam supportacionem sufficienter valeant veri-similiter in futurum. Nos igitur super votis dictorum supplicancium quantum in nobis est animentes et volentes propterea super premissis effici certiores ut animarum cure que est ars artium provideatur con-sulans, ad inquirendum in forma iuris de et super premissis omnibus et singulis vicinitate que et contiguitate ecclesiarum antedictarum et si suggesta predicta veritate nitantur patroni que dicte vicarie et utriusque dictarum ecclesiarum parochiani pro se et successoribus suis ac omnes alii quorum interest in hac parte ad unionem annexionem et incorporacionem huiusmodi fiendas consensum suum prebuerint publicum et expressum et sub quibus formis consenserint et super aliis omnibus et singulis articulis in hac parte necessariis oportunis in pleno capitulo in altera dictarum ecclesiarum per vos ab hoc celebrando vocatis omnibus et singulis in hac parte vocandis in genere ac in specie religiosis viris priore et conventu de Bolyngton' dicte ecclesie sancti Albini proprietariis et vicarie eiusdem ecclesie patronis, necnon utriusque dictarum ecclesiarum parochianis per ecclesiarum rectores et vicarios ac alios viros laicos fidedignos ibidem presentes et in forma iuris iuratos premissorum noticiam melius obtinentes. Vobis de cuius fidelitate et circumspeccionis industria plene in domino confidimus vices nostros committimus per presentes. Et quid per eandem inquisicionem inveneritis et feceritis in premissis nos pro loco et tempore [*Folio 167*] distincte et aperte certificetis per litteras vestras patentes harum et inquisicionis ac facti vestri seriem nominaque et cognomina inquisitorum huiusmodi plenius continentes sigillo offici vestri ac signo et subscripcione alicuius necnon fideliter consignatas. Dat' sub sigillo nostro in castro nostro de Sleford' secundo die mensis Januarii anno domini millesimo cccc^{mo} sextodecimo consecracionis nostre anno duodecimo.

CERTIFICATORIUM EIUSDEM COMMISSIONIS. Post quarum quidem harum vestrarum reverendarum recepcionem et inquisicionem de et super omnibus et singulis articulis in ipsis litteris vestris reverendis superius expressis ac omnibus aliis in hac parte necessariis et consuetis ac oportunis in pleno capitulo in dicta ecclesia parochiali sancti Hillarii ab hoc celebrato vocatis et singulis in hac parte vocandis in genere ac in specie religiosis viris priore et conventu de Bolyngton' dicte ecclesie parochialis sancti Albani[1] predicte proprietariis et vicarie eiusdem patronis ipsiusque per religiosos viros fratrem Johannem de

---

[1] *Sic.*

Scesse priorem eorundem ac Johannem de Dyggeby ipsorum concanonicum et confratrem publice ibidem comparentibus et suum consensum ad omnia et singula premissa exequendis et expediendis sub
forma que sequitur verbarum. Pateat universis per presentes quod
nos prior et conventus de Bolyngton' ordinis sancti Gilberti de
Sempyngham Lincoln' diocesis ecclesiam parochialem de Spridlyngton' sancti Albini dicte Lincoln' diocesis in proprios usus et
prioratui nostro unitam annexam et appropriatam ac ius patronatus
in vicaria eiusdem ecclesie obtinentes et habentes, considerantes que
quod vicaria perpetua dicte ecclesie parochialis sancti Albini in et cum
suis iuribus et pertinenciis universis ac porcionibus et proventibus
quibuscumque adeo decrevit et diminuta existit quod ad sui vicarii
congruam sustentacionem et onerum eidem vicarie necnon incumbentem debitam supportacionem non sufficiunt hiis diebus nec
verisimile est quod sufficient seu valebunt quomodolibet in futurum
presertim cum emolumenta omnia et singula ad rectoriam dicte
ecclesie de Spridlyngton' nobis ut premittitur appropriate taliter
decreverint et in tanta et sunt exhausta quod ipsa vicaria de residuis
fructibus eiusdem ecclesie propter eorum exilitatem competenter
nequeat augmentari propter que cure dicte ecclesie non valebat in
futurum prout nec valet in presenti debite deserviri, volumus et in
quantum in nobis est pro nobis et successoribus nostris consentimus,
concurrente consensu magistri sive summi prioris ordinis nostri, quod
vicaria ecclesie parochialis sancti Albini in Spridlyngton' predicte cum
suis iuribus et pertinenciis universis ecclesie parochialis sancti Hillarii
de Spridlyngton' antedicte si et quatenus omnium et singulorum
quorum interest in hac parte interveniant auctoritas et consensus ex
causis premissis auctoritate reverendi in Christo patris et domini
domini Philippi dei gracia Lincoln' episcopi loci diocesani sit unita
annexa et incorporata ipsamque vicariam cum suis iuribus et pertinenciis universis domino Johanni Crystianson' ipsius ecclesie sancti
Hillarii rectori et suis successoribus in eadem ecclesia sancti Hillarii
in eorum proprios usus perpetuo possidendum concedimus. Ita tamen
quod omnia onera episcopalia et archidiaconalia amodo et in futurum
per ipsum rectorem sancti Hillarii et suos successores et nullo modo
per nos seu successoribus nostris debite supportentur. Nosque ab exhibicione et invencione alicuius vicarii seu capellani in ipsa ecclesia
sancti Albini seu reparacione cancelli eiusdem futuris temporibus et pro
perpetuo simus exonerati, et ut premissa debite forciantur effectum
dilectos nobis in Christo fratrem Johannem Dyggeby nostrum
concanonicum et confratrem Johannem Toft notarium publicum et
Johannem Clyfton' notarium publicum Lincoln' diocesis coniunctim
et divisim et quemlibet eorum per se et in solidum, ita quod non sit
melior condicio occupantis, si quod unius eorum inceperit quilibet
eorum libere prosequi mediare valeat et finire nostros veros et
legitimos procuratores negociorum ipsorum gestores et nuncios
speciales ordinamus facimus et constituimus per presentes, dantes et
concedentes eisdem procuratoribus nostris et eorum cuilibet per se
et in solidum potestatem generalem et mandatum speciale nomine
nostro et pro nobis et prioratu nostro predicte cum omnibus et singulis

quorum interest in hac parte de et super modo et forma huiusmodi unionis fiende tractandum transigendum ordinandum et componendum ac huiusmodi ordinaciones et composiciones in hac parte factas producendum vallandum et emoligandum, necnon coram reverendo in Christo patre ac domino domino Philippo dei gracia Lincoln' episcopo loci diocesano seu ipsius in hac parte commissariis seu commissario comparendum causam seu causas huiusmodi unionis fiende allegandum et proponendum et probandum huiusmodi ordinaciones et composiciones in hac parte factas producendum exhibendum et declarandum quod idem reverendus pater si sue reverende paternitati placuerit dictam vicariam sancti Albini de Spridlyngton' predicte cum suis iuribus et pertinenciis universis prefato domino Johanni Crystianson' dicte ecclesie sancti Hillarii rectori et eius successoribus eiusdem ecclesie sancti Hillarii rectoribus futuris in eorum proprios usus perpetuo possidendum concedat et pro premissis omnibus et singulis pronunciet et declaret statuat et decernat, ipsosque ordinaciones et composiciones in hac parte facta emoligata et penis pecuniarie vallata ac unionem annexionem et incorporacionem premissis per eundem reverendum patrem et ipsius ecclesie Lincoln' capitulum auctorizari et confirmari petendum et obtinendum. Ceteraque omnia et singula faciendum excercendum et expediendum que in premissis vel eorum aliquod necessaria fuerint seu oportuna, salvus semper nobis et successoribus nostris emolumentis quibuscumque ad rectoriam dicte ecclesie sancti Albini pertinenciis et provenientibus de eadem [rata] grata et firmum perpetuo habituros quicquid idem reverendus pater in hac parte fecerit statuerit et ordinavit ac totum et quicquid dicti procuratores nostri fecerint tractaverint seu ordinaverint fecerit tractaverit seu ordinaverit aliquis eorum in premissis se ......[1] premissarum, sub ypotheca et obligacione omnium bonorum nostrorum et prioratus nostri predicti promittimus et exponimus canonices per presentes. In cuius rei testimonium sigillum nostrum commune presentibus apposuimus. Dat' in domo nostro capitulari de Bolyngton' predicta xiij° die mensis Januarii anno domini millesimo cccc^mo sextodecimo. Prehentibus per ecclesiarum rectores [*Folio 167^v*] et vicarios ac alios viros fidedignos ibidem presentes et in forma iuris iuratos premissorum noticiam melius obtinentes presentibus eciam tunc ibidem personaliter domino Johanne Prest vicario antedicto et Johanne de Fulnetby patrono dicte ecclesie sancti Hillarii necnon quibus pluribus parochianis utriusque parochie dictarum ecclesiarum ad huiusmodi unionem fiendam expresse ut dicebant sub hiis formis consencientibus videlicet quod facta unione annexione et incorporacione huiusmodi extunc ipsi et successores sui perpetuo sint parochiani dicte ecclesie sancti Hillarii ac omnia et omnimoda sacramenta et sacramentalia quecumque eciam baptisum matrimonium et sepulturam in dicta ecclesia sancti Hillarii ab eius rectoribus seu capellanis parochialibus pro ipse existentibus et nullatenus in dicta ecclesia sancti Albini ut veri parochiani eiusdem ecclesie sancti Hillarii percipiant onera que parochialia dicte ecclesie

---

[1] Illegible.

sancti Hillarii debita et consueta subeant supportent et agnoscant ac a quacumque reparacione refeccione seu reedificacione dicte ecclesie sancti Albini preterquam cimiterii eiusdem quod competenter claudere perpetuo teneantur imperpetui exonerentur et penitus absolvantur feci diligentem et fidelem. Per quam compertum est quod fructus redditus et proventus dicte vicarie de Spridlyngton' sancti Albini non sufficiunt hiis diebus nec est verisimile quod sufficient in futurum ad sustentacionem unius capellani et quod fructus eciam ac redditus et proventus rectorie eiusdem ecclesie pertinentes sunt tam exiles quod dicta vicaria ex ipsis non valet commode augmentari. Item compertum est per eandem quod dictus Johannes vicarius est in voluntate resignandi dictam vicariam et ipsam penitus dimittendi propter exilitatem eiusdem prout publice fatebatur tunc ibidem. Item compertum est per eandem quod dicta ecclesia sancti Albini est convicina et quasi contigua dicte ecclesie parochialis sancti Hillarii non distans ab ipsa per quadragesimam partem unius miliaris et propinquior ac vicinior quam rectoria eiusdem ecclesie sancti Hillarii. Nomina vero et cognomina huiusmodi inquisitorum sunt ista, domini Johannes Symkynson' de Ounby Willelmus Rasen' de Broxholme et Henricus Hill' de Hanworth' ecclesiarum parochialium rectores Johannes South' de Hakthorn' Thomas Kyng de Upton' Willelmus Aysterby de Ingham et Johannes Wrote de Saxby parochialium ecclesiarum perpetui vicarii Johannes Norton' Willelmus Wryght Willelmus Gryme et Willelmus Taillour dicte parochie sancti Albini Thomas Waker' Johannes Rawlyn' et Johannes Stevenson' predicte parochie sancti Hillarii parochiani. Que omnia et singula vestre paternitati reverende certifico per presentes sigillo officii mei sigillatas ac signo et subscripcione Johannis Clyfton' de Lincoln' diocesis clerici notarii publici ad mei rogatum et requisicionem signatas pariter et subscriptas. Data et acta fuerunt hec in ecclesia parochiali de Spridlyngton' sancti Hillarii predicta, sub anno ab Incarnacione domini secundum cursum et computacionem ecclesie Anglicane millesimo cccc^{mo} sextodecimo Indiccione decima sedeque apostolica pastore carente mensis Januarii die quartadecima, presentibus tunc ibidem discretis viris dominis Willelmo Coke et Thoma Dertford' presbyteris Lincoln' diocesis testibus ad premissa vocatis specialiter et rogatis. Et ego Johannes Clyfton' clericus Lincoln' diocesis publicus sacra auctoritate apostolica notarius quia premissis omnibus et singulis dum sic ut premittitur sub anno Indiccione sede que apostolica carente mense die et loco superscriptis et prescriptum dominum Johannem sequestratorem et commissarium antedictum et coram eo agebantur et fiebant una cum prenominatis testibus presens personaliter interfui eaque sic fieri vidi et audivi, ideo me hic subscripsi ac presens certificatorium per eundem sequestratorem et commissarium sic ut prefertur confectum ad specialem rogatum et requisicionem eiusdem signo et nomine meis solitis et consuetis una cum appensione sigilli officii eiusdem sequestratoris signavi in fidem et testimonium omnium premissorum.[1]

[1] See *infra*, no. 458.

304. 1415/16. Letter from Richard Clifford, bishop of London (dated March 10th), forwarding a mandate from Archbishop Chichele (dated March 6th) for Convocation to be held at St. Paul's on April 1st.[1] On March 31st Bishop Repingdon notifies the archbishop that the mandate has been executed. [*to Folio 168*]

305. 1415/16. March 18th, Old Temple. Licences to Thomas Chacer', master of arts, Richard Colling, bachelor of theology, and Robert Tonge, master of arts, to preach in the diocese of Lincoln during the bishop's pleasure.

306. 1416. April 13th. Licence to Edmund Blisworth for the private celebration of divine services in the presence of his household and friends, without prejudice to the rectors or vicars of the parishes in which his manors are situated.

Memorandum quod terciodecimo die mensis Aprilis anno domini millesimo cccc^{mo} xvj° concessa fuit licencia Emundo Blyssworth' et Godulie uxori sue habere missas et alia officia divina in quibuscumque locis decentibus et honestis infra quecumque maneria sua situatis infra diocesim Lincoln' in presencia suarum et aliarum familiarium et amicorum suorum ministrata dummodo in preiudicium rectorum vel vicariorum locorum huiusmodi non vergeretur aliquale.

307. 1416. November 18th, Old Temple. Licence to the inhabitants of the hamlet of Sharpenhoe in the parish of Streatley for the celebration of divine services in the chapel of St. Giles at Sharpenhoe.

LICENCIA CELEBRANDI IN CAPELLA DE SPERKENHOWE[2] INFRA PAROCHIAM DE STRETLE. Memorandum quod xviij° die mensis Novembris anno domini millesimo cccc^{mo} xvj° apud Vetus Templum London' concessum fuit licencia incolis et habitantibus villam sive hamelettam de Sperkenhowe infra parochiam de Stretle quod possint habere missas et alia divina officia ministrata [*Folio 168^{v}*] et celebrata in capella sancti Egidii in dicta hameletta de Sperkenhowe predicta constructa, ita videlicet quod non fiat preiudicium matrici ecclesie eiusdem necnon vicario vel rectori loci huiusmodi quam diu domino placuerit.

308. Same date and place. Licence to master Swarby, master of arts, to preach in the archdeaconry of Lincoln during the bishop's pleasure.

[1] See *Reg. Chichele*, III, pp. 11–12.
[2] *Sic, recte* Scarpenhoe?

309. 1416. September 27th, Sleaford. Licence to John Biddenham (Bidenham), canon of Wymondley (Wilmundeley, Wilmundle) Priory, to celebrate one anniversary, the permission to last for two years.

310. [Undated.] Mandate from Bishop Repingdon to the dean of Aston and John Bonney, apparitor, to cite the prioress and convent of Broomhall (Bromhale), Berkshire, for the non-payment of the arrears of the pension of thirteen shillings and fourpence due for the appropriated parish church of North Stoke (Northstoke).

311. [Undated.] Mandate from Bishop Repingdon to the dean of Newport, John Bonney, apparitor, and Walter Sumpnour, to cite William Barker, *alias* Stafford, for holding the incompatible benefices of Colworth and Newport Pagnell despite the ban on pluralities imposed by the constitution *Execrabilis*.[1]

CITACIO CONTRA NON DIMITTENCIO PRIMUM BENEFICIUM POST ASSECUCIONEM SECUNDI. P. etc. divina etc. decano de Neuport ac Johanni Bonney nuncio nostro publico et iurato necnon Waltero Sumpnour litterato salutem graciam et benediccionem. Cum sacris canonibus et constitucionibus cantum esse dinoscatur quod beneficium ecclesiasticum curatum cum alio consimili beneficio ecclesiastico incompatibili absque dispensacione apostolice recipiens alioquin dictorum beneficiorum adeptorum infra mensem a tempore institucionis et induccionis in corporalem possessionem beneficii secundo adepti immediate sequentem coram ordinario sub testimonio publico realiter re et verbo dimittere teneatur, alioquin huiusmodi recipiens utroque beneficio [*Folio 169*] sic adepto cessante legitimo impedimento ipso iure privatur et ad quecumque beneficia ecclesiastica obtinenda inhabilis censeatur [ac] quidam dominus Willelmus Barker' alias Stafford' dudum vicarius perpetuus ecclesie parochialis de Coleworth' nostre diocesis curam habentem animarum vicariam perpetuam ecclesie parochialis de Neuport Paynell' dicte nostre diocesis eciam curam habentem animarum et cum dicta vicaria ecclesie parochialis de Coleworth' predicta omnino incompatibilem titulo institucionis et induccionis assecutus et eadem beneficia ut prefertur sibi adinvicem incompatibilia ultra mensem a die institucionis et induccionis sue in dicta vicaria de Neuport ut premittitur secunda adepta et pacifice possessionis eiusdem simul tenens et occupans alterum dictorum beneficiorum infra mensem huiusmodi iuxta canonicas in hac parte sancciones cessante legitimo impedimento non curavit dimittere nec dimisit penam predictam iuxta officium constitucionis extravagantes que incipit *Execrabilis* in hac parte edite

[1] 1317.

notorie incurrendo. Vobis idcirco tam communiter quam divisim in virtute obediencie et sub pena contemptus firmiter iniungimus et mandamus quatinus citetis seu citari faciatis peremptorie prefatum dominum Willelmum Barker' vicarium quod compareat etc. canonicum si quod habeat quare ipsum in penas constitucionis predicte *Execrabilis* contentes incidisse decernere pronunciari et declarari minime debeamus in forma iuris, allegaturi proposituri exhibituri et ostensuri ulteriusque facturi etc.

312. [Undated.] Citation, for the non-payment of procurations during Bishop Repingdon's visitation of the archdeaconries of Huntingdon and Bedford, of the prior and convent of St. Mary de Fonte, Clerkenwell (*Nove Domus Matris Dei prope London'*) for the appropriated parish church of Great Stoughton (Stokston' magna, Stokton'), and of the abbess and convent of Barking (Berkyng') for the appropriated parish church of Litlington (Lytlyngton').

313. 1416/17. January 15th, Sleaford. Commission from Bishop Repingdon to the rector of Addlethorpe to provide for the celebration of divine services at the chapel of St. Leonard, Mumby, during the temporary relaxation of the interdict imposed by the suffragan bishop, William "Solton'".

RELAXIO INTERDICTI MUMBY AD TEMPUS. Philippus permissione divina Lincoln' episcopus dilecto filio rectori ecclesie parochialis de Arderthorp' nostre diocesis salutem graciam et benediccionem. Quia nos suspensionis sive interdicti sentencias in capella sancti Leonardi ab ecclesia nostra parochiali de Mumby dependente per venerabilem patrem dominum Willelmum Solton' episcopum suffraganeum nostrum ex certis causis legitimis interpositas usque ad quindenam Pasche proximam futuram inclusive duxerimus relaxandum, tibi committimus et mandamus quatinus dictas suspensionis sive interdicti sentencias usque ad terminum supradictum relaxatas fuisse et esse in dicta capella et aliis ecclesiis convicinis diebus et horis cognatis et oportunis publice denuncies seu facias publice nunciari ac omnibus quorum interest intimes seu intimari facias ut missas et alia divina officia per capellanos ydoneos interim prout decet solempniter valeant facere celebrari ad quod illis et capellanis huiusmodi nullo obstante canonico licenciam concedimus specialem, et lapso dicto termino sentencias huiusmodi in sua robore volumus permaneri. Dat' apud Sleford' xv^{to} die mensis Januarii anno domini etc.

[*Folio 169^v*]

314. 1416. Testament of Agnes, wife of John Wright of Asgarby. Dated August 11th.

Testamentum Agnetis uxoris Johannis Wryght de Asgardeby.[1] In dei nomine amen. Die martis proximo post festum sancti Laurencii anno domini millesimo cccc^{mo} xvj°, ego Agnes uxor Johannis Wryght de Asgardby compos mentis et sane memorie condo testamentum meum in hunc modum. In primis lego animam meam deo omnipotenti et beate Marie virgini et omnibus sanctis et corpus meum sepeliendum in cimiterio ecclesie sancti Andree de Asgardby predicta. Item lego secundum optimum animal sponsi mei rectori eiusdem ecclesie nomine mortuarii mei. Item lego fabrice ecclesie eiusdem ij s. iiij d. Item lego fabrice matricis Lincoln' vj d. Item lego Alicie Tetteney tunicam meam de russit. Residuum vero totum bonorum meorum non legatorum do et lego Roberto Mawger' et Ricardo More fratri meo debitis meis primo et principaliter persolutis quos constituo executores meos ut ipsi inde disponant ac provideant prout eis videbitur melius expediri et sicut velint coram summo iudice respondere.

Proved before Bishop Repingdon at Sleaford on February 22nd, 1416/17.

315. 1416/17. February 20th, Sleaford. Letters dimissory to John Person' of Cottesbrook (Cotysbrok') and to Robert of Yarborough (Jardeburgh'), clerk, to all orders. [B.]

316. 1416/17. February 20th, Sleaford. Licence to John Hedges (Hegges), rector of Swinhope (Swynehope), to celebrate one anniversary on account of his poverty, the permission to last for one year.

317. [Undated.] Mandate from Bishop Repingdon to the vicar of Nocton to cite the prior and convent of Nocton Park before the bishop or his commissaries for the non-payment of the full stipend of the vicar of Dunston.

Citacio contra priorem et conventum de Nokton' park pro non solucione porcionis vicario de Dunston'. Philippus permissione divina Lincoln' episcopus dilecto filio vicario perpetuo ecclesie parochialis de Nocketon' nostre diocesis salutem graciam et benediccionem. Pro parte dilecti filii domini Ricardi Thorneton' vicarii perpetui ecclesie parochialis de Dounston' nostre diocesis nobis extitit expositum graviter cum querela quod recolende memorie dominus Thomas Beek'[2] dudum Lincoln' episcopus predecessor noster in causa sive negocio moderacionis et ordinacionis vicarie dicte ecclesie de Dunston' quam prior et conventus de Nokton' park in proprios usus tunc tenuerunt et tenent in presenti eciam de consensu

[1] Abstract in Linc. Wills, p. 145.
[2] Thomas Bek, bishop of Lincoln (1342–1347).

expresso tunc prioris et conventus de Nokton' park predicta et ad eorum peticionem instantem rite et legitime procedens eosdem priorem et conventum coram dicto predecessore nostro sufficienter comparentes in decem marcas sterlingorum vicario dicte ecclesie de Dunston' predicta qui pro tempore fuerit nomine porcionis vicarie sue per dictum predecessorem nostrum de voluntate et consensu dictorum prioris et conventus assignatis et eidem vicario singulis annis imperpetuum ad festa Pasche et sancti Michaelis per equales porciones per dictos priorem et conventum solvendas, necnon in viginti libris nomine pene in opus fabrice dicte ecclesie Lincoln' committendis tociens quociens in solucione dictarum decem marcarum vel alicuius partis earum aliquibus terminis supradictis vel saltem per mensem terminos huiusmodi immediate sequentem fuerit cessatum in scriptis per sentenciam precepti iuxta confessionem dictorum prioris et conventus coram eodem predecessore nostre iudicaliter emissam condempnavit, quodque prior et conventus dicti prioratus de Nokton' park moderni premissa nunc ponderantes quadraginta novem solidos et octo denarios de quinque marcis dictarum decem marcarum in festo sancti Michaelis archangeli ultimo iam elapso sibi nomine vicarie sue predicte solvi debitas a dicto festo sancti Michaelis, huc usque videlicet ultra mensem post dictum terminum immediate sequentem subtraxerunt et subtrahunt non solutas in ipsius vicarii preiudicium dampnum non modicum et gravamen, super quo peciit sibi per nos de remedio oportuna provideri. Nos igitur ne dum indempnitati ipsius vicarii in premissis verum eciam ecclesie nostre Lincoln' utilitati quo ad levacionem pene antedicte prospicere cupientes, vobis igitur etc. quatinus citetis etc. dictos priorem et conventum etc. quod compareant coram nobis aut magistris Thoma Brouns seu etc. in ecclesia etc. diocesis etc. in causa subtraccionis dictorum quadraginta novem solidorum et octo denariorum quam idem vicarius contra eos movere intendit eidem de iusticia responsuri necnon causam racionabilem si quam habeant aut dicere sciant quare occasione non solucionis predicte ad realem satisfaccionem dictarum xx^{ti} librarum nomine pene predicte per censuras ecclesiasticas minime debeant compelli in forma iuris proposituri facturique ulterius et terminum etc.

318. [Undated.] Citation of John Champneys, who obstructs the priest appointed to assist the aged rector of Abbot's Ripton and prevents him from properly exercising his office.[1]

CITACIO CONTRA IMPEDIENTES CURATOREM ASSIGNATUM RECTORI PER EPISCOPUM. Philippus permissione divina Lincoln' episcopus dilecto filio etc. Licet nos alias ex eo quod dilectus filius dominus Adam Knar' rector ecclesie parochialis de R. tanto senio est confractus ac sui imbecillitate corporis ac aliis vexatus graviter nature quod ad curam dicte ecclesie excercendam nec ad sui regimen sufficit vel suorum,

---

[1] See Memo., II, p. 297, for a report to Bishop Repingdon concerning the age and infirmity of Adam Knaresborough, rector of Abbot's Ripton.

dilectum filium R. Scot eidem domino Ade etc. ad curam suam felicius peragendam ac ad [*Folio 170*] sui et suorum ac dicte sue ecclesie regimen tam in spiritualibus quam temporalibus assignaverimus et curatorem deputaverimus in debita iuris forma, quidam tamen Johannes Champneys de Repton regis ut accepimus prefatum dominum R. in regimine huiusmodi multipliciter et indebite impedivit et perturbavit ac indies impedire et perturbare cominatur quominus officium curatoris huiusmodi iuxta deputacionem nostram peragere valeat ut deberet nostram iurisdiccionem in anime sue grave periculum nequitur impediendo. Quocirca vobis etc. quatinus cites etc. super premissis responsurus facturusque ulterius et recepturus quod fuerit iustum. Terminum autem etc.

319. 1416/17. February 1st, Sleaford. Mandate to the officials of the archdeaconries of Buckingham and Bedford to proclaim the forthcoming trials by purgation of John Day, clerk, of Woburn, indicted before the king's justices at Bedford on January 21st, 1401/2, for the theft of a cow worth seven shillings; and of Thomas Mason, clerk, indicted before the king's justices at Aylesbury on June 2nd, 1411, for the theft of a gown worth ten marks. Both the accused were delivered to the bishop's custody. The trials are to be held at the prebendal church of Banbury on March 30th. The prior of Chacombe and the vicar of Cropredy are commissioned to hear the suits and receive the purgations of the accused, and the constable of Banbury castle is directed to deliver them for trial on the appropriate day.

INDICTAMENTUM JOHANNI DEY. Deliberacione facta apud Bedeford' coram Johanne Colkane[1] et sociis suis iusticiariis domini Regis in festa sancte Agnetis virginis anno regni Regis Henrici quarti tercio iuratores presentant et dicunt super sacramentum suum quod Johannes Deye de Hoberne de comitatu predicto die jovis proximo ante dictum festum intravit villam de Bykeleswade in comitatu predicto et ibidem quoddam animal vocatum vaccam precii vij s. Johannis Manepenye a dicto Johanne felonice depredatus fuit et abduxit, et super hoc dictus Johannes Deye fuit convictus et deliberatus carceri et custodie domini episcopi Lincoln' ibidem mori sub pena qua incumbit quousque etc.

INDICTAMENTUM THOME MASON'. Deliberacione facta apud Aylesbury coram Johanne Cokkane et sociis suis iusticiariis domini Regis die martis proximo post festum Pentecoste anno regni Regis Henrici quarti post conquestum duodecimo iuratores dicunt per suum sacramentum quod Thomas Mason' die veneris proximo ante festum Annunciacionis beate Marie intravit villam de Ludgersale in comitatu Bukynghame et ibidem noctanter unum mantellum precii decem marcarum de Alicia Corbrygg' felonice depredatus fuit et abduxit die et anno supradictis, et super hoc predictus Thomas fuit convictus

[1] *Sic.*

et deliberatus carceri et custodie domini episcopi Lincoln' sub pena qua incumbit etc.

PROCLAMACIO PRO PURGACIONE. Primo die mensis Februarii anno domini millesimo cccc^{mo} xvj^{o} apud Sleford' scriptum fuit officialibus Buckyngham et Bedeford' divisim ad faciendum publicas proclamaciones in singulis ecclesiis parochialibus dictorum archidiaconatuum et presertim in partibus illis ubi infamia contra predictos clericos super premissis maxime dicitur laborare et in pleno capitulo si interim immaneat celebrando quod si qui velint dictos clericos super premissis accusare vel alias prosequi contra eosdem compareant coram domino aut eius commissariis in ecclesia prebendali de Bannebury die martis proximo post festum Annunciacionis beate Marie virginis proximum tunc futurum pro termino peremptorio et preciso quicquid sibi competat in hac parte propositurii et facturi ulterius quod fuerit iustum etc.

COMMISSIO AD RECIPIENDUM EORUM PURGACIONES. Eisdem die et loco commissum fuit priori de Chaucombe ac vicario perpetuo ecclesie parochialis de Cropryde Lincoln' diocesis coniunctim et divisim ad recipiendum certificatoria proclamacionum huiusmodi et audiendum citatos et ad ministrandum ius iusticie complementum et ad precludendum oppositoribus non comparentibus viam ulterius apponendi in hac parte et ad obiciendum dictis clericis crimina predicta et ad recipiendum eorum purgaciones si se ad hoc obtulerint in forma iuris faciendum et ad certificandum de facto suo in premissis dicto negocio expedito una cum nominibus et cognominibus.

PRECEPTUM CONSTABULARIO CASTRI DE BANNEBURY. Et eisdem die et loco constabulario castri de Bannebury seu eius locum tenenti quod ipse exhibeat et tute sistat dictos clericos coram dictis commissariis die et loco antedictis facturus circa ipsorum clericorum liberacionem seu incarcerem retrusionem quod ipsi commissarii duxerint ordinandum etc.

320. 1416/17. March 6th, Sleaford. Letters dimissory to Thomas Henkeston', rector of Loughborough (Lughburgh'), subdeacon, to all orders; to John Thorpe, subdeacon, to all orders; to Richard Cook of Burford (Boreford'), subdeacon, to all orders; and to John Corbridge (Coubrigg'), acolyte, to all orders. [B.]

321. 1416. Mandate from Archbishop Chichele (dated December 17th) to Bishop Repingdon, directing him to take measures against those clergy of the diocese who did not appear either in person or by proctors at the recent Convocation at St. Pauls'.[1] The non-exempt clergy are forbidden to enter their churches, and the fruits are to be

---

[1] For a similar mandate to the bishop of London, see *Reg. Chichele*, III, p. 30.

sequestrated, and the exempt are to lose the fruits of their appropriated churches. [*to Folio 170ᵛ*]

322. 1416/17. January 29th, Sleaford. Bishop Repingdon transmits Archbishop Chichele's mandate to the officials of the archdeacons of Lincoln and Stow, and instructs them to sequestrate the fruits of churches as directed, and to denounce offenders, including Henry Welles, archdeacon of Lincoln, who has been forbidden entry into his church by the archbishop.

EXECUCIO EIUSDEM MANDATI. Philippus permissione divina Lincoln' episcopus dilectis filiis officialibus archidiaconorum nostrorum Lincoln' et Stowe salutem graciam et benediccionem. Litteras reverendissimi in Christo patris et domini domini Henrici dei gracia Cantuar' archiepiscopi tocius Anglie primatis et apostolice sedis legati reverenter ut decuit recepimus in hec verba. Henricus etc. Quarum quidem litterarum auctoritate pariter et vigore vobis tam communiter quam divisim in virtute obediencie et sub pena contemptus firmiter iniungimus et mandamus quatinus sequestrum prefati reverendissimi patris de quo in dictis litteris plena sit mencio quatenus dictos archidiaconatus concernit in ecclesia nostra Lincoln' ac aliis ecclesiis et locis ac religiosos exemptos in cedula presentibus annexa nominatim infra dictos archidiaconatus existentibus expressatos pertinentibus iuxta omnem vim formam et effectum litterarum predictarum debite publicetis omnes que et singulas fructus ecclesiarum quarumcumque non exemptarum domibus eorundem religiosorum exemptorum appropriatarum et infra eosdem archidiaconatus existencium auctoritate dicti reverendissimi patris sub arto et salvo custodiri et custodiri faciatis sequestro quousque aliud a dicto reverendissimo patre seu nobis super hoc habueritis specialiter in mandatis sicuti de eisdem fructibus in eventu volueritis respondere. Ceteros vero abbates et priores non exemptos et in eadem cedula eciam nominatim conscriptos, necnon magistrum Henricum Welles archidiaconum nostrum Lincoln' per prefatum reverendissimum patrem sic ut prefertur occasione premissa fuisse et esse ab ingressu ecclesie suspensum in ecclesiis et locis ad hec congruis et oportunis et sic quod ad eorum noticiam verisimiliter poterit pervenire et per alios faciatis consimiliter nunciari eadem auctoritate publice denuncietis. De nominibus vero ecclesiarum quarum fructus ut premittitur sunt sequestrati et quibus domibus religiosis appropriate existunt necnon qualiter ubi quomodo et quando premissa fuerit executi et exequi feceritis nos die lune in prima septima quadragesime proxima futuro in ecclesia prebendali de Sleford' dicte nostre diocesis distincte et aperte certificatis per litteras vestras patentes harum et facti vestri seriem plenius continentes sigillo autentico consignatas. Dat' sub sigillo nostro in castro nostro de Sleford' xxix° die mensis Januarii anno domini supradicto nostreque consecracionis anno xiiij°.[1]

---

[1] *Sic, recte* anno xij°.

323. 1416/17. March 12th, Sleaford. Bishop Repingdon certifies to Archbishop Chichele that his mandate has been executed. [*to Folio 171*]

324. 1416/17. March 10th, Sleaford. Commission to Thomas Brouns, subdean, and Thomas Tyberay, sequestrator in the archdeaconries of Huntingdon and Bedford, to hold an inquiry into the proposed union of a chantry in the parish church of Waresley with the vicarage, on the petition of the vicar that the resources of the chantry are now insufficient to maintain a chaplain and that it has been vacant for many years.

COMMISSIO AD INQUIRENDUM DE CAUSIS UNIONIS CANTARIE DE WERESLEY VICARIE IBIDEM ET AD UNIENDUM SI ETC. Philippus permissione divina Lincoln' episcopus dilectis filiis magistris Thome Brouns utriusque iuris doctori ecclesie nostre Lincoln' subdecano ac Thome Tyberay nostro in archidiaconatibus Huntyngdon' et Bedford' sequestratori salutem graciam et benediccionem. Plurimorum fidedignorum frequencium et clamosa insinuacione ac rei evidencia facti que notorietate nostris auribus fuit et est multipliciter intimatum quod cantaria pro animabus Roberti de Meleford' rectoris dum vixit ecclesie parochialis de Weresley nostre diocesis magistri Wereseley[1] clerici defunctorum ac Amyote Basilie Theobaldi Johannis fratrum et sororum suorum ac omnium benefactorum et omnium fidelium defunctorum in ecclesia parochiali de Weresley predicta per eosdem Willelmum et Willelmum[1] de uno capellano ydoneo divina annuatim pro annalibus predictis perpetuo celebraturum antiquitus fundata et ordinata in suis facultatibus adeo decrevit exilis et diminuta existit quod vix ad quartam partem salarii sive sustentacionis congrue annalis pro uno capellano eidem cantarie in premissis servituro aliaque onera eidem necessario incumbencia huiusmodi facultates universe minime sufficiunt hiis diebus necnon verisimile est cum mundus ad deteriora semper declinet unique sufficere poterunt in futuro. Unde consideratis diutina vacacione eiusdem cantarie propter ipsius nimiam exilitatem iam per plures annos occasione exilitatis vacantis et inofficiate dimisse dampnisque et incommodis ac animarum periculis ex huiusmodi vacacione ingruentibus et inposterum de quo formidatur quod absit eventurum fuit nobis per dilectum filium dominum Johannem vicarium perpetuum ecclesie parochialis de Weresley predicti humiliter supplicatum ut cum pium propositum ipsorum fundatorum iuxta ipsius cantarie primariam fundacionem occasione premissa quod dolentes referimus perfici nequeat seu compleri quatinus cantariam eandem in qua me patronatus de dono et concessione dictorum fundatorum obtinemus cum ipsius iuribus et pertinentibus universis ad ipsam pronunc pertinentibus vicarie perpetuo ecclesie parochialis de Weresley predicta unire

[1] *Sic.*

annectare et incorporare dignaremur ut videlicet unione anneccione et incorporacione huiusmodi factis liceat eidem domino Johanni vicario dicte ecclesie de Weresley qui nunc est et eius successoribus quibuscumque vicariis in dicta vicaria futuro dictam cantariam eidem vicarie sic unitam annexam et incorporatam uno cum dicta vicaria perpetuis futuris temporibus sub nomine vicarii perpetui ecclesie parochialis de Weresley tenere et possidere, ceteraque facere statuere decernere et ordinare in premissis que in hac parte consona fuerint racioni. Nos igitur super premissis et eorum circumstanciis universis effici certiorari et ea que unius cedere valeant ad meritum et remedium resolutis in premissis statuere et ordinare volentes, ad inquirendum de et super premissis omnibus et singulis et eorum circumstanciis universis per viros fidedignos coram vobis iuratos huiusmodi rei noticiam melius obtinentes vocatis primitus omnibus in hac parte vocandis, et si suggesta veritate nitantur ipsamque cantariam de facto et de iure vacare ac omni quorum interest concensum et assensum ad hoc intervenire nichil que canonicum in hac parte reperitis obviare ad uniendum annectendum et incorporandum prefatam cantariam vicarie perpetue ecclesie parochialis de Weresley predicta ipsam que domino Johanni vicario eiusdem ecclesie qui nunc est et ipsius successoribus eiusdem ecclesie vicariis futuro perpetuo possidendam concedendum. Ita quod liceat ipsi nunc vicario et eius successoribus in dicta ecclesia vicariis futuris eandem cantariam una cum dicta vicaria perpetuo possidere et tenere necnon certarum elimosinarum annuarum iuxta moderacionem vestram largicionem et oracionum cotidia nostrorum decantacionem pro animabus supradictis eidem vicario et successoribus suis vicariis in dictis vicaria et cantaria inposterum instituendum necnon pensionem sive censum annuum xl denariorum nobis et successoribus nostris episcopis Lincoln' futuris se de plena et ipsa vacante decano et capitulo dicte ecclesie nostre Lincoln' sub certis penis obligacionibus et censuris legitimis et canonicis in festo Nativitatis sancti Johannis Baptiste singulis annis perpetuis futuris temporibus racione et ex causa indempnitatis nostre et ecclesie nostre Lincoln' in premissis conservande in palacio nostro Lincoln' solvendum auctoritate nostra ordinaria imponendum et indicendum. Ceteraque omnia et singula faciendum excercendum et expediendum et exequendum que in premissis vel circa ea aut eorum aliquod necessaria seu quomodolibet oportuna. Vobis de quorum circumspeccionum industriis in domino plene confidimus coniunctim et divisim vices nostras committimus per presentes cum cuiuslibet cohercionis et exequendi que in hac parte decreveritis canonica potestate, mandantes quatinus nos de hiis omnibus que per inquisicionem huiusmodi inveneritis et feceritis in premissis citra festum Natalis[1] sancti Johannis Baptiste predictum distincte et aperte certificetis per litteras vestras patentes harum ac inquisicionis et facti vestrorum series nominaque et cognomina eorum per quos capta fuerit inquisicio antedicta plenius continentes sigillo autentico consignatas seu sic certificet ille vestrum qui presentem

---

[1] *Sic.*

commissionem nostram in se receperit exequendum. Dat' sub sigillo nostro in castro nostro de Sleford' x° die mensis Marcii anno domini millesimo cccc^{mo} xvj°, et consecracionis nostre anno xiiij°.[1]

325. [Undated.] Commission to the dean of Holland to cite the prior of Frieston for preventing the vicar of Butterwick from receiving altarage and offerings at Butterwick Cross, in accordance with his customary rights.

Citacio contra priorem de Freston' impediendum vicarium de B. in percepcione oblacionum. Philippus permissione divina episcopus dilecto filio decano Holand' salutem graciam et benediccionem. Ex parte domini Johannis [Folio 171^v] Patrington' vicarii ecclesie parochialis de Butterwyk nostre diocesis nobis extitit querelatum quod licet idem dominus Johannes fuerit et sit dictam vicariam de Butterwyk cum suis iuribus et pertinenciis universis canonice assecutus ipsamque sic assecutam per aliqua tempora possederit pacifice et quiete, quodque ius percipiendi et habendi totum alteragium dicte ecclesie et precipue oblaciones quascumque ad crucem de Butterwyk infra fines et limites parochie dicte ecclesie notorie situatam provenientes tam de iure quam de consuetudine legitime que prescripta et usitata ac eciam de primeva ordinacione et dotacione dicte vicarie sue ad vicarium eiusdem pertinuerunt pertineant et pertinere debeant eciam in futuro fuerunt que dicti domini Johanni vicarii precessores et predecessores dicte ecclesie de Butterwyk vicarii suis temporibus successivis ac idem dominus Johannes vicarius tempore suo in possessione iuris seu quasi percipiendi et habendi huiusmodi totum alteragium a tempore primeve ordinacionis et dotacionis predictarum pacifice et quiete sic perceperunt et habuerunt. Quidam tamen frater Johannes Boston' priorem prioratus de Freston' se pretendens ius et possessionem dicti domini vicarii machinans enervare huiusmodi oblaciones apud crucem de Butterwyk predictam obtinentes ad se pertinere cum non pertineant asseruit ac prefatum dominum Johannem vicarium quominus oblaciones easdem percipere et habere poterit ut deberet multipliciter impedivit, sic que alias circa ius et possessionem sua ea parte inquietare molestare et perturbare non desistit in ipsius domini Johannis preiudicium dampnum non modicum et gravamen, super quibus idem dominus Johannes vicarius peciit sibi per nos de oportuno remedio provideri. Nos enim sibi in sua iusticia deesse nolentes, tibi in virtute obediencie et sub pena contemptus firmiter iniungimus et mandamus quatinus cites etc. dictum priorem quod compareat etc. coram nobis etc. in dicte querele negocia processurus et procedi visiturus facturusque ulterius et recepturus quod fuerit iustum. Terminum autem peremptorie propter iminencia anime sue pericula ac alias causas legitimas nos in hac parte moventes sic duximus assignandum.

---

[1] Sic, recte anno xij°.

326. [Undated.] Testament of John Bardney of Willoughby.

TESTAMENTUM JOHANNI BARDENAY DE WYLUGHBY.[1] In dei nomine
amen. Ego Johannes Bardenay condo testamentum meum in hunc
modum. In primis lego animam meam deo et beate Marie et omnibus
sanctis et corpus meum ad sepeliendum in cimiterio ecclesie sancti
Andree de Wilughby et optimum meum indumentum nomine mortuarii. Item lego summo altari pro decimis oblitis eiusdem ecclesie
dimidium quartarii ordei. Item lego luminibus sepulcri j modium
ordei. Item campanis eiusdem ecclesie unum modium ordei. Item
lego fabrice ecclesie sancte matricis Lincoln' viij d. Item lego Ade
Bardenay patri meo x quartarios ordei. Item lego Willelmo fratri meo
unum quartarium ordei et j togam cum capicio. Item lego Thome fratri
meo j quartarium ordei et j selionem pisarum et meam blodiam togam
et optimum capicium et duplicatum. Item lego Alicie uxori Willelmi
Denton' dimidium quartarii ordei et j selionem pisarum. Item lego
Margarete sorori mee dimidium quartarii ordei et j selionem pisarum.
Item lego Johanne sorori mee dimidium quartarii ordei et j selionem
pisarum. Item lego Agneti sorori mee dimidium quartarii ordei et j
selionem pisarum. Item lego uxori Thome Clerc' j selionem pisarum.
Item lego Margarete famule magistri mei unum quartarium ordei.
Item lego capellano parochie de Queryngton' vj d. Residuum vero
omnium bonorum meorum non legatorum do et lego Thome fratri meo
et Johanni Unyon' quos constituo executores meos ut disponant pro
anima sicut voluerint coram deo respondere.
Proved before Bishop Repingdon at Sleaford on April 4th, 1416.

327. 1417. April 10th, Sleaford. Licence to celebrate mass at Easter in
the chapel of St. Leonard at Mumby during the temporary relaxation
of the interdict.

LICENCIA MINISTRANDI SACRAMENTUM EUKARISTIE IN CAPELLA SANCTI
LEONARDI DE MUMBY. Philippus permissione divina Lincoln'
episcopus dilectis filiis parochianis ecclesie parochialis de Mumby
nostre diocesis prope capellam sancti Leonardi infra parochiam
dicte ecclesie commorantibus salutem graciam et benediccionem. Pro
parte vestra nobis nuper fuit supplicatum ut cum inter vos et dilectum
filium dominum Robertum Herle dicte ecclesie vicarium super invencione unius capellani divina in dicta capella sumptibus ipsius
vicarii celebraturi ac vobis sacramenta et sacramentalia ministraturi
sepultura dumtaxat excepta exorta sit pendebat in consistorio nostro
Lincoln' materia questionis, nos que interdictum in dicta capella
per venerabilem patrem dominum Willelmum Solton' episcopum
suffraganeum nostrum auctoritate nostra interpositum relaxaverimus
ac licenciam divina tamen in dicta capella usque quintodecimum

---

[1] Abstract in *Linc. Wills*, p. 110.

diem instantis solempnitatis Pasche celebrandi, vobis et capellanis quibuscumque ydoneis ex certis causis legitimis nos moventibus concesserimus quatinus cuicumque capellano sacri dominici corporis sacramento in hoc sacro paschalis tempore vobis in dicta capella ministrandi et vobis illud inibi percipiendi licenciam specialem dignaremur concedere. Nos vero quieti vestre prospicere cupientes licenciam illam usque dictum quintodecimum diem vobis et capellanis huiusmodi duximus concedendi et concedimus per presentes, nolentes per hanc nostram concessionem vobis aliquod ius novum adquiri aut parti dicti vicarii preiudicium aliqualiter generari. Dat' apud Sleford' sub sigillo nostro decimo die mensis Aprilis anno domini millesimo cccc^{mo} xvij°, et consecracione nostre anno xiij°.

328. 1417. Testament of Thomas Borage of Long Bennington. Dated April 5th.

TESTAMENTUM THOME BOREGE DE LONGBYNYNGTON'.[1] In dei nomine amen. Anno domini millesimo cccc^{mo} xvij° quinto die Aprilis ego Thomas Borege de Longebenyngton' compos mentis et in bona memoria attendens quod nichil certius morte nec nichil incertius mortis hora et nolens volens quemlibet oportet [*Folio 172*] ingredi portas eius et ex eo dum sim in bona prosperitate condo testamentum meum in hunc modum. In primis lego animam meam deo et beate Marie et omnibus sanctis corpusque meum ad sepeliendum in cimiterio sancti Swythini de Benyngton', pro principali meo optimum animal quod habeo. Item summo altari pro decimis oblitis xij d. crucifixo vj d. Item cuilibet sacerdoti ad exequias meas iiij d. et cuilibet clerico dicenti psalterum ij d. Item lego calceto xiij s. iiij d. Item cuilibet puero filii et filiarum mearum unam ovem, et cuilibet monstranti manum in obitu meo detur denarius, ac insuper volo et pro ceteris ordino quod debita mea integre persolvantur, super quibus omnibus et singulis pretactis ordino executores meos Ceciliam uxorem meam et Johannem Somour' ac Willelmum filium meum et dominum Thomam Aylyff' supervisorem et adimplendum meam voluntatem in hac parte cum onere quod incumbit. Dat' die loco et anno superscriptis.

Proved before Bishop Repingdon at Sleaford on April 12th, 1417.

329. 1417. April 22nd, Sleaford. Licence to Thomas Curson', rector of Pickwell (Pykewell'), subdeacon, for three years' non-residence for study. [C.]

330. Same date and place. Letters dimissory to Nicholas Raye, clerk, to all orders. [B.]

---

[1] Abstract in *Linc. Wills*, p. 112.

331. 1417. April 29th, Sleaford. Commission by authority of the papal penitentiary, Jordanus, bishop of Albano (Abbanien'), to John Kemp (Kempe), doctor of laws, David Pryce and Robert Esebach, bachelors of laws, to grant a dispensation to William Pettingdon (Petyngdon') of Yelvertoft and Agnes Roberd', who are related in the fourth degree of consanguinity.

332. 1417. April 30th, Sleaford. Licences for one year's non-residence for study to Iblonus Langford (Langeford'), rector of Nailstone (Nayleston'), subdeacon, and to John Pole, rector of the mediety of Walton, having the first tonsure. [C.]

333. Same date and place. Licence to the vicar of Mumby to celebrate divine services in the chapel of St. Leonard for a specified period despite the interdict. The licence is renewed on July 22nd and November 4th, 1417, and on May 24th, 1418.

334. 1417. May 8th, Liddington. Letters to William Thomas, acolyte, to all orders. [B.]

335. Same date and place. Commission to the abbot of Bruern, the prior of Bicester, John Barton and John Legh to confirm the election of William Islip, sub-prior of Bicester, as prior of Cold Norton.

COMMISSIO AD CONFIRMANDUM ELECCIONEM DE COLDENORTON'. Item viij° die mensis Maii anno domini etc. xvij° apud Lydyngton' emanavit commissio abbati de Bruera priori de Burcestr' [*Folio 172ᵛ*] Johanni Barton' et Johanni Lye coniunctim et divisim ad recipiendum decretum eleccionis facte de Willelmo Islep' canonico et suppriore de Burcestr' in priorem de Coldenorton' ac ad confirmandum etc. et certificandum negocio expedito.

336. 1417. June 14th, Sleaford. Monition from Bishop Repingdon to the archdeacon of Lincoln to exhort the clergy of the diocese to take part in special prayers and processions for the success of the king's expedition abroad.

337. [Undated.] Commission to John Legh, sequestrator in the archdeaconries of Oxford and Buckingham, to inquire into the circumstances of the death, and the burial in consecrated ground, of Clarice Sprott of Handborough, who is reported to have committed suicide by hanging. If it is established that she committed suicide, and died without receiving absolution, her body is to be exhumed.

COMMISSIO AD PROCEDENDUM CONTRA SEPELLIENTES ALIQUEM QUI SE SUSPENDIO INTEREMIT. Philippus permissione divina Lincoln' episcopus dilectis in Christo filio et magistro Johanni Lyegh' utriusque iuris bacallario ac in archidiaconatibus Oxon' et Buck' sequestratori et commissario generali salutem graciam et benediccionem. Sacrorum canonum attestacionibus reperimus diffinitum quod hii qui seipsis voluntarie aut per ferrum aut venenum vel suspendium quomodolibet obtinet ipsis mortem inferunt Christiana carere debeant sepultura et sepulti in ecclesiis aut cimiteriis in quibus sepulti sunt exhumari et deici debeant nisi signa penitencie in ipsis ante eorum mortem apparuerint et beneficium absolucionis consecuti fuerint vel furore hoc fecerint. Sane multorum ad nos gravis querela deduxit quod quedam Claricia uxor dum vixit Roberti Sprot de Hannebergh' nostre diocesis spiritu diabolico seducta per laquei suspendium in alta camera mariti sui apud Hannebergh' predicta mortem sibi intulit quod que Christiana fuit in cimiterio dicte ecclesie parochialis de Hannebergh' post eius mortem tradita sepultura. Nos igitur in hac parte periculis animarum occurrere et libertati ecclesiastice providere volentes cupientesque secundum iuris exigenciam de qualitate huiusmodi facti certiores effici ac officii nostri debitum circa huiusmodi periculi casus eventum debite excercere, ad inquirendum igitur de et super statu dicte Claricie an voluerit hoc fecerit necne et si sic an signa penitencie ante eius mortem in ipsa apparuerunt et an eius sepulturam beneficium absolucionis fuerit consecuta vel an in furore hoc fecerit et si in furore fuerit diu ante eius mortem et an furor ille in ea diu fuerat continuatus necne et de eius sepultura ac qui et quales sepelierunt eam et qua auctoritate hoc fecerunt et qui fuerunt presentes in eius sepultura ac super omnibus et singulis in hac parte necessariis et consuetis per viros fidedignos coram vobis in forma iuratis vocatis in hac parte vocandis inquisicionem faciatis diligentem pariter et fidelem. Et si per eandem inquisicionem inveneritis quod dicta Claricia non furore ducta per suspendium ut prefertur se voluntarie interfecit et nulla signa penitencie ante mortem eiusdem in ea apparuerunt beneficium que absolucionis ante eius sepulturam adepta non fuerit, sepulta eciam in dicto cimiterio nulla auctoritate suffici suffulta, ad interdicendum dictum cimiterium ac corpus sive cadaver eiusdem Claricie a dicto cimiterio fore exhumandum et exhumari faciendum et compellendum pronunciandum et decrevendum. Vobis de quorum fidelitate et circumspeccionis industria specialem in domino fiduciam obtinemus vices nostras cum cuiuslibet cohercionis in hac parte canonice potestate plenarie committimus per presentes, mandantes quatinus dicto negocio per vos vel alterum vestrum plenarie expedito de omnibus hiis que feceritis in premissis reddere curetis nos certiores. Dat' sub sigillo nostro etc.

[*Folio 173*]

338. 1417. June 28th, Sleaford. Monition from Bishop Repingdon to the official of the archdeacon of Lincoln, the dean of Christianity and

all the clergy of the diocese to forbid people to listen to preaching at unauthorized times and places.

INHIBICIO NE POPULUS INTERSIT PREDICACIONI LOCIS ET TEMPORIBUS INCONSUETIS. Philippus permissione divina Lincoln' episcopus dilectis filiis officiali archidiaconi nostri Lincoln' ac decano Christianitatis Lincoln' universisque et singulis ecclesiarum rectoribus vicariis perpetuis et capellanis quibuscumque curatis et non curatis per civitatem nostram Lincoln' constitutis subditis nostris salutem graciam et benediccionem. Que salutem prepediunt animarum pericula corporum inducunt et dispendia lites dissenciones contenciones divisiones murmuraciones et scismata in populo et presertim nobis credito suscitant et fovent iam suscitata amputare nobis cura precipua et privileg[1] esse debet, sane ad nostrum nuper frequenti relacione pervenit auditum quod quidam de ordine minorum conventus civitatis nostre Lincoln' predicte quasdam pretensas indulgencias suis predicacionibus interessentibus per nonnullos summos pontifices fore concessas temere confringentes sermonem publicam in vulgari in conventu fratrum minorum predictorum in festo apostolorum Petri et Pauli proximo futuro post nonam die utique et festo sermones fiendos inaudito insolito et inconsueto facere seu fieri facere proponunt et procurant clerum et populum dicte nostre civitatis quoque cura nobis ab alto committitur ad interessendum sermoni huiusmodi et ipsum audiendum per denunciaciones publicas in dicta civitate nostra et potissime in ecclesia nostra Lincoln' sponsa nostra decora per affixonem[1] billarum sive cedularum in valvis dictarum ecclesie et civitatis preter et contra morem solitum et inibi consuetum presumptuose affixarum factas et proclamatas sub specie scitacionis simultate callide inducendo et subdole alliciendo, ex quibus si opere sicut dicto compleantur inter clerum et populum ac statum et statum personam et personam[1] dissenciones rixe contenciones et scismata aliaque quamplurima quod deus ipse pacis auctor et amator caritatis avertat tam corporum quam animarum pericula et dispendia nisi iam cepta deliberacione provida arceantur evenire verisimiliter formidantur. Vobis igitur universis et singulis tam coniunctim quam divisim tenore presencium districcius inhibemus et per vos residuo clero et populo dicte nostre civitatis singulis que obditis nostris auctoritate nostra consimiliter inhibere volumus et mandamus ne quis vestrum aut dictorum cleri populi vel subditorum nostrorum huiusmodi sermoni dictis die et loco interesse quovismodo presumatis aut presumant sub pena excommunicacionis maioris quam nos in singulares personas vestras ac omnium et singulorum aliorum mandatis et monicionibus nostris huiusmodi non parencium cum effectu intendimus fulminare, inquirentes diligenter et solicite si qui huiusmodi sermonem preter et contra tenorem formam et effectum inhibicionis sive mandati nostri huiusmodi interfuerint et nos de nominibus et cognominibus sic interessencium ac de omni eo quod feceritis in premissis citra festum translacionis sancti Thome martiris proximum futurum autentice

[1] *Sic.*

certificantes seu sic inquirat et certificet ille vestrum qui presens mandatum nostrum receperit exequendum. Dat' sub sigillo nostro in castro nostro de Sleford' xxviij° die mensis Junii anno domini millesimo cccc^mo xvij°, et nostre consecracionis anno xiij°.

339. 1417. July 2nd, Sleaford. Commission from Bishop Repingdon to the rector of Yelvertoft, on the petition of the abbot of Peterborough and the rector of Allington, to summon witnesses to give evidence in a dispute concerning the payment of tithes in the parish of Warmington, which is appropriated to Peterborough Abbey, and in the parish of Allington, and to define the parish boundaries, which are uncertain.

COMMISSIO AD ADMITTENDUM ET EXAMINANDUM TESTES LITE NON CONTESTATA, ET AD DESCRIBENDUM FINES ET LIMITES DIVERSARUM PAROCHIARUM. Philippus permissione divina Lincoln' episcopus dilecto filio magistro Johanni Mayew in decretis bacallario rectori ecclesie parochialis de Yelvertoft nostre diocesis salutem graciam et benediccionem. Peticiones dilectorum filiorum abbatis et conventus monasterii de Burgo sancti Petri ordinis sancti Benedicti ecclesiam parochialem de Wermyngton' dicte nostre diocesis in proprios usus ab antiquo canonice obtinencium ac domini Johannis Bokeland' rectoris ecclesie parochialis de Aylyngton' eiusdem nostre diocesis nobis nuper exhibite continebant quod licet dicte ecclesie parochiales de Wermyngton' et Alyngton' fuerint antiquitus et sint in presenti certis finibus limitibus et terminis a se invicem divise distincte et separate, certa tamen loca in et infra parochias et loca decimabilia dictarum ecclesiarum de Wermyngton' et Alyngton' notorie sunt et existunt quo dicti abbas et conventus infra fines limites et loca decimabilia dicte ecclesie de Wermyngton' ac prefatus dominus Johannes rector ex adverso infra fines et limites et loca decimabilia dicte ecclesie sue de Alyngton' fuisse et esse sita et situata econtraria asseruerunt et affirmarunt asseruntque et affirmant eciam in presenti, unde super iure percipiendi et habendi decimas de locis huiusmodi provenientes inter partes easdem orta iam dudum materia questionis occasione colleccionis et percepcionis decimarum earundem ad lites rixas contenciones et arma ante hec tempora fuit et est processum et quod ad colleccionem et percepcionem decimarum ipsarum absque gravi dispendio corporum et periculo animarum de facili procedi non posse verisimiliter creditur in futurum, quare nobis humiliter supplicarunt ut sit sibi super hiis de remedio oportuno providere misericorditer dignaremur, potissime cum de morte seu diutina absencia testium in hoc casu necessarium verisimilter timeatur. Nos igitur qui in votis gerimus ut subditos nostros in quietis et pacis dulcedine foveamus ac periculis animarum et dispendiis corporum que in premissis poterunt evenire via qua possumus obviemus ius suum unicuique quantum in nobis est conservare et in probacionis copia in premissis partibus eisdem penitus auferatur providere volentes ad recipiendum et admittendum testes quot iidem abbas et conventus per se ac dominus Johannes rector per se super finibus limitibus terminis et locis decimabilibus huiusmodi coram te proinde voluerint, ipsos quodque testes super descripcione finium limitum terminorum et locorum decimabilium predictorum examinandum ac dicta et deposiciones testium huiusmodi concordandum ipsa que fines limites terminos et loca decimabilia ab invicem describendum distringendum et separandum ac eis distinctis descriptis et separatis pro iustis et veris finibus limitibus et terminis decrevendum pronunciandum et declarandum ac ad perpetuam rei memoriam redigendum aliquibus locis et terminis tuo arbitrio statuendum vocatis partibus eisdem in speciale ac aliis omnibus et singulis quorum interest in hac parte in genere ut huiusmodi testium recepcioni et admissioni interfuit si sua putaverint interesse, testes que huiusmodi si necesse fuerit compellendum, ceteraque omnia et singula faciendum et excercendum in premissis vel aliquo premissorum necessaria et oportuna. Tibi de cuius circumspeccionis industria plene in domino confidimus vices nostras committimus et plenam in domino potestatem cum [*Folio 173ᵛ*] cuiuslibet cohercionis canonice potestate, et quid feceris in premissis nos dicto expedito distincte et aperte certificetis per litteras nostras patentes et clausas harum et facti tui seriem ac dicta et disposiciones testium sub signo et nomine alicuius notarii publici et fidelis continentes sigillo autentico consignatas. Dat' sub sigillo nostro in castro nostro de Sleford' secundo die mensis Julii anno domini millesimo cccc^{mo} xvij°, et nostre consecracionis anno xiij°.

340. 1416/17. March 6th, Sleaford. Commission from Bishop Repingdon to Thomas Brouns, John Mayhew and the prior of Daventry, on the petition of the abbot of St. James, Northampton, to inquire concerning the payment of tithes in certain parts of the appropriated parish of Bozeat which are claimed by the abbot of Lavendon to belong to the appropriated parish of Aston, and to determine the disputed boundaries.

COMMISSIO AD EXAMINANDUM TESTES LITE NON CONTESTATA. Philippus permissione divina Lincoln' episcopus dilectis filiis magistris Thome Brouns utriusque iuris doctori et Johanni Mayew ac priori prioratus de Daventr' salutem graciam et benediccionem. Peticio religiosorum virorum abbatis et conventus monasterii sancti Jacobi iuxta Northampton' ordinis sancti Augustini nostre diocesis nobis nuper exhibita continebat quod ecclesia parochialis de Boseyate dicte nostre diocesis eisdem religiosis viris et eorum monasterio predicto cum suis iuribus et pertinenciis universis porcione vicarie in eadem excepta canonice unita annexa et incorporata ac in eorum proprios usus pro perpetuo possidenda fuisset ab antiquo tempore et sit in presenti certis finibus limitibus et terminis ab aliis parochiis circumvicinis et presertim a parochia de Eston' eiusdem diocesis divisa et separata dictique religiosi viri fructus redditus et proventus ac emolumenta quecumque ad dictam ecclesiam de Boseyate proveniencia de quibuscumque terris et locis infra fines et limites dicte ecclesie de Boseyate situatis a tempore unionis huiusmodi perceperunt et habuerunt ac de eisdem libere disposuerunt per se et suos pacifice et quiete prout sic percipiunt habent et disponunt in presenti. Quidam abbas et conventus de Lavenden' quibus dicta ecclesia de Eston' appropriata existit ut dicitur asserentes et confringentes certas decimas garbarum ac fructus redditus et proventus ac emolumenta de certis locis in et infra fines et limites dicte ecclesie de Boseyate situatis et loca decimabilia eiusdem provenientes ad eosdem religiosos viros abbatem et conventum de Lavenden' iure et nomine dicte ecclesie de Eston' pertinere cum non pertineant ipsos religiosos viros abbatem et conventum monasterii sancti Jacobi ad possessionem decimarum de huiusmodi locis proveniencium per nonnulla tempora eis preiudicialia fuisse et esse opinantur quos quod fines limites et terminos ac huiusmodi decimarum possessionem dicti religiosi viri abbas et conventus sancti Jacobi irrupcione amocione oblivione et ignorancia finium limitum et terminorum ac possessione huiusmodi decimarum confundi et eosdem religiosos viros decimis et aliis iuribus spiritualibus infra dictos fines limites et terminos provenientes et proventuros formidam privari et earum occasione nonnullas contenciones et discordias cursu temporis suscitari verisimiliter suspicatur nisi de earum noticia debite inquiratur et declaretur, quodque et timetur de morte testium ad probacionem in hac parte necessariam. Unde nos ius quorumcumque subditorum nostrorum indempne servare et contencionem confractus providere et amputare volentes ne processu temporis pro defectu probacionis ius dictorum virorum abbatis et conventus sancti Jacobi depereat ad admittendum in forma iuris testes tot quot dicti religiosi viri abbas et conventus monasterii sancti Jacobi coram vobis producere voluerint in hac parte et eosdem testes examinandum de et super descripcione finium et limitum predictorum necnon percepcione decimarum de locis predictis in ecclesia de Boseyate predicta certo die vestro arbitrio statuendum primitus premunita parte dictorum religiosorum virorum abbatis et conventus de Lavenden' in specie ac omnibus aliis et singulis quorum interest in ea parte in genere quod huiusmodi die et loco in admissione huiusmodi testium intersit et interfuit si sibi videbitur expedire ac dicta et deposiciones eorundem testium concordandum et in perpetuam rei memoriam redigendum, testes huiusmodi si necesse fuerit compellandum. Vobis de quorum fidelitate et circumspeccionis industria ad plenam in domino confidimus tenore presencium committimus vices nostras et plenam in domino potestatem cum cuiuslibet cohercionis et execucionis canonice potestate. In cuius rei testimonium sigillum nostrum presentibus est appensum. Dat' in castro nostro de Sleford' sexto die mensis Marcii anno domini millesimo cccc^{mo} xvj^o, et consecracionis nostre anno xij^o.

341. [Undated.] Mandate from Bishop Repingdon to the chaplains of Boston parish church to continue to exhort the clergy and laity to take part in special prayers and processions for the peace of the church, the success of the king in his campaigns, and the prosperity

of the kingdom,[1] the archdeacons and their officials having been negligent and slothful in exhorting special devotions. [*to Folio 174*]

342. 1417. June 17th, Sleaford. Letters dimissory to William Hooper (Hoper'), rector *sive porcionario porcionis* of Waddesdon (Wodddesden') atte Green, subdeacon, to all orders. [B.]

343. 1417. July 13th, Sleaford. Licence to Roger Chesterfield (Chestrefeld'), rector of Teigh (Tye), to put his church to farm for three years. [D.]

344. 1417. July 30th, Sleaford. Licence to Thomas Bellwood of Belton, that his marriage to Elizabeth Sheffield of Butterwick may be solempnized in Butterwick chapel by a suitable chaplain of his own choice, although the chapel is undedicated.

LICENCIA SOLEMPNIZANDI MATRIMONIUM IN CAPELLA NON DEDICATA. Penultimo die mensis Julii anno domini millesimo cccc^{mo} xvij° apud Sleford' concessa fuit licencia Thome Belwode de Belton' Lincoln' diocesis domicello quod possit per capellanum ydoneum secularem ad voluntatem suam eligundum matrimonium inter se et Elizabetham Scheffeld' de Butterwyk in capella de Butterwyk predicta infra parochiam de Ouston' dicte nostre diocesis situata bannis inter eos iuxta statuta canonum tempora ut est moris primitus editis absque preiudicio iuris alicui facere solempnizari.

345. 1417. July 22nd, Sleaford. Letters testifying that a penance has been imposed on Margaret Knobull' of Pinchbeck, who has confessed to bringing about a miscarriage.

TESTIMONIALIS PRO PARIENTO ABORTUM. Universis sancte matris ecclesie filiis presentes litteras inspecturis Philippus permissione divina Lincoln' episcopus salutem in domino sempiternam ac fidem certam et indubitam. Presentibus adhibere universitati vestre innotescimus per presentes quod Margareta Knobull' mulier de Pynchbek' nostre diocesis in nostra constituta presencia nobis sua insinuacione exposuit lacrimosa quod ipsa secum alias de quodam Johanne Holedon' de Spaldying' dicte nostre diocesis conceptum inanimatum quodammodo lesa reperit et abortum super quo peciit sibi per nos penitenciam salutarem iniungi. Cum igitur secundum legem imperialem mosaicam et canonicam homicidium non sit nec reperiatur ubi anima non fuerit infusa, nos eidem Margarete penitenciam pro necligencia sua huiusmodi et premissis secundum canonicas sancciones iniunximus et imposuimus canonicam et salutarem. Que

[1] See *Reg. Chichele*, IV, pp. 167–8 (mandate of May 8th, 1417).

omnia et singula universitati vestre patefacimus per presentes. In cuius rei testimonium sigillum nostrum presentibus est appensum. Dat' in castro nostro de Sleford' xxij° die mensis Julii anno domini millesimo cccc^mo xvij°, et consecracionis nostre anno xiij°.

346. 1417. August 1st, Sleaford. Commission from Bishop Repingdon to the abbot of St. James, Northampton, and the rectors of Yelvertoft and Bugbrooke to inquire concerning and to take proceedings against the followers of Sir John Oldcastle and other suspected heretics.

COMMISSIO AD INQUIRENDUM ET PROCEDENDUM CONTRA FAUTORES OLDCASTELL' ET ALIOS HERETICOS. Philippus permissione divina Lincoln' episcopus dilectis filiis abbati monasterii sancti Jacobi iuxta Northampton' ordinis sancti Augustini ac magistris Johanni Maiow et Thome Bolton' in decretis bacallariis ecclesiarum parochialium de Yelvertoft' et Buckebrok' nostre diocesis rectoribus salutem graciam et benediccionem. Ad inquirendum in debita iuris forma quacumque cognoscendum procedendum statuendum et diffiniendum contra et adversus quoscumque dicte nostre diocesis subditos Johannis Oldcastell' heretici dampnati fautores receptores et defensores ac alios quoscumque super heresi vel errore seu hereticorum fomento receptacione et defensione alias quomodolibet suspectos iuxta et secundum omnem et omnimodam vim formam effectum et tenorem sacrorum canonum et constitucionum a sanctis patribus in hoc casu editorum ac eciam statutorum regiorum consimiliter editorum ipsaque canones constituciones et [*Folio 174^v*] statuta regia ac penas quascumque in eis statutas quatenus nobis ab eisdem attributa est auctoritas et potestas contra eos et eorum quemlibet canonice exequendum et infligendum pronunciandum decrevendum declarandum et puniendum. Ceteraque omnia et singula que in premissis necessaria fuerunt seu oportuna cum suis singulis emergentibus incidentibus dependentibus et connexis faciendum excercendum exequendum ac fine debito et canonico terminandum et diffiniendum. Vobis tam communiter quam divisim de quorum circumspeccionum industriis ac conscienciarum puritatibus et fidei sinceritate in domino plene confidimus vices nostras committimus et plenariam in domino potestatem cum cuiuslibet cohercionis et exequendi que in hac parte decreveritis canonica potestate, mandantes quatinus nos de omni eo quod feceritis et inveneritis in premissis citra festum Omnium Sanctorum proximum futurum distincte et aperte certificetis vestris seu certificet ille vestrum qui presentem commissionem nostram receperit exequendum suis litteris patentibus harum et facti vestri seriem plenius continentibus sigillo autentico consignatis. Dat' sub sigillo nostro in castro nostro de Sleford' primo die mensis Augusti anno domini millesimo cccc° xvij°, et consecracionis nostre anno xiij°.

347. 1417. July 12th, Sleaford. Letters testimonial on the resignation of the prior of Cold Norton.

LITTERA TESTIMONIALIS SUPER RESIGNACIONE PRIORIS ADMISSA. Universis sancte matris ecclesie filiis presentes litteras inspecturis Philippus permissione divina Lincoln' episcopus salutem in domino sempiternam et fidem indubiam. Presentibus adhibere universitati vestre notum facimus presentes quod dilectus filius frater Willelmus Dodyngton' nuper prior prioratus de Coldenorton' nostre diocesis ordinis sancti Augustini coram dilecto filio magistro Willelmo Hoper' legum doctore nostro in hac parte commissario personaliter constitutus prioratum suum huiusmodi cum suis iuribus et pertinenciis universis ex certis causis veris et legitimis ipsum fratrem Willelmum ad hoc moventibus in manus nostras seu vices nostras in hac parte habentis pure sponte simpliciter et absolute absque omni vi metu dolo fraude et circumvencione resignavit ac eidem prioratui iuribus que et pertinenciis universis eiusdem renunciavit et ab eisdem recessit quas quidem resignacionem cessionem et renunciacionem sic factas idem commissarius noster ad instantem peticionem et supplicacionem eiusdem fratris Willelmi in forma iuris auctoritate nostra sibi in hac parte commissa admisit ac ipsum fratrem Willelmum ab onere cura et regimine dicti prioratus penitus absolvit et tandem prioratum extunc de facta et de iure vacare pronunciavit decrevit et declaravit, super quibus omnibus et singulis nobis sufficiens extitit facta fides. In cuius rei testimonium sigillum nostrum presentibus est appensum. Dat' apud Sleford' duodecimo die mensis Julii anno domini millesimo cccc^{mo} xvij^o, et consecracionis nostre anno xiij^o.

348. 1416. August 16th, Sleaford. Dispensation by authority of the papal penitentiary, Jordan, bishop of Albano (Albanen'), to Roger Clerk, scholar, to proceed to all orders and to hold a benefice with cure, notwithstanding his illegitimacy.

349. Same date and place. Similar dispensation to Robert Martin (Martyn'), acolyte.

350. 1417. May 4th, Sleaford. Discharge of the executors of the testament of Henry Westeby (Westiby) of Althorpe.[1]

351. [Undated.] Letters testimonial to the effect that Robert Gregory, servant, of the bishop's household, is freeborn and not, as has been alleged, of servile status.

[1] *Supra*, no. 98.

TESTIMONIALIS SUPER NATALIBUS ROBERTI GREGORY FAMILIARIS DOMINI. Universis sancte matris ecclesie filiis presentes litteras inspecturis et ad quorum noticiam presentes littere pervenerint Philippus permissione divina Lincoln' episcopus salutem in domino ac fidem certam et indubiam presentibus adhibere. Quam veritatis primordia oblocucionis et mendaciones turbines frequenter exagitant et credulitatem facilitatis humane pertrahunt ad demum falsitatis periculum novimus et meritorium veritati testimonium perhibere presertim ubi status alicuius in dubium revocatur aut fama periclitaria videtur, sane per partem Roberti Gregory filii naturalis Johannis Gregory de Semar' Ebor' diocesis servientis nostri familiaris nobis sint expositum quod quidam sui honoris status et condiccionis emuli et detractores linguis suis dolose agentes ipsum Robertum servum natum et servilis condiccionis status existere mendaciter asserunt et affirmant, unde nobis humiliter supplicavit ut natalium suorum scrupulum huiusmodi veritatis testimonio dignaremur submovere. [*Folio 175*] Nos igitur peticionibus ipsius Roberti animentes ut fides veritatis fulgore educeret et veritatis radicem verborum solidi non obumbrarent universitati vestre tenore presencium innotescimus quod quantum ad nostram noticiam pervenit prefatus Robertus liber est et ingenuus et in legitimo matris procreatus sicut fidedignorum testimonio accepimus a nativitate sua pro ingenuo et libero publice habitus tentus dictus et reputatus extitit et existat. In cuius rei testimonium etc.

352. 1416. November 25th, Old Temple. Mandate from Bishop Repingdon to the dean of Brackley and the chaplain of the parish church of Towcester to cite Joan, wife of Laurence Mortimer, who presumes to sit in the chancel of the church despite the monition prohibiting this practice by the laity.

CITACIO ALICUIUS PRESUMENTIS SEDERE IN CANCELLO ECCLESIE POST MONICIONEM IN CONTRARIUM GENERALITER FACTAM.[1] Philippus permissione divina Lincoln' episcopus dilectis filiis decano de Brackele ac capellano parochiali ecclesie parochialis de Toucestr' nostre diocesis salutem graciam et benediccionem. Licet (etc.).[2] Quocirca vobis tam communiter quam divisim in virtute obediencie et sub pena contemptus firmiter iniungimus quatinus citetis seu citari faciatis peremptorie dictam Johannam quod compareat coram nobis aut m[agistris] Th[ome] B[rouns] et Radulpho [Louth] nostris in hac parte commissariis in hospicio nostro apud Vetus Templum London' die mercurio proximo post festum sancte Lucie virginis super premissis eidem ex officio nostro mero ad meram anime sue correccionem dumtaxat obiciendis responsuram facturamque ulterius et recepturam quod fuerit iustum. Terminum autem peremptorie huiusmodi propter iminencia anime sue pericula et alias causas legitimas

---

[1] *Supra*, no. 239.   [2] As *ibid.*, [a] to [b].

nos in hac parte moventes sic duximus assignandum de diebus vero recepcionis presencium citacionis que vestre et si dictam Johannam personaliter citaveritis necnon quid feceritis in premissis nos aut dictos nostros commissarios dictis die et loco certificetis vestris seu certificet illo vestrum qui presentem mandatum nostrum receperit exequendum litteris suis patentibus habentibus hunc tenorem sigillo autentico consignatis. Dat' sub sigillo nostro in hospicio nostro apud Vetus Templum London' xxv° die mensis Novembris anno millesimo cccc^{mo} xvj°, consecracionisque nostre anno xij^{mo}.

353. 1416. November 13th, Westminster. Monition for payment of a fine, by authority of the apostolic see, to John Salmanby, chaplain, of Lincoln diocese, for contumacy in a case brought against him by Bishop Repingdon on a charge of immorality.

MONICIO FACTA AUCTORITATE APOSTOLICA CUIDAM PRESBYTERO IN NEGOCIO CORR[ECCIONIS] PENDENTE IN CURIA INTER IPSUM ET EPISCOPUM. In dei nomine amen. Per presens publicum instrumentum cunctis appareat evidenter quod anno ab Incarnacione domini secundum cursum et computacionem ecclesie Anglicane millesimo cccc^{mo} xvj° Indiccione x^{ma} apostolica sede pastore carente mensis Novembris die xiij in magna aula Westm' ubi et in qua curia domini nostri Regis ac placita regni sui tenta London' diocesis, in mei notarii publico et testium infrascriptorum presencia constitutus personaliter venerabilis vir magister David Pryce in utraque iure licenciatus auctoritate quarundam litterarum apostolicarum executoriarum quas ad tunc et ibidem realiter exhibuit et demonstravit quendam dominum Johannem Salmanby capellanum ibidem personaliter apprehensum primo secundo et tercio ac peremptorie monuit quod ipse de xxx^{ta} florenis de camera boni auri et iusti ponderis de quibus in ipsis litteris executoriis plenior sit mencio et in quibus idem dominus Johannes per honorabilem virum dominum Johannem de Thomar'[1] de Bononia decretorum doctorem sedis apostolice capellanum ac ipsius palacii ac causarum auditorem in causa et inter partes infrascriptas iudicem et executorem ab ipsa sede specialiter deputatum in quadam causa correccionis incontinencie cum quadam Marioria Trumpett' muliere Lincoln' diocesis per ipsum dominum Johannem Salmanby infra dictam diocesim Lincoln' ut dicitur notorie commissum et contumat' que inter reverendum patrem dominum Philippum dei gracia Lincoln' episcopum ex parte una et dictum dominum Johannem Salmanby ex parte altera vertebatur prout in ipsis litteris apostolicis continetur extitit condempnatus eidem reverendi patri [*Folio 175^v*] episcopi Lincoln' prefata vel procuratori suo in hac parte infra triginta dies extunc proximos et immediate sequentes quorum dierum decem pro primo et decem pro secundo et reliquos decem dies pro tercio et peremptorie termino ac monicione canonica eidem domino Johanni Salmanby eadem auctoritate prefixit et assignavit sub penis in ipsis

---

[1] John de Thomariis, papal auditor.

litteris executoriis latis et contentis realiter satisfaceret et cum effectu
seu alias cum eodem reverendo patre humiliter se concordet et com-
ponat. Acta fuerunt hec omnia et singula prout superscribuntur et
recitantur sub anno Indiccione mense die et loco predictis apostolica
sede ut prefertur pastore carente presentibus tunc ibidem discretis
viris domino Thoma Nassh' rectore ecclesie parochialis de Mydlyng-
ton' et Roberto Wodecok' litterato dicte Lincoln' diocesis testibus
vocatis et rogatis specialiter ad premissa.

354. [Undated.] Citacion of Richard Smith, alleged chaplain, of South
Witham, for procuring his admission to the vicarage of Southwick,
which he had falsely represented as vacant through the resignation
of the last incumbent.

CITACIO CONTRA PROCURANTEM SE ADMITTI AD VICARIAM PER FABRI-
CATAM RESIGNACIONEM. Philippus permissione divina Lincoln' episcopus dilecto filio archidiacono Northampton' seu eius officiali
salutem graciam et benediccionem. Licet nos alias per certas tenoris
litteras nostras vobis dederimus in mandatis ut vos dominum Ricardum Smyth' de Southwethem' capellanum pretensum ad vicariam
perpetuam ecclesie parochialis de Southwyk' nostre diocesis per
liberam resignacionem domini Johannis Welby ultimi vicarii eiusdem
ut pretendit factam vacantem per nos admissam et instantem in eadem
in corporalem possessionem eiusdem vicarie iurium que et pertinencium suorum universorum induceretis et defenderetis sic inductum,
quia prefatus dominus Ricardus Smyth' huiusmodi resignacionem
pretensi falso subdole et fraudulenter ut accepimus fabricari se que
ad dictam vicariam admitti et iustum in eadem procuravit et obtinuit.
Ne igitur idem dominus Ricardus Smyth' ex huiusmodi dolo suo
commodum gaudeat se reportasse sed eidem in huiusmodi suis
versuciis et fraudilencia via iuris qua possumus obviare volentes vobis
tenore presencium districcius inhibemus ne ad ipsius induccionem
in corporalem possessionem ipsius vicarie quousque aliud a nobis
habueritis in mandatis procedatis quoque modo, citetis insuper seu
citari faciatis peremptorie eundem dominum Ricardum Smyth' quod
compareat coram nobis etc. super premissis responsurum facturum etc.

355. 1417. September 10th, Sleaford. Licence to John Sale, rector
of the mediety of Isham (Ishame) to celebrate one anniversary, the
permission to last for one year.

356. 1417. September 15th, Sleaford. Mandate from Bishop Repingdon to the dean of Oriel College in the University of Oxford to admit
William Brightby and John Bedminster, bachelors of arts, as fellows
of the college, although they are over the age prescribed by the
statutes.[1]

[1] Printed in *Oriel College Records*, ed. Shadwell, C. L. and Salter, H. E. (Oxf. Hist.
Soc.), pp. 433–434.

357. 1417. September 19th, Sleaford. Letters dimissory to Thomas Wendy, subdeacon, of Kirkby on Bain (Kyrkeby Lesibad). [B.]

[*Folio 176*]

358. 1417. September 18th, Sleaford. Letters dismissory to John Arkbell' of Wendlebury (Wendlyngburgh'), clerk, and to William Ward, acolyte, to all orders. [B.]

359. 1417. September 30, Sleaford. Licence to John Sutton, rector of Aston by Bringhurst (Eston' iuxta Brynghurst), to put his church to farm [D.] and to be non-resident for one year. [H.]

360. 1417. September 29th, Sleaford. Letters dimissory to Thomas Grantham, clerk, to all orders. [B.]

361. 1417. October 4th, Sleaford. Letters dimissory to Robert Matsen', rector of North Luffenham (Northluffenham), clerk, to all orders. [B.]

362. 1417. October 6th. Letters dimissory to Thomas Bryan of Waltham, clerk, to all orders. [B.]

363. [Undated.] Commission to the archdeacon of Leicester or his official to sequestrate the fruits of the living of Appleby (Appelby, Appulby) which is vacant owing to the resignation of the rector, Robert Valance (Valaunce).

364. 1417. September 10th, Sleaford. Settlement of the dispute between Bishop Repingdon and Richard Elvet, archdeacon of Leicester, concerning the probate of testaments of the canons, vicars and other ministers of Newarke collegiate church at Leicester and of other persons who die in the archdeaconry and have property in several dioceses at the time of their deaths. It is agreed that the archdeacon of Leicester shall nominate and submit for the bishop's approval a suitable person to whom the bishop may delegate his authority in the testamentary matters under dispute. The archdeacon of Leicester shall keep two parts of the fruits of vacant livings in the archdeaconry, and shall pay £10 yearly to the bishop in compensation. All acts and records relevant to the dispute and its settlement shall be kept in the treasury of Lincoln Cathedral.

COMPOSICIO INTER EPISCOPUM LINCOLN' ET ARCHIDIACONUM LEY-
CESTR' SUPER APPROBACIONE TESTAMENTORUM.[1] Tenore presencium
noverint universi quod cum inter reverendum in Christo patrem et
dominum dominum Philippum Lincoln' episcopum ex parte una
et venerabilem virum dominum Ricardum Elvet archidiaconum
Leycestr' in ecclesia Lincoln' ex parte altera de et super insinuacionibus et approbacionibus testamentorum quorumcumque canonicorum
vicariorum et aliorum ministrorum quorumcumque ecclesie nove
collegiate beate Marie Leycestr' infra dictum archidiaconatum Leycestr' Lincoln' diocesis situate necnon et quorumcumque aliorum
infra dictum archidiaconatum decedencium et bona in diversis diocesibus tempore mortis eorundem decedencium notorie obtinencium
ipsorum que omnium bonorum administracionem commissionibus
compotorum eciam calculorum et raciociniorum administracionem
huiusmodi audicionibus reddicionibus ac finalibus liberacionibus et
dimissionibus ab eisdem dicto reverendo patre huiusmodi testamentorum insinuaciones approbaciones administracionum commissiones
audiciones reddiciones et finales liberaciones ab eisdem ad se et suos
commissarios solum et in solidum de iure et consuetudine et nullatinus
ad archidiaconum Leycestr' pro tempore existentem ipse vero archidiaconus ad se in casu prevencionum pertinere asserentibus exorta
fuisset materia questionis. Tandem [*Folio 176ᵛ*] idem reverendus
dictus dominus pater episcopus Lincoln' et archidiaconus predictus
huiusmodi questionum et litium quarumcumque in hac parte dubios
eventus et dispendia gravia amputare et pacis beatudine presertim
volentes, attendentes que quod pacis auctor non coletur nisi tempore
pacis mutuo eorundem tractatu ab huiusmodi questionibus et litibus
pro temporibus suis dumtaxat taliter conquieverunt et in hunc
modum, videlicet, quod dictus dominus archidiaconus eligat et
nominet dicto reverendo patri aliquam personam habilem ydoneam
circumspectam et discretam tociens quociens sibi videbitur expedire
cui idem reverendus pater extunc vices suas committet et plenariam
potestatem per litteras suas patentes ad excercendum vice et nomine
suis iurisdiccionem suam episcopalem in dicto archidiaconatu
Leycestr' in dicta ecclesia collegiata in huiusmodi testamentorum insinuacionibus solum iure dicti reverendi patris ac in ceteris iurisdiccionem eiusdem reverendi patris tangentibus extra tamen tempus
visitacionis dicti reverendi patris in dicto archidiaconatu facte et com-
pertorum eiusdem quam sequestratores eiusdem reverendi patris per
ipsum in eodem archidiaconatu ante hec tempora deputati et constituti
excercuerunt ac prout et secundum excercere consueverunt ac sub
modis et formis per ipsos sequestratores usitatis consuetis et excercetis
et in eorum commissionibus in registris dicti reverendi patris registratis
plenius expressatis et hoc sub nomine commissarii et sequestratoris
reverendi in Christo patris et domini domini Philippi dei gracia
Lincoln' in archidiaconatu Leycestr' sufficienter deputati. Et quod
idem archidiaconus per tempora supradicta duos partes fructuum et
proventum omnium beneficiorum infra predictum archidiaconatum

[1] See *supra*, no. 87.

vacancium pro tempore vacacionis eorundem dicto reverendo patri competencium et pertinencium ac omnia et omnimoda comoda prosigna et emolumenta ac per quesita quecumque per dictum sic deputatum in dicto sequestratoris officio collecta et levata absque dicti reverendi patris impedimento integre habeat et percipiat absque usibus applicandi. Et ne dictus reverendus pater ex huiusmodi benignitate et liberalitate suis dampnum paciatur aliqualiter seu iacturam prefatus archidiaconus solvet seu solvi faciat dicto reverendo patri singulis annis per tempora supradicta ad duos anni terminos decem libras monete Anglie per equales porciones, videlicet, in festis Purificacionis beate Marie virginis et sancti Petri quod dicitur advincula vel infra quindecim dies dicta festa immediate sequentes absque dilaccione ulteriori. Quodque idem reverendus pater suique commissarii et ministri quibuscumque querelis appellacionibus causis et negociis quorumcumque subditorum dicti archidiaconatus coram ipso reverendo patre motis et movendis necnon criminibus excessibus et delictis eorundem subditorum eidem reverendo patri sive commissariis seu ministris suis ad domum sive per archidiaconatum predictum extra visitacionem suam ordinariam transitum fecerint sive moram vel alibi infra diocesim suam resideant denunciatis detectis et delatis ac causis querelis negociis appellacionibus ac eciam in testamentorum approbacionibus et insinuacionibus et ceteris ipsorum testamentorum negocia concernentibus iurisdiccionem plenariam quam ante huiusmodi composicionem sive concordiam habuit et exercuit eciam ipsa durante habeat et excerceat et ea gaudeat libere et quiete concordia et composicione premissis non obstantibus. Quodque eciam per hanc composicionem et concordiam sive per huiusmodi potestatis commissionem aut iurisdiccionem huiusmodi excercicium in forma predicta excercendum aut aliquo eorundem nec uni partium predictarum novum ius in iurisdiccionis excercicio acquiratur nec iuri ulterius vel eius possessioni in premissis aliqualiter preiudicium generetur, sed quod iurisdiccio utriusque partium predictarum et eius excercicium in premissis in eo quo ante litem motam in hac parte fuerant statu permaneant premissis composicione concordia potestatis commissione et iurisdiccionis excercicio seu possessione excercicii iurisdiccionis si qua dicto archidiacono ut iure et nomine suis in premissis quocumque colore acquiri contigerit non obstantibus quoque modo. Necnon quod omnia acta inactitata instrumenta processus littere et munimenta causam et causas litium et questionum huiusmodi inter dictas partes ut prefertur occasione premissorum motis tangencia in aliqua cista in thesauria ecclesie Lincoln' salvo custodienda reponantur ad effectum ut si quis episcopus vel archidiaconus post ipsos vel dictarum alterum litem in premissis resumere voluerit eis valeat inherere pro informacione ulteriori cause sue et iuxta formam retroactorum in premissis habitorum inchoare processum dicte insuper partes alterutri fide media promiserunt quod ab huiusmodi composicione et concordia nullatinus recedent sive declinabunt recedet seu declinabit eorum alter sed eam in omni sui parte pro temporibus suis absque omni dolo fraude fallacia seu iuris alterius usurpacione firmiter et inviolabiliter observabunt.

In quorum omnium testimonium uni parti presencium litterarum per modum indenture confectarum penes dictum reverendum patrem remanenti sigillum dicti archidiaconi est appensum, alteri vero parti penes dictum archidiaconum remanenti sigillum dicti reverendi patris ad causas consimiliter est appensum. Dat' apud Sleford' die decimo mensis Septembris anno domini millesimo cccc^{mo} xvij°, et anno regni Regis Henrici quinti post conquestum Anglie quinto.

365. [Undated.] Commission to the official of the archdeacon of Northampton to receive acknowledgements of Bishop Repingdon's mandate for inquiries concerning heresy to be held in each deanery of the archdeaconry, in accordance with the recent provincial constitution, and to cite three or four representatives from each parish to appear before the bishop's commissaries on a given day to give information on oath about suspected persons.

COMMISSIO AD RECIPIENDUM CERTIFICATORIA PRO INQUISICIO CONTRA HERETICOS ET INQUIRENDUM. Philippus permissione divina Lincoln' episcopus dilecto filio archidiaconi nostri Northampton' officiali salutem graciam et benediccionem. Cum in concilio provinciali nuper London' celebrato proinde sit statutum ut singuli episcopi provincie Cant' in singulis decanatibus ruralibus suorum diocesium ad minus bis in anno per tres vel plures boni testimonii viros de singulis decanatibus et parochiis in quibus fama est hereticos habitare in hac parte iuratos de personis de heresibus suspectis, videlicet an si qui fuit heretici seu occulta conventicula celebrantes aut a communi conversacione fidelium vita et moribus discrepantes hereses ve aut errores tenentes sive libros suspectos in lingua vulgari Anglicana conscriptos habentes an personas de heresibus sive erroribus suspectas receptantes eisdem ve faventes aut infra loca huiusmodi habitantes conversantes sive ad eadem recursum habentes per se vel alios diligenter inquirant [*Folio 177*] et ulterius procedant secundum effectum constitucionis memorate. Nos igitur circa gregis dominici nobis commissi custodiam et vigilancius intendere cupientes quo lupus rapaces intrinscens ovium vestimentis indutos ad rapiendum et dispergendum oves gregis ......¹ fraudilencius arenire generales inquisiciones per singulos decanatus archidiaconatus predicti fieri decreverimus ac mandata nostra singulis decanis dicti archidiaconatus pro inquisicione huiusmodi fienda dirigi fecimus iuxta formam et tenorem constitucionis memorate ad recipiendum igitur certificatoria mandatorum nostrorum huiusmodi diebus et locis per nos ad hoc prefixis et assignatis contemptus que et contumacias quorumcumque necnon ad inquirendum etc. Vobis igitur in virtute obediencie et sub pena contemptus firmiter iniungimus et mandamus quatinus citetis seu citari faciatis peremptorie tres vel quatuor viros fidedignos de qualiter parochia singulorum decanatuum dicti archidiaconatus quod compareant et eorum quilibet compareat aut magistris Thoma Brouns

¹ Illegible, owing to a blot on MS.

seu   [1] nostris commissariis diebus et locis in cedula presentibus annexa plenius descriptis et designatis, super dictis articulis et aliis ex eisdem obiciendis eis et eorum cuilibet ad tunc exponendum seriosius iuraturi et deposituri facturique ulterius et recepturi quod est iustum. Terminum autem etc.

366. 1417. October 18th, Sleaford. Licence to Thomas, rector of St. Mildred's, Oxford, to celebrate one anniversary, the permission to last for one year.

367. [Undated.] Dispensation to Robert Rose, priest, of Lincoln diocese, who has received holy orders from Robert "Laonien' ",[2] by authority of Walter Bullock (Bullok), vicar-general of the bishop of Coventry and Lichfield,[3] instead of from his own bishop.

368. [Undated.] Dispensation to William Clerk of Thorpe in Haydor for assisting Margery Sherman, with whom he has cohabited, to procure abortions.

Philippus etc. Licet omnes et singuli etc. ex parte tamen etc. Willelmi Clerk de Thorp' in parochia de Haydour dicte nostre diocesis quod quidam etc. prefatum Willelmum etc. asserentes ac palam et publice predicantes de eodem quod ipse et quedam Margeria Sherman' dudum serviens eiusdem Willelmi per plures fetus quos ipsa Margeria de ipso Willelmo alias divisis viabus coitu licet dampnabiliter concepit et ex necgligencia ut speratur inanimatos abortivos perperit et potacionibus ac aliis modis et viis nephariis nequiter exquisitis destruxissent ipseque Willelmus eidem Margerie dedisset auxiliam consilium et consensum, cuius asseracionis pretextu status et opi ius etc. Cum igitur secundum legem imperialem mosaicam et canonicam homicidium non sit nec reperitur ubi anima infusa non fuerit, vobis etc. quatinus etc. ut in forma etc.

369. 1417. Notification to Archbishop Chichele of proceedings held at Sleaford on June 25th against John Smith of Weston in Alconbury, whose activities as necromancer, sorcerer and fortune-teller came to light during recent inquiries by the bishop's commissary, Ralph Louth, concerning suspected heretics in the archdeaconries of Huntingdon and Bedford. It is reported that John Smith has abjured and has been absolved from the sentence of excommunication passed upon him, and is at present in custody until the next meeting of Convocation.

[1] Blank in MS.
[2] Robert Mulfield, bishop of Killaloe in the province of Cashel, Ireland.
[3] John Catterick.

PROCESSUS HABITUS CONTRA JOHANNEM SMYTH' SORTILEGIUM DE
ALKEMUNDEBURY. Reverendo in Christo patri et domino domino
Henrico dei gracia Cantuar' archiepiscopo tocius Anglie primati et
apostolice sedis legato Philippus permissione divina Lincoln' episcopus tam debitam quam devotam obedienciam cum omnimodis
subieccione reverencia et honore. Vestre patre reverendissime tenore
presencium intimamus quod vigore constitucionis vestre provincialis
per ipsam vestram paternitatem reverendissimam nuper London'
celebrata et auctoritate nostra ordinaria rite et legitime procedentes
quemdam Johannem Smyth' de Weston' in parochia de Alkemundebury nostre diocesis litteratum dilecto filio et confratri nostro magistro
Radulpho Louth' ecclesie nostre Lincoln' canonico nostro in hac
parte commissario in inquisicione nostra generali contra hereticos et
eorum fautores per dictum nostrum commissarium in archidiaconatibus Huntyngdon' et Bedeford' dicte vestri constitucionis et auctoritate
nostra facta super eo quod ipse preter et contra veteris et novi testamenti paginam ac determinacionem sancte matris ecclesie orthodoxam
in et infra nostram diocesim Lincoln' predictam artem nigromancie
ac sortilegium et coniuraciones illicitas et prohibitas invocacionem
spirituum malignorum cum panibus ad hoc paratis publice et palam
excercuisset et presertim cum et quando ecclesia parochialis de
Bucworth' dicte nostre diocesis per quosdam ecclesie sacrosancte
filios degeneres more predonica fuerat spoliata, idem Johannes huiusmodi artem nephariam excercens quemdam Rogerum Boucher de
Bucworth' predicta super huiusmodi spoliacione predonica publice
diffamavit, asserens dictum Rogerum dictam ecclesiam depredasse
et spoliasse, cuius assercionis pretextu ipse Rogerus captus fuit et
incarceratus et quasi ad nichilum redactus. Item super eo idem
Johannes infra dictam diocesim nostram dixit ac palam et publice
asseruit et predicavit quod licitum est uti coniuraciones et sortilegium
nam hoc fecerunt sanctus Petrus et sanctus Paulus fama publica et
famosa insinuacione precedentibus detectum et delatum coram nobis
in capella nostra infra castrum nostrum de Sleford' dicte nostre
diocesis situata sub anno ab incarnacione domini secundum cursum
et computacionem ecclesia Anglicane millesimo cccc^{mo} xvij^o Indiccione
x^{mo} apostolica sede pastore carente mensis Junii die xxv^{to} iudicialiter
sedentibus pro tribunali super premissis personaliter responsurum ad
iudicium fecimus evocari. Quiquam quidam Johannes Smyth' loco
anno Indiccione apostolica sede pastore carente mensis et die predictis
coram nobis ut prefertur iudicialiter sedentibus personaliter comparuit et prestito primitus per eundem de veritate dicenda super
singulis ab ex [Folio 177^v] in hac parte in ......[1] iuramento obiectis
que sibi per nos iudicialiter articulis predictis fatebatur et confitendo
publice recognovit et confessus fuit quod ipse huiusmodi coniuraciones et sortilegium in forma predicta excercuit vinca tamen vite et
hoc occasione depredacionis et spoliacionis dicte ecclesie de Bucworth' fatetur eciam et publice recognovit quod postquam huiusmodi
coniuraciones et sortilegium sic excercuerat reperiit plane per huius-

[1] Illegible, owing to a blot on MS.

modi coniuraciones et sortilegium sic per ipsum facta quod dictus Rogerus Bucher' dictam ecclesiam de B. depredavit et spoliavit et interrogatus sic publice et in vulgari dixit asseruit et affirmavit fatebatur, eciam dictus Johannes adhuc in iudicio coram nobis personaliter existens quod ipse publice dixit credidit et affirmavit quod licitum est uti et excercere coniuraciones et sortilegium in forma qua sibi superius articulabatur, tamen dixit se hoc taliter dixisse credidisse et affirmasse secundum informacionem cuiusdam Willelmi Fyllyman de Alkemundebury predicta iam defuncti sibi factam unde expositis sibi ad tunc per nos prout tunc nobis deus donaverit conclusionibus et determinacionibus ecclesie sacrosancte in hac parte quibus premissa obmanerant. Idem Johannes ut dixit melius informatus et se in premissis in deum et sanctam ecclesiam graviter offendisse humiliter confitens et propterea ad corrediens penitencie famoris usus consilia veniam peciit de sic commissis, et deinde abiurata per eundem Johannem omni heresi et errore et hereticorum fomento in forma ecclesie consueto[1] quia ecclesia nemini claudit gremium redeunti nos ipsum Johannem a sentencia excommunicacionis occasione premissa incurrebat prestito primitus per ipsum de stando mandatis ecclesiasticis et parendo iuri ac perficiendo penitenciam sibi per nos in hac parte propter premissa confessata iniungendam et quod iniuncta servabit iuramento corporali absolvimus in debita iuris forma ac ipsum ad peragendum penitenciam condignam in hac parte in carcerem decrevendum et inibi usque ad proximam cleri Cantuar' provincie convocacionem vel saltem ad tempus aliquod iuxta nostrum arbitrium moderandum conservari et fore conservandum decrevimus et secundum omnem vim formam et effectum constitucionis memorate et ipsum incarcere sic fecimus conservari. De quibus omnibus et singulis per vestrum reverendissimum effectum constitucionis vestre memorate sequendo certificamus per presentes. In quorum omnium et singulorum testimonium atque fidem presentes litteras nostras seu presentem nostrum processum in forma publica redactum per notarium infrascriptum, scribam nostram scribi publicari et in hanc publicam formam redegi eiusque nomine et signo solitis consuetis signari ac nostre sigilli munimine fecimus roborari, et per vestrum reverendissimum diutius conservari dignetur in prosperis prospere dirigens universa. Data et acta fuit hec prout suprascribuntur et recitantur sub anno domini Indiccione apostolica sede ut prefertur pastore carente mense die et loco predictis, presentibus tunc ibidem dilectis filiis magistris Thoma Brouns subdecano Thoma Nassh' canonicis ecclesie nostre Lincoln' ac Thome Hill' et Johanne Hoggesthorp' clericis auctoritate apostolica notariis publicis Ebor' et Lincoln' diocesium testibus vocatis et rogatis specialiter ad premissa.

370. [Undated.] Proceedings against William Smith of Corby, alleged chaplain, for holding and preaching heretical opinions, as disclosed

---

[1] Sic.

to the bishop's commissaries during their inquiries in the diocese. He has been committed to the bishop's custody until the next meeting of Convocation, in accordance with the recent provincial constitution.

PROCESSUS HABITUS CONTRA DOMINUM WILLELMUM SMYTH' DE CORBY PROPTER ERROREM ETC. In dei nomine amen. Cum nos Philippus permissione divina Lincoln' episcopus contra te dominum Willelmum Smyth' de Corby nostre diocesis capellanum pretensum de et super conclusione infrascripta erronea atque falsa atque ritui ecclesie Anglicane laudabiliter introducto ac consuetudini universalis sancte matris ecclesie contraria et expresse repugnante graviter nobis suspectum nobisque et officio nostro denunciatum et delatum coram nobis ad iudicium legitime evocatum et personaliter comparentem ac errorem supra et infrascriptum tibi per nos iudicialiter obiectum constanter et iudicialiter negantem ad inquisicionem in speciale contra te secundum iuris exigenciam in hac parte per testes fidedignos in forma iuris receptos iuratos et examinatos de consensu tuo expresso legitime procedentes ac disposiciones testium predictorum debite publicantes nichil que per te contra dicta testium seu eorum personas in hac parte aut quare pro errore huiusmodi nomine puniri deberes dicto proposito vel allegato tibi domino Willelmo Smyth' capellano predicto huiusmodi errorem ac omnes alias herises[1] et errores ut asseruisti relinqueres volenti et relinquenti ad recipiendum penitenciam canonicam pro premissis contra te legitime probatis istos terminum et locum prefixerimus competentes Christi igitur nomine invocato de consilio iurisperitorum nobis assistencium quia per inquisicionem eandem alias que probaciones legitimas invenimus te infra nostram diocesim et presertim in villa de Corby predicta nostre diocesis publice dixisse tenuisse et predicasse ac affirmasse quod accendere tortica vel alia lumina tempore elevacionis illius preciosissimi sacramenti corporis et sanguinis domini nostri Jesu Christi per sacerdotem in missa sua elevati nichil aliud est nisi pompa et vanagloria nunc tamen famori usus consilio ......[2] ad unitatem ecclesie que non claudit gremium redeunti ut asseris de corde bono et fide non ficta redire ac ordinacioni et disposicioni sancte matris ecclesie atque nostris super premissis humiliter te submittere prout te sic submisisti. Idcirco abiurata per te omni heresi et errore tactis sacrosanctis dei evangeliis et quod nunquam articulos sive conclusiones sacrosancte Romane et universalis ecclesie consuetudini aut ritui ecclesie Anglicane laudabiliter introducto repugnantes docebis tenebis predicabis vel affirmabis publice vel [Folio 178] occulte sub pena relapsus quia in deum et sanctam ecclesiam predicto modo temere deliquisti ad pagendum penitenciam condignam in hac parte in carcerem usque ad proximam prelatorum et cleri provincie Cantuarien' convocacionem celebrandam iuxta et secundum omnem vim formam et effectum constitucionis provincialis in convocacione prelatorum et cleri huiusmodi nuper London' celebrata edite tenen-

[1] Sic, recte hereses.
[2] Illegible.

dum et conservandum volumus et precipimus in hiis scriptis. Et ego Thomas Colstone clericus Lincoln' diocesis auctoritate apostolica notarius dicti que reverendi patris et domini domini Philippi dei gracia Lincoln' episcopi registrarius et in hac parte actorum scriba premissis omnibus et singulis dum sic ut premittitur sub anno domini Indiccione apostolica sede ut prefertur pastore carente mense die et loco predictis per prefatum reverendum patrem et coram eo agebantur et fiebant una cum appensione sigilli predicti reverendi patris signavi eciam rogatus et requisitus in fidem et testimonium omnium premissorum, et constat michi notario predicto de rasura huius diccionis nam et de interlineari harum diccionum ab iuramento et iuramento corporali superius in presenti instrumento per me facto que approbo et omni suspicione sinistra volo carere.

371. [Undated.] Mandate from Bishop Repingdon directing that the rents and fruits of St. Leonard's Hospital at Newark, in the diocese of York, should be used for almsgiving and the care of the poor, in accordance with canon law, and should not be diverted to the use of the warden of the hospital.

Universis et singulis has litteras inspecturis Philippus permissione divina Lincoln' episcopus salutem in domino et dei benediccionem atque nostram. Cum sacris constitucionibus cantum dinoscitur quod hospitalia et alia loca pia intencione fundata bona et res miserabilibus et pauperibus personis ac fructus redditus et proventus hospitalium et locorum huiusmodi ad recepcionem miserabilium et pauperum personarum et sustentacionem debitam earundem iuxta facultates et proventus ipsorum locorum donata et assignata per magistrum custodes sive rectores eorundem debeant erogari et non ad ipsius magistri sive custodis usum destinari ac ipsi ad quos de iure sive consuetudine vel statuto in ipsorum fundacione locorum opposito pertinent loca ipsa, studeant omnia premissa salubriter facere observari, multorum tamen querela nostrum pulsavit auditum quod hospitale sancti Leonardi de Newerk' Ebor' diocesis quod mero temporale et nostri patronatus existit in certis fructibus redditus et proventibus ad recepcionem miserabilium et pauperum personarum et unius capellani in eodem hospitali perpetuis temporibus celebraturum.

372. [Undated.] Claim by Thomas Brouns, subdean, that he is permitted to hold the subdeanery and the prebend of Welton[1] together with the living of Twyford and portions of the benefices of Kirton, Hibaldstow and Snarford.

[1] Welton Westhall.

PROVOCACIO FACTA PER MAGISTRUM THOMAM BROUNS SUBDECANUM LINCOLN' ET RECTOREM DE TWYFORD'.[1] In dei nomine amen. Coram vobis autentica persona et testibus fidedignis hic presentibus, ego Thomas Brouns utriusque iuris doctor subdecanus ecclesie Lincoln' ac prebendarius prebende de Welton' subdecani[2] una cum porcionibus de Kyrketon' Hibaldstowe et ecclesia de Snartford' Lincoln' diocesis eidem subdecanatui annexe necnon rector ecclesie parochialis de Twyford' dicte Lincoln' diocesis dico allego et in hiis scriptis propono quod licet fuerim et sim dictos subdecanatum et prebendam cum porcionibus et ecclesia predictis ac ecclesia de Twyford' predicta cum suis iuribus et pertinenciis universis canonice assectus ipsa que sic assecuta per non modica tempora possiderim prout possidere in presenti pacifice et quiete fuerim que et sim a tempore assecucionis predicte et continue citra integri status bone fame et opinionis illese nullo que crimine seu vicio saltem notabili irritdus vel aliqualiter diffamatus nec aliqua sentencia iuris vel hominis innodatus, metuens tamen ex quibusdam causis probabilibus et verisimilibus coniecturis michi circa premissa grave posse preiudicium generari in futurum, ne quis vel qui quavis auctoritate vice nomine vel mandato quicquam in mei preiudicium circa premissa et aliquod premissorum attemptet vel attemptent faciat aut faciant quomodolibet attemptari ad sacrosanctam sedem apostolicam et pro tuicione Curie Cantuarien' in hiis scriptis provoco et appello ac apostolicos peto primo instanter secundo instancius et tercio instantissime quatenus in hoc casu de iure sunt petenda michi dari et fieri omni effectu subiciens me et dictos meos subdecanatum et prebendam cum porcionibus et ecclesia necnon ecclesiam meam de Twyford' predicta ac omnes michi in hac parte adherentes seu adherere volentes proteccioni tuicioni et defensioni sedis et Curie predictarum. Prorescor eciam me velle presentem meam provocacionem et appellacionem corrigere emendare eidem adherere addere et ab eadem detrahere in competenciorem formam redigere ac omnibus quorum interest intimare et notificare pro loco et tempore oportunis.

373. [Undated.] Commission from Bishop Repingdon to William Burton to proceed against Robert Boleyn', rector of Achurch, for non-residence without legitimate cause, as a result of which the cure of souls is neglected and the chancel and rectory are in a ruinous condition.

COMMISSIO AD PROCEDENDUM CONTRA RECTOREM DE ACHURCH' OCCASIONE NON RESIDENDO ETC. Philippus permissione divina Lincoln' episcopus dilecto filio magistro Willelmo Burton' utriusque iuris bacallario salutem graciam et benediccionem. Ad nostrum nuper fama publica referente pervenerit auditum quod licet magister Robertus

[1] Marginal note: "vacat". The entry appears to be unfinished. See also *supra*, nos. 18, 177.
[2] *Sic*.

Boleyn' rector ecclesie parochialis de Achurch' nostre diocesis quod ipse in dicta ecclesia sua cessante legitime impedimento secundum canonicas sancciones residenciam faceret personalem eidem que deserviret debite in divinis ac curam sibi commissam agnosceret sacramenta et sacramentalia inibi ministrando publicum et voluntarium eciam de consensu suo expresso prestiterit iuramentum, prefatus tamen magister Robertus se a dicta ecclesia sua in casu a iure non permisso diutius indebite absentavit et absentat curam sibi commissam necglectam et desolatam ac ipsam ecclesiam [*Folio 178ᵛ*] inofficiatam deserens, dimittens cancellumque dicte ecclesie ac domus mansi rectorie eiusdem ruine patentes ac reparacionem non modicam indigentes dimittit notorie irreperatos penas periurie ac sacrorum canonum in hoc casu editorum notorie incurrendo. Quodque idem magister Robertus per officialem archidiaconi Northampton' et eius auctoritate excommunicatus et pro tali publice denunciatus scienter immiscuit se divinis in anime seu grave periculum aliorum que exemplum perniciosum ad cognoscendum igitur procedendum et statuendum ac fine canonico terminandum et diffiniendum tam ex officio nostro mero quam ad partis vel partium quarumcumque promocionem sive instanciam contra et adversus prefatum magistrum Robertum rectorem occasione non residencie iuramenti et celebracionis premissorum cum suis emergentibus incidentibus dependentibus et connexis eidem que magistro Roberto et ceteris omnibus in premissis ministrandum iusticie complementum canonesque et constituciones et sanctorum patrum decreta in hac parte contra eundem magistrum Robertum exequendum ipsumque a dicta ecclesia sua si ius exegerit ammovendum et privandum et pro sic ammoto et privato pronunciandum decrevendum et declarandum. Ceteraque omnia et singula faciendum excercendum et expediendum et in premissis necessaria fuerint seu quomodolibet oportuna, vobis etc. cum cuiuslibet et exequendum que in premissis decreveritis canonica potestate mandates etc.

374. 1416. March 29th, Old Temple. Letters testifying that Thomas Brouns, chancellor[1] of Lincoln and bishop's commissary, has accepted the resignation of William Dogg' from the living of Wyville (Wywell').

375. 1417. December 17th, Sleaford. Letters dimissory to Thomas Gamull', acolyte, and to John Taylor (Taylour) of Ashby de la Zouch (Assheby la Zouche), subdeacon, to all orders. [B.]

376. 1417/18. January 3rd. Licence to Lady Elizabeth Beaumont for the solempnization of the marriage of her daughter, Elizabeth, to William, lord of Deincourt, in the chapel of her manor of Beaumanor.

---

[1] *Sic, recte* subdecanus. Thomas Duffeld was chancellor, 1412–1423.

LICENCIA SOLEMPNIZANDI MATRIMONIUM IN CAPELLA NON DEDICATA PRO BELLO MONTE ET DEYNCOURT'. Tercio die mensis Januarii anno domini millesimo cccc^mo xvij° dominus Lincoln' episcopus concessit domine Elizabethe de Bello Monte quod possit facere matrimonium solempnizari in capella sive oratorio infra manerium de Beumaner' infra parochia de Barowe Lincoln' diocesis situata inter Willelmum dominum de Deyncourt' et Elizabetham filiam eiusdem domine Elizabethe ut in forma etc.

377. 1417. December 31st, Sleaford. Letters dimissory to Henry Tyler (Tylour) of Fleet (Flete), acolyte, to all orders. [B.]

378. 1417. Letter from Richard Bruton, vicar-general of Richard Clifford, bishop of London (dated October 23rd), forwarding a mandate from Archbishop Chichele (dated October 13th) for Convocation to meet at St. Paul's on November 26th, to consider especially ways of alleviating the poverty of graduates at the Universities of Oxford and Cambridge.[1] [to Folio 179]

[Folio 179^v]

379. 1417. Testament of John Drayton, knight. Dated October 4th at Nuneham Courtenay in the county of Oxford. Proved before Bishop Repingdon at Old Temple on December 10th.

TESTAMENTUM JOHANNIS DRAYTON' MILITIS.[2] In dei nomine amen. Ego Johannes Drayton' compos et sanis mentis meo deo inde regracior condo testamentum meum quarto die mensis Octobris anno domini millesimo quadringentesimo decimo septimo apud Newenham in comitatu Oxon' in hunc modum. In primis lego animam meam deo beate virginis Marie et toti curie celesti corpusque meum ad sepeliendum in ecclesia conventuali de Dorcestr' in dicta comitatu Oxon'. Item lego matrici ecclesie Lincoln' vj s. viij d. Item lego matrici ecclesie Sarum vj s. viij d. Item lego abbati monasterii de Abyndon' ad orandum et celebrandum pro anima mea vj s. viij d. Item lego cuilibet monacho sacerdoti eiusdem monasterii de Abyndon' ad celebrandum et orandum pro anima mea xij d. Item lego abbati monasterii de Westmonasterio ad celebrandum et orandum pro anima mea vj s. viij d. Item lego cuilibet monacho sacerdoti eiusdem monasterii de Westmonasterio ad celebrandum et orandum pro anima mea xij d. Item lego cuilibet fratri vocato Lewdfrere[3] eiusdem monasterii ad orandum pro anima mea et animabus omnium amicorum meorum vj d. Item lego abbati monasterii de Thame ad

---

[1] See Reg. Chichele, III, p. 32 seq.
[2] Abstract in Linc. Wills, p. 119.
[3] Lay brother.

celebrandum et orandum pro anima mea et animabus omnium amicorum meorum vj s. viij d. Item lego cuilibet monacho sacerdoti
eiusdem monasterii de Thame ad celebrandum et orandum pro anima
mea et animabus omnium amicorum meorum xij d. Item lego fabrice
ecclesie parochiali de Dorcestr' xiij s. iiij d. Item lego fabrice ecclesie
parochiali de Newenhame xiij s. iiij d. Item lego fabrice ecclesie
parochiali de Burghfelde xiij s. iiij d. Item fabrice ecclesie parochiali
de West Wyatenham xiij s. iiij d. Item lego fabrice ecclesie parochiali
de Kempston' xiij s. iiij d. Item lego fabrice ecclesie parochiali de
Chirchehull' xiij s. iiij d. Item lego fabrice ecclesie parochiali de
Clyfton' vj s. viij d. Item lego fabrice capelle de Drayton' vj s. viij
d. Item lego fabrice pontis de Dorcestr' xiij s. iiij d. Item lego fabrice
pontis de Madenhyth' vj s. viij d. Item lego Johanne Milton' servienti
mee pro suo bono servicio vj s. viij d. Item lego Isabell' Bayly pro
suo bono servicio vj s. viij d. Item lego Isabell' uxori meo Waltero
Medeford' clerico Johanni Dawerd' clerico Ricardo Drayton' fratri
meo et Roberto Quynaton' cuilibet eorum unum ciphum argenti cum
coopertura preciosa cuiuslibet ciphi cum coopertura et factura quinque marcas de novo fabricatum cum armis meis et quilibet dictorum
Isabelle Walterii Johannis Dawerd' Ricardi et Roberti utatur uno
cipho ciphorum predictorum in memoria mei. Item lego Johanni
Shereston' iuniori servo meo pro suo bono servicio vj s. viij d. Item
volo et lego quod executores mei ordinent et disponant immediate
post meum obitum cum summa festinancione pro anima mea mille
missas. Item volo et lego quod executores mei distribuant cuilibet
pauperi et egeno venientibus ad sepulturam meam ad orandum pro
anima mea j d. Item lego fabrice pontis de Henlegh' super Thamisiam
vj s. viij d. Item volo quod executores mei unam petram bonam et
honestam cum ymagine pro me et Isabell' uxori mea ponendam super
corpora nostra sicut mos est faciendum pro defunctis. Item volo
executores mei alii qui bene fideliter et diligenter laborabunt circa
administracionem et execucionem huiusmodi testamenti et mee ultime voluntatis faciendas habeant sufficienter misis et expensis pro
tempore quo occupentur circa execucionem negociorum meorum.
Item lego quatuor ordinibus fratrum Oxon' ad celebrandum et
orandum pro anima mea videlicet cuilibet ordini xx s. Item lego
ordini fratrum de Redyng' ad celebrandum et orandum pro anima
mea x s. Item lego eidem Isabelle semen de exitus grangie manerii
de Termerton' ad seminandum totam terram suam dominicam
eiusdem manerii hoc anno. Item lego Isabelle uxori mee totum
staurum meum in maneriis de Tormerton' et Derham in comitatu
Gloucestr'. Item eidem Isabelle lego grana de exitus grangie dicti
manerii de Tormerton' pro liberacione famulorum eiusdem manerii
hoc anno si exitus dicte grangie ad hoc sufficienter. Item lego eidem
Isabelle semen de exitus grangie manerii de Derham ad seminandum
totam terram suam dominicam eiusdem manerii de Derham hoc anno.
Item lego eidem Isabelle grana de exitus dicti grangie dicti manerii
de Derham pro liberacione facta eiusdem manerii hoc anno si exitus
dicte grangie ad hoc sufficiat. Item lego eidem Isabelle totum staurum
meum vivum in manerio meo de Burghfeld' exceptis vaccis iuventis

bovectis boviculis anulibus et vitulis. Item lego eidem Isabell' omnia plaustra mea carectas carucas et hersias cum eorum apparatu existenti in manerio meo de Burghfeld'. Item lego eidem Isabelle semen de exitus grangie dicti manerii de Burghfeld' ad seminandum totam terram suam dominicam eiusdem manerii hoc anno. Item lego eidem Isabelle grana de exitus grangie dicti manerii de Burghfeld' pro liberacione facta eiusdem manerii hoc anno si exitus dicte grangie ad hoc sufficiat. Item lego eidem Isabelle uxori mee unum lectum rubium cum armis [*Folio 180*] Mauricii Russell' patris eiusdem Isabelle enbrowdett'. Item lego eidem Isabelle unum dorsorium rubium cum costeris panni eiusdem coloris cum armis dicti Mauricii enbroud'. Item lego eidem Isabelle unum ciphum argenti deauratum infra et extra cum coopertura eiusdem metalli et eiusdem forme quem ciphum cum coopertura Walterus Medeford' clericus nuper dedit prefate Isabelle. Item lego eidem Isabelle omnia ornamenta corpori suo per me preordinata. Item lego eidem Isabelle unum ciphum argenti quem Cholsey dedit prefate Isabelle. Item lego Mauricici[1] de la Revere unum epitogium de scarlete cum furrura eiusdem. Et ad istud testamentum legitimum et fideliter perficiendum et faciendum Isabellam uxorem meam Walterum Medeford' clericum David Bradwell' clericum Ricardum Drayton' fratrem meum Johannem Dawerd' clericum et Robertum Quynaton' meos facio ordino et constituo executores. Item volo quod residuum omnium bonorum meorum non legatorum sit ad disposicionem predictorum executorum meorum prout eis melius videbitur expediri. In cuius rei testimonium huic testamento ultima voluntate meam concernente sigillum meum apposui. Dat' apud Newenham in comitatu Oxon' die et anno supradictis.

APPROBACIO EIUSDEM. Decimo die mensis Decembris anno domini millesimo cccc^mo xvij° coram venerabili et domino domino Philippo dei gracia Lincoln' episcopo in aula sua infra hospicium suum apud Vetus Templum London' iudicialiter sedente venit quidam Robertus Quynaton' executor testamenti domini Johannis Drayton' militis defuncti in eodem testamento inter ceteros nominatus idem testamentum ibidem exhibuit et dicto reverendo patri tradidit asserens ipsum plenam et ultimam voluntatem dicti defuncti fideliter continere. Et quia ad hec probanda probaciones alias legitimas paratas pro tunc non habuit approbacione eiusdem testamenti per dominum Cantuarien' alias pro bonis eiusdem infra provinciam Cantuarien' extra Lincoln' diocesim factam prefato testamento sub sigillo eiusdem domini Cantuarien' annexam ibidem tunc exhibuit et eodem testamento quo ad capitula legatorum in partem inventarii in hac parte exhibita facta que innumarare de pleniori faciendo inventario. Item reverendus pater huiusmodi testamentum approbavit insinuavit et pro valore eiusdem pronunciavit administracionemque omnium bonorum dictum defunctum et eius testamentum concernencium et infra diocesim suam Lincoln' existencium dicto Roberto Quynaton' in forma iuris iurato commisit. Reservata sibi consimilem administra-

---

[1] *Sic.*

cionem aliis executoribus in dicto testamento nominatis committendi cum eam in forma iuris venerint admissuri necnon audicione compoti sive calculi administracionis huiusmodi et finali liberacione ab eadem, presentibus magistris Thoma Brouns utriusque iuris doctore Johanne Southam officiali Lincoln' Willelmo Lassels et Thoma Nassh' et me Hill'.

380. 1417. December 2nd. Licence to John Skillington (Skylyngton'), rector of Lewknor (Leukenour), for one year's non-residence. [H.]

381. [Undated.] General monition from Bishop Repingdon, on the petition of John Leckhamstead, vicar of Wendover, for proceedings to be taken against persons who entice parishioners from their parish churches and deprive the churches of their tithes, offerings and other dues.

MONICIO GENERALIS CONTRA SUBTRAHENTES PAROCHIANOS AB ECCLESIIS SUIS PAROCHIALIBUS ET ALITER PRIVANTES EAS IURIBUS SUIS. Philippus permissione divina Lincoln' episcopus dilectis filiis etc. salutem etc. Licet a sanctis patribus proinde sit statutum ut singuli parochiani utriusque sexus singulas suas ecclesias parochiales diebus dominicis et festivis adheant et frequentent missas et alia divina officia audiant sacramenta et sacramentalia ibidem legitimo cessante impedimento a suo curato devote recipiant decimasque et oblaciones et alia iura parochialia iuxta morem patrie fieri consuetas dent et offerent ad dei laudem et suorum necessaria curatorum. Ex parte tamen magistri Johannis Lekhamstede vicarii perpetui ecclesie de Wendover' nostre diocesis graviter conquerendo nobis extitit intimatum quod quidem sancte matris ecclesie filii degeneres deum preoculis non habentes quorum nomina et persone ut dicitur penitus ignorantur iura et libertates dicte ecclesie infringere et perturbare et eam suis iuribus per consideratam maliciam et contra iusticiam privati satagentes et nonnullos parochianos suos utriusque sexus a dicta ecclesia sua parochiali diebus dominicis et festivis quesitis coloribus et dolis subtrahentes ipsos ad alias non suas ecclesias vel capellas huiusmodi diebus adire procurant et instigant vel admittunt oblacionesque et alia iura parochialia ab eis petunt colligunt et recipiunt et ymaginatis fraudibus extorquent seu sic colligi recipi et extorqueri procurant et huiusmodi collecta recepta et extorta rata habent pariter et accepta. Nulla prorsus restitucione vel emenda ecclesie prestita supradicte in suarum grave periculum animarum et dicte vicarii et ecclesie sue preiudicium non modicum et gravamen. Quocirca vobis etc. mandamus quatinus moneatis omnes facientes quod infra xx dies ab huiusmodi perturbacione et presumpcione iuris dicte ecclesie per consideratam maliciam atque fraudem dictorum parochianorum a dicta ecclesia sua indebite subtractorum procuracione vel admissione oblacionumque et aliorum iurium parochialium dictorum parochianorum indebita peticione colleccione recepcione et extoricione desistant

[*Folio 180^v*] indilate restitucionem dicto vicario de sic indebite petitis collectis et receptis celeriter facientes sub pena excommunicacionis maioris quam nos in personas eorum omnium et singulorum etc.

382. 1417. Testament of John Honingham, rector of Walgrave. Dated June 12th.

TESTAMENTUM MAGISTRIS[1] JOHANNIS HONYNGHAM, RECTORIS DUM VIXIT ECCLESIE DE WALDEGRAVE.[2] In die nomine amen. Cum humane condiccionis status volubilis perpetui metus fluctibus agitatur inter labentes fortune vanas fallacias nil sibi certitudinis appropriare valeat preter exitus extremi infallibilem veritatem namque nichil morte certius nil quoque incertius hora mortis omnes nempe morimur et dilabimur in momento velud aque ea propter, ego Johannes Honyngham capellanus nominatus licet tanti ministerii minister indignus futuro viagio domini nostri Regis ipsius ore regie ascriptus tanti instantis periculi meditacione conteritus dum ad huc divina tolerancia sensitum vires et potencie vigent in corpore, consideransque consultius fore oportunitate captata preoccupare tempora quam remedia querere post fines desperatos presencie duodecimo die Junii anno domini millesimo cccc^mo septimodecimo presens testamentum meum sive hanc meam ultimam voluntatem condo et facio in modum et formam qui secuntur. In primis lego precatricem animam meam misericordie et clemencie sui creatoris et intervencioni sue piissime matris et supercelestis curie universe corpusque meum ecclesiastice tradendum sepulture si de prope civitatem London' diem michi extremum imminere contigerit in ecclesia conventuali sancti Bartholomei iuxta dictam civitatem London'. Sin autem infra diocesim Dunelmen' superveniat michi terminus novissimus in ecclesia mea parochiali de Esyngton' dispono cadaver meum huiusmodi tumulandum. Si vero occurrant michi fatalia in aliis partibus a pretactis locis plurimum distantibus et remotis volo quod ascribat locum sepulture unus executorum meorum quem presentem esse tunc in morte mea contigerit seu nullo presente taliter executores disponant de loco sepulture huiusmodi amici ceteri qui assistent. Ita tamen quod parochialis ecclesie infra eius parochiam decessero porcione sua debita non fraudetur. Item volo et dispono quod primitus ante omnia solutis debitis funeralibus cetera mea debita quecumque abque dilacione aliqua solvantur. Item lego dicte ecclesie conventuali priorique et fratribus eiusdem si infra ipsam ecclesiam corpus meum sepeliri contigerit ut ipsi devotum in exequiis et missa mea funerali obsequium impendant et me per annum continuum diem mortis mee proximum sequentem in suis oracionibus nominatum et in speciale commendatum habeant necnon anniversarium meum cum exequiis et missa in crastino prout moris est compleant et faciant decem marcas. Et cum illis in officiis caritatis forcius astringimur a quibus dinoscimur beneficium recepisse et a quibus habundancius aliqua recepimus striccius

---

[1] *Sic, recte* magistri.   [2] Abstract in *Linc. Wills*, p. 125.

astringimur. Lego propterea ecclesie mee de Esyngton' pro factura unius vestimenti cum una capa et apparatibus diacono et subdiacono convenientibus pro summo altari eiusdem ecclesie ordinandum xx marcas. Item in recompensam unius capellani celebrare soliti in quadam cantaria occupabat dominus Johannes Calcrofte in dicta ecclesia de Esyngton' ad exhibendum unum capellanum per triennium continuum ibidem iuxta morem antiquam celebraturum preter porcionem sive pensionem annuam vj marcas quam idem capellanus debet percipere de rectore dicte ecclesie qui pro tempore fuerit. Lego eidem capellano taliter ibidem ut prefertur per triennium proximum sequentem tempus mortis mee celebraturo singulis annis triennii huiusmodi xij marcas, quas quidem xij marcas volo solvi dicto capellano iuxta ordinacionem et disposicionem magistri Thome Lees decani ecclesie de Awkland' et magistri Thome Tang' alias dictus Clerk' de Elvett. Ita tamen quod executores mei fuit liberi et quieti ab omni accione sive prosecucione per quemcumque et qualitercumque contra eos vel aliquem mote vel movende ex eo pretextu vel causa quod per triennium proximum iam preteritum nullus capellanus in dicta cantaria divina celebraturus per me exhibitus fuerat vel inventus. Item lego in fabricam et ad opus fabrice dicte ecclesie de Esyngton' x s., ita tamen quod parochiani ipsius ecclesie in inquisicione super reparacione mansi sive domui rectorie dicte ecclesie et aliorum locorum ad archidiaconatum Dunelmen' spectancium et pertinencium considerantes graves sumptus et expensas quos circa reparacionem dictorum domorum edificiorum et locorum errogavi et exposui sub debita moderacione et convenienti ac congrua quantitate et non de summa immoderata et excessiva deponant et ipsos ad quos spectat instruant et informent. Item lego ad distribuendum inter pauperes parochianos dicte ecclesie de Esyngton' quinque libras. Item lego ad distribuendum inter pauperes tenentes de Newton' archidiaconatu xl s. Item lego uni heremite ibidem commoranti xl d. Item lego ad opus et facturam unius vestimenti integri principali cum capa et apparatibus diacono et subdiacono convenientibus pro summo altari ecclesie mee parochialis de Walgrafe ordinandum x marcas. Item lego ad distribuendum [*Folio 181*] inter pauperes parochianos eiusdem ecclesie de Walgrafe v marcas. Item lego ad facturam unius vestimenti ad summum altare ecclesie sancti Petri in Walgrafe London' deserviturum c s. Item lego ad distribuendum inter pauperes parochianos eiusdem ecclesie sancti Petri xl s. Item volo quod vestimenta predicta et distribucio inter pauperes facienda ut prefertur ordinentur et fiant iuxta ordinacionem alicuius executorum meorum et duorum proborum virorum uniuscuiusque parochie eius intereo vertitur in hac parte. Item lego fabrice de Sedelscombe iuxta monasterium de Bello Cicestren' diocesis xl s. Item lego fabrice ecclesie de Collamstede abbatis iuxta Redyng' Wynton' diocesis v marcas. Item lego summo altari ecclesie sancti Laurencii in Veteri Iudaismo London' pro decimis et oblacionibus xl s. Item lego summo altari ecclesie beate Marie de Arcubus London' xx s. Item lego fabrice ecclesie cathedralis sancti Petri Ebor' in memoriam sepulture patris et matris meorum qui ibidem recumbunt tumulati c s. Item lego ad distribuendum inter pauperes ecclesie parochialis de Skypwyth' Ebor' diocesis xl s. Item lego summo altari illius ecclesie infra quam contigerit corpus meum sepeliri si extra ecclesiam dicti prioratus corpus meum sepeliatur xl s. Item lego summo altari sancte Marie de Stanynglayn pro decimis et oblacionibus oblitis et non solutis xx s. Item lego ad distribuendum inter pauperes in die sepulture mee ad orandum pro anima mea et animabus parentum et omnium fidelium defunctorum xx marcas, videlicet unicuique unum vel duos denarios iuxta numerum pauperum huiusmodi. Item lego cuilibet capellano dictarum ecclesiarum sanctorum Laurencii et Petri in Westchepe si me infra dictam civitatem mori contigerit qui exequiis meis in sero et mane in missa interfuerint xx d. Item volo quod confestim post mortem meam solvantur abbati et conventui de Bewalanda Ebor' diocesis xij marcas et quod ipsi habeant commendatam annuam bone memorie Galfridi nuper abbatis eiusdem loci annuam meam et parentum meorum. Item volo quod restituatur eisdem abbati et conventui unus libellus qui vocatur *Tabula Iuris* quem habui ex liberacione dicti magistri Galfridi abbatis qui quidem liber dimissus est apud Esyngton'. Item volo quod tenementa mea que habeo in Eboraco statim post mortem meam sint et remaneant Willelmo et Roberto fratribus meis iuxta voluntatem patris mei defuncti. Ita tamen quod Johanna mater dictorum Willelmi et Roberti teneat et possideat per totam vitam suam tenementum illud quod mater tenet ex concessione mea. Item volo et ordino quod tenementum meum in villa de Hugate cum pertinenciis suis remaneat Waltero filio eiusdem Edmundi de Tweng' ipso vivente, et quod post mortem eiusdem Walteri spectet et perveniat ad heredem proximum ipsius Walteri et quod dominus Ricardus Wlverston' faciat feoffari et seisiri dictos Edmundum et Walterum iuxta voluntatem meam predictam. Item lego Johanni Kyrkeby filio Roberti Kilburn' alias Mercer' de Kyrkby Morseide x libras quas volo liberari dominis Ricardo Wlverston' et Thome Dale ut ipsi exponant et convertant dictam summam ad melius bonum sive proficium dicti Johannis iuxta discreccionem eorundem. Item lego Roberto patri eiusdem Johannis xl s. Item lego Isabelle sorori dicti Roberti xx s. et unam togam cum capicio de liberatis meis. Item lego Agneti filie eiusdem Isabelle xx s. Item lego Johanne uxori quondam patris mei in memoriam et honorem patris mei et unam togam furratam cum capicio de liberatis meis. Item lego feretro sancti Thome Cant' xl s. Item volo quod distribuantur inter pauperes diocesis Cant' commorantes infra iurisdiccionem domini Cant' archiepiscopi in emendam temere ibidem receptorum x marcas et quod ista distribucio fiat iuxta disposicionem dictorum domini Ricardi et Thome Dale. Item lego Willelmo fratri meo xx libras sub hac tamen condiccione quod huiusmodi summa pecunia solvatur eisdem in plenam solucionem et satisfaccionem pecuniarum et arreragium que sibi pretendunt deberi de redditibus et tenementis meis Eboraco situatis. Et ut ipsi contententur dicta summa per me legata eisdem nec eorum aliquis quicquam amplius ex eo pretextu exigat ab executoribus meis. Item lego Katerine uxori Willelmi fratris mei unam zonam deauratam que est in quadam cistula inclusa infra quandam

cistam maiorem deposita penes magistrum Robertum vicarium dicte
ecclesie sancti Laurencii et infra mansum vicarie sue London'
existentem. Item lego eidem Katerine xl s. et unam togam furratam
sive sederatam de melioribus liberatis meis cum capicio duplicato.
Item lego domino Thome Dale capellano Bibliam meam meliorem
que incipit in secundo filio[1] dit in actibus. Item lego [eidem] calicem
meum [*Folio 181ᵛ*] et patenam in quo solitus ministrare divina. Item
lego eidem portiforium meum de usu Ebor' ut commendatas habeat
animas domini Petri quendam rectoris de Gillyng' et patris et matris
meorum et omnium fidelium defunctorum. Item lego eidem domino
Thome c s. Item lego domino Thome Newton' capellano xl s. Item
lego magistro Willelmo Bryght rectori ecclesie sancti Michaelis de
Cornhull' London' unam zonam deauratam cum corpore viridi que
est in quadam parva cistula infra quandam maiorem cistam infra
domum hospicii mei London' situatam ut remittat michi de offensa
ex eo quod contra mutatem voluntatem suam tenui penes me
librum suum qui intitulatur *Gorham copiandum*. Item lego Ricardo
Wlverston' rotulum devocionum. Item lego eidem unam peciam
argenteam insculptam cum coopertorio argenteo habentem unam
magnam knopam argenteam in summitate eiusdem. Item lego Johanni
Swan servienti meo c s. disponendum pro utilitate eiusdem et iuxta
discreccionem dicti domini Roberti vicarii sancti Laurencii et domini
Thome Dale supradicti. Item lego Thome More servienti meo totum
illum apparatum armorum quem emi ad ornatum et armaturam
corporis ipsius Thome in presenti viagio domini nostri Regis. Item
lego eidem Thome xl s. Item lego Johanni Freston' xx s. Item lego
Willelmo coco meo xxvj s. viij d. Item lego Gilberto Bradshaw xx s.
Item lego Roberto Walhull' xl s. in eventu quo mecum steterit
tempore mortis mee et sit tunc in servicio meo. Item lego unicuique
servienti meo alii a predictis qui mecum steterit tempore mortis mee
ultra debitum dispendium suum xiij s. iiij d. Item lego Nicholao
Dixton' gladium meum. Item lego domino Henrico Kays librum illum
qui vocatur *Speculum Curatorum* quem dimisi in custodia sua. Item
lego Johanni Swan lectum cum tapeto qui erat Thome Mydilton' una
cum blanket et ij linthiaminibus et aliis superlectibus in quibus solet
ipse dormire. Item lego Johanni Freston' unam togam de medely
lynet cum rubio bukeram et capicium duplicatum eiusdem. Item lego
domino Thome Dale unam togam cum capicio de murrey greynde
cum duplicato capicio eiusdem et furratam. Item lego eidem libellum
sermonum quem composuit prior quondam sancti Bartholomei quem
comparavi de Nicholao Hawe et est libellus in papiro. Item volo quod
Nicholaus Hawe reddendo executoribus meis xx s. rehabeat si sibi
placuerit illum qui intitulatur *Gorham super Matheum* dumtamen
infra mensem proximam post notificacionem sibi de hoc factam redi-
mat librum antedictum iuxta estimacionem supradictam. Item lego
Waltero Sckyner' x s. Item domino Waltero capellano antiquo cele-
brante in ecclesia sancti Petri in Westchepe London' in veneracionem
antiquorum serviciorum xx s. Item lego Mariorie Claveryng' xl s.

---

[1] *Sic, recte* folio?

Item lego Katerine servienti Juliane Walton' xxvj s. viij d. Item lego Rogero Gardiner' xl d. Item Johanni Baker' xl d. Item lego uxori magistri Thome Clerk alias Tang' unum lectum cum curtinis paled cum viridi et rubio qui est in custodia eiusdem. Item lego eidem viginti solidos. Item lego dicto magistro Thome unum libellum qui intitulatur *Bartholomeus de casibus* qui est in custodia eiusdem magistri Thome. Item lego eidem pro bono servicio suo x marcas. Item remitto Roberto Belasees de xxxvj libris michi per ipsum debitis vj libras dumtamen residuum fideliter michi vel executoribus solvat. Item lego magistro Thome Lees unam peciam argenti deaurate chased in bona forma. Residuum vero omnium bonorum meorum post debita mea soluta lego et dispono primitus ad exhibicionem trium capellanorum per tres annos continuos proximos post mortem meam et ulterius si bona mea sufficiant divina et missas celebraturorum quorum unus celebrabit in loco sepulture si tamen infra regnum Anglie me sepeliri contigerit, alioquin in ecclesia cathedrali Ebor' ad altare proximum monumenta patris mei secundum vero in ecclesia parochiali de Esyngton' ad altare cantarie quam quondam occupabat dominus Johannes Calcrofte tercium vero in ecclesia parochiali de Waldegrave ad aliquid altare collaterale ipsius ecclesie qui celebrabunt pro animabus Willelmi patris et Johanne matris meorum Agnetis sororis parentum et benefactorum et presertim dominorum Rogeri Walden' episcopi quondam London' et domini Willelmi Bulkot et episcoporum fundatorum dicte cantarie in ecclesia de Esyngton' et animabus omnium fidelium defunctorum. Cetera vero bona mea si que fuit volo quod distribuantur in usus pauperum et pias causas iuxta discreccionem executorum meorum quos onero quod ipsi disponant et ordinent de eisdem bonis prout et sicut respondere voluerint in extremo die iudicii. Item volo quod si dicta mea disposicio non valeat ut testamentum neque iure testamenti valeat tamen et procedat iure codicillorum et cuiuslibet alterius ultime voluntatis huiusmodi huius autem testamenti mei sive mee ultime voluntatis ordino et constituo executores meos, videlicet pro bonis iuribus et rebus meis et michi competentibus infra provinciam Cant' vel alias ubicumque existentibus dominos Henricum Kays Robertum Wombwell' vicarium dicte ecclesie sancti Laurencii Ricardum Wlverston' rectorem ecclesie parochialis de Bedeford' et Thomam Dale capellanum et magistrum Thomam dictum Clerk alias Tang' de Elvett Dunelmen'. Et volo quod quantum ad vendiccionem librorum meorum quod libri mei superius non legati [*Folio 182*] vendantur per supervisionem alicuius viri probi et iurisperiti qui noticiam habeat estimacionis debite eorundem ad discreccionem dictorum executorum meorum nominandi et eligendi. Item ordino et constituo supervisorem bonorum meorum infra provinciam Ebor' existencium magistrum Thomam Lees decanum supradictum. Item volo quod ultra legata mea superius disposita quilibet executorum meorum predictorum qui in se omnis administracionis huiusmodi mee voluntatis in se effectualiter suscipere voluerit percipiat et habeat in recompensam laboris sui quinque marcas. Item lego ecclesie parochiali de Esyngton' predicta meum magnum missale nuper a Johanne Boyse per me comparatum. Item

lego ecclesie parochiali de Waldegrave predicta meum novum portiforium magnum nuper eciam mediante dicto Johanne Boyse per me
comparatum. Item quia habeo penes me unum parvum missale ex
accommodato domini Johannis Whytte alias Qwytte capellani cele-
brantis in dicta ecclesia de Esyngton', volo quod dictus liber
restituatur eidem et in eventum quo eidem domino Johanni non
restituatur quod liberentur eidem domino Johanni pro precio eiusdem
v libras, et quia precium huiusmodi videtur excessum volo quod
oneretur idem Johannes ut animam meam et parentum meorum
habeat suis oracionibus commendatis. Item quia habeo mecum unum
libellum domini Ricardi rectoris sancti Petri in Westchepe London'
qui intitulatur *Vigecius*, volo quod in eventum quo idem libellus non
restituatur eidem quod tradantur sibi pro precio libelli huiusmodi
xiij s. iiij d. In quorum omnium testimonium sigillum meum quo
communiter utor presentibus est appensum. Presentibus in sigilli
huiusmodi apposicione domino Thoma Leven' capellano parochialis
ecclesie sancti Petri in Westchepe London' Gilberto Bradshaw
Johanne Freston' Johanne Kyrkeby Johanne Swan domino Thoma
Burton' capellano Ebor' diocesis Roberto Wahell' Segero de Crekyng-
beke clerico Colon' diocesis testibus ad premissa vocatis specialiter
et rogatis, ac insuper domino Thoma Newton' capellano Coventren'
et Lich' diocesis et aliis. Item lego ad distribuendum inter incarceratos
de Ludgat et de Newgate et de Flete London' tres libras. Item si
infra civitatem London' me sepeliri contigerit lego singulis conventi-
bus fratrum mendicancium dicte civitatis qui exequiis meis in vesperis
et in missa interfuerint die sepulture corporis mei xx s. Item lego ad
distribuendum inter incarceratos carceris abbatis Westm' xx s. Item
lego ad distribuendum pro animabus magistri Petri Pykeryng et
Thome Midilton' quondam servientis mei in missis et aliis operibus
pietatis xl s.

Proved before Bishop Repingdon at Old Temple, London, on
December 15th.

383. 1417. December 11th, Old Temple. Licence to William Joliffe
(Jolyff'), rector of Ashwell (Assewell') to put his church to farm for
three years. [D.]

384. Same date and place. Licence to the prioress and convent of
Broomhall to put to farm the appropriated church of North Stoke,
for five years. [G.]

385. 1417. December 10th, Old Temple. Licence to John Cliffe, rector
of Stanford, and others, to exhume the body of Henry Malpas, late
rector of Stanford, and to re-inter it at Newhouse[1] Abbey, in accordance with his will.

---

[1] Or Newsham.

Licencia transferendi ossa mortui Maupas. Philippus permissione divina Lincoln' episcopus dilectos in Christo filiis dominis Johanni Clyve, rectori ecclesie parochialis de Stanford' nostre diocesis necnon Willelmo Islepe et Willelmo Asthill' capellanis ac Johanni Morkur' laico administratoribus bonorum domini Henrici Maupas dudum rectoris dicte parochialis ecclesie de Stanford' defuncti salutem graciam et benediccionem. Exhibite nobis nuper peticionis vestre series continebat ut cum idem dominus Henricus adhuc agens in humanis corpus suum postquam sepulturam emiserit in dicta ecclesia de Stanford' humandum fore et ibidem usque caro corrupta consumeretur questore et ossa sua exinde ad monasterium sancti Marcialis de Neuhous dicte diocesis transferri in sua disposuerit ultima voluntate quatinus cum sicut [*Folio 182^v*] asseritis caro eiusdem defuncti iam penitus sit consumpta ossa sua huiusmodi exhumandi et ad dictum monasterium transferendi et humandi illa in eodem specialem vobis licenciam concedere dignaremur. Nos enim pium esse sperantes voluntates ultimas exequi defunctorum ut iuxta dicte peticionis vestre seriem ossa huiusmodi exhumare et ad dictum monasterium transferre et humare in eodem licite valeatis et quilibet vestrum valeat licenciam et auctoritatem plenarium quantum in nobis est tenore presencium concedimus specialem[1] ecclesie nostre Lincoln' atque nostris et alterius cuiuscumque iuribus et consuetudinibus in omnibus semper salvis. In cuius rei testimonium sigillum nostrum presentibus est appensum. Dat' in hospicio nostro apud Vetus Templum London' decimo die mensis Decembris anno domini millesimo cccc^mo xvij^mo, et nostre consecracionis anno xiij°.

386. 1417. December 6th, Old Temple. Letters dimissory to William Murcote, clerk, to all orders. [B.]

387. 1417. December 3rd, Old Temple. Licence to John Cliffe (Clyff'), rector of Stanford, for two years' non-residence. [H.]

388. Same date and place. Licence to Thomas Cirencester (Circeter'), bachelor of theology, to preach in the archdeaconry of Oxford, during the bishop's pleasure.

389. 1417. November 25th, Old Temple. Letters dimissory to Alan Blount, clerk, to all orders. [B.]

390. 1417. November 24th, Old Temple. Letters dimissory to Thomas Morton, rector of Wymondham (Wymundsham), subdeacon, to deacon's and priest's orders. [B]

---

[1] *Sic, recte* specialem licenciam.

391. 1417. November 20th, Old Temple. Letters dimissory to John Russell, clerk, to all orders. [B.]

392. Same date and place. Letters dimissory to Thomas Milcombe (Mylcombe), John Newport (Nuporte), Thomas Chaplain (Chapeleyn), John Andover (Andever') and James Hampton, monks of Rewley Abbey, to all orders. [B.]

393. November 22nd, Old Temple. Letters dimissory to Thomas Prentoft' of Mablethorpe, clerk, to all orders. [B.]

394. November 12th, Huntingdon. Commission to Thomas Tyberay to sequestrate the fruits of Folksworth (Folkesworth') church on account of the absence of the rector, and to provide for the cure of souls.

395. Same date and place. Letters dimissory to John Madingley (Madyngle) to priest's orders, and to Peter Oakley, William Persbrygg' and John Bushton (Bussheton'), having the first tonsure, to all orders. [B.]

396. 1417. November 21st, Old Temple. Licence to John Grendon, rector of Hambleden (Hamelden'), for three years' non-residence. [H.]

397. 1417. November 11th, Stamford. Letters dimissory to Richard Wynflow and Robert Rewge, acolyte, to all orders. [B.]

398. [Undated.] Monition against certain persons at Abbot's Ripton who withold the customary alms towards the maintenance of a holy-water clerk.

MONICIO CONTRA DENEGANTES SUSTENTACIONIS AQUEBAIULI. Philippus permissione divina Lincoln' episcopus A.B.C.[1] salutem etc. Licet canonibus et sanctorum patrum cantum noscatur institutis ut rector vel vicarius cuiuslibet parochie officium aquebaiulus sue ecclesie tali conferat qui iuxta suum cor sciat et valeat in divinis officiis congrue sibi deservire et suis obtemperare mandatis parochialique huiusmodi clerico sic per rectorem vel vicarium instituto sustentacionem largiri teneantur ad quam largiendum sollicite moneantur et si necessarie

---

[1] *Sic.*

fuerit compellantur. Quidam tamen ecclesie parochialis de R. abbatis
nostre diocesis parochiani cuique quod est iustum reddere denegantes
quorum nomina et cognomina ut dicitur ignorantur elimosinas suas in
hac parte consuetas ab eiusdem ecclesie sue aquebaiulo per rectorem
eiusdem ecclesie alias debite instituto subtrahunt concelant et penes
se detinent occultata in suorum grave periculum animarum ac eiusdem
aquebaiuli preiudicium et sui sustentacionis non modicam diminu-
cionem. Quocirca etc. moneatis etc. in genere sub pena excommunicacionis etc. quatinus etc.

399. [Undated.] Licence to exhume the body of Henry Malpas, late
rector of Stanford.[1] [to Folio 183]

400. 1417. December 21st, Royston. Commission to William Bellers,
bishop "Solton'", to confer benediction on John Witney, the newly
elected abbot of Rewley Abbey, on the presentation of letters from
the abbot of Beaulieu.

PRESENTACIO ABBATIS DE REGALI LOCO OXON' PRO BENEDICCIONE
OBTINENDO. COMMISSIO AD IPSUM BENEDICENDUM. Vicesimo die mensis
Decembris anno domini millesimo cccc^{mo} xvij^{mo} apud Royston'
exhibite fuerunt reverendo in Christo patri ac domino domino
Philippo dei gracia Lincoln' episcopo littere subscripte sub hac forma.
Reverendo in Christo patri ac domino domino Philippo permissione
divina Lincoln' episcopo vester si placeat humilis et devotus Ricardus
dei gracia abbas monasterii de Bello Loco Regis ordinis Cistercien'
Wynton' omnimodas reverencias tanto patri debitas cum honore. Quia
nos eleccionem rite et canonice celebratam de confratre nostro
Johanne Wytteney in abbatem monasterii de Regali Loco iuxta Oxon'
ordinis predicti vestre diocesis confirmavimus in forma iuris statutis
et observanciis nostri ordinis plenius observatis, vestram reverendam
paternitatem humiliter rogamus quatinus eidem et confirmato per
sacrarum manum vestrarum imposicionem munus benediccionis dignemini impendere, ac cetera facere et expedire quo vestro in hac parte
incumbunt officio pastorali. In cuius rei testimonium sigillum nostrum presentibus est appensum. Dat' in monasterio de Regali Loco
supradicto xvij^{o} mensis Decembris anno domini millesimo cccc^{mo}
xvij^{mo}. Post quarum quidem litterarum exhibicionem idem reverendus pater Lincoln' episcopus venerabili in Christo patri domino Willelmo Solton' episcopo vel cuicumque alteri episcopo catholico sedis
apostolice graciam et execucionem sui officii obtinenti ad impendendum munus benediccionis dicto confirmato et ad recipiendum eius
professionem ac ad reddendum dictum reverendum patrem episcopum Lincoln' certiorem quam cito etc. commisit vices suas ut in
forma communi.

[1] This entry is unfinished. It appears to be a repetition of the licence supra, no. 385.

401. 1417. December 1st, Old Temple. Licence to Thomas Clerk, rector of Wallington (Walyngton') for three years' non-residence [C.]

402. [Undated.] Licence to William Dalby of Oakham to found a hospital called Chamberlain's Croft at Oakham for twelve poor men, with two priests to celebrate masses for King Richard II and King Henry IV, William Dalby and his wife Agnes, their relatives and descendants, and others.

LICENCIA DALBY AD FUNDANDUM HOSPITALE APUD OAKHAM. Philippus permissione divina Lincoln' episcopus dilecto nobis in Christo Willelmum Dalby de Oakham in comitatu Rutland' nostre diocesis salutem graciam et benediccionem. Peticio tua nobis nuper exhibita continebat quod tu ad honorem dei sancti Johannis Evangeliste et sancte Anne matris gloriose virginis Marie licencia serenissimi principis et domini nostri domini Ricardi Regis Anglie post conquestum secundi ac auctoritate consensu et assensu omnium et singulorum quorum interest in hac parte prehabitis quoddam hospitale in solo tuo vocato Chaumberlayns Croft' infra parochiam de Oakham predicta duorum presbiterorum in dicto hospitali perpetuis temporibus celebraturorum pro animabus serenissimorum principum dominorum Ricardi secundi et Henrici quarti post conquestum nunc Regum Anglie et specialiter tui Willelmi Dalby Agnetis uxoris tue Rogeri Flore et Katerine uxoris sue ac patrum et matrum eorundem et omnium ab eis descendencium Johannis Holcote quondam vicarii de Exton' et animabus omnium fidelium defunctorum et duodecim pauperum in eodem sustendandorum erigere facere et stabilire disposuisti. Quare pro parte tua nobis fuit humiliter supplicatum ut ad erigendum faciendum fundandum et stabiliendum dictum hospitale in loco predicto et capellanis huiusmodi pro tempore existentibus perpetuis futuris temporibus celebrandis in eadem pro nobis et successoribus nostris licenciam et auctoritatem concedere dignaremur. Nos vero pium propositum tuum in hac parte in domino commendantes ad erigendum faciendum fundandum et stabiliendum hospitale huiusmodi duorum capellanorum celebraturorum et duodecim pauperum sustentandorum in eodem in solo tuo predicto melioribus modis quibus tibi videbitur iuxta et secundum tibi a deo datam discreccionem ac capellanis huiusmodi perpetuis futuris temporibus celebrandis in eodem pro nobis et successoribus nostris de et cum consensu voluntate et assensu capituli ecclesie nostre Lincoln' ac curati loci illius licenciam ac auctoritatem consensum et assensum nostros tibi concedimus per presentes. In cuius rei testimonio sigillum nostrum presentibus est appensum. Dat' etc.

403. 1417/18. January 14th, Sleaford. Commission to Robert Ormeshede and Thomas Foston, rector of Burton, to receive the purgation

of Christiana Ashby, wife of John Paynell, knight, on a charge of incest.

COMMISSIO AD RECIPIENDUM PURGACIONEM MULIERIS SUPER CAUSE INCESTUS. Philippus etc. Pro parte Cristiane Assheby uxoris domini Johannis Paynell' militis nostre diocesis nobis fuit humiliter supplicatum ut cum magister Willelmus Burton' presidens curie consistorii nostri Lincoln' in quadam causa divorcii sive nullitatis matrimonii inter eosdem dominum Johannem et Cristianam contracti et in facie ecclesie solempnizati que primo coram magistro Thoma Brouns nostro in hac parte commissario et deinde coram eodem presidente in dicta curia aliquidem vertebatur inter Galfridum Paynell' filium carnalem dicti domini Johannis Paynell' partem actricem ex parte una et prefatos dominum Johannem et Cristianam partem ream ex altera rite et legitime procedens sentenciam pro parte dictorum domini Johannis et Cristiane et contra partem dicti Galfridi tulerit diffinitivam necnon pro viribus matrimonii predicti pronunciaverit et declaraverit et cetera fecerit prout in litteris ipsius presidentis inde consertis plenius continetur, quatinus purgacionem ipsius Cristiane de et super crimine fornicacionis cum magistro Willelmo Paynell' filio carnali prefati domini Johannis Paynell' diu ante quemcumque contractum matrimonialem inter ipsam et dictum dominum Johannem Paynell' initum ut dicebatur commisso et super quo ad impedimentum matrimonii huiusmodi per dictum Galfridum coram prefato commissario nostro diu ante prolacionem sentencie antedicte fuit iudicialiter impetita recipere ac ipsam sic purgatam ab impeticione [*Folio 183ᵛ*] officii nostri dimittere dignaremur. Nos igitur peticioni sue huiusmodi animentes ad recipiendum in forma iuris purgacionem dicte Cristiane cum sex mulieribus honestis suorum gradus et status de et super dicto crimine fornicacionis cum prefato magistro Willelmo Paynell' ut prefertur commisso vocatis etc. ut in forma. Et xiiij° die mensis Januarii anno domini millesimo cccc^{mo} xvij^{mo} apud Sleford' commissum fuit magistro Roberto Ormeshede ac Thome Foston' rectori ecclesie parochialis de Byrton' Lincoln' diocesis ad recipiendum purgacionem dicte Cristiane in forma supradicta.

404. 1417/18. February 5th, Sleaford. Letters dimissory to Robert Thrower (Thrower') of Fleet, clerk, to all orders. [B.]

405. 1417/18. February 3rd, Sleaford. Mandate to the dean of Christianity at Lincoln to admonish the clergy and people of Lincoln to take part in prayers and processions, in which they have been showing great negligence.

MONICIO AD INSISTENDUM PROCESSIONIBUS ET LETANIIS. Philippus permissione divina Lincoln' episcopus dilecto filio decano Christianitatis Lincoln' salutem graciam et benediccionem. Meminimus quod

nos dudum nondum auctoritate et mandato reverendi in Christo patris
etc. legati nobis in hac parte commissi verum eciam et nostra auctoritate
clerum et populum archidiaconatus nostri Lincoln' et presertim
civitatis nostre predicte moneri mandavimus et induci ut iidem clerus
et populus ob quam plures notabiles evidentes et necessarias causas
in litteris nostris dicto officiali directis in hac parte expressas et
sufficienter declaratas processiones solempnes singulis quartis feriis
in singulis suis ecclesiis per ipsam civitatem nostram et suburbia
eiusdem situatis ac singulis sextis feriis per mediam civitatem predictam a quadam porta vocata Barreyate usque ad ecclesiam nostram cathedralem cum solempni letaniarum et aliarum oracionum
devotarum decantacione facerent et continue excercerent ac huiusmodi processionibus insistentibus certas indulgencias eciam meminimus nos concessisse prefati tamen clerus et populus civitatis nostre
predicte mentis pigricia et sompnolencia occupati nec bonum
obediencie nec indulgenciarum meritum ponderantes ab huiusmodi
processionibus ut a pluribus didicimus cessare contendunt et cessant
eciam diebus modernis. Tibi in virtute obediencie et sub pena contemptus firmiter iniungimus et mandamus quatinus moneas et efficaciter inducas auctoritate nostra sicque moneri et inducere non cesses
clerum tam regularem quam secularem et populum eiusdem civitatis
nostre quos consimiliter monemus requirimus et hortamur in visceribus Jesu Christi ut ipsi pro causis in prioribus nostris expressatis
plenius et declaratis quas per te eciam de novo volumus declarari
processiones solempnes iuxta formam superius descriptam singulis
quartis et sextis feriis faciant et excerceant ac continue absque inter-
missione studeant excercere indulgencias insistentibus processionibus
huiusmodi alias concessas felicius adepturas. Denuncies insuper
publice in vulgari clero et populo eiusdem civitatis nostre ut una
nobiscum die veneris proximo post diem Cinerum proximum futurum
in ipsa civitate nostra huiusmodi processionibus ad portam supradictam per nos incipiendis et inchoandis intersint deum pro causis
huiusmodi supplicatis deprecaturi et sermonem quem in vulgari
eisdem clero et populo tunc fieri procurabimus devocius audituri, et
si quos huiusmodi mandati nostri inveritis contemptores de eorum
nominibus et cognominibus diligenter inquiras et nos de eisdem
certifices tempore debito et oportuno. Dat' sub sigillo nostro in castro
nostro de Sleford' tercio die mensis Februarii anno domini millesimo
cccc^{mo} xvij^{mo}, et nostre consecracionis anno xiij°.

406. 1417/18. February 13th, Sleaford. Commission, on the reception
of letters from the Council of Constance, to Richard Hethe and
William Burton, to hear and determine the case of Margaret Bawtry,
widow, of the diocese of York, who has appealed to the apostolic see
after sentence of excommunication has been passed upon her by the
locum tenens of the official of York for obstructing the administration
of the will of Robert Shilbotyll'. Bishop Repingdon is asked by the
Council to confirm or invalidate the sentence.

DELEGACIO PRO MARGARETE BAWTREE. Sacrosancta et generalis sinodus Constancien' venerabili fratri episcopo Lincoln' salutem et dei omnipotentis benediccionem sua nobis dilecta ecclesia filia Margareta Bawtre mulier Ebor' diocesis peticione monstravit quod olim Thomas Carthorp' laicus et Alicia relicta quondam Roberti Shilbotyll' iunioris laici vidua predicte diocesis asserentes quod dictus Robertus condens de bonis suis in eius voluntate ultima testamentum eosdem Thomam et Aliciam eiusdem testamenti executores deputavit, cuius eciam mulieres iuxta consuetudinem illarum partium executoris ultimarum voluntatum seu testamentorum esse possint falso que pretendentes quod predicta Margareta quominus prefati Thomas et Alicia dictum testamentum iuxta voluntatem dicti testatoris tunc vitafuncti exequi possent maliciose temere et scienter impediret quodque propterea maioris excommunicacionis sentenciam contra impedientes pias et ultimas voluntates in civitate et diocesi Ebor' decedencium et execuciones testamentorum eorundem in quadam sinodali constitucione ecclesie Ebor' prius edita late dampnabiliter incurrisset eandem Margaretam super hoc petendo decerni et declarari ipsam prefatam sentenciam ut premittitur incurrisse necnon excommunicatam publice nunciari aliasque puniri pro tante temeritatis excessu ad arbitrium Ricardi Arnall' clerici tunc locumtenentis officialis Ebor' in eius absencia officiali predicto officiali tunc absente auctoritate ordinaria deputati clerico eodem non ex delegacione apostolica traxerunt in causam et postquam idem clericus inter partes ipsas ad aliquas actus in huiusmodi causa processerat prefatus officialis ulterius perperam huiusmodi causa procedens diffinitivam contra eandem Margaretam sentenciam promulgavit iniquam ipsam in expensis in huiusmodi causa factis nichilominus condempnando ipsarum expensarum taxacione sibi imposterum reservata a qua quidem sentencia pro parte dicte Margarete fuit ad sedem apostolicam appellatum cum antedicta Margareta sicut asserit potenciam dictorum Thome et Alicie merito perhorescens eos infra civitatem seu diocesim predictam nequeat pervenire secure fraternitati tue per scripta nostra mandamus quatinus in huiusmodi appellacionis causa procedens legitime sentenciam ipsam confirmare vel infirmare appellacione remota procures prout de iure fuerit faciendum. Dat' Constanc' tercio non. Novembris anno a Nativitate domini millesimo cccc^{mo} xvij^{mo} apostolica sede vacante. Terciodecimo die mensis Februarii anno domini millesimo quadringentesimo decimo septimo apud Sleford' dictus reverendus pater Lincoln' episcopus magistris Ricardo Heth' et Willelmo Burton' coniunctim et divisim ad cognoscendum procedendum diffiniendum et fine canonico et debito terminandum in causa sive negocia et inter partes predictas etc. cum suis emergentibus dependentibus incidentibus et connexis. Ceteraque omnia et singula faciendum excercendum etc. prout littere supradicte exigunt et requirunt in hac parte commisit suos vices etc. ut in forma.

[*Folio 184*]

407. 1416. Testament of William Alcock, burgess, of Grimsby. Dated April 21st.

TESTAMENTUM WILLELMI ALCOK DE GRYMESBY.[1] In dei nomine amen. Die martis in septimana Pasche anno domini millesimo cccc^{mo} xvj°, ego Willelmus Alcok burgensis de Grymmesby condo testamentum meum in hunc modum. Commendo animam meam deo omnipotenti et corpus meum ad sepeliendum ubicumque deus disposuerit. Et lego rectori ecclesie sancti Jacobi de Grymmesby unum debitum mortuarium, et lego rectori eiusdem ecclesie pro decimis oblitis illos xx s. quos Johannes Hotoft canonicus michi debet, et lego fabrice ecclesie predicte vj s. viij d. Et lego fabrice ecclesie beate Marie de Grymmesby vj s. viij d. Item lego monasterio Lincoln[2] vj s. viij d. Et lego fratribus Augustini de Grymmesby x marcas. Et lego fratribus minoribus eiusdem ville vj s. viij d. Et lego ecclesie de Southekelsey vj s. viij d. Et lego ecclesie sancti Nicholai ibidem xl d. Et lego fratribus predicatoribus Lincoln' vj s. viij d. Et lego fratribus de Monte Carmeli Lincoln' vj s. viij d. Et lego Agneti uxori mee omnia utensilia necessaria et iocalia hospicii mei integre nomine dotis et partis sue residuum omnium bonorum meorum marcandisarum et debitorum meorum si sibi placuerit. Et si dicta Agnes uxor mea se habere contentam noluerit de legacione mea predicta nomine dotis et partis sue ut predictum est sed recusaverit, tunc volo quod dicta Agnes uxor mea habeat partem legitimam de bonis meis predictis prout lex in se requirit et legacio predicta utensilium necessariorum et iocalium pro nullo habeatur. Et si dicta Agnes uxor mea se habuit contentam de utensilibus necessariis et iocalibus nomine dotis et partis sue residuum bonorum meorum ut predictum est, tunc volo idem dicta Agnes habeat statum et possessionem in toto mesuagio meo in quo inhabito in Grymmesby cum pertinenciis ad terminum vite dicte Agnetis, et post decessum ipsius Agnetis volo quod dictum mesuagium cum pertinenciis integre remaneat ad faciendum pro anima mea ut patet in subscriptis executoribus meis. Et si eadem Agnes se habere contentam et satisfactam de legitima parte bonorum meorum voluerit ut supradictum est, tunc volo quod eadem Agnes uxor mea habeat statum ad terminum vite sue in capitali mesuagio meo in Estrasen' et post eius decessum volo quod dictum mesuagium cum pertinenciis remaneat Alicie filie mee et suis heredibus et assignatis imperpetuum de capitalibus dominis feodi per servicia inde debita et consueta cum xl libras ad maritagium suum, de quibus xl libras volo quod executores mei habeant custodiam quousque dicta Alicia ad etatem xvj^m annorum pervenerit. Et si dicta Alicia cum ad dictam etatem pervenerit se habere contentam recusaverit de legacione mea predicta, quod tunc dictum mesuagium quod sibi Alicie post mortem

[1] Abstract in *Linc. Wills*, p. 107.
[2] Probably the priory cell of St. Mary Magdalene.

Agnetis uxoris mee prelegavi et predictas xl libras executoribus meis subscriptis integre remanebunt sine contradiccione ipsius Alicie aut aliorum nomine suo et gaudeat dicta Alicia racionabili parte sua et legitima bonorum meorum predictorum. Et si contingat predictam Aliciam filiam meam obire infra etatem dictorum xvj^m annorum, tunc volo quod predictum mesuagium cum pertinenciis predictis xl libras et legitima pars sua bonorum meorum executoribus meis integre remaneant ad usum et comodum anime mee ut plenius patet in subscriptis. Item volo quod Thomas Aylesby litster' Henricus Denny et socii sui feoffati mei in omnibus mesuagiis terris tenementis redditibus et serviciis cum pertinenciis que habeo die date presencium in villis de Grymmesby Southkelsey et Estrasyn' vel alibi infra regnum Anglie feoffant executores meos subscriptos cum et quando petiti aut requisiti fuerint per eosdem executores ad hanc intencionem quod predicti executores faciant et perficiant voluntatem meam prescriptam et subscriptam et ad vendendum et pecuniam inde percipiendum ad faciendum et expendendum pro anima mea animabus parentum meorum animabus quibus teneor et animabus eorum de quibus aliqua bona unquam leviter vel iniuste ante hec tempora perquesita aut huiusmodi et animabus omnium fidelium defunctorum, et lego cuilibet executori meo subscripto xx s. Residuum vero omnium bonorum meorum superius non legatorum de executoribus meis subscriptis ad faciendum et disponendum pro anima et animabus predictis prout melius viderint expedire. Huius autem testamenti mei facio et constituto executores meos, videlicet Agnetem uxorem meam Briannum de See de parva Cotes et Robertum Pye de Grymmesby.

Proved before Bishop Repingdon at Sleaford on November 26th.

408. 1417/18. February 19th, Sleaford. Letters dimissory to William Clerk, to all orders. [B.]

[*Folio 184^v*]

409. 1417/18. February 22nd, Sleaford. Letters dimissory to John Lichfield (Lichefeld'), clerk, to all orders. [B.]

410. 1417. Testament of Richard Bell, citizen of Lincoln. Dated October 10th. No probate.

TESTAMENTUM RICARDI BELLE CIVIS LINCOLN'.[1] In dei nomine amen. Decimo die mensis Octobris anno domini millesimo cccc^{mo} xvij^{mo}, ego Ricardus Belle civis Lincoln' compos mentis et sane memorie dei gracia existens condo testamentum meum in hunc modum. In primis lego animam meam deo omnipotenti creatori meo beateque virgini Marie matri eius et omnibus sanctis et corpus meum

---

[1] Abstract in *Linc. Wills*, p. 112.

ad sepeliendum in ecclesia sancti Pauli in ballio Lincoln' cum meliori panno meo nomine principali. Item lego fabrice eiusdem ecclesie xiij s. iiij d. et rectori ibidem pro decimis solitis minus plene solutis iij s. iiij d., et clerico parochiali eiusdem ecclesie vj d. Item lego fabrice ecclesie cathedralis Lincoln' iij s. iiij d. Item lego Johanni Bell' capellano fratri meo x libras. Item lego ad distribuendum inter pauperes debiles et cecos et alios in lectis iacentes per civitatem Lincoln' centum s. Item lego Johanni Bell' predicto capellano fratri mee xx libras monete Anglie ad celebrandum pro anima mea et anima Margarete uxoris mee, pro animabus parentum meorum et omnium fidelium defunctorum ad altare beate Marie in ecclesia sancti Pauli predicta a tempore mortis mee usque ad finem quatuor annorum proximorum sequencium percipiendo quolibet anno pro salario suo centum solidos vel altero ydoneo capellano per eleccionem exec- utorum meorum si dictus Johannes frater meus capellanus hoc nequeat perimplere, et volo quod celebret in novo vestimento meo ad hoc disposito et lapsis dictis quatuor annis volo quod idem vesti- mentum perpetuo tempore quo durare poterit remaneat summo altari eiusdem ecclesie sancti Pauli. Item lego ad emendacionem vestimento- rum et aliorum ornamentorum eiusdem ecclesie vj s. viij d. Item lego Willelmo Scotte vj s. viij d. et tribus filiis suis, videlicet Johanni Thome et Ricardo, xx s. Item lego Johanne nepti Margarete uxoris mee c s. et Agneti sorori eiusdem Johanne xx s. Item lego gilde Corporis Christi Lincoln' iij s. iiij d. Item lego conventui fratrum Carmelitarum vj s. viij d., ita quod intersint ad exequias meas, et cuilibet conventuum fratrum Augustinien' minorum et predicatorum ad exequias meas interessentes iiij s. Item lego cuilibet puero sororum mearum, videlicet Johanne et Agnetis, iij s. iiij d. Item lego Roberto Burn' apprenticio meo x libras sub condiccione quod sit verus et ex- pediens michi et executoribus meis secundum posse suum. Item lego Agneti et Matilde servientibus michi et Johanni Lilburn' apprenticio meo xx s. Item volo quod iiij^{or} cerei sint confecti quilibet continens ij libras cere ad ardendum circa corpus meum in die sepulture mee et alius cereus continens iij libras cere ad standum in medio. Item volo quod v cerei quilibet continens dimidiam libram cere inveniantur coram ymagine beate Marie in ecclesia sancti Pauli predicta illumin- andi et tunc omni tempore quo cantatur antiphona beate Marie coram eadem ymagine per spacium quatuor annorum immediate post de- cessum meum. Item lego sorori Johannis Powe de Bolyngton' vj s. viij d. Item lego dicte Margarete uxori mee omnia terras et tene- menta schopas redditus et servicia cum omnibus suis pertinenciis que habeo in civitate Lincoln' et eiusdem suburbiis habendum eidem Margarete ad totam vitam suam et volo quod incontinenti post decessum ipsius Margarete omnia terras et tenementa mea schopas redditus et servicia predicta cum omnibus suis pertinenciis per executores meos et suos si mei executori ad tunc vixerint vendantur. Et specialiter volo et ordino per presentes quod si dictus Robertus Burnby apprenticius meus vixerat eo tempore quo continget dicta terra et tenementa mea redditus schopas et servicia si voluerit ex minori precio per centum solidos emat quam alii homines emerent eadem et quod pecunia inde recepta pro anima mea et anima ipsius Margarete et animabus omnium parentum et benefactorum meorum pro quibus orare tenemur in celebracionibus divinorum et in aliis operibus pietatis fideliter expendatur. Item lego domino Johanni Bower' rectori de Maunton' xx s. Item lego Alicie Buckenall' vj s. viij d. Item lego ecclesie de Carleton' iij s. iiij d. Item lego Johanni Wymbersley vj s. viij d. Item lego pauperibus et debilibus parochie sancti Pauli xl s. per executores meos distribuendos per vices ubi maximum videbitur fore necessarium. Item lego Johanni Clerk de Burton' iuxta Lincoln' xx s. Item lego Johanni cognato meo de Broxholme vj s. viij d. Residuum vero omnium bonorum meorum superius non legatorum do et lego dictis Johanni capellano fratri mee Margarete mee[1] et Roberto Burnby apprenticio meo quos ordino facio et constituo huius mei testamenti executores ut ipsi ordinent et disponant pro salute anime mee prout eis in melius videbitur expedire. In cuius reit testimonium sigillum meum huic testamento ultime mee voluntatis apposui. Hiis testibus Rogero Powtrell' Johanne Hamelton'

Willelmo Scotte Ricardo Kyrkeby clerico et aliis. Dat' Lincoln' die et anno suprascriptis.

411. 1417. October 23rd, Oxford. Notification by John Legh, sequestrator in the archdeaconries of Oxford and Buckingham, and John Barton, official of the archdeacon of Oxford, that they have carried out the bishop's commission of September 15th, 1417, to investigate the petition of the inhabitants of the hamlet of Borstal in the parish of Oakley for a burial-ground at St. James' chapel, Borstal, owing to the distance from the parish church and the difficulties in times of flooding and bad weather. The inquiry was held at Borstal on October 10th, and the commissioners recommend the grant of the burial-ground, saving the rights of the parish church.

CONCESSIO SEPULTURE IN CAPELLA DE BORSTALL' INFRA PAROCHIAM DE OKLE ARCHIDIACONATU BUCK'. Reverendo in Christo patri ac domino domino Philippo dei gracia Lincoln' episcopo vestri humiles et devoti filii Johannes Legh' vester in archidiaconatibus Oxon' et Buckynghame sequestrator et Johannes Barton' archidiaconi vestri officialis obedienciam cum omnibus reverencia et honore debitis tanto patri. Litteras vestras reverendas nuper cum ea qua decuit reverencia recepimus in hec verba. Philippus permissione divina Lincoln' episcopus [Folio 185] dilectis filiis magistris Johanni Legh' nostro in archidiaconatibus Oxon' et Buckyngham' sequestratori ac Johanni Barton' archidiaconi nostri Oxon' officiali salutem graciam et benediccionem. Peticionem dilectorum filiorum parochianorum ecclesie parochialis de Ocle villulam sive hamlettam de Borstall' nostre diocesis inhabitancium recepimus cum querela quod cum in dicta villula sive hamletta de Borstall' infra parochiam de Ocle predictam quedam capella sancti Jacobi honeste infra dictam parochiam con-

---

[1] Sic, recte uxoris mee.

structa et ab eadem ecclesia dependens sit et fuerit ab antiquo ac missarum solempnia aliaque sacramenta et sacramentalia quecumque ecclesiastica sepultura dumtaxat excepta per totum anni circulum fuerint et fuit ipsis parochianis sine contradiccione quacumque effectualiter celebrata. Quodque propter distanciam loci inter dictas capellam et ecclesiam parochialem memoratam inundaciones aquarum ac profunditatem itineris et precipue tempore yemali propter que et alia varia discrimina corpora mortuorum ibi decedencium sine gravibus expensis aliis que immineris periculis que ex delacione corporum huiusmodi proveniunt et verisimiliter evenire poterunt in futurum ad ecclesiam parochialem supradictam nequeunt comode deportari, unde nobis supplicari fecerunt quatinus capellam predictam et cimiterium huiusmodi consecrare et ibidem ecclesiasticam sepulturam ordinare curaremus intuitu caritatis. Nolentes igitur eisdem in sua iusta peticione deesse sicuti nec debemus, ad inquirendum per viros fidedignos iuratos et examinatos huiusmodi rei noticiam melius obtinentes patrono ac vicario ecclesie parochialis predicte necnon omnibus aliis et singulis quorum interest in hac parte vocatis in debita iuris forma si premissa suggestio sit veritate subnixa ac super aliis articulis in hac parte necessariis et consuetis iuxta canonicas sancciones, et si ipsam suggestionem veram inveneritis causis predictis veras et iustas ac suggestionem predictam veram et iustam pronunciandum capellamque et cimiterium predicta consecrari debere et ecclesiasticam sepulturam ibidem ordinari decrevendum et declarandum obvencionibus decimis oblacionibus ac proventibus quibuscumque dicte ecclesie de Ocle a predictis parochianis debitis et consuetis in omnibus semper salvis. Ceteraque faciendum excercendum et expediendum que in ea parte necessaria fuerint seu quomodolibet oportuna vobis communiter et divisim committimus vices nostras, mandantes quatinus nos de omni eo quod feceritis in premissis dicto negocio expedito certificetis per litteras vestras patentes harum et inquisicionis vestre seriem ac nomina et cognomina inquisitorum huiusmodi plenius continentes aliquo sigillo autentico consignatas. Dat' sub sigillo nostro in castro nostro de Sleford' xv° die mensis Septembris anno domini millesimo cccc^{mo} xvij^{mo}, et consecracione nostre anno xiij°. Quarum auctoritate litterarum ad dictam capellam de Borstall' decimo die mensis Octobris iam instantis anno domini infrascripto personaliter accedens vocatis primitus priore et conventu sancte Frideswyde Oxon' proprietariis et patronis ac domino Johanne Oliver' vicario ecclesie parochialis predicte necnon omnibus aliis et singulis ius quomodolibet habentibus in hac parte per viros fidedignos coram nobis in hac parte iuratos et examinatos huiusmodi rei noticiam melius obtinentes quorum nomina et cognomina in cedula presentibus annexa plenius continentur de et super omnibus et singulis vestre paternitati per parochianos de Ocle villulam sive hamlettam de Borstall' inhabitantes suggestis inquisicionem fecimus diligentem et quia invenimus causas et suggestionem predictos subnixas veritate subnixas idcirco de expresso consensu pariter et assensu prioris et conventus ac vicarii predictorum causas et suggestionem predictas esse et fuisse veras et iustas pronunciavi-

mus capellamque cimiterium predicta consecrari debere et ecclesiasticam sepulturam ibidem ordinari decrevimus et declaravimus
obvencionibus et decimis oblacionibus ac proventibus quibuscumque
dicte ecclesie de Ocle a predictis parochianis debitis et consuetis in
omnibus semper salvis. Cetera omnia et singula fecimus et excercuimus et expedivimus que in ea parte necessaria fuerint seu quomodolibet oportuna. Que omnia et singula vestre paternitati reverende
significamus per presentes sigillo officiorum nostrorum consignatas.
Dat' Oxon' xxiij° die mensis Octobris anno domini millesimo cccc^{mo}
xvij°.

412. [? 1417.] September 30th, Sleaford. Bishop Repingdon notifies
the dean and chapter of the reception of letters from the Council of
Constance on behalf of Robert Thurgarton, whose admission to the
prebend of Leighton Manor by the chapter has been confirmed by
the papal auditor. The bishop directs that Robert Thurgarton shall
be re-inducted to the canonry and prebend.[1]

COMMISSIO AD SEQUESTRANDUM FRUCTUS PREBENDE DE LEGHTON'
MANERII IUXTA CAPITULUM *Ad compescendum in Clementinis.* Philippus
permissione divina Lincoln' episcopus executor ad infrascripta una
cum certis aliis collegiis nostris infrascriptis cum illa clausula quatinus
vos duo vel unus vestrum per vos vel alium seu alios etc. a sacrosancte et generali sinodi Constancien' specialiter deputatus dilectis
filiis decano et capitulo ecclesie nostre Lincoln' seu ipso decano et
subdecano ibidem absentibus presidenti et capitulo eiusdem ecclesie
nostre Lincoln' salutem in domino sempiternam, et mandatis nostris
ymo verius apostolicis firmiter obedire litteras apostolicas in dicta
sacrosancta generali sinodo Constancien' eius vera bulla plumbea cum
cordula canapis more Romane curie bullatas sanas et integras ac omni
suspicione sinistra carentes vobis per partem dilecti filii magistri
Roberti Thurgarton' canonici ecclesie nostre Lincoln' predicte ac
prebendarii de Leghton' manerii in Bromeswald' in eadem presentatas
cum ea qua decuit reverencia. Noveritis nos recepisse tenorem qui
sequitur per omnia continentem sacrosanctus et generalis sinodus
Constancien' etc. Post quidem litterarum apostolicarum presentacionem et recepcionem fuimus per partem dicti magistri Roberti
Thurgarton' in dictis litteris apostolicis [*Folio 185^v*] principaliter
nominati cum instancia debita requisiti quatinus ad ipsarum litterarum apostolicarum et contentorum in eisdem execucionem iuxta
traditam nobis in eisdem litteris apostolicis formam procedere ac eas
et ea iuxta ipsarum litterarum apostolicarum exigenciam et tenorem
exequi curaremus. Nos igitur mandatis apostolicis in omnibus ut
tenemur parere et obedire ac ipsas litteras apostolicas et contenta in

[1] Robert Thurgarton was admitted by the chapter in September, 1412, but his
appointment was opposed by John Bremore, who claimed that he had been papally
provided to the prebend. The chapter refused to recognize Bremore's claim. Liber
Sextus, II, ff 33, 33^v, 76; *Cal. Close Rolls*, 1413–1419, p. 47, *Cal. Pap. Lett.*, VI,
p. 251. See Memo., I, p. xliv–xlv.

eisdem iuxta eorundem litterarum apostolicarum formam et effectum debite volentes prefatum magistrum Johannem Bremour principalem in dictis litteris apostolicis ex adverso priviter nominatum ab occupacione et detencione dictorum canonicatus et prebende per dominum Petrum auditorem predictum prout in litteris apostolicis predictis plenius continetur sentencialiter et diffinitive amotum apostolica auctoritate supradicta nobis in hac parte commissa ab ipsorum canonicatus et prebende occupacione et detencione exsuper habundanti amovemus ac ipsum amotum et pro sic amoto pronunciamus decernimus et declaramus. Vobis idcirco auctoritate apostolica qua fungimur in hac parte in virtute sancte obediencie tenore presencium committimus et mandamus firmiter iniungentes quatinus prefatum magistrum Robertum Thurgarton' vel procuratorem suum eius nomine in corporalem possessionem dictorum canonicatus et prebende iuriumque et pertinencium suorum universorum auctoritate apostolica supradicta inducatis ac ipsum Robertum in vestrum recipiatis concanonicum atque fratrem stallumque in choro et locum in capitulo dicte ecclesie nostre Lincoln' eisdem canonicatui et prebende ab antiquo spectancia assignatis et faciatis assignari ac ipsum eadem auctoritate defendatis sic inductum sibique de ipsorum canonicatus et prebende fructibus redditibus iuribus proventibus et obvencionibus universis faciatis auctoritate apostolica supradicta integre responderi, certificantes autentice nos de eo quod feceritis et duxeritis in premissis cum per partem dicti magistri Roberti ad hoc fueritis congrue requisiti. Dat' sub sigillo nostro ad causas in castro nostro de Sleford' ultimo die mensis Septembris anno etc.

413. 1417/18. March 11th, Sleaford. Commission to the sequestrator in the Parts of Lindsey to collect the fruits of the vicarage of Little Coates (parva Cotes) during the absence of the vicar, John Scargill (Scargyll'), and to provide for the cure of souls.

414. 1415/16. March 11th, Sleaford. Monition to the archdeacon of Lincoln to provide oil of balsam for the chrism which is to be consecrated at Grantham parish church on Maundy Thursday.

MONICIO UT ARCHIDIACONUS LINCOLN' MINISTRET' BALSAMUM AD CRISMATIS CONFECCIONEM. Philippus permissione divina Lincoln' episcopus dilecto filio archidiaconi nostri Lincoln' officiali salutem graciam et benediccionem. Cum inter cetera sacramenta ecclesia in quibus salutis remedia continentur oleum sanctificatum et crisma ex ecclesiastica institucione et more hactenus usitata per ecclesiarum pontifices in die cene dominice debeant et consecrari certe solempnitatis ritu servato inquo balsami infusio et conmiccio ad crismatis consecracionem eiusdem dinoscitur requisita archidiaconusque Lincoln' quiscumque qui pro tempore fuerit ubicumque infra nostram diocesim officium consecracionis predicte celebraverimus aut celebrari fecerimus balsami huiusmodi liquorem exhibere et invenire teneatur suis sumptibus et expensis sub pena decem librarum pro qualibet vice qua in exhibicione eadem defecerit aut cessaverit nobis pro suis culpa defectu et omissione huiusmodi persolvendum, nosque die sacre cene dominice proxime futuro in ecclesia parochiali de Grantham nostre diocesis huiusmodi crisma et oleum sanctificatum confici et consecrari per nos seu alium vice nostra facere intendimus deo duce. Vos tenore presencium primo secundo et tercio ac peremptorie monemus et per vos eundem archidiaconatum consimiliter moneri volumus et mandamus quem nos eciam modo consimili monemus sub pena supradicta ut idem archidiaconus per se aut vos seu alium vice sua prefatis die et loco nobis aut alii subrogato nostro in hac parte balsami liquorem ad huiusmodi sacri crismatis confeccionem requisitum prout ad id ut premittitur tenetur exhibeat realiter et persolvat seu sic exhiberi faciat et persolvi ne propter eius culpam negligenciam dolum moram seu defectum in hac parte subditis nostris periculum aliquod generetur. Et quid feceritis et dictus archidiaconus duxerit faciendum in premissis nos citra dominicam in Ramis palmarum proximam futuram apud Sleford' distincte et aperte certificetis litteris vestris patentibus habentibus hunc tenorem sigillo autentico consignatis. Dat' sub sigillo nostro apud Sleford' xj° die mensis Marcii anno domini millesimo cccc^{mo} xv^{mo}, et consecracionis nostre anno xj^{mo}.

415. 1417/18. March 13th, Sleaford. Letters dimissory to John Kingman (Kyngeman') and John Perfyn', acolytes, and to Richard Poddington (Podyngton'), clerk, to all orders. [B.]

416. 1417/18. March 16th, Sleaford. Licence to John Stevens (Stevenes), rector of Newton le Wold (Wold'), deacon, for three years' non-residence for study. [C.]

417. 1417/18. March 17th, Sleaford. Licence to John Markby (Markeby), rector of the mediety of the church of St. Denis at Kirkby Laythorpe (Kyrkeby Lailthorp'), subdeacon, for three years' non-residence for study [C.] and to put his benefice to farm [D.], "ita quod faciat dicte ecclesie sue pro parte sua medio tempore debite in divinis officiis deserviri".

[Folio 186]

418. 1417. October 20th, Sleaford. Licence to demolish the church of St. Albinus at Spridlington, which is in a ruinous condition, the parish having been united with that of St. Hilary, owing to the lack of parishioners and diminishing financial resources.

Licencia dirimendi ecclesiam sancti Albini de Spridlyngton'.[1]
Universis sancte matris ecclesie filiis presentes litteras inspecturis
Philippus permissione divina Lincoln' episcopus salutem in domino
sempiternam. Cum nos nuper certis racionabilibus et legitimis de
causis nobis expositis sufficienter probatis et per nos merito approbatis vicariam perpetuam ecclesie parochialis sancti Albini de Spridlyngton' nostre diocesis tunc certo modo vacantem ecclesie parochiali
sancti Hillarii de Spridlyngton' predicta dicte ecclesie sancti Albini
contigue consensu et assensu expressis omnium quorum in hac parte
intererant ad intervenientibus auctoritate nostra ordinaria et diocesana
servatis omnibus et singulis in hac parte servatis unierimus annexueri-
mus et incorporaverimus ac easdem vicariam et ecclesiam sancti
Hillarii in unum corpus redegerimus ipsamque vicariam domino
Johanni Crystyanson' tunc rectori ecclesie predicte sancti Hillarii et
successoribus suis eiusdem ecclesie rectoribus futuris in proprios usus
sub nomine rectoris ecclesie parochialis sancti Hillarii de Spridlyngton' perpetuo possidendam concesserimus, necnon parochianos dicte
ecclesie sancti Albini de eorum expresso consensu qui tunc fuerunt in
meros et veros parochianos dicte ecclesie sancti Hillarii transtulerimus
ipsosque et successores suos ad omne onus parochiale dicte ecclesie
sancti Hillarii cum ceteris eiusdem ecclesie parochianis supportandum
et astringendum teneri et compelli in futurum decreverimus ac ab
reparacione et reedificacione dicte ecclesie sancti Albini extunc perpetuo absolverimus et exoneraverimus prout in litteris et processu
nostris inde confectis ad que nos referimus et quatenus expediat haberi
volumus pro hic insertis plenius continetur. Noverit universitas vestra
quod nos eorundem parochianorum pauperiem et inopiam quominus
ad utriusque ecclesie reparacionem competentem sufficere valeant,
considerantes propterea ipsorum rectoris et parochianorum indigencia pro compacientes affectu eisdem nunc rectori et parochianis
et eorum successoribus futuris ut ipsi dictam ecclesiam sancti Albini
ac cancellum et campanile eiusdem iam in magna sui parte diruta
totaliter et funditus dirimere et prosternere ac in refeccionem reparacionem et reedificacionem dicte ecclesie sancti Hillarii dumtaxat convertere possint et valeant dumtamen clausura cimiterii eiusdem
ecclesie inibi sepulturorum memoriam debite conservetur et una crux
honesta inibi in memoriam futurorum statuatur auctoritate canonica
nobis in hac parte attributa licenciam dedimus et concessimus prout
tenore presencium damus et concedimus specialem et plenam ac
liberam in domino facultatem, que omnia vestre universitati ius
testimus per presentes. In cuius rei testimonium sigillum nostrum
presentibus est appensum. Dat' in castro nostro de Sleford' vicesimo
die mensis Octobris anno domini millesimo cccc^{mo} xvij^{mo}, et consecracionis nostre anno xiij°.

419. 1417/18. March 18th, Sleaford. Commission to the sequestrator
in the Parts of Lindsey, the vicar of Holbeach, and the vicar of
Whaplode to hear and proceed in the matrimonial suit brought by
Beatrice, wife of Robert Pereson', against her husband.

[1] See *supra*, no. 303.

Pereson' causa necessaria matrimoniali et divorcii. Memorandum quod xviij° die mensis Marcii anno domini millesimo cccc^mo xvij° apud Sleford' dominus commisit sequestratorii de Lyndesey ac vicario de Holbeche necnon Johanni Estoft' vicario de Quappelode Lincoln' diocesis ad procedendum et cognoscendum in quadam causa matrimoniali et divorcii quam Beatrix uxor Roberti Pereson' de facto commorante in Quapplode predicta contra eum moveri intendit coniunctim et divisim commisit vices suas, ita quod duo ad minus procedant in illa causa et ad certificandum illa causa determinata etc. ut in forma.

420. Text of the statute *De Heretico Comburendo*, passed in 1401.[1] It provides that the diocesans shall arrest any persons holding unorthodox views or preaching without a licence, and shall keep them in custody until they abjure. If they do not abjure, they are to be delivered to the king's officers and publicly burnt. [*to Folio 186^v*]

421. 1417/18. March 17th. Certification by the dean of Lovedon that he has received the purgation of John Whitton, clerk, of Boston, convicted by the king's justices on charges of housebreaking and theft, and handed over to the ecclesiastical court. The purgation took place in Beckingham parish church, and the names of the compurgators are duly returned.

Certificatorium commissionis ad recipiendum purgacionem Johannis Whytton' clerici convicti. Reverendo in Christo patri ac domino domino Philippo permissione divina Lincoln' episcopo vester humilis et devotus decanus de Lovedon' obedienciam reverenciam et honorem debitam tanto patri. Commissionis vestre litteras infrascriptas reverenter recepi in hec verba. Philippus permissione divina Lincoln' episcopus dilectis filiis magistro Roberto Scarle ac decano de Lovedon' iurisperitis salutem graciam et benediccionem. Ad audiendum omnes et singulos per publicas proclamaciones quas per decanum Holand' fieri fecimus premunitos seu citatos qui Johannem Whitton' de Boston' nostre diocesis super eo quod ipse cum quodam Roberto Fowler' de Boston' predicta die lune proximo ante festum Natalis domini anno regni Regis Henrici quarti xij^mo apud Boston' domum Willelmi Awberay de Boston' fregit et unam murram precii vj s. et viij d. et alia bona et catalla precii v s. ibidem inventa cepit et asportavit per appellum eiusdem Roberti Fowler' probatoris dicti domini nostri Regis diffamatus ut asseritur extitisset et propter hoc per potestatem laicam captum et incarceratum ac nobis per iusticiarios dicti domini nostri Regis tanquam clerico in foro ecclesiastico secundum canonum sancciones uno modo vel alio libere iudicandum accusare voluerint aut alias in forma iuris prosequi contra eum quod compareant coram nobis aut nostris in hac parte commissariis in

---

[1] *Stat. Realm*, II, p. 126, *Concilia*, III, pp. 328–29, ex. Reg. Arundel.

ecclesia parochiali de Bekyngham dicte nostre diocesis die sabbati proximo post mediam dominicam instantis quadragesime si iuridicus fuerit, alioquin proximo die iuridico extunc sequenti cum continuacione et prorogacione dierum tunc sequencium si opus fuerit et locorum quos diem et locum pro termino precise et peremptorie omnibus quorum interest fecerimus assignari. Ad recipiendum certificatorium proclamacionis huiusmodi die et loco antedictis illud que inspiciendum et examinandum et si huiusmodi die et loco nullus oppositor apparuerit, ad precludendum viam oppositoribus huiusmodi quicquam in hac parte ulterius opponendi et obiciendi prefato Johanni Whitton' clerico ex officio nostro crimen predictum sibi ac ceteris quorum interest iusticiam plenam et finalem exhibendum necnon purgacionem eiusdem Johannis Whitton de et super crimine antedicta si eam in forma iuris vobis offere voluerit recipiendum, ceteraque omnia et singula faciendum et expediendum que in premissis et circa ea necessaria fuerint vel eciam oportuna, vobis coniunctim et divisim tenore presencium committimus vices nostras in cuiuslibet cohercionis canonice potestate. Et quid in premissis feceritis et inveneritis nos de toto processu vestro in hac parte faciendum una cum nominibus et cognominibus compurgatorum dicti clerici si ad ipsius purgacionem processeritis ipso negocio expedito certificare curetis per vestras seu certificet ille vestrum qui presentem nostram commissionem in se receperit exequendum per suas litteras patentes habentes hunc tenorem sigillo autentico consignatas. Dat' sub sigillo nostro in castro nostro de Sleford' viij° die mensis Marcii anno domini millesimo cccc^{mo} xvij^{mo},[1] et nostre consecracionis anno xiij°. Cuius quidem commissionis vigore et auctoritate die et loco in huiusmodi commissione contentis iudicialiter sedebam ex causa inferius in commissa et dato michi certificatorio proclamacionis infrascripte, cuius eciam tenor talis est. Reverendo in Christo patri ac domino domino Philippo dei gracia Lincoln' episcopo suis ve commissariis infrascriptis suus humilis et devotus decanus Holand' obedienciam reverenciam et honorem debitam tanto patri. Mandatum vestrum reverendum xxv° die mensis Februarii anno domini infrascripto recepi tenorem continens infrascriptum. Philippus permissione divina Lincoln' episcopus dilecto filio decano Holand' salutem graciam et benediccionem. Cum Johannes Whytton' de Boston' nostre diocesis super eo quod ipse cum quodam Roberto Fowler' de Boston' predicta die lune proximo ante festum Natalis domini anno regni Regis Henrici quarti xij^{mo} apud Boston' domum Willelmi Awberey de Boston' fregerit et unam murram vj s. et viij d. et alia bona et catalla precii v s. ibidem inventa ceperit et asportaverit per appellum eiusdem Roberti Fowler' probatoris domini nostri Regis antedicti diffamatus ut asseritur extitisset et propter hoc per potestatem laicam captus et incarceratus ac nobis per iusticiarios dicti domini nostri Regis tanquam clericus liberatus existat in foro ecclesiastico secundum canonum sancciones uno modo vel alio libere iudicandum, tibi in virtute obediencie firmiter iniungendo mandamus quatinus in singulis ecclesiis dicti decanatus et presertim in ecclesia parochiali de Boston'

[1] 1419 in MS.

sepedicta ac in aliis partibus in quibus contra ipsum clericum super huiusmodi crimine fama dicitur laborare et alibi ubi videris expedire in quibus diebus dominicis seu festivis proximis post recepcionem presentarum sequentibus dum maior in eisdem asseruit populi multitudo necnon in pleno loci capitulo si interim immineat celebrandum palam facias proponi et publice proclamari, quod si aliquis sit qui aut valeat dictum Johannem Whytton' clericum super dicto crimine accusare aut alias in forma iuris prosequi coram nobis aut nostris commissariis compareat in ecclesia parochiali de Bekyngham dicte nostre diocesis die sabbati proximo post dominicam mediam quadragesime proximam futuram si iuridicus fuerit, alioquin proximo die iuridico extunc sequenti pro termino peremptorie et precise quicquid sibi de iure competat in hac parte contra dictum clericum in forma iuris propositurum et prosecuturum cum effectu facturumque ulterius et recepturum quod iusticia suadebit. De diebus [*Folio 187ᵛ*] vero recepcionis presencium proclamacionumque tuarum et locis in quibus feceris hoc proponi et qualiter premissa fueris executus nos vel dictos nostros commissarios dictis die et loco certifices per litteras vestras patentes harum seriem continentes sigillo autentico consignatas. Dat' sub sigillo nostro in castro nostro de Sleford' xxᵐᵒ die mensis Februarii anno domini millesimo ccccᵐᵒ xvijᵐᵒ, et nostre consecracionis anno xiij °. Cuius quidem auctoritate mandati vestri reverendi dictum vestrum mandatum in ecclesiis parochialibus de Boston' Skyrbek' Wyberton' et Frampton' diebus dominicis et festivis proximis post recepcionem presencium sequentibus dum maior asseruit populi multitudo in eisdem ac primo die mensis Marcii anno domini supradicto in ecclesia parochiali de Boston' in pleno loci capitulo coram officiali domini archidiaconi Lincoln' palam et publice proponi et proclamari feci iidem si quis sit qui velit vel valeat dictum Johannem Whytton' clericum super dicto crimine accusare vel alias in forma iuris prosequi compareat coram vobis aut vestris in hac parte commissariis in ecclesia parochiali de Bekyngham predicta die sabbati proximo post mediam dominicam quadragesime proximam futuram si iuridicus fuerit, aliquo proximo die iuridico extunc sequenti pro termino peremptorie et precise quicquid sibi de iure competat in hac parte contra dictum clericum in forma iuris propositurus et prosecuturus cum effectu facturusque ulterius et recepturus quod iusticia suadebit, et sic mandatum vestrum reverendum in omnibus sum executusque omnia et singula vestre reverende paternitati significo per presentes sigillo officii mei consignatas. Dat' apud Toft' nono die mensis Marcii anno domini supradicto. Ex cuius tenore liquebat proclamacionem debitam fore factam in hac parte unde facta publica preconizacione huiusmodi proclamacionis ut in talibus est fieri consuetum quia nullus ibidem comparuit oppositor vel contradictor ad instanciam dicti Johannis clerici indictati coram me ibidem personalem comparentis ipsos in hac parte in genere pronunciavi contumaces et in penam contumacie sue huiusmodi ipsius clerici purgacionem ibidem recepi cum numero compurgatorum suorum infrascriptorum in forma iuris iuratorum quorum nomina et cognomina sunt hec, Johannes Swander' Johannes Wranby Willelmus

Davett Robertus Hobkyns Willelmus Philipotte Willelmus Fox Willelmus Townend' Rogerus Bekyngham Robertus Hampton' Robertus Smyth' Johannes Davet clerici et dominus Johannes Alderston' capellanus. Que vestre paternitati significo per presentes sigillo decanatus Holand' sigillatas apud Bekyngham xvij^{mo} die mensis Marcii anno domini millesimo cccc^{mo} xvij^{mo}.

422. [Undated.][1] Mandate to the rectors of Bulwick and Deene, prohibiting the solemnization of matrimony between John Babberham of Bulwick and Emmota Bentley of Deene, pending the hearing of a suit brought against them by Ellen (Helen) Utterdick of Bulwick, on a charge of incest.

INHIBICIO NE MATRIMONIUM SOLEMPNIZETUR PENDENTE LITE. Philippus permissione divina Lincoln' episcopus dilectis filiis rectoribus ecclesiarum parochialium de Bulwyk' et Deen' nostre diocesis salutem graciam et benediccionem. [(a)]Cum secundum canones lite pendente nichil debeat inveniri ac in causa matrimoniali quam coram te dilecte fili de Bulwyk' et de Clyff'[2] dicte nostre diocesis ecclesiarum parochialium rectoribus nostris in ea parte commissariis sub certa forma ad quam nos referimus specialiter deputatis dilecta filia Elena[3] Utterdyk de Bulwyk' predicta contra Johannem Baberham de eadem movebat et movet ad testium produccionem et examinacionem ut accepimus sit processum ipsa que causa adhuc pendente indecisa ac dictus Johannes Baberham et quadam Emmota relicta Johannis Benteley de Deen' predicta matrimonium inter se ut eciam accepimus intendant facere celebrari solempnizari dependencia lite predicte non obstante. Nos igitur solempnizacionem huiusmodi matrimonii fieri premissis obstantibus non valentes prout ex sana consciencia non debemus cum ex hoc in preiudicium iuris alicui ageretur, vobis et vestrum cuilibet tenore presencium sub pena contemptus districcius inhibemus ne matrimonium huiusmodi inter prefatos Johannem et Emmotam obstantibus premissis solempnizetis nec per alios in vestris aut alienis ecclesiis solempnizari faciatis sive permittatis nec ad hoc licenciam prebeatis quovismodo. Inhibeatis eciam auctoritate nostra districcius inhiberi faciatis eisdem Johanni et Emmote ne ipsum matrimonium huiusmodi inter se solempnizari quovismodo procurent causa predicta ut premittitur pendente indecisa, [(b)] et quid feceritis, et dicti Johannes et Emmota facere decreverunt in premissis nos die jovis proximo post dominicam qua cantatur officium *Quasi modo geniti* etc.[4]

CITACIO CERTARUM PARTIUM SUPER CRIMINE INCESTUS. Philippus permissione divina Lincoln' episcopus dilectis filiis rectori ecclesie parochialis de Bulwyk' nostre diocesis ac eius capellano parochiali

---

[1] *Recte* 1417/18. March 23rd, Sleaford. *Infra,* no. 430.
[2] Clyve, *infra,* no. 438.   [3] Helena, *ibid.*
[4] See *infra,* no. 430.

salutem graciam et benediccionem. Nuper fama publica referente nostris auribus ......[1] quod licet quidam Johannes Baberham de Bulwyk' predicta quondam filium Johannis Benteley de Deen' dicte nostre diocesis et Emmote eius uxoris inter eos in legitimo matrimonio procreatum nomine Johannem ad manus nostras tempore confirmacionis eiusdem Johannis filii dictorum Johannis Benteley et Emmote levaverit prefati tamen Johannes Baberham et Emmota animarum suaram salutis immemores dicto Johanne Benteley de medio sublato crimen fornicacionis et incestus adinvicem dampnabiliter commiserunt et indies committere non verentur ac in huiusmodi fornicariis et incestuosis amplexibus in una domo simul cohabitantes sibi invicem adheserunt et adherent inceste in presenti in suarum grave periculum animarum et aliorum Christi fidelium exemplum perniciosum. Quocirca vobis tam communiter quam divisim in virtute obediencie et sub pena contemptus firmiter iniungimus et mandamus quatinus citetis seu citari faciatis peremptorie prefatos Johannem et Emmotam quod compareant etc. super huiusmodi crimine fornicacionis et incestus eis et eorum cuilibet ex officio nostro mero etc.

423. 1417/18. March 23rd, Sleaford. Licence to Marmaduke, rector of Anderby (Andeby), subdeacon, for two years' non-residence for study. [C.]

424. 1418. March 29th, Sleaford. Licence to John Play, rector of Coston, subdeacon, for two years' non-residence. [C.]

425. 1418. April 1st, Sleaford. Licence to Thomas Derham (Deram), rector of Heather (Hether'), subdeacon, for two years' non-residence. [C.]

[Folio 188]

426. Same date and place. Licence to Iblonus Langford, rector of Nailstone (Nayleston'), subdeacon, for two years' non-residence. [C.]

427. Same date and place. Licence to John Pole, rector of the mediety of Walton, to celebrate one anniversary, the permission to last for three years.

428. 1418. April 20th, Sleaford. Licence to Thomas More, rector of Northmore (More), clerk, for two years' non-residence for study [C.],

[1] Illegible ? volavit.

"dummodo se faciet infra annum in subdiaconum, promoveri a tempore regiminis suscepti."

429. 1417/18. Testament of Ralph Locke, of Bourne. Dated January 15th. No probate.

TESTAMENTUM RADULPHI LOKE.[1] In dei nomine amen. Ego Radulphus Loke de Brunne die sabbati proximo post festum sancti Hillarii anno domini millesimo cccc^{mo} xvij^{mo} condo testamentum meum in hunc modum. In primis lego animam meam deo beate Marie et omnibus sanctis eius et corpus meum ad sepeliendum iuxta sepulcrum Alicie quondam uxoris mee, et unum animal nomine mortuarii. Item lego fabrice ecclesie matricis ecclesie Lincoln' iij s. iiij d. et domui puerorum ij s. Item fabrice parochialis ecclesie de Brunne ij marcas. Item abbati de Brunne x s. et cuique canonice eiusdem loci vj s. viij d. Item fabrice parochialis ecclesie de Thwrleby vj s. viij d. et vicario eiusdem iij s. iiij d. Item vicario de Brunne iij s. iiij d. et unam togam et cuilibet sacerdoti seculari eiusdem ecclesie xx d. et summo altare ecclesie conventualis eiusdem in recompensacionem decimarum oblitarum vj s. viij d. Item fabrice parochialis ecclesie de Multon' vj s. viij d. Item conventui de Monte Gracie iiij marcas. Item abbati et conventui de Valle Dei xx s. Item cuique conventui quatuor ordinum fratrum in Stamford' xiij s. iiij d. Item lego ad distribuendum in elimosina in Brunne et Thwrleby xl s. Item lego Hugoni clerico vj d. et cuique clerico exequiis meis interessenti ij d. Item lego priorisse et conventui nonnarum Stamford' x s. Item lego Edmundo Ingham xiij s. iiij d. et unam togam secundam meliorem. Item lego gilde sancti Johannis Baptiste de Brunne xiij s. iiij d. Item Thome Coke iij s. iiij d. Nicholao de Bachous' xx d. Item Mesam[2] xx d. Roberto de Kechyn' xij d. Johanni Fulkyworth' unam virgatam de scarlet, Johanni Lambard' annulum meum aureum vocatum Signet'. Item Agneti filie uxoris mee x s. et Helene uxori[3] sue x s. et Margarete Welby unam bursam et unum annulum aureum et Johanni Stabull' xx d. Item lego domine Margarete Thame j par precum de curall' et domine Johanne comitisse de Kent unum annulum de safere. Residuum vero omnium bonorum meorum non legatorum do et lego Isabelle uxori mee domino Willelmo Gase domino Ricardo Kyng' capellano quos constituo ordino et facio executores meos ut ipsi cum supervisu domine Johanne comitisse de Kent ordinant et disponant pro anima mea de huiusmodi residuo prout eis melius expedire.

430. 1418. April 1st, Harringworth. Certification by the dean of Weldon that the rector of Bulwick undertakes not to solemnize the marriage between John Babberham of Bulwick and Emmota Bentley of Deene, pending the hearing of a charge of incest, in accordance with the bishop's mandate of March 23rd, 1417/18.

---

[1] Abstract in *Linc. Wills*, p. 129.   [2] *Sic.*   [3] *Sic, recte* filie?

CERTIFICATORIUM INHIBICIONIS NE PROCEDATUR AD SOLEMPNIZAN-
DUM MATRIMONIUM LITE PENDENTE. Reverendo in Christo patri ac
domino domino Philippo dei gracia Lincoln' episcopo vester filius
humilis et devotus Willelmus rector ecclesie parochialis de Bulwyk'
vestre diocesis obedienciam cum omnibus reverencia et honore tanto
patri debita. Litteras vestras reverendas recepi tenorem qui sequitur
continentes. Philippus permissione divina Lincoln' episcopus dilectis
filiis rectoribus ecclesiarum parochialium de Bulwyk' et Deen' nostre
diocesis ac eorum capellanis parochialibus salutem graciam et
benediccionem. Cum etc.[1] Et quid feceritis, et dicti Johannes et
Emmota facere decreverint in premissis nos die jovis proximo post
dominicam qua cantatur officium *Quasi modo geniti* etc. proximam
futuram reddatis plenarie certiores litteris vestris seu reddat ille
vestrum qui presens mandatum nostrum receperit exequendi litteris
suis patentibus habentibus hunc tenorem sigillo autentico consignatis.
Dat' sub sigillo nostro in castro nostro de Sleford' xxiij° die mensis
Marcii anno domini [*Folio 188ᵛ*] millesimo cccc^mo xvij^mo, et consecracionis nostre anno xiij°. Quarum auctoritate litterarum prefatis
Johanni et Emmote ne ipsi matrimonium inter se quovismodo solempnizari procurent causa predicta pendente indecisa inhibui et per alios
inhiberi feci. Et ego matrimonium huiusmodi inter dictos Johannem
et Emmotam obstantibus premissis in ecclesia mea non solempnizabo
nec per alios in mea aut alienis ecclesiis solempnizari faciam sive
permittam quantum in me est seu ad hoc licenciam prebebo quovismodo nec intendebam nec partes predicte huiusmodi matrimonium
procurare solempnizari intendebant causa predicta pendente indecisa
licet per paternitatem vestram in hac parte non fuisset inhibitum, que
vestre paternitati reverende significo per presentes sigillo officii
decanatus de Weldon' ad mei requisicionem signatas. Et ego decanus
dicti decanatus ad specialem rogatum dicti domini Willelmi rectoris
de Bulwyk' sigillum officii mei presentibus apposui in fidem premissorum. Dat' apud Haryngworth' quo ad presencium consignacionem primo die mensis Aprilis anno domini, millesimo cccc^mo
decimo octavo.

431. 1418. April 4th, Theddlethorpe. The vicar of All Saints,
Theddlethorpe, reports that in accordance with the bishop's mandate
of March 18th he has duly absolved John Ramett' of Theddlethorpe
and his wife, Matilda, who were excommunicated and enjoined to do
penance for their negligence which caused the death by drowning of
John's daughter, Alice.

COMMISSIO AD ABSOLVENDUM ALIQUEM CUIUS PROGENIE EIUS
DEFECTU PERIIT. Reverendo in Christo patri ac domino domino
Philippo dei gracia Lincoln' episcopo suus humilis et devotus
Johannes perpetuus vicarius ecclesie parochialis de Thetilthorp'
Omnium Sanctorum obediencias reverencias pariter et honores

---

[1] As *supra*, no. 422, (a) to (b).

debitas tanto patri. Mandatum vestrum reverendum nuper recepi in hec verba. Philippus permissione divina Lincoln' episcopus dilecto filio vicario perpetuo ecclesie parochialis de Thetilthorp' Omnium Sanctorum nostre diocesis salutem graciam et benediccionem. Cum magister Johannes Percy commissarius noster quendam Johannem Ramett' de Thetilthorp' predicta ab excessu quod quedam Alicia filia sua naturalis in foveam cadens in necgligencia et defectu suo et Matildis uxoris sue submersa periret ac a sentencia excommunicacionis quam ea occasione incurrebat absoluerit et eidem pro excessu huiusmodi penitenciam iniunxerit infrascriptam, videlicet ut ipse proxima die dominica post datum presencium stet in medio navis ecclesie parochialis predicte nudus capud et pedes cum uno cereo in manu sua valoris unius oboli tempore alte misse inibi celebrande offerendo dictum cereum tempore offertorii eiusdem misse ad manum sacerdotis eandem missam celebranti in forma penitencie, tibi in virtute obediencie et sub pena contemptus firmiter iniungimus et mandamus quatinus dictum Johannem sic fuisse et esse absolutum debite denuncies et ipsum ad penitenciam huiusmodi in forma predicta perficiendum die dominica iam proxima futuro voces et per censuras ecclesiasticas compellas ad absolvendum eciam in forma iuris predictam Matildem uxorem dicti Johannis ac compatres et commatres dicte Alicie quibus custodia ipsius Alicie usque ad certam eius etatem ipso iure fuit et est commissa ab excessu et sentenciis antedictis ac ipsis et eorum cuilibet consimilem penitenciam prout superius describitur auctoritate nostra iniungendum ipsosque absolutos fore denunciandum et ad perficiendum penitenciam huiusmodi sic eis in forma predicta per te auctoritate nostra iniunctam eodem die dominica compellendum ac comparacionis penitencie huiusmodi clero et populo publice exponendo tibi committimus vices nostras, mandantes quatinus nos de omni eo quod feceritis ac dicti Johannes et Matildis ac compatres et commatres dicti Alicie fecerint in premissis contra dominicam qua cantatur officium *Misericordia domini* proximam futuram distincte et aperte certifices litteris tuis patentibus habentibus hunc tenorem sigillo autentico consignatis. Dat' apud Sleford' xviij ° die mensis Marcii anno domino millesimo cccc^{mo} xviij° et nostre consecracionis anno xiij°. Cuius auctoritate mandati vestri reverendi Johannem Ramett' predictum ad penitenciam sibi per magistrum Johannem Percy commissarium vestrum iniunctam vocavi Matildem vero compatres et commatres predicte Alicie defuncte auctoritate vestra absolvi eisque penitenciam consimilem iniunxi qui quidem Johannes Matildis compatres et commatres predicte Alicie penitencias illis iniunctas in ecclesia parochiali de Thetilthorp' Omnium Sanctorum humiliter et devote peregerunt, que omnia et singula paternitati vestre reverende certifico per presentes sigillo autentico consignatas. Dat' apud Thetilthorp' quarto die mensis Aprilis anno domini millesimo cccc^{mo} xviij°.

432. [Undated.] Appointment of Richard Elvet, archdeacon of Leicester, as receiver-general of the goods of the late Thomas Ashby of

Quenby, owing to a dispute between the executors concerning the administration of his estate.

DEPUTACIO GENERALIS RECEPTORIS SIVE THESAURARII BONORUM ALICUIUS DEFUNCTI PROPTER CONTROVERSIA MOTA INTER EXECUTORES. Philippus permissione divina Lincoln' episcopus dilecto filio domino Ricardo Elvet archidiacono nostro Leycestr' salutem graciam et benediccionem. Sacris canonibus cantum esse dinoscitur quod in omnibus piis voluntatibus sic per locorum episcopos providendis existit ut secundum defuncti voluntatem universa procedant ne bona testancium ad manus quorumcumque deveniencia que in pios usus deberent expendi aliis usibus quomodolibet applicentur, nos igitur controversiam inter dilectos filios Ricardum Hotoft ac Thomam Segrave et Johannem Quenby executores testamenti dilecti nobis dum vixit Thome Assheby de Quenby defuncti[1] et ipsius bonorum administratores de et super administracione bonorum huiusmodi motam amputare volentes de eorum et eorum cuiuslibet expresso consensu et voluntate ordinavimus quod ipsorum executores singuli omnes et singulas pecuniarum summas in eorum manibus existentes et ad eorum manus ut de bonis dicti defuncti devenientes vobis tanquam receptori et thesaurario generali liberent et liberari faciant indilate quodque ipsi omnes executores [*Folio 189*] predicti simul vel eorum duo una cum littera attornatoria tercii eorum executoris ipsius sigillo sigillata vel alia saltem littera sufficienti ipsius voluntatem continente ad vos pro eisdem pecuniis recipiendum et in usus in hac parte pios pro salute et remedio anime dicti defuncti secundum eorum omnium arbitrium committendum liberum recursum habeant et accessum. Ad recipiendum igitur pecuniarum summas huiusmodi vobis per dictos executores vel eorum aliquem imposterum liberandum ipsasque conservandum et eisdem executoribus in forma predicta liberandum, ceteraque omnia et singula faciendum excercendum et expediendum que in premissis necessaria fuerint seu oportuna, vobis auctoritate canonum editorum in hac parte potestatem committimus plenarie per presentes vosque eadem auctoritate thesaurarium et receptorem ad premissa tenore presencium deputamus, rogantes quatinus onus huiusmodi in vos admittatis et exequamini ut preter eterne retribucionis meritum quod occasione premissa meremini graciam nostram possitis uberius adipisci. Dat' sub sigillo nostro etc.

433. 1418/19. January 2nd. Letters dimissory to John Wylde, clerk, to all orders. [B.]

434. 1418. Letters from Henry Ware, vicar-general of Richard Clifford, bishop of London (dated April 10th), forwarding a mandate from Archbishop Chichele (dated April 4th) for prayers and processions for

---

[1] *Supra*, no. 218.

the king and his army and for peace between the kingdoms of England and France.[1] Bishop Repingdon transmits the mandate to the archdeacon of Lincoln for execution in the diocese, and notifies the archbishop that this has been done (dated May 6th). [*to Folio 189ᵛ*]

435. [Undated.] Citation of a hermit who is living a secular life among laymen.

CITACIO CONTRA HEREMITAM VIVENTEM SECULARITER. Philippus permissione divina Lincoln' episcopus dilectis filiis etc. salutem graciam et benediccionem. Cum sacris canonibus cantum esse dinoscitur ut unusquisque secundum apostolicum in eadem vocacione permaneat in qua dinoscitur esse vocatus et reformare se debeat moribus eorum inter quos vivit quodque qui se clericos nomine aut religiosos habitu fingunt cum non sint sic veri clerici vel religiosi arcius corrigi debeant serenitate ecclesiastice discipline et a presumpsionibus similibus decetero cohiberi ne sua simulacione aliorum animos decipiant vel deludant nec ex eorum dissimili habitu presertim non approbate vel eis non rite tradito illis scandalum generetur quibus est unum evangelium predicatum ac quidam I. B. de S. predicta ut accepimus inter laicos seculares vitam ducens secularem habitum hiis inter quos vivit dissimilem gereri non veretur speciem quidem religionis pretendens sed eius abnegans veritatem. Vobis etc. quatinus citetis seu citari etc. eundem etc. quod compareat coram nobis etc. super premissis eidem ex officio nostro mero ad meram anime sue correccionem etc.

436. 1418. May 8th, Sleaford. Commission to Thomas Butler (Butyler'), bishop of Chrysopolis (Crispolitan'), to confirm children and adults in the archdeaconries of Bedford and Buckingham and also in the archdeaconry of Hertford,[2] during the bishop's pleasure.

[*Folio 190*]

437. 1418. May 9th, Sleaford. Commission to John Haget, Hugh Hanworth and John Percy, canons of Lincoln, to continue the visitation of the chapter which was undertaken by Bishop Repingdon at the canons' request, and to take steps to correct abuses.

COMMISSIO AD PROCEDENDUM IN NEGOCIO VISITACIONIS ECCLESIE LINCOLN' ET IPSAM VISITACIONEM CONTINUANDUM. Philippus permissione divina Lincoln' episcopus dilectis filiis magistris Johanni Haget in legibus bacallario Hugoni Hanworth' et Johanni Percy in decretis bacallariis salutem graciam et benediccionem. Cum nuper dilectus filius magister Thomas Brouns utriusque doctor noster ad

---

[1] Cf. *Reg. Lacy*, p. 17.   [2] *Sic.*

infrascripta una cum aliis collegiis suis cum illa clausula communiter et divisim etc. commissarius per nos sufficienter deputatus in negocio visitacionis nostre ordinarie ecclesie nostre Lincoln' decanique et singulorum canonicorum eiusdem ac dignitates et prebendas obtinencium in eadem necnon vicariorum et aliorum ministrorum eiusdem quam nuper nos actualiter iure nostro ordinario in dicta ecclesia nostra Lincoln' et capitulo eiusdem ac singularibus personis eorundem inchoavimus et decrevimus et usque diem tunc crastinum sancti Mathei apostoli iam ultimum preteritum una cum continuacione et prorogacione aliorum sequencium tunc sequencium ex certis causis nos moventibus ad instantem peticionem et supplicacionem canonicorum dicte ecclesie tunc ibidem presencium ac procuratorum absencium vicariorumque et aliorum ibidem consimiliter presencium et de eorum expresso consensu et assensu continuavimus termino huiusmodi prefixo in dicte visitacionis nostre negocio auctoritate nostra sibi in hac parte commissa rite et legitime procedens eandem visitacionem nostram ordinariam ex certis causis veris et legitimis ipsum in hac parte moventibus ad instantem peticionem supplicacionem et requisicionem predicto[1] canonicorum procuratorum vicariorum et aliorum tunc ibidem presencium et de eorum expresso consensu et assensu usque in diem lune proximum post festum Assencionis domini proximum extunc et iam futuro cum continuacione et prorogacione aliorum sequencium tunc dierum continuaverit et prorogaverit ac terminum huismodi in domo capitulari dicte ecclesie nostre Lincoln' omnibus tunc presentibus et absencium procuratoribus coram nobis aut nostris in hac parte commissariis ad huiusmodi visitacionem nostram subeundum prefixerit statuerit et assignaverit iusticia ad poscente. Variis igitur et arduis negociis multipliciter prepediti quominus huiusmodi visitacionis nostre expedicioni ad presens intendere valeamus, ad cognoscendum procedendum et statuendum in negocio visitacionis nostre huiusmodi iuxta et secundum formam retroactorum in dicta visitacione nostra per nos et dictum commissarium nostrum habitorum que vobis mittimus una cum presentibus liberandum. Necnon de et super excessibus criminibus et delictis in ipsa visitacione nostra diligenter inquirendum titulorum eciam quorumcumque quos visitacionis nostre huiusmodi tangit negocium ac litteras ordinum suorum admittendum inspiciendum et examinandum, detectaque et denunciata ac eciam detegenda et denuncianda in visitacione antedicta audiendum et in scriptis redigendum et redegi faciendum ipsaque ac personas huiusmodi delinquentes corrigendum canonice puniendum et reformandum ipsumque visitacionis negocium cum omnibus et singulis suis emergentibus incidentibus dependentibus et connexis fine debito et canonico diffiniendum municionibus in genere fiendum nobis specialiter reservandum vel alias si vobis videbitur expediri et oportunum eandem visitacionem nostram ad alium terminum competentem cum continuacione et prorogacione aliorum sequencium tunc dierum continuandum et prorogandum. Ceteraque omnia et singula etc. vobis

---

[1] *Sic.*

etc. mandantes etc. citra festum Reliquiarum proximum futurum etc.

438. 1418. May 7th, Bulwick. Certificate from William Glen, rector of Bulwick, reporting that he has carried out the bishop's mandate of January 16th to hear and determine the suit brought by Helen Utterdick against John Baberham of Bulwick to prevent the publication of his marriage banns.

CERTIFICATORIUM COMMISSARII IN CAUSA RECLAMACIONIS BANNORUM BABERHAM DE BULWYK'.[1] Reverendo in Christo patri ac domino domino Philippo dei gracia Lincoln' episcopo vester filius humilis et devotus Willelmus Glen' rector ecclesie parochialis de Bolewyk' obedienciam cum omnimodis reverencia et honore tanto patri debitis. Vestre commissionis litteras reverendas magister Johannes Duffeld' rector ecclesie parochialis de Clyve vestre diocesis et ego simul recepimus, tenorem qui sequitur continentes. Philippus permissione divina Lincoln' episcopus dilectis filiis rectoribus ecclesiarum parochialium de Oundell' Bolewyk' et Clyve nostre diocesis salutem graciam et benediccionem. Ad cognescendum procedendum statuendum et diffiniendum in quadam causa reclamacionis bannorum matrimonialium inter Johannem Baberham de Bolewyk' predicta et Emmotam Bukby[2] de eadem editorum per Helenam Utterdyk de eadem reclamatorum ipsamque causam cum suis emergentibus incidentibus dependentibus et connexis quibuscumque fine debito et canonico terminandum partibusque predictis in dicta causa ministrandum iusticio complementum, vobis tam communiter quam divisim de quorum circumspeccionum industriis plene in domino confidimus tenore presencium committimus vices nostras cum cuiuslibet cohercionis et exequendi que in hac parte decreveritis canonica potestate, mandantes quatinus nos de toto processu vestro coram vobis in hac parte habendo dicto negocio expedita certificetis vestris seu certificet ille vestrum qui presentem commissionem nostram recepit exequendi litteris suis patentibus habentibus hunc tenorem sigillo autentico consignatis. Dat' sub sigillo nostro in castro nostro de Sleford' xvj° die mensis Januarii anno domini millesimo cccc^mo xvij^mo, et consecracionis nostre anno xiij°. Quarum auctoritate litterarum vestrarum reverendarum magister Johannes Duffeld' rector ecclesie parochialis de Clyve et ego rector de Bolewyk' ad nonnullos actus[2] dicta causa coniunctim rite processimus et postmodum ego solus processi et sentenciam in dicta causa tuli diffinitatem prout processum in hac parte inde confectum plenior sit mencio. Que vestre paternitati reverende significo per litteras meas patentes una cum toto processu coram prefato rectore de Clyve et me coniunctim et divisim habito sigillo officii decanatus de Weldon' ad mei requisicionem signatas. Et ego decanus dicti decanatus de Weldon' ad specialem rogatum et requisicionem dicti domini Willelmi Glen' rectoris ecclesie de

[1] *Supra*, nos. 422, 430.   [2] *Sic*.

Bolewyk' commissarii supradicti sigillum officii mei tam pro processu prenominato quam presentibus, sigillum officii mei presentibus apposui in fidem premissorum. Dat' apud Bolewyk' predicta quo ad presencium consignacionem vij° die mensis Maii anno domini millesimo cccc^mo xviij°.

[*Folio 190^v*]

439. 1418. May 10th, Sleaford. Letters testimonial to the effect that John Baberham of Bulwick has been absolved of the charges brought against him by Helena Utterdick. Further letters give an account of the inquiry held by the rector of Bulwick, and record his dismissal of the plaintiff's suit and his pronouncement in favour of the defendant.

LITTERA TESTIMONIALIS SUPER SENTENCIA LITE VIRTUTE EIUSDEM COMMISSIONIS. Universis sancte matris ecclesie filiis presentes litteras inspecturis Philippus^(a) permissione divina Lincoln' episcopus salutem in domino ac fidem certam et indubiam. Presentibus adhibere ad universitatis vestre noticiam deduci volumus per presentes quod dilectus filius Willelmus Glen' rector ecclesie parochialis de Bolewyk' nostre diocesis in quadam causa reclamacionis bannorum matrimonialium inter Johannem Baberham de Bolewyk' predicta et Emmotam Buckeby de eadem editorum que primo coram dilecto filio magistro Johanne Duffeld' rectore ecclesie parochialis de Clyve eiusdem nostre diocesis et eodem Willelmo Glen' dumtaxat nostris una cum alio collega suo cum illa clausula tam communiter quam divisim etc. commissariis in hac parte specialiter deputatis inter Helenam Utterdyk de Bolewyk' predicta partem reclamantem et actricem ex parte una ac prefatum Johannem Baberham partem reclamatam et ream ex parte altera aliquam diu vertebatur et pendebat indecisa rite et legitime procedens sentenciam parte dicti Johannis Baberham et contra dictam Helenam tulit diffinitivam ac ipsum Johannem Baberham ab impeticione dicte Helene dimisit et absolvit sentencialiter et diffinitive in scriptis sub hac forma. In dei nomine amen etc.^(b) Que omnia et singula vestri universitati innotescimus per presentes omnibus et singulis subditis nostris in virtute obediencie et sub pena contemptus firmiter iniungentes quatinus sic ut prefertur per prefatum commissarium nostrum in causa et inter partes predictos fuisse et esse sentenciatum, dictumque Johannem ab impeticione dicte Helene absolutum et dimissum in singulis suis ecclesiis cum quociens et quando per partem dicti Johannis fuerint ad hoc congrue requisiti publice et solempniter denuncient et denunciet eorum quilibet sic requisitus. In quorum omnium testimonium sigillum nostrum presentibus est appensum. Dat' in castro nostro de Sleford' x^mo die mensis Maii anno domini millesimo quadringentesimo decimo octavo, et nostre consecracionis anno quartodecimo.

ALIA LITTERA TESTIMONIALIS IN EADEM CUM TENORE SENTENCIE. Universis sancte matris ecclesie filiis presentes litteras inspecturis

---

¹ *Sic.*

Philippus[1] etc. Auditis et intellectis meritis cause reclamacionis in edicione bannorum matrimonialium inter Johannem Baberham de Bolewyk' Lincoln' diocesis ex parte una et Emmotam Buckeby de eadem ex parte altera per Helenam Utterdyk de Bolewyk' predicta facte partem reclamantem et actricem ex parte una et dictum Johannem Baberham partem reclamatam et ream ex altera que primo coram discreto viro magistro Johanne Duffeld' rectore ecclesie parochialis de Clyve et nobis Willelmo Glen' rectore ecclesie parochialis de Bolewyk' predicta reverendi in Christo patris et domini domini Philippi dei gracia Lincoln' episcopi commissariis in hac parte una cum rectore ecclesie parochialis de Oundell' cum illa clausula tam communiter quam divisim specialiter deputatis et postmodum coram nobis Willelmo Glen' rectore de Bolewyk' predicta dumtaxat aliquam diu vertebatur oblato vive vocis oraculo per dictam Helena libello sive summario articulo in quo dicta Helena peciit dictum Johannem sibi adiudicari in virum legitimum et ipsam Helenam eidem Johanni in uxorem legitimam pro eo et ex eo quod dicti Johannes et Helena matrimonium per verba mutuum eorum consensum ea presenti experiencia seu salutem sponsalia per verba de futuro carnali copula inter eosdem subsecuta adinvicem contraxerint etc. facta litis contestacione per eundem Johannem ad eundem negative iuratis partibus hincinde de calumpnia et de veritate dicenda datus erat dies parti dicte Helene ad primo producendum testes in dicta causa et dicto Johanni ad videndum testes produci. Quo adveniente nullo teste producto datus erat dies eidem Helene ad secundo producendum, quo adveniente nullo teste producto datus erat dies memorate Helene ad tercio producendum, quo adveniente productis partem dicte Helene quatuor testibus quibus admissis iuratis et diligenter examinatis eorumque attestacionibus publicatis petitis copiis et decretis quibus habitis datus erat dies ad dicendum contra testes et eorum dicta. Quo adveniente nichil dicto seu proposito in dicta causa, datus erat dies partibus predictis hincinde ad proponendum omnia in facto consistencia. Quo adveniente nichil proposito in dicta causa sed in dicta causa per nos conclusa datus erat iste dies ad audiendum sentenciam in dicta causa diffinitivam unde Willelmus Glen' rector de Bolewyk' commissarius antedictus rimato et investigato toto processu coram rectore de Clyve collega nostro et nobis coniunctim ac coram nobis divisim habita deliberacione iurisperitorum in hac parte prehabita ad sentenciam in dicta causa diffinitiva dei nomine invocato procedimus in hunc modum. In dei nomine amen. [Folio 191] Quia invenimus dictam Helenam Utterdyk intencionem suam in hac parte in dicta causa deductam minime probasse seu fundasse et in probacione intencionis sue omnino defecisse dictum Johannem Baberham ab impeticione dicte Helene sentencialiter et diffinitive dimittimus et absolvimus in hiis scriptis. Que omnia et singula vestre universitati innotescimus per presentes omnibus et singulis subditis nostris in virtute obediencie et sub pena contemptus firmiter iniungentes quatinus sic ut prefertur per prefatum com-

---

[1] As in preceding entry, [a] to [b].

missarium nostrum in causa et inter partes predictas fuisse et esse
sentenciatum dictumque Johannem ab impeticione dicte Helene
absolutum et dimissum in singulis suis ecclesiis cum quociens et
quando per partem dicti Johannis fuerint ad hoc congrue requisiti
publice et solempniter denuncient et denunciet eorum quilibet sic
requisitus. In quorum omnium testimonium sigillum nostrum
presentibus est appensum. Dat' in castro nostro de Sleford' decimo
die mensis Maii anno domini millesimo cccc^{mo} xviij^o, et consecracionis nostre anno quartodecimo.

440. 1418. May 9th, Sleaford. Nullification of orders conferred without proper examination.

CASSACIO SIVE SUSPENSIO ORDINATORUM USQUE SANCCIO EPISCOPI IN
SUA DIOCESI. In dei nomine amen. Nos Philippus permissione divina
Lincoln' episcopus cui regimen animarum et execucio canonum in
nostra Lincoln' diocesi specialiter sunt commissa humano timore
postposita solum deum pro oculis habentes, considerantes que quod
sacrorum canonum institucione cantum esse dinoscitur quod nullus
clericus ordinandus preter vel citra conscienciam diocesani et sine
diligenti examinacione debeat ad sacros ordines temere promoveri
maxime post inhibicionem expressam et interdictum singulare, et
talium ordinacio et pronuncio ut dictaverint sanctorum patrum
sancciones nec sunt deo digne nec ecclesie pro futuro quodque taliter
ordinati nec possunt evangelium legere nec missam celebrare ea
propter tales ordines sive ordinaciones ymo verius execraciones
sive extraordinaciones dampnabiles si qui in dicta nostra diocesi
in vigilia Pasche ultimo preterito fuerint celebrati quantum in
nobis est et de iure possumus irritamus revocamus cassamus
annullamus et adulamus ac ipsos ordines sive ordinaciones ymo verius
execraciones predicte cassas irritas ac annullas in quantum de iure
possumus ut premittitur denunciamus ipsosque sic ordinatos ymo
pocius execratos tanquam furtive ordines suscipientes qualescumque
fuit vel in quibuscumque ordinibus constituti nisi ad religionem
migrare voluerint pro perpetuo ab execucione ordinum suorum sic
susceptorum suspendimus in hiis scriptis. Lecta et lata fuit ista
sentencia et declaracio per dictum reverendum patrem in capella infra
castrum suum de Sleford' ix^o die mensis Maii anno domini millesimo
cccc^{mo} xviij^o Indiccione xj^o Pontificatus sanctissimi in Christo patris
et domini nostri domini Martini divina providencia pape quinti anno
primo, presentibus Thoma Nassh' canonico Lincoln' Edmundo
Langford' Thoma Langham Willelmo Warwyk' Johanne Buckingham
capellanis et me Colstone.

441. 1418. May 12th, Sleaford. Letters dimissory to Thomas Aydrope,
acolyte, master of arts, and to John Gumpton', rector of Hanwell
(Hannewell'), subdeacon, to all orders. [B.]

442. 1417. Testament of Thomas Mann, potter, of Boston. Dated October 12th, at Boston.

TESTAMENTUM THOME MAN' POTTER' DE BOSTON'.[1] In dei nomine amen. Ego Thomas Man' potter' de sancto Botulpho sane mentis existens xij° die mensis Octobris anno domini millesimo cccc^{mo} xvij^{mo} condo testamentum meum in hunc modum. In primis do et lego animam meam deo omnipotenti beate Marie et omnibus sanctis eius corpusque meum sepeliendum in cimiterio parochialis ecclesie sancti Botulphi. Item lego rectori dicte ecclesie nomine mortuarii mei meliorem vestem meam usualem. Residuum vero omnium bonorum meorum do et lego Johanni Potter' brasyer' de sancto Botulpho et Roberto Man' de Frysby patri meo ut ipsi debita mea persolvant et pro anima mea de eisdem disponant pro salute anime mee prout eis videbitur melius expedire. Dat' apud sanctum Botulphum die et anno domini supradictis.

Proved at Sleaford on May 14th, 1418.

443. 1418. June 12th, Sleaford. Commission from Bishop Repingdon to the prior of St. Mary's, Hertford, to William Tametham, rector of Therfield, and William Aslackby, to visit the Benedictine nunnery of Rowney, to inquire concerning abuses and to carry out necessary reforms.

COMMISSIO AD VISITACIONEM PRIORATUM DE ROWNAY. Philippus permissione divina Lincoln' episcopus dilectis filiis priori prioratus beate Marie monachorum Hertford' et magistris Willelmo Tametham rectori ecclesie parochialis de Therfeld' nostre diocesis et Willelmo Aslokeby in decretis bacallario salutem graciam et benediccionem. Ad visitandum tam in capita quam in membris prioratum de Rownay ipsaque corrigendum reformandum et canonice puniendum ac in negocio visitacionis huiusmodi servato iuris ordine in hac parte requisito procedendum et cognoscendum et eandem visitacionem prorogandum priorissam dicti loci et singulas consorores et conversas officia seu administraciones in eadem obtinentes a suis prelacia officiis et administracionibus si certarum culpe crimina id exigerint suspendendum et amovendum privandum et deponendum aut alias ipsius priorisse resignacionem cessionem renunciacionem si sibi constat sit admittendum ipsumque prioratum extunc vacari decernendum pronunciandum et declarandum et ipsam vacacionem conventui dicti loci ut ad eleccionem futuram priorisse in eodem prioratu secundum canonicas sancciones procedere valeant intimandum et notificandum necnon ad infligendum iniungendum et imponendum canonicas penitencias priorisse consororibus et conversis supradictis pro suis criminibus et excessibus culpis et debitis et eas ad huiusmodi penitencias peragendum et complendum per censuras ecclesiasticas

---

[1] Abstract in *Linc. Wills*, p. 129.

compellendum et alios officiarios locis amovendorum debite preficiendum et surrogandum contradictores quoslibet et contumaces in hac parte canonice compescendum. Ceteraque [*Folio 191ᵛ*] omnia et singula faciendum excercendum et expediendum que in premissis necessaria fuerint seu oportuna. Vobis coniunctim et divisim tenore presencium committimus vices nostras cum cuiuslibet cohercionis et exequendi que in hac parte decreveritis potestate. Mandantes quatinus nos de omni eo quod feceritis in premissis clare et distincte certificetis litteris vestris patentibus habentibus hunc tenorem sigillo autentico consignatis pro loca et tempore oportunis. Dat' sub sigillo nostro in castro nostro de Sleford' xij° die mensis Junii anno domini millesimo cccc^mo xviij°, et nostre consecracionis anno quartodecimo.

444. 1418. May 15th, Sleaford. Declaration of absolution by the bishop's commissary, Thomas Brouns, in a matrimonial suit.

Sᴇɴᴛᴇɴᴄɪᴀ ᴀʙsᴏʟᴜᴛᴏʀɪᴀ ɪɴ ᴄᴀᴜsᴀ ᴍᴀᴛʀɪᴍᴏɴɪᴀʟɪ ɪɴᴛᴇʀ Vᴇɴ' ᴇᴛ Jᴀᴋᴇ ᴅᴇ Pʏɴᴄʜᴇʙᴇᴋ'. Universis sancte matris ecclesie filiis presentes litteras inspecturis, Philippus permissione divina Lincoln' epsicopus salutem in domino sempiternam. Noverit universitas vestra quod nuper coram dilecto filio magistro Thoma Brouns utriusque iuris doctore commissario nostro ex officio nostro legitime procedente quidam Willelmus Venour de Pynchebek' nostre diocesis in iudicio personaliter constitutis quandam Margaretam Jake mulierem de Pynchebek' predicta eciam ibidem in iudicio personaliter constituta peciit sibi in uxorem per dictum commissarium nostrum sentencialiter adiudicari verum quia per confessiones partium earundem in iudicio emissas, idem commissarius invenit luculenter partes easdem de matrimonio inter eosdem contrahendo solumodo tractasse et ad huiusmodi tractatum complendum inducere non poterat et ex eo qui ad matrimonium non erat processum contraria voluntate accedente poterant se invicem absolvere, idcirco dictam Margaretam ab impeticione dicti Willelmi dimisit per decretum ac eorum utrique liberam ad alia vota licita convolandi tribuit in domino facultatem. Que omnia universitati vestre innotescimus per presentes. In cuius rei testimonium sigillum nostrum presentibus est appensum. Dat' in castro nostro de Sleford' xv° die mensis Maii anno domini millesimo cccc^mo xviij°, et consecracionis nostre anno xiiij°.

445. 1418. May 20th, Sleaford. Licence to Roger Chesterfield (Chesterfeld'), rector of Teigh (Tye), to celebrate one anniversary, the permission to last for three years.

446. Same date and place. Licence to William Belton, rector of Rearsby (Rerisby), to preach in the archdeaconries of Leicester and Oxford, during the bishop's pleasure.

447. [Undated.] Remission to Thomas Brouns, subdean, by the president and chapter, of the payment of commons.[1]

[*Folio 192*]

448. 1418. June 15th, Sleaford. Commission to the sequestrator in the archdeaconries of Huntingdon and Bedford to collect the fruits of Offord Darcy (Offordacy) parish church during the absence of the rector, Richard Godeslaw (Godeselaw), and to provide for the cure of souls.

449. [Undated.] Mandate to proctors to discuss with the papal collector in England the arrears of Peter's Pence alleged to be due from the see of Lincoln.

PROCURATORIA AD TRACTANDUM ET COMPONENDUM CUM COLLECTORE DOMINI PAPE IN ANGLIA PRO IURIBUS CAMERE APOSTOLICE. Pateat universis per presentes quod nos Philippus permissione divina Lincoln' episcopus dilectis nobis in Christo B. et R. clericos licet absentes tanquam presentes coniunctim et divisim et eorum quemlibet per se in solidum, ita quod occupantis condicio melior non existat sed quod unum eorum inceperit quilibet eorundem id per se libere prosequi mediare valeat et finire nostros et legitimos ac ceteros et indubitates procuratores actores factores negociorum nostrorum gestores et nuncios speciales ordinamus facimus constituimus et deputamus per presentes, damus eciam et concedimus eisdem procuratoribus nos coniunctim et eorum cuilibet ut prefertur per se divisim et in solidum potestatem generalem ac mandatum generale et speciale pro nobis et ecclesia nostra Lincoln' ac nomine nostro et eiusdem ecclesie nostre cum honorabili viro Waltero Medford' utriusque iuris bacallarii decano ecclesie Wellen' sanctissimi in Christo patris et domini nostri domini Martini divina providencia pape quinti nuncio in Anglia et collectore pro quibuscumque denariorum summis sacrosancte Romane ecclesie iure nostre ac domino nostro pape predicto de nobis et ecclesia nostra predicta nomine denariorum sancti Petri ut pretenditur debitorum et a retro existencium tractandum huiusmodi que denarios ad aliquam certam summam redigendum et de ipsa summa solvenda componendum et concordandum ac de eadem satisfaciendum ac nos et ecclesiam nostram Lincoln' ab ulteriori exaccione dictorum denariorum beati Petri ut pretenditur a retro existencium et debitorum finaliter dimitti absolvi et acquietari acquietanciasque sufficientes finales de et super solucione plena huiusmodi denariorum beati Petri ac dimissione absolucione et acquietacione ab eodem domino collectore petendum et obtinendum, et generaliter omnia alia et singula pro eisdem vero etc.

---

[1] As *supra*, no. 287.

450. 1418. May 20th, Sleaford. Licences to Roger Chesterfield, rector of Teigh, and to William Belton, rector of Rearsby.[1]

451. 1417/18. Testament of Thomas Sleaford of Kirkby Laythorpe. Dated February 20th.

TESTAMENTUM THOME SLEFORD' DE KYRKEBY.[2] In dei nomine et individue Trinitatis patris et filii spiritus sanctus amen. Ego Thomas Sleford' de Kyrkeby Laylthorp' videns michi periculum mortis imminere, vicesimo die mensis Februarii anno domini millesimo cccc^{mo} xvij^{mo} condo testamentum meum in hunc modum. In primis lego animam meam deo beate Marie et omnibus sanctis et corpus meum sepeliendum infra ecclesiam sancti Dionisii de Kyrkeby predicta cum uno mortuario more debite. Item lego fabrice ecclesie matris Lincoln' vj s. viij d. Item lego fabrice ecclesie sancti Dionisii xx s. Item lego fabrice ecclesie sancti Petri de Kyrkeby predicta vj s. et viij d. Item lego fratribus sancti Augustini Botulphi et fratribus predicatorum cuilibet domui vj s. viij d., fratribus minoribus de Grantham vj s. viij d. Item rectori ecclesie Dionisii iij s. iiij d. Item vicario ecclesie sancti Petri ij s. Item lego Ricardo Kotfeld' unam iuvenculum precii vj s., et Willelmo Grenleffe unam iuvenculam precii vj s. et circa sepulturam meam iij s. iiij d. Residuum omnium bonorum meorum non legatorum do et lego executoribus meis ut ipsi disponant pro anima mea meliori modo debitis meis liquide solutis sicut velint coram summo iudicio respondere, istosque dispono ordino et constituo executores meos Elizabetham uxorem meam dominum Johannem Horspole rectorem ecclesie parochialis de Araum et Henricum Lysnes filium Elizabethe uxoris mee. Dat' apud Kyrkeby die loco et anno domini suprascriptis, hiis testibus Elizabethe uxore mea domino Willelmo Greyne rectore medietatis ecclesie sancti Dionisii de Kyrkeby predicta. Item lego Willelmo Spynk unam iuvenculam precii iij s. iiij d.
Proved at Sleaford on June 17th, 1418.

452. 1417/18. February 19th, Sleaford. Commission to the dean of Holland to give notice of the purgation in Beckingham parish church of John Whitton, clerk, of Boston, convicted of housebreaking and theft.[3]

March 8th, Sleaford. Commission to Robert Scarle and the dean of Lovedon to receive the purgation, and to the constable of Newark castle to deliver the accused on the appointed day.

DELIBERACIO JOHANNI WYTTON' CLERICI CONVICTI. Johannes Whytton' de Boston' captus per appellum Roberti Foghler' de

---

[1] As *supra*, nos. 445, 446.   [2] Abstract in *Linc. Wills*, p. 138.
[3] *Supra*, no. 421.

Boston' probatoris domini Regis in gaola domini Regis castro Lincoln' existentis factum apud Lincoln' coram Thoma Scarburgh' uno coronatore domini Regis in comitatu Lincoln' die lune in prima septimana quadragesime anno regni Regis Henrici quarti duodecimo pro eo quod ipse cum predicto probatore die lune proximo ante festum Natalis domini anno regni Regis Henrici quarti xij° apud Boston' domum Willelmi Awberay de Boston' fregit et unam murram precii vj s. et viij d. et alia bona et catalla precii quinque solidorum ibidem inventa felonice cepere et asportavere. Nonodecimo die Februarii anno domini millesimo cccc^mo xvij^mo apud Sleford' commissum fuit decano de Holand' ad faciendum publicas proclamaciones in ecclesia de Boston' et aliis ecclesiis convicinis et ad citandum omnes qui communiter eius purgacionem obicere voluerint ad diem sabbati proximum post mediam dominicam quadragesime extunc proximam sequentem, ad comparendum coram domino aut eius commissario in ecclesia parochiali de Bekyngham ad proponendum si quid voluerint contra eius purgacionem et faciendum quod esset in hac parte iuris ......[1] et racionis. Octavo vero die mensis Marcii anno domini supradicto apud Sleford' commissum fuit magistro Roberto Scarle et decano [*Folio 192^v*] de Lovedon' iurisperitis coniunctim et divisim ad recipiendum certificatorium proclamacionis huiusmodi et in eo eventu quo nullus apparuit legitime contradiccione, ad recipiendum in forma iuris purgacionem canonicam super premissis dicti Johannis Whitton' si super huiusmodi felonia legitime poterit se purgacione et partibus quarum requiritur interesse in hac parte iusticie complementum ministrandum prout sancciones canonice dictaverint in hac parte. Et eisdem die et loco scriptum fuit constabulario castri de Newerk' ad deliberandum dictum Johannem Whitton' in casu possit se super premissis legitime purgare et in eo evento quo in huiusmodi purgacione defecerit ipsum incarcerem retrudendum et salvo custodia conservandum ut dictaverit iuris ordo in hac parte et ut in forma communi.

453. [Undated.] Sleaford. Commission to the dean of Framland (Framlond') and John Mitton (Myton'), *literatus*, to collect the fruits of Wymondham (Wymundham) parish church while the living is vacant, and to proceed against certain persons who are illegally detaining the offerings and emoluments.

454. 1418. July 12th, Sleaford. Licence to John Ixworth, rector of Chinnor (Chynnore iuxta Walyngford') for three years' non-residence for study and to put his church to farm. [A.]

455. 1416. July 12th. Certificate of the value of St. Michael's parish church, Northgate, Oxford, returned by the abbot of Eynsham and the

[1] Illegible.

prior of Bicester (Burcestr'), collectors of the subsidy of two tenths from taxed benefices and from non-taxed benefices over ten pounds in value which was granted to the king by Convocation in November, 1415. The date of the collection of one tenth has been advanced in reply to the king's letter of June 10th.[1] The collectors report to Bishop Repingdon that the value of St. Michael's church is only six marks a year. [*to Folio 193*]

456. [Undated.] Mandate from Bishop Repingdon to the prior of Kyme to recall and readmit a monk who has left the priory in order to join the Carmelite friars at Notting Hill, as was disclosed to the bishop's commissary, Thomas Brouns, during his recent visitation.

MANDATUM AD REDUCENDUM RELIGIOSUM VAGANTEM AD CLAUSTRUM. Philippus permissione divina Lincoln' episcopus dilecto filio priori prioratus de Kyma ordinis sancti Augustini nostre diocesis salutem graciam et benediccionem. Cum nuper magister Thomas Brouns noster in hac parte commissarius in visitacione nostra ordinaria per ipsum commissarium nostrum in dicto prioratu ac capite et membris eiusdem nuper nostra auctoritate excercita atque facta, tibi iniunxerit et dederit firmiter in mandatis quatinus fratrem Robertum Soke dicti prioratus canonicum et in eodem expresse professum qui spiritu arciorem vitam ducendi de dicto prioratu recesserat animo et intencione ordinem et regulam fratrum mendicancium de ordine Carmelitarum in conventu de Notynghill' proficiendi recepta premitus informacione sufficienti per priorem dicti conventus in premissis si in dicto ordine non fuerit professus diligenter inquereres et eum ad dictum tuum prioratum admitteres et ipsum in eodem tanquam canonicum tuum et fratrem tractares secundum tui ordinis regularia instituta. Tibi in virtute obediencie committimus et mandamus ut eum idem frater Robertus in dicto ordine fratrum mendicancium non sit professus prout sicut accepimus sufficienter et informatus quatinus eundem fratrem Robertum ad dictum prioratum tuum reducas et admittas et eum tam caritative quam more fraterne dileccionis in eodem tractes et eidem ministrari facias vite sue necessaria ut teneris, ac cetera facias statuas ordines et observes in premissis et premissa concernentibus que tibi videntur honesta et matura, et quid facere duxeris nos citra festum apostolorum Philippi et Jacobi proximum futurum, distincte et aperte certifices litteris tuis patentibus habentibus hunc tenorem sigillo prioratus tui consignatis etc.

[*Folio 193ᵛ*]

457. 1417. June 13th. Report to Bishop Repingdon from the abbot of Eynsham that ordinances have been drawn up for the reform of certain abuses revealed during the visitation of the abbey by the

---

[1] See *Reg. Chichele*, III, pp. 6, 19.

commissary, Thomas Brouns. No corrodies are to be granted without the bishop's permission. Two bursars are to be elected annually to collect the rents and profits of the abbey and to render faithful accounts. Other defects have been corrected, and the bishop is petitioned to bring the visitation to a close.

ORDINACIO FACTA IN MONASTERIO DE EYNESHAM DE BURSARII DEPUTANDO ET CORRODIORUM NON VENDANDO. Reverendo in Christo patri ac domino domino nostro singularissimo Philippo dei gracia Lincoln' episcopo vestri humiles obedientes et assidui oratores Jacobus permissione divina abbas monasterii de Eynsham ordinis sancti Benedicti vestri diocesi et eiusdem loci conventus obedienciam et omnimodas reverencias tanto patri debite cum honore vestre paternitati in domino reverendo. Tenore presencium innotescimus quod operante mediante et intercedente venerabili viro magistro Thoma Brouns utriusque iuris doctore ad visitandum dictum monasterium vestrum commissario et visitatore per nos specialiter deputato, statutum ordinatum et concessum est per nos abbatem et conventum predictas unanimi consensu et assensu capitulariter et conventualiter ad hoc congregatos quod in eodem monasterio vestro de cetero nulla corrodia alicui vel aliquibus sine licencia vestra speciali petita pariter et obtenta vendantur seu concedantur per nos seu successores nostros, ac insuper quod singulis annis imposterum duo ex confratribus nominis monachis vestri monasterii antedicti eligantur duo bursarii sive denariorum receptores qui redditus proventus obvenciones emolumenta et proficua quecumque dicti vestri monasterii exigant colligant et recipiant, collectaque et recepta huiusmodi nobis abbati et conventui predictis prout opus fuerit ministrabunt ac de receptis solutis et liberatis per eosdem tactis sacrosanctis evangeliis coram nobis abbate et conventu predictis in fine anni seu tociens quociens fuerint requisiti fideliter computabunt et raciocinium inde nobis reddent. Ceteraque omnia et singula prefato magistro Thome Brouns commissario et visitatori vestri in eadem visitacione vestre detecta sive delata correcione seu aliquali reformacione indigencia secundum eiusdem visitacionis vestri iniunccionem ac iuxta nostri ordinis regularia instituta sunt plenarie correcta ac eciam salubriter reformata. Vestram igitur paternitatem in domino reverendam humiliter et devote imploramus quatinus visitacionem vestram in monasterio vestro predicto pendentem et continuatam dissolvere et nos oratores vestros predictos ab examino vestro absolvere dignemini intuitu caritatis. Ad regimen et munimen ecclesie sue sancte paternitatem vestram reverendam conservet et protegat summus pater feliciter et longeve et ut sciat et cognoscat vestra predicta reverenda paternitas nos in premissis unanimes et concordes fuisse et esse sigillum nostrum commune presentibus apposuimus. Dat' in domo nostra capitulari monasterii predicti xiij° die mensis Junii anno domini millesimo cccc^{mo} decimo septimo.

458. 1417. April 15th, Sleaford. Ratification by Bishop Repingdon of the union of the vicarage of St Albinus at Spridlington (Sprideling-ton') to the parish church of St. Hilary, after a full report has been received of the inquiry held by the bishop's commissary, John Ferriby (Fereby), into the circumstances and the reasons for the union.[1] Witnessed by Thomas Colston, notary and registrar, in the presence of John Elsham, notary, William Ayliffe (Aylyff'), clerk, and Ralph Bellers (Belers), donzel. [*to Folio 194*ᵛ]

459. 1418. June 18th, Lincoln. Certificate of probate of the testament of Robert Raithby, merchant and citizen of Lincoln, returned by Nicholas Hungarton, bishop's commissary and sequestrator in the Parts of Kesteven and the city of Lincoln.

460. 1417. Testament of Robert Raithby. Dated December 4th, at Lincoln.

Tenor vero testamenti huiusmodi talis est.[2] In dei nomine amen. Ego Robertus Ratheby de Lincoln' mercator quarto die mensis Decembris anno domini millesimo cccc^mo xvij^mo et anno [*Folio 195*] regni Regis Henrici quinti post conquestum Anglie quinto compos mentis et sane memorie condo testamentum meum in hunc modum. In primis commendo animam meam deo omnipotenti et gloriose virgini Marie matri sue et omnibus sanctis et corpus meum ad sepeliendum in capella sancti Thome in ecclesia parochiali sancti Benedicti Lincoln' cum optimo panno meo nomine principalis. Item lego monasterio beate Marie Lincoln' xx s. Item lego Henrico fratri meo xx s. Item lego Matildi sorori mee xx s. Item lego Johanne sorori mee xx s. Item lego cuilibet filiorum et filiarum tam predicti Henrici quam prefati Johanne vj s. viij d. Item lego Katerine Cotum xiij s. iiij d. Item lego Roberto cognato meo unam peciam argenti quamcumque Alicia uxor mea ei liberari voluerit. Item lego Willelmo Skelton' v marcas. Item lego cuilibet servientium meorum xl d. Item lego domino Johanni Laceby capellano xiij s. iiij d. Item lego fabrice ecclesie parochiali de Sotby iij s. iiij d. Item fabrice ecclesie de Hayngton' iij s. iiij d. Item fabrice ecclesie de Leggesby iij s. iiij d. Item lego fabrice ecclesie sancti Petri ad archus Lincoln' iij s. iiij d. Item lego fabrice ecclesie de Appulby iij s. iiij d. Item lego cuilibet domui ordinis fratrum Lincoln' x s. ut unusquisque eorum conventus pro anima mea et animabus eorum quibus teneor dicat tria tricennalia missarum et quod interfuit ad exequias funerales die obitus mei. Item volo quod x libre argenti distribuantur pro anima mea tam in civitate Lincoln' quam in propinquiora ubi magis necesse fuerit absque communi distribucione seu magis expensis die sepulture

---

[1] *Supra*, nos. 303, 418.
[2] Abstract in *Linc. Wills*, p. 134, where the date of probate is given as June 24th.

mee. Item lego Willelmo Kyrkeby unam peciam argenteam co-
opertam. Item lego magistro Johanni Hagh' sacre theologie pro-
fessori xx s. Item lego abbati de Bardeney unum goblet deauratum.
Item lego Alicie Pepull' xx s. Item lego Johanni Scupholme xx s.
Item lego Roberto filio suo iij s. iiij d. Item lego Johanni filio
meo centum marcas cum optima pecia mea cum ij flat peciis uno
cipho vocato Nute ij murris una duodena cocliarium uno lecto cum
curteyns integro de hallyng' cussynes iij ollis iij patellis ij pelveis ij
lavacris et omnia alia plumba que pertinent mesuagio meo quod
Arnestus Ruden' inhabitat in parochia sancti Petri ad archus Lincoln'
habendum et percipiendum eidem Johanni filio meo cum ad etatem
pervenerit plenarie que quidem bona et catalla prefato Johanni filio
meo superius legata volo quod ad manus alicuius patrui non deveniant
quoquomodo sed quod in manibus alicuius alterius securi hominis
salvo et sub securitate sufficienti et racionabili conserventur quousque
dictus Johannes ad plenam etatem pervenerit. Et volo quod dictus
Johannes filius meus de redditibus provenientibus ex illo mesuagio
meo quod predictus Arnestus inhabitat exhibeatur et sustentetur
quousque ipse ad etatem pervenerit supradictam. Et si dictus
Johannes filius meus infra dictam etatem obierit, tunc volo quod mea
legitima pars bonorum eorundem et catallorum sibi superius legatorum pro anima mea et animabus eorum quibus teneor et omnium
fidelium defunctorum in missarum celebracionibus et caritativis
operum distribucionibus distribuantur. Item volo quod medietas
vasorum meorum argenteorum post meum decessum secundum
verum valorem eorundem vendatur et in elimosinariis distribucionibus pro anima mea et animabus omnium fidelium defunctorum
distribuatur. Item do et lego Johanni filio meo totum illud mesuagium
cum pertinenciis in parochia sancti Petri ad archus Lincoln' quod
Arnestus Ruden' modo inhabitat habendum et tenendum eidem
Johanni filio meo et heredibus de corpore suo legitime procreatis de
capite dominis feodi illius pro servicia inde debita et de iure
consueta. Et si idem Johannes sine heredibus de corpore suo legitime
procreatis obierit, tunc volo quod Alicia uxor mea mesuagium predictum habeat et teneat ad terminum vite sue de capite dominis
feodi illius pro servicia inde debita et de iure consueta. Item do et
lego prefate Alicie uxori meo omnia illa terre et tenementa mea cum
pertinenciis suis universis in civitate Lincoln' ac in suburbiis et
precinctu eiusdem que unquam habui ex perquisito meo habendum et
tenendum prefate Alicie uxori mee ad terminum vite sue de capite
dominis feodorum illorum pro servicia inde debita et de iure consueta,
et post eiusdem Alicie decessum volo quod predictus filius meus
omnia illa terre et tenementa predicta habebit et teneat sibi et heredibus de corpore suo legitime procreatis de capite dominis feodorum
illorum pro servicia inde debita et de iure consueta. Et si predictus
Johannes sine heredibus de corpore suo legitime procreatis obierit,
tunc volo quod omnia predicta terre et tenementa vendantur per
executores meos si supstites[1] sint et si non fuerint per eorum

[1] *Sic.*

executores et pecunie pro eisdem receptis pro anima mea et prefate Alicie et omnium parentum et benefactorum meorum caritatavis operibus et missarum celebracionibus distribuantur per eosdem executores secundum sanam suam et bonam discreccionem. Item si Johannes filius meus vixerit et quousque ad plenam etatem pervenerit, tunc volo quod premissum meum legatum quo ad personam suam de bonis mobilibus ut predicitur in omnibus sit executum. Et si idem Johannes infra dictam etatem decesserit, volo quod prefata Alicia uxor mea habeat medietatem tam predictorum bonorum prefato Johanni filio meo superius legatorum quam omnium bonorum aliorum meorum mobilium debitis meis presens persolutis. Et si bona mea mobilia ad plenam persolucionem omnium debitorum meorum secundum eorundem verum valorem attingere non possunt, tunc volo quod omnia terre et tenementa mea cum pertinenciis que habeo ex perquisito in civitate suburbiis et precinctu Lincoln' vendantur et debita mea plenarie persolvantur et fiat defalcacio legatorum meorum superius expressatorum secundum discreccionem et disposicionem Alicie uxoris mee et executorum meorum legato et voluntate meis superius declaratis nullatinus obstantibus. Huiusmodi autem testamenti mei facio ordino et constituo executores, videlicet Aliciam uxorem meam Robertum Ratheby de Horsyngton' et Willelmum Kyrkeby de Lincoln'. Supervisorem vero constituo et ordino [*Folio 195ᵛ*] dominum Johannem Legborn' ecclesie cathedralis beate Marie Lincoln' canonicum. In cuius rei testimonium sigillum meum presentibus apposui, hiis testibus Willelmo Dalderby Willelmo Peke et domino Johanne Laceby capellano. Dat' Lincoln' die et anno domini supradictis.

461. 1417. Letter from Richard Bruton, chancellor of Wells and vicar-general of Richard Clifford, bishop of London (dated May 15th), forwarding a mandate from Archbishop Chichele (dated May 8th) for prayers and processions for the king and the kingdom and for fine weather.[1]

[*Folio 196*]

462. 1418. August 9th, Sleaford. Appointment of William Colston, rector of St. Aldate's, Oxford, as sequestrator and commissary-general in the archdeaconries of Oxford and Buckingham, in succession to John Legh.

DEPUTACIO SEQUESTRATORIS OXON' ET BUCK'. Memorandum quod nono die mensis Augusti anno domini millesimo quadringentesimo decimo octavo apud Sleford' magister Willelmus Colstone rector ecclesie parochialis sancti Aldati Oxonie Lincoln' diocesis deputatus fuit per dominum Philippum episcopum Lincoln' in sequestratorem

---

[1] See *Reg. Chichele*, IV, p. 167–8; cf. *Reg. Lacy*, p. 97; *Reg. Bubwith*, I, p. 280.

et commissarium generalem in archidiaconatibus Oxonie et Buckynghame cum potestate corrigendi et puniendi etc. prout in forma communi concessa sequestratori consimili potestate magistro Johanni Lygh' alias data et concessa per dictum dominum Philippum tunc episcopum expresse revocata.

463. Same date and place. Appointment of John Hooton, bachelor of laws, as sequestrator and commissary-general in the Parts of Lindsey and the deanery of Holland, in succession to Simon Tirington.

DEPUTACIO SEQUESTRATORIS LINDESAY ET HOLAND'. Eisdem vero die et loco ac anno magister Johannes Houton' in legibus bacallarius deputatus fuit per eundem dominum in sequestratorem et commissarium generalem in partibus de Lyndesey et decanatu Holand' cum potestate corrigendi et puniendi ut in forma communi concessa sequestratori consimili potestate magistro Simoni Tyryngton' alias data et concessa per eundem dominum expresse revocata.

464. 1418. August 16th, Sleaford. Letters dimissory to John Pounde, acolyte, to all orders. [B.]

465. 1418. May 6th. Certificate from Simon Tirington, sequestrator in the Parts of Lindsey and the deanery of Holland, that he has granted letters of administration of the estate of Thomas Willoughby, knight, who died intestate.

COMMISSIO ADMINISTRACIONIS BONORUM DOMINI THOME WYLUGHBY MILITIS INTESTATIS. Reverendo in Christo patri ac domino domino Philippo dei gracia Lincoln' episcopo vester humilis et devotus filius Simon Teryngton' sequestrator in partibus de Lindesey et decanatu Holand' cum omni subieccione filiali obedienciam reverenciam et honorem debitam tanto patri vestram venerabilem commissionem recepi sub hac forma. Philippus permissione divina Lincoln' episcopus etc. Cuius auctoritate xx^{mo} die mensis Augusti anno domini millesimo cccc^{mo} xvij^{mo} in ecclesia parochiali de Boston' vestre Lincoln' diocesis commisi administracionem secundum tenorem commissionis vestre personis ydoneis et fidedignis in bonis venerabilis viri domini Thome Wylughby administraturi, calculo administracionis bonorum predictorum vobis specialiter reservato, videlicet domino Radulpho Latoner' capellano et Johanni Glaston' mercatori de eadem et Johanni Warner' de Kyrkton'. Que omnia et singula reverende paternitati vestre significo per presentes sigillo officii consignatas. Dat' die veneris proximo post festum Ascencionis domini anno domini millesimo cccc^{mo} xviij^{o}.

466. [Undated.] Mandate from Thomas Brouns, subdean, commissioned with Ralph Louth to visit the archdeaconries of Leicester,

Bedford and Huntingdon, to the official of the archdeacon of Leicester, directing him to proceed against those persons at Leicester who are reputed to follow the irreverent practice commonly called "Glutton-mass" (*Glotonmesse*), frequenting taverns and eating and drinking to excess instead of attending church services during the festival of Our Lady.[1]

[*Folio 196ᵛ*]

467. 1418. August 27th, Sleaford. Letters dimissory to John Gate, subdeacon, to deacon's and priest's orders. [B.]

468. 1418. Letters from William Barrow, bishop of Bangor, vicar-general of Richard Clifford, bishop of London (dated July 18th), forwarding a mandate from Archbishop Chichele (dated July 11th) for the array of the clergy of the province in accordance with the king's writ of July 6th. The numbers of those in array are to be returned to the Chancery by September 1st.[2]

469. [Undated.] Licence to William Dalby to found a hospital for twelve poor men at Oakham.[3] [*to Folio 197*]

470. 1417/18. March 18th, Sleaford. Grant of absolution to Robert Woodcock, vicar of Harringworth, previously excommunicated for contumacy, as it has now been established that irregularities in his celebration of divine services were due to ignorance and not to contempt.

DISPENSACIO PRO VICARIO DE HARYNGWORTH'. Tenore presencium nos Philippus permissione divina Lincoln' episcopus notum facimus universis quod cum dominus Robertus Wodecok' vicarius perpetuus ecclesie parochialis de Haryngworth' nostre diocesis super eo quod ipse alias propter suam manifestam contumaciam auctoritate nostra ordinaria excommunicatus et pro tali publice denunciatus scienter divinis se immiscuit irrigularitatem[4] notorie incurrendo coram nobis responsurus ad iudicium fuisset evocatus. Idemque dominus Robertus certis die et loco infrascriptis personaliter comparens se divina officia non ex contemptu clavium ecclesie sed ex quadam ignorancia probabili celebrasse asserebat. Unde quia per probaciones legitimas coram nobis sufficienter ministratas comparimus evidenter

[1] See *Concilia*, III, p. 389.
[2] Cf. *Reg Lacy*, p. 32; *Reg. Bubwith*, II, pp. 326, 332. Details of the array in the deaneries of Peterborough, Oundle and Weldon are given in the Register of Peterborough Abbey (British Museum, Add. MS. 25288).
[3] As *supra*, no. 402, except that *vos* has been substituted for *tu* in the form of address, and the name of the hospital is here given as "Chamberleyncroft".
[4] *Sic*.

dictum dominum Robertum vicarium non ex contemptu sed ignorancia probabili sic celebrasse. Idcirco consideratis diligenter premissis et circumstanciis universis que in hac parte fuerint attendende cum eodem domino Roberto vicario super irrigularitate quam occasione premissa incurrebat tenore presencium misericorditer in domino dispensamus ac omnem huiusmodi irrigularitatis notam circa ipsum penitus abolemus per presentes. In cuius rei testimonium sigillum nostrum presentibus est appensum. Dat' apud Sleford' xviij° die mensis Marcii anno domini millesimo cccc^{mo} xvij^{mo}, et nostre consecracionis anno xiiij°.

471. [Undated.] Mandate from Bishop Repingdon to the dean of Holland, the vicar of the parish church of Kirkby by Bolingbroke (Kyrkeby iuxta Bulyngbrok'), and to the rectors, vicars and chaplains of the deanery to pronounce sentence of excommunication on public usurers.[1]

472. 1418. September 19th, Sleaford. Letters dimissory to Thomas Cliffe (Clyff'), rector of Islip (Islep'), to all orders. [B.]

[Folio 197^v]

473. Same date and place. Commission to John Barton, bachelor of laws, and the rector of Ewelme to prove the will of John Sloley of Ewelme and to commit the administration to his executors.

474. Same date and place. Licence to John Everdon, scholar of theology, to preach in the archdeaconries of Oxford and Northampton, during the bishop's pleasure.

475. 1417/18. March 20th. Report by William Watts, rector of Hannington, appointed as commissary by Bishop Repingdon on March 7th to inquire into disturbances at Walgrave. At the inquiry, held in Walgrave parish church, twenty parishioners (whose names are given) confessed to having unlawfully cut down trees in the burial-ground while the living was vacant, and were enjoined to do penance. As part of their penance, the offenders are to plant new trees, under the supervision of the rector.

CERTIFICATORIUM PROCESSUS FACTI CONTRA SUCCIDENTES ARBORES WALDEGRAVE. Reverendo in Christo patris ac domino domino Philippo dei gracia Lincoln' episcopo vester humilis et devotus obediencie filius Willelmus Wattes rector ecclesie parochialis de Hanyngton' vestre

[1] This is a shorter version of the mandate to the dean of Bolingbroke, *infra*, no. 487.

diocesis commissarius vester ad infrascripta sufficienter deputatus obedienciam ac omnimodas reverencias et honores debitas tanto patri. Commissionis vestre litteras cum ea qûa decuit reverencia nuper in hec verba recepi. Philippus permissione divina Lincoln' episcopus dilectis filiis officiali archidiaconi nostri Northampton' ac domino Willelmo Wattes rectori ecclesie parochialis de Hanyngton' nostre diocesis salutem graciam et benediccionem. Dum rerum sacrarum laicis personis disponendi facultas sit a iure reprobata prohibita et usurpacionis ipsarum contumelia procul dinoscitur fore repellenda bone memorie dominus Johannes Stratford'[1] dudum Cantuarien' archiepiscopus apostolice sedis legatus per suam piam et providam constitucionem debite promulgatam que sic incipit *Quia divinis et seculi*[2] *legibus*, parochianos ecclesiarum Cantuarien' provincie quarumcumque arbores seu herbas in ecclesiarum seu capellarum dicte provincie cimiteriis crescentes sue voluntatis seu verius temeritatis arbitrio prosternentes succidentes evellentes seu metentes preter et contra voluntatem rectorum huiusmodi ecclesiarum seu custodium suorum ad hoc deputatorum sentenciam excommunicacionis maioris tanquam contra ecclesie libertatis violatores decrevit ipso facto esse et fore involutos monstratum, tamen nobis est et clamosa insinuacione acclamante ad nostram noticiam est deductum quod nonnulli parochiani ecclesie de Waldegrave dicte nostre diocesis arbores nonnullas in cimiterio dicte ecclesie excrescentes preter et contra voluntatem rectoris seu alterius potestatem habentis sed ex quadam presumpcione cupida temere succiderunt. Nos tamen devotis precibus magistri Thome Hill' rectoris dicte ecclesie de Waldegrave nobis in hac parte porrectis benigno concurrentes assensu presumptores eosdem prompte reconsiliacionis affectu ad humilitatis graciam recipere et ad sancte matris ecclesie gremium decrevimus revocare, presertim ut iminens iam festum Resurreccionis domini excolere et sacre communionis premium consequi valeant salutare, ad absolvendum igitur in forma iuris presumptores huiusmodi omnes et singulos ac omnes eis consilium consensum vel favorem prebentes a sentencia excommunicacionis maioris predicte facta primitus per eos et eorum quemlibet satisfaccione congrua pro eorum culpa iniuria et offensa in hac parte contractis dicto rectori suo iniunctaque eisdem et eorum cuilibet pro modo culpe penitencia salutari, ceteraque omnia et singula faciendum excercendum et expediendum que in premissis aut circa ea necessaria fuerint seu quomodolibet oportuna. Vobis de quorum circumspeccionum industriis plenam in domino fiduciam obtinemus tam communiter quam divisim committimus vices nostras cum cuiuslibet cohercionis et execucionis canonice potestate, et quid feceritis ac dicti presumptores facere duxerint in premissis nos pro loco et tempore oportunis distincte et aperte certificetis vestris seu sic certificet ille vestrum qui presentem commissionem nostram receperit exequendum suis litteris patentibus habentibus hunc tenorem sigillo autentico consignatis. Dat' sub sigillo nostro in castro

[1] John Stratford, archbishop of Canterbury 1333–1348.
[2] *Sic.*

de Sleford' septimo die mensis Marcii anno domini millesimo cccc^{mo} xvij^{mo}, et nostre consecracionis xiij°. Quarum auctoritate litterarum vestrarum reverendarum ego Willelmus Wattes rector et commissarius vester supradictus huiusmodi facinoris perpetratores super prefata succisione arborum responsuros coram me ad certos diem et locum infrascriptos peremptorie feci vocari. Quibus quidem die et loco, videlicet die xx^{mo} mensis Marcii anno domini millesimo cccc^{mo} xvij^{mo} in dicta ecclesia parochiali de Waldegrave coram me vestra auctoritate ut prefertur michi commissa in causa huiusmodi iudicialiter sedente pro tribunali comparuerunt [*Folio 198*] personaliter Willelmus Sydwell' Thomas Dalby Thomas Draghton' Johannes Broghton' Symon Smyth' Symon Blundell' Johannes Faryngo Johannes Gybon' Johannes Dycon' Robertus Kynston' Adam Smyth' Willelmus Wodeland' Ricardus Douce Johannes Webster' Johannes Dyvet firmarius manerii de Waldegrave Robertus Faryngo Johannes Derwent Thomas Scaldewell' Willelmus Maidewell' et Robertus Thalour parochiani dicte ecclesie de Waldegrave. Quibus sic personaliter comparentibus et eorum cuilibet ex vestro mero officio ad animarum suarum correccionem iudicialiter obieci quod ipsi arbores nuper in cimiterio dicte ecclesie de Waldegrave excrescentes absque causa sive licencia in hac parte sufficienti temere succiderunt et fecerunt succidi sentenciam excommunicacionis maioris latam a constitucione provinciali supradicta dampnabiliter incurrendo. Ad que ipsi parochiani respondentes humiliter fatebantur et publice confessi sunt ac eorum quilibet sic fatebatur et confessus fuit quod eo non obstante quod bene noverunt et noscunt quod omnes arbores sive herbe in cimiterio dicte ecclesie de Waldegrave crescentes rectori eiusdem ecclesie pro tempore existenti et nulli alteri solum et in solidum pertinuerunt pertinent et pertinere debeant, ipsi tamen dum nuper audirent magistrum Johannem Honyngham nuper dicte ecclesie de Waldegrave rectorem ab hac luce decessisse spiritu ducti avarice ymo ut quidam illorum asseruerunt in quadam demencia constituti nonnullas arbores et dicto cimiterio excrescentes ipsa ecclesia vacante quasi inter noctis tenebras post occasum solis temere et inhumaniter succiderunt et succidi fecerunt. Unde ut apparuit contriti ab solucionem humiliter postularunt et in reformacionem iniurie quam fecerunt huiusmodi arbores omnes et singulas sic succisas et prostratas magistro Thome Hill' supradicto nunc rectori dicte ecclesie de Waldegrave tunc personaliter presenti restituerunt quas quidem arbores idem magister Thomas rector nomine satisfaccionis et emende pro huiusmodi iniuria sibi et dicte ecclesie sue iniuste ut prefertur illata recipiens tres illarum arborum pro possessione sua penes se restituit retinuit et ceteras arbores sic succisas que postea pro xx s. vendebantur in honorem dei et decus dicte ecclesie sue libere dedit et concessit ad opus et facturam unius vestimenti principalis quod iam de novo in eadem ecclesia per executores dicti magistri Johannis Honyngham qui ad hoc in testamento suo legavit x marcas[1] et per dictum magistrum Thomam Hill' rectorem eiusdem

---

[1] *Supra*, no. 382.

ecclesie de Waldegrave ac parochianos eiusdem solempniter ordinatum et sumptuose compertum est. Et subsequenter omnes parochiani
predicti prestiterunt et eorum quilibet prestitit corporale iuramentum
de stando mandatis ecclesie et de perficiendo penitencias eis et eorum
cuilibet pro offensa sua huiusmodi iniungendas. Et deinde ego
Willelmus Wattes commissarius vester antedictus dictis parochianis
succisoribus arborum predictarum auctoritate vestra iniunxi ut
eorum quilibet nudus capud et pedes cingulis suis abiectis aliquo
die non foriato aliis laboribus per ipsos interim suspensis publice ad
dictum cimiterium simul incedant cum tribus plantis fraxineis in
eorum cuiuslibet manibus quas videlicet eorum quilibet tres per se
in eodem cimiterio locis ubi dictus magister Thomas Hill' rector suus
vel eius deputatus assignaverit limitum diligenter et tempore con-
gruenti plantet et inferat. Et sic ipsos parochianos et eorum quemlibet
a prefata excommunicacionis sentencia quam sic ut premittitur in-
currebant auctoritate vestra absolvi et denunciavi sic absolutos. De
quibus omnibus et singulis paternitatem vestram reverendam certifico
per presentes. In cuius rei testimonium quia sigillum meum proprium
pluribus est incognitum sigillum presidentis consistorii Lincoln' presentibus apponi procuravi. Et nos Willelmus Burton' presidens
eiusdem consistorii ad specialem rogatum et procuracionem predicti
domini commissarii sigillum mee presidencie presentibus apposui.
Dat' apud Waldegrave predicta prefata xx^{mo} mensis Marcii anno
domini supradicto.

476. 1418. September 23rd, Sleaford. Commission to John, bishop
"Stephanen'",[1] to consecrate ecclesiastical vestments and ornaments
and to confirm children and adults.

Vicesimo tercio die mensis Septembris anno domini millesimo
cccc^{mo} xviij° commissum fuit apud Sleford' domino Johanni dei gracia
Stephanen' episcopo quod ipse possit indumenta et vestimenta
sacerdotalia et levitica ac alia ornamenta ecclesiastica consecrare ac
calices patenas et corporalia benedicere ac parvulis et adultis confirmacionis sacramentum conferre dum tamen nichil exigatur occasione
ministracionis et execucionis premissorum pro voluntatis beneplacito
duraturum.

477. 1417/18. Testament of John Green of Grantham, merchant.
Dated January 10th.

TESTAMENTUM JOHANNIS GRENE DE GRANTHAM.[2] In dei nomine
amen. Decimo die mensis Januarii anno domini millesimo cccc^{mo}
xvij° ego Johannes Grene de Grantham mercator in bona et sana
memoria mea existens ordino et condo presens testamentum meum

[1] John Greyby.
[2] Abstract in *Linc. Wills*, p. 121.

in hunc modum. In primis lego et commendo animam meam deo
omnipotenti creatori et salvatori meo beate Marie genitrici dei et
omnibus sanctis corpusque meum ad sepeliendum in ecclesia prebendali de Grantham. Item lego meum melius animal nomine
mortuarii mei. Item lego cuilibet capellano futuro ad primas exequias
meas xij d. Item cuilibet capellano futuro ad exequias meas septimo
et tricesimo diebus meis vj d. Item Alicie uxori mee omnia utensilia
mea domestica et medietatem omnium aliorum bonorum meorum
mobilium meis debitis universis et singulis cum expensis funeralibus
meis prius solutis et integro stipite satisfactis. Volo insuper quod
eadem uxor mea habeat ad totam vitam suam omnia illa terras et
tenementa prata pascua pastura redditus reversiones et servicia que
feoffati mei habent ex dono et feoffamento meo. Ita quod post mortem
eiusdem Alicie omnia predicta terras et tenementa prata pascua
pastura redditus reversiones et servicia cum pertinenciis suis per
executores meos vendantur ut eorum precia in pios usus et opera
misericordie pro animabus mei et uxoris mee [*Folio 198ᵛ*] parentumque
et amicorum meorum distribuantur et expendantur per considera-
cionem et ordinacionem executorum meorum. Item assigno cuilibet
executorum meorum licenciam emendi quicquid sibi placuerit de
bonis meis ex racionabili precio prout iidem executores de huiusmodi
empcione poterunt concordare. Item lego pro expensis meis funeralibus et generali distribucione pauperibus centum marcas. Item lego
cuilibet filiolo meo xx s. Item lego ad reparacionem pavimentorum
et calcetorum in villa de Grantham xx libras sterlingorum ad disposicionem executorum meorum. Residuum vero omnium et singulorum
bonorum meorum quorumcumque post persoluciones debitorum
meorum et huiusmodi testamenti complecionem do et lego subscriptis
executoribus meis ad disponendum et distribuendum pro anima mea
et pro anima uxoris mee et animabus parentum et amicorum meorum
et omnium fidelium defunctorum prout melius viderint deo placere et
saluti anime mee et animabus predictis proficere. Huius autem
testamenti mei facio ordino et constituo predictam Aliciam uxorem
meam Robertum Fenne de Harlaxton' Johannem Bryan' et Johannem
Leek meos executores. In cuius rei testimonium huic presenti testamento meo sigillum meum apposui. Dat' apud Grantham die et anno
domini supradictis.

Proved at Sleaford on September 24th, 1418.

478. 1418. September 28th, Sleaford. Commission to William Moumbray and William Whytemete to absolve Henry Welles, archdeacon
of Lincoln', from the sentence of excommunication passed upon him
for his failure to appear before the bishop at the proper time during
the episcopal visitation of the chapter.

COMMISSIO AD ABSOLVENDUM ARCHIDIACONUM LINCOLN'. Philippus
permissione divina Lincoln' episcopus magistris Willelmo Moumbray
et Willelmo Whytemete iurisperitis salutem graciam et benediccionem. Ad absolvendum in forma iuris dilectum nobis magistrum

Henricum Welles archidiaconum nostrum Lincoln' a sentencia excommunicacionis quam per ipsius contumaciam in non comparendo
coram nobis certo termino ad quem visitacionem nostram ordinariam
quam in ecclesia nostra Lincoln' singularibusque personis eiusdem
certo die iam a diu effluxo cum continuacione et prorogacione dierum
tunc sequencium inchoavimus ad instantem requisicionem canonicorum presencium et procuratorum absenciam inibi presencium
nostra auctoritate fecimus contumari iudicialiter contractam incurrebat prestito primitus per eundem de stando mandatis ecclesie
et parendo iuri iuramento corporali. Vobis de quorum fidelitate confidimus communiter et divisim vices nostras committimus per
presentes firmiter iniungentes quatinus prefatum magistrum Henricum sic fuisse et esse absolutum cum et quando per partem suam
fueritis congrue requisiti debite dununcietis. Dat' sub sigillo in castro
nostro de Sleford' xxviij° die mensis Septembris anno domini
millesimo cccc^{mo} xviij°, et nostre consecracionis anno xiiij°.

479. 1418. September 30th, Sleaford. Licence to John Welby, rector
of Somerby, to celebrate one anniversary on account of the poverty
of his benefice, the permission to last for one year.

480. [Undated.] Letters testimonial to the effect that the vicar of
Killingholme did not take an oath resigning the vicarage of St.
James, Grimsby, but gave special authority to his brother, Walter
Gunny, vicar of Bottesford, to resign the living on his behalf.

Littera testimonialis super iuramento prestito per vicarium
de Kyllyngholme. Philippus permissione divina Lincoln' episcopus
universis et singulis presentes inspecturis salutem in domino sempiternam. Tenore presencium universitati vestre notum facimus per
presentes quod dilectus filius dominus Simon Gunny vicarius perpetuus ecclesie parochialis de Kyllyngholm' nostre diocesis nuper ut
asseruit ecclesie parochialis sancti Jacobi de Grymmesby eiusdem
nostre diocesis vicarius coram dilecto filio magistro Johanni Percy
commissario nostro in ecclesia prebendali de Sleford' eiusdem nostre
diocesis xx^{mo} die mensis Julii anno domini infrascripto iudicialiter
sedente in iudicio parte constitutus, tacto per eum corporaliter libro,
ad sancta dei evangelia iuravit et iuramentum ex suo proprio motu
prestitit corporale quod ipse nunquam fatebatur nec fatebitur aut
eciam si ipsum in hoc casu mortem subire contigeret fateri vult
quomodolibet in futurum quod ipse coram quodam magistro Johanne
Wathe clerico et notario pretenso aut alio quocumque aliquo tempore
fatebatur nec confessus fuit vel aliqualiter recognovit prout a
quibusdam ipsum recognovisse et confessum fuisse pretenditur quod
ipse dictam vicariam ecclesie sancti Jacobi de Grymesby predicta pure
sponte simpliciter et absolute et nullatinus ex causa permutacionis
resignasset vel saltem domino Walteri Gunny ipsius domini Simonis
fratri carnali tunc vicario perpetuo ecclesie parochialis de Bottesford'

ad sic simpliciter resignandum pro ipso domino Simone et nomine suo dictam vicariam ecclesie parochialis sancti Jacobi de Grymmesby predicta potestatem specialem vel generalem dedisset vel concessisset aut ipsum ad premissa procuratorem suum generaliter vel specialiter deputasset vel constituisset sed se ab huiusmodi resignacione simplici pretensa ut pretenditur facta ac a constitucione procuratoris pretensis predicta penitus et omni tempore abstitunt. Que omnia et singula universitati vestre innotescimus per presentes universis et singulis decanis rectoribus vicariis et capellanis aliis quibuscumque [*Folio 199*] per archidiaconatum nostrum Lincoln' ubilibet constitutis in virtute sancte obediencie firmiter iniungentes quatinus premissa omnia et singula in ecclesiis suis cum quociens et quando per partem dicti domini Simonis ad hoc fueritis debite requisiti vel aliquis eorum requisitus clero et populo sibi commissis publice et solempniter denuncietis et exponatis in vulgari sicque denunciet et exponat quilibet eorum ut premittitur debite requisitus. In cuius rei testimonium.

481. 1418. October 1st, Sleaford. Commission to John Hooton (Houton'), sequestrator in the deanery of Holland and the Parts of Lindsey, to inquire concerning the alleged pollution by bloodshed of the burial-ground at St. Mary's church, Binbrook (Bynnebroke).

482. 1418. October 2nd, Sleaford. Similar commission to Thomas Tyberay to inquire concerning the pollution by bloodshed of the burial-ground at Luton (Luyton') parish church.

483. [Undated.] Mandate from Bishop Repingdon to Thomas Tyberay, sequestrator in the archdeaconries of Huntingdon and Bedford, and the rector of Bletsoe, to arrest John Langley, vicar of Pulloxhill, who is suspected of holding heretical opinions.

MANDATUM AD ARESTANDUM VICARIUM DE PULLOKESHILL' SUPER HERESIS DIFFAMATUM. Philippus permissione divina Lincoln' episcopus dilecto filio magistro Thome Tyberey nostro in archidiaconatu nostro Huntyngdon' et Bedeford' sequestratori ac rectori ecclesie parochialis de Bletenesho nostre diocesis salutem graciam et benediccionem. Quia dominus Johannes Langeley vicarius perpetuus ecclesie parochialis de Pullokeshull' dicte nostre diocesis super quibusdam conclusionibus et articulis heresim et errorem sapientibus fama publica referente et clamosa insinuacione precedente nobis redditur multum suspectus, nos igitur in votis gerentes ut fides catholica pro nostro possibilitatis vigore debite prosperetur omnisque heresis et error de finibus nostre diocesis penitus extirpetur, vobis tam communiter quam divisim committimus et mandamus quatinus auctoritate statutorum regiorum in hac parte rite editorum nobis et coepiscopis fratribus nostris attributa prefatum dominum Johannem

Langeley vicarium arestetis seu faciatis arestari ipsumque sic arestatum ad nos cum celeritate possibili salvo conduci faciatis ut extunc contra eundem dominum Johannem procedere valeamus secundum quod canonice dictaverint sancciones universos eciam et singulos maiores vicecomites ballivos senescallos et ministros alios domini nostri Regis quoscumque eadem auctoritate requiratis ut vobis in premissis iuxta formam statutorum predictorum assistant intendant et auxilientur. Ad que omnia vobis vices nostras committimus et nostros in ea parte commissarios coniunctim et divisim deputamus per presentes. Dat' etc.

484. 1418. October 8th, Sleaford. Commission to the vicar of Kirton (Kyrketon') in Holland to grant letters of administration of the estate of Hugh Childman (Childeman', Chyldyman') *alias* Huson' of Kirton to John Fleet (Flete) and John Huson' of Frampton.

485. [Undated.] Commission to William, bishop "Solton'", to give the veil, ring and mantle of widowhood to Alice, widow of John Green of Grantham.

COMMISSIO AD DANDUM VELUM VIDUITATIS ALICIE GRENE DE GRANTHAM. Philippus permissione divina Lincoln' episcopus venerabili fratri nostre Willelmo dei gracia Soltonen' episcopo suffraganeo nostro salutem et fraternam in domino caritatem. Cum dilecta in Christo filia Alicia relicta Johannis Grene de Grantham nostre diocesis pompas seculi et mundane conversacionis illecebras volens ut asserit in eterni thesauri[1] divicias commutare votum perpetue continencie emittere proponat et servare ut spretis mundi blandiciis creatorem suum liberius valeat contemplari, nos eiusdem Alicie in hac parte devocionem in domino commendantes ac de vestre fraternitati industria plurimum confidentes, ad examinandum propositum et intencionem dicte Alicie et si eam in huiusmodi proposito et intencione perseverantem stabilem et constantem et nullatenus vacillantem inveneritis nichil que in hac parte obviaverit de canonicis institutis votum et premissum eiusdem Alicie de perpetua continencia observanda admittendum ac eidem velum annulum et mantellum castitatis cum officio debito et consueto aliquo die dominico seu festivo impendendum. Ceteraque omnia et singula faciendum excercendum et expediendum in hac parte necessaria et oportuna vestre fraternitati tenore presencium committimus vices nostras rogantes quatinus nos de omni eo quod feceritis in premissis citra festum Natalis domini proximum futurum.

486. 1418. September 29th, Sleaford. Licence to Adlardus Welby, rector of Surfleet (Surflete) for one year's non-residence for study. [A.]

---

[1] *Sic.*

487. 1418. September 15th, Sleaford. Mandate from Bishop Repingdon to the dean of Bolingbroke, the vicar of the parish church of Kirkby by Bolingbroke, and all rectors, vicars and chaplains of the deanery to pronounce sentence of excommunication on public usurers.

SENTENCIA GENERALIS CONTRA PUBLICOS USURARIOS. Philippus permissione divina Lincoln' episcopus dilectis filiis decano de Bolyngbrok' ac vicario perpetuo ecclesie parochialis de Kyrkeby iuxta Bolyngbrok' nostre diocesis universisque et singulis ecclesiarum parochialium rectoribus vicariis perpetuis et capellanis parochialibus ac aliis capellanis quibuscumque per dictum decanatum ubilibet constitutis salutem graciam et benediccionem. Cum usurarum vorago que animas recipiencium devorat et substanciam illorum a quibus exigitur exhaurit species sit furti et rapine ac inter maiora in decalogo crimina recitatur utriusque testamenti pagina propter dei offensam gravemque proximi lesionem notorie condempnetur et penitus detestetur manifesti que usurarii tanquam mucrone ecclesie qui sentencia excommunicacionis censetur [*Folio 199ᵛ*] in tanto perculsi ut nec ad communionem altaris admittantur nec Christiani si in hoc peccato decesserint accipiant sepulturam sed neque eorum oblaciones quisquam accipiat, convenit episcopis quibus canonum execucio noscitur esse commissa ut omnes huiusmodi manifestos usurarios pro sic excommunicatis in populo publice denunciari facerent et mandarent ne alios Christi fideles sua labe inficiant sed pocius rubore perfusi ad cor penitencie redeant et sacramentis ecclesie restituantur. Ad nostrum nuper fama publica referente pervenit auditum quod nonnulli subditi nostri infra dictum decanatum constituti huiusmodi maleficiis dediti usurarum lucris quibus gregem quod dolenter referimus notorie inficiunt et inficere intendunt ac intendere non formidant sentenciam excommunicacionis huiusmodi notorie incurrendo, nos igitur huiusmodi maleficiis et eorum prestigia cohibere volentes, vobis in virtute obediencie etc. quatinus omnes et singulos huiusmodi usurarios et usurarum lucris huiusmodi intendentes in genere sic ea occasione in dictam maioris excommunicacionis sentenciam incidisse et excommunicatos fuisse et esse in singulis ecclesiis vestris et presertim in ecclesia parochiali de Kyrkeby predicta diebus dominicis et festivis immediate post recepcionem presencium sequentibus intra missarum solempnia dum maior in eisdem afferuit populi multitudo cruce erecta pulsatis campanis candelis accensis et extinctis et demum in eorum vitupium in terram proiectis publice et solempniter denuncietis et faciatis per alios publice nunciari ab huiusmodi denunciacione non cessantes quousque malefici et usurarii huiusmodi ad gremium sancte matris redeuntes ecclesie beneficium absolucionis in forma iuris metuerint obtinere seu aliud a nobis super hoc receperitis in mandatis. Datum sub sigillo nostro in castro nostro de Sleford' xvᵒ die mensis Septembris anno domini millesimo ccccᵐᵒ xviijᵒ et nostre consecracionis anno xiiijᵒ.

488. 1418. July 21st, Sleaford. Mandate to the dean of Holland and the chaplain of Swineshead parish church to cite Joan Annesley of Swineshead to appear before the bishop's commissaries on a charge of obstructing the payment of the customary dues at the burial service of her husband.

CITACIO CONTRA IMPEDIENTES OBLACIONES CONSUETAS. Philippus permissione divina Lincoln' episcopus dilectis filiis decano Holand' ac capellano parochiali ecclesie parochialis de Swynneshed' nostre diocesis salutem graciam et benediccionem. Licet omnes et singuli Cantuarien' provincie subditi qui inibencium solempniis mulierum purificacionibus mortuorum obsequiis aut aliis quibus ipse deus in ministrorum suorum personis solebat oblacionum libamine populariter honorari ad unius devorii vel alterius modice quantitatis summam populi devocionem restringere aut nephariis machinacionibus ab ecclesiis rectoribus vicariis seu ministris aliis earundem quicquam honoris seu commodi consueti subtrahere moliuntur sint maioris excommunicacionis sentencia auctoritate constitucionis provincialis que incipit *Item quia quidem malediccionis filii* etc. in hac causa proinde edite ipso facto dampnabiliter involuti. Quedam tamen Johanna relicta Johannis Anneslay de Swynneshed' predicta parochiana ecclesie parochialis de eadem ut in obsequiis eiusdem Johannis defuncti oblaciones parochianorum dicte ecclesie et aliorum in eadem presencium et ad missam in die obsequiorum dicti defuncti offerre volencium restringeret eosdem volentes sic offerre notorie impedivit et ex precogitata malicia expresse prohibuit eisdem ne eorum aliquis quicquam ad dictam missam offerret, sicque commodum consuetum ab ipsa ecclesia et domino Nicholao Mote rectore eiusdem ecclesie notorie subtraxit dictam maioris excommunicacionis sentenciam dampnabiliter incurrendo. Quocirca vobis tam communiter quam divisim in virtute obediencie et sub pena contemptus firmiter iniungimus et mandamus quatinus citetis seu citari faciatis peremptorie prefatam Johannam quod compareat coram nobis aut magistris Radulpho Louth' seu Johanne Percy nostris commissariis in ecclesia prebendali de Sleford' dicte nostre diocesis die etc. super premissis eidem ex officio nostro et promocionem dicti domini Nicholai rectoris obiciendi responsuram etc. Terminum etc. Et quid feceritis etc. Dat' sub sigillo nostro in castro nostro de Sleford' xxj° die mensis Julii anno domini millesimo cccc^{mo} xviij°, et nostre consecracionis anno xiiij°.

489. [Undated.] Prohibition of the usurpation of episcopal jurisdiction by the official of the archdeacon of Lincoln, who has presumed to pass sentences of excommunication on persons alleged to have made a violent attack on the vicar of Wellingore.

INHIBICIO CONTRA OFFICIALEM ARCHIDIACONI LINCOLN' PRO IURISDICCIONE DOMINI. Philippus permissione divina Lincoln'

episcopus dilectis filiis decano de Langhouboby ac capellano parochialis ecclesie de Navenby nostre diocesis necnon universis et singulis
ecclesiarum rectoribus vicariis perpetuis ac capellanis curatis et non
curatis per dictam diocesim nostram ubilibet constitutis subditis
nostris salutem graciam et benediccionem. Licet secundum canones
et sanctorum patrum tradiciones eorundem canonum execucio
sentenciarum que in ipsis canonibus latarum declaracio purgacio et
publica denunciacio cognicioque decisio et finalis diffinitio in causis
sentenciarum huiusmodi solum et in solidum ad episcopos locorum
diocesanos infra diocesas suas et nullatinus ad alios episcopis ipsis
inferiores iudices pertinuerunt pertineant et debeant pertinere.
Quidam tamen ut accepimus magister Johannes Spencer' officialem[1]
archidiaconi nostri Lincoln' se pretendens fines potestatis sue tran-
scendens ac falcem suam in messem temere mittens alienam cum sibi
aut dicto archidiacono de huiusmodi canonum aut in eis sentenciarum
latarum execucione publicacione denunciacione sive declaracione ex
ipsis canonibus non competatis nec competere possit quovismodo,
vobis decano et capellano parochiali de Navenby predicta ac universis
et singulis rectoribus vicariis perpetuis ac capellanis curatis et non
curatis per dictum decanatum ubilibet constitutis per litteras suas
iniuriosas dedit firmiter in mandatis ut vos ac ipsi omnes et singuli
qui in quendam dominum Johannem Manfeld' vicarium perpetuum
ecclesie parochialis de Wellyngouer' dicte nostre diocesis manus ut
pretenditur iniecerunt temere violentas ac eum ut pretenditur ver-
berarunt et voluerunt usque ad sanguinis effusionem non modicam
in sentenciam excommunicacionis maioris late a canone qui sic incipit
Si quis suadente diabolo, ea occasione pretensis incurrisse et excommunicacionis fuisse et esse publice et solempniter in ecclesiis
vestris et suis denunciaretis et denunciarent dedit firmiter in mandatis,
vosque pretextu et vigore huiusmodi litterarum dicti domini officialis
iniuriosarum huiusmodi manus violentas in dictum vicarium ut pretenditur incidentes in dictam maioris excommunicacionis sentenciam
incidisse et excommunicatos fuisse et esse palam et publice licet
nulliter et inique denunciastis et denunciari presumpsistis in nostri
et iurisdiccionis nostre episcopalis usurpacionem et preiudicium
manifesta perperam et inique. Nos igitur volentes iura et iurisdiccionem nostram episcopalia [*Folio 200*] penitus conservare illesi, vobis
et vestrum cuilibet tenore presencium districcius inhibemus et per
vos dictis archidiacono et officiali inhiberi volumus et mandamus
ne in preiudicium iuris et iurisdiccionis nostre episcopalis que ad
execucionem dictarum litterarum predicti officiali iniuriosarum
quicquam attemptetis aut attemptet faciatis aut faciat quomodolibet
attemptari sed ab execucione huiusmodi litterarum iniuriosarum nobis
et nostre iurisdiccioni ut premittitur preiudicialium supersedeatis
omnium quousque aliud a nobis super hoc habueritis specialiter in
mandatis. Dat' etc.

---

[1] *Sic, recte* officialis.

490. 1418. October 27th, Sleaford. Grant of letters of administration of the estate of the late John Bras of Boston to Thomas Hebson' of Boston.

491. [Undated.] Mandate from Bishop Repingdon to the archdeacon of Leicester, or his official, to execute the king's writ for the array of the clergy[1] and to cite the clergy of the archdeaconry to appear in array before the bishop or his commissaries at Leicester on an appointed day.

492. 1418. October 31st, Sleaford. Commission to Thomas Tyberay, sequestrator in the archdeaconries of Huntingdon and Bedford, to investigate the procedure by which the prioress of Rowney has been removed from office, and to receive the decree of the election of the new prioress.

COMMISSIO AD RECIPIENDUM DECRETUM ELECCIONIS ROWNEY. Memorandum quod ultimo die mensis Octobris anno domini millesimo cccc^{mo} xviij° apud Sleford' commissum fuit magistro Thome Tyberay in archidiaconatibus Huntyngdon' et Bedeford' sequestratori ad recipiendum et inspiciendum processum ammovicionis et privacionis domine Katerine Grenefeld' nuper prioresse prioratus de Rowney ordinis sancti Benedicti Lincoln' diocesis auctoritate domini facte, et si ipsum processum legitimum invenerit ad recipiendum tunc decretum eleccionis future priorisse in dicto prioratu celebrande etc.

493. 1418. November 5th, Sleaford. Letters dimissory to William Idle (Idyll', Idil), acolyte, to all orders. [B.]

494. 1418. November 13th, Sleaford. Letters dimissory to William White (Whyte), acolyte, of Torksey (Torkesey), to all orders. [B.]

495. 1409. October 24th, Sleaford. Delivery to the bishop's prison at Lincoln of John Cooper, clerk, of Caythorpe, convicted before the king's justices for theft at Broughton.

DELIBERACIO JOHANNI COUPER' DE CAYSTHORP' CLERICI CONVICTI. Deliberacio gaole castri Regis Lincoln' facta ibidem coram Willelmo Thyrnyng et Roberto Tyrwhyte iusticiariis domini Regis ad gaolam illam deliberandum assignatis die jovis proximo ante festum sancti Thome apostoli anno regni Regis Henrici quarto undecimo Johannes Couper' de Caysthorp' captus ad sectam Walteri Hosyer de Kyrketon

---

[1] *Supra*, no. 468.

pro eo quod ipse die dominica proxima post festum Exaltacionis sancte Crucis anno regni Regis Henrici quarto decimo apud Borghton' octo marcas quatuor solidos et unum denarium et obolum in pecunia numerata et unum pilium precii ij d. ipsius Walteri felonice et furtive furatus fuit, unde idem Walterus coram prefatis iusticiariis hic predictum Johannem appellat, et invenit plegios de prosecucione, scilicet Robertum de Preston' et Ricardum de Parteney de Kyrketon', et dicit quod quamcito predictus Johannes feloniam predictam de roboria predicta fecerat fugiit. Et predictus Walterus ipsum recenter insecutus fuit de villam usque ad quatuor villatas propinquiores etc. et ulterius etc. quousque Johannes hic ad sectam ipsius Walteri fuit attachiatus, et si idem Johannes feloniam predictam de roboria predicta velit didicere, predictus Walterus paratus est hoc probare versus eum prout iuratus etc. Et predictus Johannes in propria persona per vicecomitem ductus bene et defendit omnem feloniam et quicquid etc., et dicit ipse est in nullo culpabilis de roboria predicta superius per ipsum Walterum sibi imposita, et de hoc ponit se super patriam. Et predictus Walterus similiter ideo fiat inde inter eos iuratores iurati ad hoc electi triati et iurati dicunt super sacramentum suum quod ipse predictus Johannes culpabilis est de roboria predicta per dictum Walterum sibi imposita et habet bona et catalla ad valenciam quadraginta solidorum. Unde Maria que fuit uxor Henrici de Rydford' chevalier domino Regi respondebit etc. Et quod idem Johannes captus fuit ad recentem prosecucionem predicti Walteri ideo cons[titutus] est quod predictus Johannes pro roberia predicta suspendatur etc. Et predictus Walterus etc. habeat bona et catalla sua predicta etc. Et super hoc idem Johannes dicit se clericum esse et tradito ei libro per curiam legit ut clericus. Et super hoc venit decanus Christianitatis Lincoln' gerens vices Philippi permissione divina Lincoln' episcopi ad exigendum et recipiendum vice et auctoritate ipsius episcopi secundum libertatem ecclesiasticam et regni consuetudinem approbatam quoscumque clericos et alios viros ecclesiasticos pro quecumque crimine seu trangressione captos et in comitatu predicto incarceratos seu incarcerandos a iusticiariis domini Regis et aliis quibuscumque ipsos liberandi habentibus potestatem, et virtute litterarum ipsius episcopi quas idem ordinarius litteras prefert et quarum. Dat' est apud Sleford' xxiiij° die mensis Octobris anno domini millesimo cccc^{mo} ix°, et sue consecracionis anno quarto. Petit ipsum tanquam clericum liberari et ei liberaturum salvo custodiendum sub periculo quod incumbit et etc.

[*Folio 200^v*] 1418. August 15th, Sleaford. Commission to the dean of Manlake to proclaim the forthcoming trial in Beckingham parish church of John Cooper, and to the constable of Newark castle to deliver the accused on the appointed day.

MANDATUM PRO PROCLAMACIONE. Quintodecimo die mensis Augusti anno domini millesimo cccc^{mo} xviij° apud Sleford' commissum fuit decano de Manlak' ad faciendum publicas proclamaciones ut in forma communi et ad citandum omnes et singulos in genere ac dictum Walterum Hosyer in speciale ad comparendum coram domino aut commissariis suis in ecclesia parochiali de Bekyngham die jovis proximo post festum Assumpcionis beate Marie proximum futurum si iuridicus fuerit alioquin etc. ut in forma communi. Et eisdem die et loco commissum fuit magistro Roberto Scarle et decano de Lovedon' coniunctim et divisim ad recipiendum certificatorium huiusmodi proclamacionis etc. ut in forma. Eisdem die et loco scriptum fuit constabulario castri de Newerk' ad deliberandum dictum Johannem Couper' ut in forma communi etc.

496. 1418. November 15th, Sleaford. Letters dimissory to Robert Tall, clerk, to all orders. [B.]

497. 1418. [November.] Letter from William Barrow, bishop of Bangor, vicar-general of Richard Clifford, bishop of London, forwarding a mandate from Archbishop Chichele (dated October 26th) for prayers and processions for the king and for peace negotiations.[1] Bishop Repingdon directs the official of the archdeacon of Lincoln to execute the mandate.

498. 1418. November 29th, Sleaford. Agreement between Ralph Thomasson, prebendary of Lafford,[2] and Richard Aubell', rector of Quarrington, concerning the payment of tithes from certain lands which lie within the boundaries of the parish of Quarrington but which have long been claimed by the prebendary of Lafford. It is agreed that the disputed tithes shall go to the rector of Quarrington, who shall pay twenty-six shillings and eightpence annually, in two instalments, to the prebendary of Lafford. The agreement is ratified by Bishop Repingdon and by Thomas Brouns, subdean.

COMPOSICIO INTER PREBENDARIUM DE SLEFORD' ET RECTOREM DE QUERYNTON' SUPER CERTIS DECIMIS PERCIPIENDIS. Universis sancte matris ecclesie filiis presentes litteras inspecturis Radulphus Thomasson' canonicus ecclesie Lincoln' et prebendarius prebende de Nova Lafford' in eodem ac Ricardus Aubell' rector ecclesie parochialis de Queryngton' Lincoln' diocesis salutem in domino sempiternam et memoriam perpetuam, rei geste humani generis plasmator et redemptor ripta pacis federa inter deum et hominem volens reformare a summis celorum ad yma descendens pacem secum attinit cum hominibus in terris conversatus eam crebris exemplis verbis et factis docuit   [3] predicavit et ind[. . . . .][4] et demum finaliter post mortis supplicium et gloriam resurreccionis ad celos ascensurus

[1] See Concilia, III, p. 392.
[2] According to Le Neve's Fasti Ecclesiae Anglicanae (1300–1541), I, Lincoln Diocese, ed. King, H. P. F. (1962), Ralph Thomasson was installed as prebendary of Leighton Ecclesia in 1415. His name is not included in the list of prebendaries of Lafford.
[3] Blank in MS.
[4] Illegible.

eandem in terris hominibus reliquit bone voluntatis. Nos igitur Radulphus canonicus et prebendarius ac Ricardus rector antedicti pacem a [*Folio 201*] pacis auctore et amatore nobis datam et relictam quatenus fragilitati nostre premittitur sectari et mutari cupientes, considerantesque quod de et super iure percipiendi et habendi decimas garbarum feni lane et agnorum ac alias minutas decimas quascumque de quibusdam terris pratis pascuis et pasturis ac locis aliis in et infra fines et limites ac loca decimabilia ecclesie parochialis de Queryngton' predicta sparsim iacentibus provenientes me Radulpho canonico et prebendario predicto decimas huiusmodi ad precessores et predecessores meos dicte prebende prebendarios qui pro tempore fuerint de consuetudine laudabili legitimeque prescripta et olim ad me iure et nomine ipsius ecclesie mee prebendalis pertinuisse pertinere consuevisse et pertinere debere in futurum affirmante, et me Ricardo rectore predicto easdem decimas omnes et singulas ut in et infra fines et limites ac loca decimabilia dicte ecclesie mee provenientes ad precessores et predecessores meos dicte ecclesie de Queryngton' rectores qui erant pro tempore et ad me ipsius ecclesie nunc rectorem iure et nomine dicte ecclesie mee eciam pertinuisse pertinere debere econtrario asserente ab olim exorta et indies continuata fuit et est materia questionis. Revolventes eciam ante oculos mencium nostrarum quam bona et suavis sit pacis beatitudo cum ipsa dicat veritas beati pacifici quam filii dei vocabuntur quanta quoque que et quo mala lites dissenciones rixe contenciones odia scandala iurgia discordie et debate inter prebendarios de Lafford' predicta ac eciam rectores de Queryngton' predicta qui pro tempore fuerunt occasione colleccionis et percepcionis decimarum huiusmodi exorta sunt et provenerunt ac indies oruntur et proveniunt in tantum quod circa colleccionem et percepcionem decimarum huiusmodi intendentes ad arma verba opprobriosa et verbora quasi profilierunt et indies profiliunt ex quibus nedum corum verum eciam et animarum periculo et alia dampna gravia evenerunt et de gravioribus formidatur verisimiliter in futurum, attendentes eciam quod pacis auctor non colitur nisi tempore pacis quodque propter decimas que tributa sunt egeneum animarum et que ipse dominus omnium quasi quoddam dominii titulo sibi specialiter reservavit non est inter levitas contendendum aliqualiter vel rixandum, et volentes propterea materiam questionis huiusmodi de et super iure habendi percipiendi et colligendi decimis easdem ac omnia et singula premissa mala lites dissensiones rixas contenciones odia scandala iurgia discordias et debatas ac alia peiora que verisimiliter ex eis possunt imposterum artius evitare necnon eorum fomitem bone pacis et concordie saculo evellere et radicitur extirpare de consensu voluntate et assensu capituli ecclesie Lincoln' predicte ac omnium et singulorum quorum interest in hac parte nos Radulphus prebendarius et Ricardus rector antedicti pro nobis et successoribus nostris dictarum prebende de Lafford' prebendariis et ecclesiis de Queryngton' rectoribus futuris ad perpetuam rei memoriam conquievimus convenimus composuimus concordavimus et transegimus prout conquiescimus convenimus componimus transigimus et concordamus in hunc modum, videlicet, quod dictus

Ricardus Aubell' nunc rector dicte ecclesie de Queryngton' toto tempore suo habeat et percipiat ac colligat omnesque et singuli successores sui dicte ecclesie de Queryngton' rectores futuris suis temporibus successivis imperpetuum integro habeant percipiant et collegant omnes et omnimodas decimas garbarum et feni ac lane et agnorum aliasque decimas minutas quascumque de quibuscumque terris pratis pascuis et pasturis ac locis aliis in et infra fines limites et loca decimabilia dicte ecclesie de Queryngton' predicta iacentibus et existentibus qualitercumque et quomodocumque provenientes et proventuras ac provenire debentes, necnon omnes et omnimodas decimas garbarum et feni laneque et agnorum ac alias decimas minutas quocumque nomine censeantur de quibuscumque terris pratis pascuis et pasturis ac locis aliis in et infra fines limites ac loca decimabilia ecclesie parochialis de veteri Lafford' dicte Lincoln' diocesis sparsim iacentibus qualitercumque provenientes proventuras et provenire debentes quas ego Radulphus prebendarius predictus percepi et huiusmodi ac percipere et habere debui et consuevi predecessoresque et precessores mei dicte prebende prebendarii perceperunt et habuerunt ac percipere et habere debuerunt et consueverunt iure et nomine ecclesie prebendalis supradicte absque omni impedimento contradiccione resistencia seu interrupcione ac molestacione inquieta- cione et perturbacione mei Radulphi prebendarii predicti ac successorum meorum dicte prebende prebendariorum futurorum quorumcumque imperpetuum. Quodque ego Ricardus rector ante- dictus toto tempore meo solvam seu solvi faciam ac omnes et singuli successores mei dicte ecclesie de Queryngton' rectores futuri sive temporibus successivis imperpetuum solvent seu solvi facient prefato Radulpho nunc prebendario et eius successoribus dicte prebende pre- bendariis vel eius seu eorum procuratori sufficientem acquietanciam in hac parte facienti ad festa Nativitatis sancti Johannis Baptiste et Purificacionis beate Marie virginis singulis annis imperpetuum in ecclesia prebendali de Lafford' predicta xxvj s. et viij d. monete Anglie equaliter absque dilaccione ulteriori. Et si quod absit rector de Queryngton' predicta pro tempore existens in solucionibus predictis terminis et loco faciendi vel per octo dies continuos post dicta festa in parte vel in toto defecerit aut nos Radulphum et Ricardum seu nostrum alterum vel eciam nostros successores dictarum ecclesiarum de Lafford' et Queryngton' predictis prebendarios et rectores qui pro tempore erunt in futurum a presenti composicione et concordia in aliqua sui parte recedere aut eam in omnibus suis partibus non servare contingat. Volumus nos Radulphus canonicus et prebendarius ac Ricardus rector antedicti et pro nobis et successoribus nostris prebendariis et rectoribus dictarum prebendalis et parochialis ecclesiarum perpetuis temporibus futuris concedimus et consentimus quod liceat reverendo in Christo patri ac domino domino dei gracia Lincoln' episcopo seu eius officiali aut ministris [*Folio 201ᵛ*] suis aliis quibuscumque aut officiali Lincoln' sede vacante pro tempore existentibus nos et nostrum utriumque ac successores nostros dictarum ecclesiarum prebendalis et parochialis prebendarios et rectores qui pro tempore sunt imperpetuum ab observacionem huiusmodi composicionis et concordie ac cuiuslibet partis earundem [ordinarie] et de plane per penas et censuras ecclesiasticas quoscumque compellere et cohercere ac fructus redditus et proventus ecclesie illius huiusmodi composicioni et concordie contravenientis absque strepitu vel figura iudicii ipso non vocato sed ad solam instanciam partis ipsas composicionem et concordiam observantis et observare volentis tociens quociens sequestrare ac eos sub tuto et arto custodire seu custodiri facere sequestro quousque pars huiusmodi conveniens parti alteri de dampnis arreragiis et expensis que occasione non observaciones composicionis et concordie predictarum sustinuerit satisfecit competenter ac ipsas composicionem et concordiam in omni observaverit sui parte. Renunciamus igitur nos Radulphus canonicus et prebendarius et Ricardus rector antedicti quatenus in nobis est pro nobis et successoribus nostris futuris ac ecclesiis nostris predictis imperpetuum quibuscumque provocacionibus appellacionibus querelis excepcionibus prohibicionibus regiis ac omnibus aliis iuris et facti remediis per que huiusmodi pene et censure ac fructuum reddituum et proventuum ecclesiarum nostrarum predictarum in casu non observacionis composicionis et concordie predicte sequestraciones aut huiusmodi penarum et censurarum execuciones seu huiusmodi sequestracionum fructuum custodie in forma predicta impediri valeant seu tardari quomodolibet ut differri et specialiter iuri dicenti generalem renunciacionem non valere ubi non precedit specialis palam publice et expresse ac per certam nostram scienciam in hiis scriptis, et ad hanc convencionem composicionem et concordiam perpetuis futuris temporibus inviolabiliter observandum. Nos Radulphus prebendarius et Ricardus rector predicti bona fide pro nobis et successoribus nostris futuris promittimus ac nos et successores nostros dictasque nostras ecclesiam prebendalem de Lafford' et ecclesiam parochialem de Queryngton' predicta ad id obligamus firmiter et astringimus per presentes. Volumus insuper et consentimus quod huiusmodi convencio composicio et concordia ad effectum ut realis sit et perpetua per reverendum patrem et dominum dominum dei gracia Lincoln' episcopum loci ordinarium et diocesanum ac per capitula ecclesie Lincoln' approbetur ratificetur et confirmetur, et quod ad huiusmodi approbacionem ratificacionem et confirmacionem convencionis composicionis et concordie antedicte obtinendum citra festum Pasche etc. proximum futurum debitas instancias faciemus promittimus eciam bona fide. In quorum omnium testimonium atque fidem presentibus litteris nostris intendatis quarum una pars penes me Radulphum prebendarium et successores meos et dictam ecclesiam meam prebendalem et alia pars penes me Ricardum rectorem et successores meos ac ecclesiam meam parochialem predictam remanet. Sigillum venerabilis viri magistri Thome Bruns utriusque iuris doctoris ecclesie Lincoln' subdecani pro eo quod sigilla nostra minus sunt autentica apponi procuravimus. Et nos Thomas Bruns subdecanus antedictus ad specialem rogatum et requisicionem partium predictorum sigillum nostrum presentibus litteris intendatis apposuimus in fidem et testimonium omnium et singulorum premissorum. Data et acta apud Sleford' predicta penultimo die mensis

Novembris anno domini millesimo quadringentesimo decimo octavo. Nota postmodum ratificacio episcopi Lincoln.[1]

499. 1418. December 1st, Sleaford. Licence to brother John Amyas, prior of Breedon (Bredon'), for three years' absence for study.

500. 1418. November 26th, Sleaford. Letters dimissory to John King (Kyng') of Barkby (Barkeby), clerk, to all orders. [B.]

501. 1418. December 13th, Sleaford. Licence to Edward Upton, master of arts, rector of one portion of the benefice of Waddesdon (Woddesdon'), to preach in the archdeaconries of Buckingham, Oxford and Northampton, during the bishop's pleasure.

502. 1418. December 2nd, Sleaford. Licence to Thomas Grant, vicar of Calthorpe by Legbourne (Calthorp' iuxta Legburn'), to celebrate one anniversary on account of his poverty, the permission to last for one year.

503. 1418. November 5th, Sleaford. Mandate from Bishop Repingdon to the dean and chapter to take steps to correct the abuses and defects revealed during the recent episcopal visitation.

MANDATUM DIRECTUM DECANO ET CAPITULO LINCOLN' PRO CRIMINIBUS IN VISITACIONE EPISCOPI DETECTIS CORRIGENDUM. Philippus permissione divina Lincoln' episcopus dilectis filiis decano et capitulo ecclesie nostre Lincoln' salutem graciam et benediccionem. Decet sponsam decoris ecclesiam nostram Lincoln' precelse dei genitricis et virginis culmini consecratam immundicie maculis expurgatis assiduis virtutum floribus et fragrancia bonorum operum exorvari. Decet ipsius ecclesie ministros in execucione divini officii tam intentis santitatis[2] patrone famulantes sinceris mentibus et castis affectibus coaptari ut in conspectu tam refulgentis puritatis nichil in eis fedum appareat aut existat fordibus obvolutum sed ipsi radiis iusticio relucentes clerum et populum nostrarum civitatis et diocesis velud candelabrum in emmenciori loci positi exemplo vite laudabilis et speculo honeste conversacionis illustrent horum prothdolor quidam prout exclamoris validi strepitu et crebre insinuacionis fama suscepimus adeo incontinencie labe publice sunt respersi ut super fornicacionibus adulteriis [Folio 202] incestibus diu continuatis et aliis criminibus detestandis coram nobis visitacionem clero et populo civitatis nostre predicte excercentibus detecti existant pariter et delati. Quapropter verentes nisi excessus eorundem contingat sub impuritatis dissimula-

[1] Infra, no. 506.   [2] Sic.

cione diutius evagari sponse nostre pudorate integritatem vulgi loquacitas laceabit et sugillabit opinionem aliorum ministrorum qui in ecclesia nostra laudabiliter conversantur articulos criminum et excessuum ac defectum que et quos in visitacione nostra ultima capitulari reformanda et corrigenda comparimus una cum nominibus et cognominibus delatorum huiusmodi eorum fame parcere volentes iniunccionibus in augmentacionem divini culture in ecclesia nostra predicta et aliis decentem et honestatem ipsius ecclesie et personarum eiusdem concernentibus per nos merito fiendis nobis semper salvis. Vobis transmittimus cedula presentibus interclusa plenius designata discreccioni vestre mandantes quatinus infra mensem a die recepcionis presencium continue computandi crimina excessus et defectus huiusmodi maturius reformetis et quos reos fore noveritis canonice corrigatis taliter ut ipsi et alii arceantur in futurum in similibus perpetrandis, alioquin lapso dicto termino nos officii nostri debitum circa premissa curabimus excercere die vero recepcionis presencium et execucione premissorum nos citra festum Purificacionis beate Marie virginis proximum futurum certificetis vestris litteris patentibus habentibus hunc tenorem. Dat' sub sigillo nostro in castro nostro de Sleford' quinto die mensis Novembris anno domini millesimo cccc^{mo} xviij°, et nostre consecracionis anno xiiij°.

504. 1418. December 4th, Sleaford. Notification from Bishop Repingdon to Archbishop Chichele that his mandate for special prayers and processions for the king and for the peace negotiations has been transmitted to the clergy and laity of the diocese.

505. 1418. December 16th, Sleaford. Letters dimissory to John Montgomery (Mountgomery), rector of Ecton (Ekton'), deacon, to priest's orders. [B.]

506. [Undated.] Confirmation by Bishop Repingdon of the agreement between the prebendary of Lafford and the rector of Quarrington concerning the payment of tithes.[1]

507. 1418. December,[2] Sleaford. Letters dimissory to John Wrawley, acolyte, to all orders. [B.]

508. 1418/19. February 1st, Sleaford. Commission to the prior of Newnham (Newenham) to give the veil of widowhood to Joan, widow of William Cotterstock (Cotherstok') of Bedford (Bedeford'), and to report to the bishop when this has been done.

[1] *Supra*, no. 498.
[2] The day of the month is omitted.

509. 1415. December 26th. Gaol delivery of William Clerk of Walsingham, Irishman, yeoman, labourer and *organer'*, who was convicted before the king's justices on September 23rd, 1415, on numerous charges of housebreaking, theft and robbery with violence in the counties of Norfolk and Lincoln. He claims clerkship, and in the presence of the rector of St. Peter-at-Arches, Lincoln, he is found guilty on all charges.

Deliberacio gaole domini Regis Lincolnie facta ibidem coram Johanne Cokayn' et Jacobo Strangwys iusticiariis domini Regis ad gaolam illam deliberandum assignatis die lune proximo post festum sancti Mathie apostoli anno regni Regis Henrici quinti tercio Willelmus Clerk' de Walsyngham de comitatu Northf' yoman captus pro eo quod ipse et alii die veneris proximo ante festum sancte Lucie virginis anno regni Regis Henrici quinti tercio unum equum coloris gray precii x s. et unam collam cum freno precii iiij s. Mathie Balser' clerici de Lesyngham apud Lesyngham felonice furatus fuere et abduxere. Et pro eo quod ipse et alii die dominica in festo Nativitatis beate Marie anno regni Regis Henrici quinti tercio apud Morton' iuxta Burn' noctanter domum Johannis Clerk' de Morton' [*Folio 202ᵛ*] predicta fregere et intravere et quindecim coclearia argenti precii xxx s. et unam zonam argenti precii xiij s. iiij d. et alia bona et catalla ad valenciam iij li. argenti predicti Johanni Clerk' ibidem die et anno supradictis felonice furatus fuere et quod sunt depredatores latrones et invadiatores viarum. Et pro eo quod ipse et alii die jovis proximo ante festum Omnium Sanctorum anno supradicto bona et catalla videlicet xv s. in pecunia numerata unum par precum et alia iocalia ad valenciam xij li. Johannis Freman' de Ryslyngton' inventa furatus fuere et asportavere. Et eciam predictus Willelmus Clerk' captus per nomen Willelmi Clerk' de Walsyngham nati de patria Hibernie pro eo quod ipse cum aliis ignotis die veneris proximo post festum [sancti] Nicholai anno regni Regis Henrici quinti tercio apud Castelcarleton' domum Willelmi Whyth' noctanter fregere et dictum Willelmum et Aliciam uxorem eius cum cordis ligavere et ipsum Walterum¹ de v marcis auri et argenti et de ij coverlettis xvj linthiaminibus xv ulnis panni linei xxiiij ulnis panni lanii precii vj marcas ibidem depredavere et asportavere. Et quod sunt depredatores agrarum et invadiatores viarum notorii et communes latrones. Et eciam captus per nomen Willelmi Clerk' de Walsyngham in comitatu Lincoln' clerk et Irysman' nati pro eo quod ipse et alii die sabbati proximo ante festum sancti Nicholai episcopi anno regni Regis Henrici quinti tercio domum Johannis Donsthorp' fregere et xliiij s. predicti Johannis de Donsthorp' felonice cepere et asportavere et ipsum Johannem ligavere, ita quod de vita eius desperabatur. Et quod predictus Willelmus et alii ecclesiam de Daldurbury in comitatu predicto fregere et ij calices precii xiij s. iiij d. felonice cepere et asportavere. Unde coram custode pacis domini Regis in partibus de

¹ *Sic, recte* Willelmum.

Lyndesey in comitatu predicto indictati sunt venere per custodem gaole ducti et visis indictamentis predictis instanter per iusticiarios separatim allocuti sunt qualiter de feloniis predictis se velint acquietare. Et predictus Willelmus Clerk' dicit se clericum esse et inde sine ordinario suo ecclesiastico respondere non debere et tradito ei libro per curiam legit ut clericus. Et super hoc venit rector ecclesie sancti Petri ad arcus in civitate Lincoln' gerens vices Philippi permissione divina Lincoln' episcopi ad excercendum et recipiendum vice et auctoritate ipsius episcopi secundum libertatem ecclesiasticam et regni consuetudinem approbatam quoscumque clericos seu alios viros ecclesiasticos pro quocumque crimine seu transgressione capta in comitatu Lincoln' incarceratos seu incarcerandos a quibuscumque iusticiariis domini Regis seneschallis baillivis seu ministris aliis quibuscumque liberandos habentibus potestatem et virtute litterarum ipsarum episcopi quas idem ordinarius hic profert et quandoque ......[1] est apud Sleford' xxvj die mensis Decembris anno domini millesimo cccc° xv° et sue consecracionis anno xj° petit ipsum tanquam clericum sibi liberari. Et ut sciatur pro quali debeat ordinario liberari inquiratur inde rei veritas per patriam. Ideo fiat inde iuratores iurati veniunt qui ad hoc electi triati et iurati dicunt super sacramentum suum quod predictus Willelmus Clerk' culpabilis est de felonia predicta superius sibi imposita. Et nulla habent bona neque catalla terras seu tenementa etc. et predictus Willelmus Clerk' committitur prefato ordinario salvo custodiendus sub periculo quod incumbit etc. Willelmus Clerk' de Walsyngham alias dictus de patria Hibernie natus organer' captus ad sectam Roberti Caylesthorp' de Mylelcarleton' pro eo quod in festo sancti Nicholai episcopi anno regni Regis Henrici quinti tercio apud Milelcarleton' clausum et domum Roberti Caylesthorp' predicti noctanter fregit et dictum Robertum de uno epitagio et j pari caligarum precii quindecim solidorum ibidem depredatus fuit, inde idem Robertus coram prefatis iusticiariis hic predictum Willelmum appellat. Et invenit plegios de prosecucione scilicet Robertum Pavy de Cokeryngton' et Johannem Dey de Carleton'. Et eciam captus pro eo quod ipse in festo Nicholai episcopi anno regni Regis Henrici quinti tercio apud Milelcarleton' clausum et domum Roberti Caylesthorp' de eadem noctanter fregit et dictum Robertum de uno epitagio et j pari caligarum precii xv s. depredavit et asportavit. Unde coram custode pacis domini Regis in partibus de Lyndsey in comitatu predicto indictatus est. Et super hoc predictus Robertus Caylesthorp' dicit quam cito predictus Willelmus felonia predicta de roberia predicta fecerat fugiit. Et predictus Robertus Caylesthorp' ipsum recenter insecutus fuit de villa in villam usque ad quatuor villatas propinquiores etc. et ulterius etc. quousque predictus Willelmus hic ad sectam ipsius Roberti fuit attachiatus. Et si idem Willelmus felonia predicta de roberia predicta velit dedicere predictus Robertus Caylesthorp' paratus est hoc probare versus eum prout curiam etc. Et predictus Willelmus per custodem gaole ductus in propria persona sua venit et dicit se clericum esse et inde sine

[1] Illegible.

ordinario suo ecclesiastico respondere non debere et tradito ei libro per curiam legit ut clericus. Et super hoc venit rector ecclesie parochialis sancti Petri ut dicitur pro quali debeat ordinario liberari inquiratur inde veritas per patriam. Ideo fiat inter eos iuratores iurati qui ad hoc electi triati et iurati dicunt super sacramentum suum quod predictus Willelmus culpabilis est de roberia predicta per dictum Robertum Caylesthorp' superius eis[1] imposita, et de feloniis unde superius est indictatus est. Et nulla habet bona neque catalla terras seu tenementa etc. Et quod predictus Willelmus captus fuit ad recentem prosecucionem predicti Roberti Caylesthorp', ideo predictus Willelmus Clerk' committitur prefato ordinario salvo custodiendus sub periculo quod incumbit etc. Et predictus Robertus Caylesthorp' rehabeat bona et catalla. Willelmus Clerk' de Walsyngham hyrysman' laborer' de comitatu Lincoln' captus ad sectam Rogeri Basse de Boston' chapman' pro eo quod ipse die sabbati proximo post festum sancte Lucie virginis anno regni Regis Henrici quinti tercio apud Martondyk' domum Johannis Wetteby noctanter felonice fregit [*Folio 203*] et intravit et unum pake cum diversis marcandisis videlicet fustyans kerchesses lynnancloth' et alia bona predicti Rogeri Basse ad valenciam x marcarum felonice cepit et asportavit. Unde idem Rogerus coram predictis iusticiariis hic predictum Willelmum appellat, et invenit plegios de prosecucione scilicet Johannem Grene de Kyme chapman' et Johannem Wetteley de Martondyk' husbandman'. Et eciam captus pro eo quod ipse die sabbati proximo post festum sancte Lucie virginis anno supradicto apud Mareton' unam sarcinam Rogeri Basse de sancto Botulpho precii x marcas et j par ocriarum Johannis Whytteby felonice furatus fuit et asportavit. Unde coram custode pacis domini Regis in partibus de Kesteven' in comitatu predicto indictatus est. Et super hoc predictus Rogerus Basse dicit quam cito predictus Willelmus feloniam predictam de roberia predicta fecerit fugiit. Et dictus Rogerus Basse ipsum recenter insecutus fuit de villa in villam usque ad quatuor villatas propinquiores etc. et ulterius etc. quousque predictus Willelmus hic ad sectam ipsius Rogeri fuit attachiatus. Et si idem Willelmus feloniam predictam de roberia predicta velit dedicere predictus Rogerus Basse paratus est hoc probare versus eum prout curiam etc. Et predictus Willelmus per custodem gaole ductus in propria persona venit et dicit se clericum esse etc. Et super hoc venit rector ecclesie parochialis sancti Petri ad arcus in civitate Lincoln' etc. et petit ipsum tanquam clericum sibi liberari etc. Et ut sciatur pro quali debeat ordinario liberari inquiratur inde rei veritas per patriam. Ideo fiat inde inter eos iuratores etc. iurati veniunt qui ad hoc electi triati et iurati dicunt super sacramentum suum quod predictus Willelmus culpabilis est de roberia predicta per predictum Rogerum Basse superius sibi imposita et de feloniis predictis unde superius indictatus est et nulla habet bona etc.

[1] *Sic.*

510. 1418/19. February 4th, Sleaford. Commission to the rector of Thoresby to prove the testament of John Garner of Thoresby.

511. 1418. Testament of John Garner of Thoresby. Dated December 8th.

TESTAMENTUM GARNER' DE THORESBY.[1] In dei nomine amen, viij° die mensis Decembris anno domini millesimo etc. xviij°, ego Johannes Garner' sane et bone memorie condo testamentum meum in hunc modum. In primis lego animam meam deo omnipotenti beate Marie et omnibus sanctis et corpus meum ad sepeliendum in cimiterio ecclesie sancti Andree de Thoresby. Item lego optimum animal meum nomine mortuarii. Item lego fabrice matricis ecclesie Lincoln' xij d. Item lego fabrice ecclesie de Tetford' xij d. Item lego fraternitati sancti Johannis unam ovem vel xij denarios. Item lego Elene de Wyllyngham filiole mee unam ovem. Ad istud testamentum bene et fideliter exequendum facio et constituo Ymaniam uxorem meam et Willelmum filium meum executores meos. Residuum vero bonorum meorum do et lego executoribus meis ut ipsi distribuant partem meam post diem anniversarium remanentem inter filios et filias meos ut melius viderint expedire.

512. 1418/19. February 13th. Dispensations granted by Bishop Repingdon to Margaret Bellers (Belers) and to Matilda, wife of John Bablot, of Liddington (Lydington'), to eat meat and milk and egg dishes, if necessary, in Lent, except on the first Sunday in Lent.

513. 1418. Testament of Richard Reve of Broughton in the county of Oxford. Dated November 30th, at Broughton.

TESTAMENTUM RICARDI REVE DE BROGHTON' IN COMITATU OXON'[2] In dei nomine amen. Ego Ricardus Reve de Broghton' Lincoln' diocesis compos mentis et mea bona et sana memoria existens condo testamentum meum in hunc modum. In primis lego animam meam deo beate Marie et omnibus sanctis et corpus meum ad sepeliendum in cimiterio ecclesie beate Marie de Langford'. Item lego ecclesie cathedralis Lincoln' vj d. Item lego fabrice ecclesie de Langeford' xx d. Item lego fabrice ecclesie de Broghton' xl d. Item lego luminari dicte ecclesie dimidium quarternam dragii. Item lego rectori dicte ecclesie ij s. vj d. Item lego vicario de Sutton ij s. vj d. Item lego rectori de Kencote ij s. vj d. Item lego vicario ecclesie de Langeford' ij s. vj d. Item lego rectori ecclesie parochialis de Borthorp' ij s. vj d. Item lego fratribus Carmelitis Oxon' ij s. vj d. Item lego Thome

---

[1] Abstract in *Linc. Wills*, p. 121.
[2] Abstract in *Linc. Wills*, p. 135.

filio meo xl oves et xl s. Item lego Ricardo filio eiusdem Thome j bovem xij oves j ollam eneam. Item lego Willelmo fratri eiusdem Ricardi viij oves. Item lego Alicie sorori eiusdem xij oves. Item lego Johanni fratri eius iij oves. Item lego Ricardo filio Johannis Reve j ovem. Item lego Ricardo filio Ricardi Dun j ovem. Item lego Ricardo filio Willelmi Pole unam ovem et j togam. Item lego Ricardo filio Johannis Protfote ij oves. Item lego Ricardo filio Thome Baker' ij oves. Item lego Ricardo filio Johannis Drapour ij oves. Item lego Elizabethe filie mee xl oves ij vaccas et in pecunia iiij marcas. Item lego ponti sancti Johannis de Lechlade j bussellum dragii. Item lego ponti de Radcote j bussellum dragii. Item lego Thome Schephar' xij oves. Et residuum omnium bonorum meorum non legatorum do et lego Alicie uxori mee, quam quidem Aliciam meam constituto executricem ut ipsa disponat pro anima prout sibi videbitur in melius expedire. Johannem Protfote et Thomam Hykkes filium meum ordino coadiutores suos ad levandum debita mea ad opus eius Alicie, et volo quod utriusque eorum habeat pro labore suo ex liberacione dicte executrici xx s. In cuius rei testimonium sigillum meum apposui in presencia discretorum virorum vicarii ecclesie parochialis de Lange-ford' Ricardi Rome Johannis Langeford' Johannis Draper et Willelmi Dun clerici. Dat' apud Broghton' predicta citra festum sancti Andree apostoli anno domini millesimo cccc^{mo} xviij°.
[*Folio 203^v*] Proved at Sleaford on February 20th, 1418/19.

514. 1418/19. February 29th, Sleaford. Letters dimissory to Richard of St. Albans (sancto Albano), subdeacon, William Woburn (Wouburn') and John London, monks of Woburn Abbey, to all orders. [B.]

515. 1418/19. March 16th, Sleaford. Licence to Henry James, rector of Graffham (Grophame), to put his church to farm for three years while non-resident.

516. 1418/19. March 7th, Northampton. Letters dimissory to John Toller, clerk, John Clerk, Roger Stratford of Chipping Norton (Shepyngnorton'), clerk, and William Dawson (Daweson') of Tew (Tue), to all orders. [B.]

517. 1418/19. February 29th, Sleaford. Letters dimissory to [1] Donne (Don'), rector of Tadmarton (Tamerton'), acolyte, to all orders [B.] and dispensation to him for non-residence for study [C.]

518. 1419. April 4th, Sleaford. Licence to John Marshall (Marschall'), rector of Swafield (Swafeld'), for two years' non-residence for study. [A.]

---

[1] Blank in MS.

519. Same date and place. Letters dimissory to John Brown, acolyte, to all orders. [B.]

520. 1418/19. March 11th, Sleaford. Letters dimissory to Gerard Hesyll', vicar choral at Lincoln Cathedral, to all orders. [B.]

521. [Undated.] Mandate from Bishop Repingdon to the official of the archdeacon of Lincoln and the dean of Christianity at Lincoln to exhort the clergy of the city to venerate and take part in the procession from the suburb of Wigford to the cathedral church on Corpus Christi Day and the following Sunday. The bishop has heard that many of the clergy either are not present or are irreverent and negligent in their behaviour.[1]

[Folio 204]

522. [Undated.] Commission to William Wade, sequestrator in the archdeaconries of Huntingdon and Bedford, to inquire concerning the ordination of a vicarage at Potton parish church, whether it has been established and, if so, by whom, and the amount of the vicar's stipend, and the nature of his responsibilities. No record can be found in the episcopal registers of the ordination of the vicarage nor of the presentation of the vicar by the Minories Abbey, London.

COMMISSIO AD INQUIRENDUM DE PORCIONIBUS VICARIE PRETENSIS. Philippus permissione divina Lincoln' episcopus dilectis filiis magistris Willelmo Wade nostro in archidiaconatibus nostris Huntyngdon' et Bedeford' sequestratori et A.B. salutem graciam et benediccionem. Presentatum nobis abbatissa et conventus domus de gracia beate Marie ordinis sancte Clare extra muros London' Thomam Cotes ad vicariam perpetuam in ecclesia parochiali de Potton' nostre diocesis tam ut asseruit vacantem, et quia in registris nostris non reperitur nec nobis constat an in dicta ecclesia sit vicaria ordinata sive dotata necque porciones pro vicario inibi instituendo qui curam animarum geret pro oneribus sibi necessario incumbentibus limitate sunt sive assignate, et volentes propterea de premissis prout convenit canonicis institutis plenius informari et certiorari ne vicarius pro ipso existens qui pondus portat dei et estus sua fraudetur sustentacione cum qui servit altari vivere debeat competenter de eodem. Vobis committimus et mandamus quatinus an in dicta ecclesia sit vicaria ordinata et dotata et si sic per quem et qua auctoritate et in quibus porcionibus et cum quibus oneribus sic fuit ordinata et dotata et ad quam summam in valore annua annis communibus iam currentibus porciones huiusmodi se extendunt et de manso vicario assignato. Et super aliis

---

[1] As Concilia, III, p. 396, where the date is given as 1419.

articulis in hac parte necessariis et consuetis in pleno capitulo et in dicta ecclesia de Potton' celebrando vocatis omnibus et singulis de iure in hac parte vocandis in genere ac in speciale dictis abbatissa et conventu seu eorum procuratore si quem ibidem dimiserint pro eorum interesse per ecclesiarum rectores et vicarios ibidem coram vobis presentes in forma iuris iuratos premissorum noticiam pleniorem et meliorem obtinentes diligentem et fidelem faciatis inquisicionem etc.[1]

523. 1419. May 1st, Sleaford. Commission to Nicholas Hungarton, sequestrator in the city of Lincoln and the Parts of Kesteven, to appoint Robert Salter, chaplain, as assistant to John Cheles, vicar of Boston.

524. 1418/19. February 26th, Freeby. Agreement between the inhabitants of the hamlet of Freeby and those of Melton Mowbray concerning the chapel at Freeby, in the parish of Melton. The chapel, which is consecrated for the holding of divine services, has been granted a burial-ground, without prejudice to the rights of the parish church. The inhabitants of Freeby undertake to contribute to the upkeep of the nave and belfry of Melton Mowbray church, the gate of the cemetery and the ornaments of the church, and to pay mortuary fees. The vicar of Melton Mowbray is to provide wax candles for burial services in the chapel.

ORDINACIO INTER INCOLAS DE FRETHEBY ET MELTON' PRO DEDI-CACIONE CIMITERII FRETHEBY PREDICTA. Universis sancte matris ecclesie filiis presentes litteras tripartitas inspecturis et quos infra-scripta tangere poterunt quomodolibet in futurum, constet manifeste per easdem quod cum incole et inhabitantes villulam[2] sive hame-letam[2] de Fretheby in parochia ecclesie parochialis de Melton' Moubray Lincoln' diocesis quandam capellam infra dictam villulam sive hamelettam decenter abolim constructam et a dicta ecclesia paro-chiali de Melton' predicta dependentem in qua ipsi incole et inhabi-tantes ac eorum antecessores et progenitores a tempore cuius contrarii non est memoria scientibus et tolerantibus prioribus prioratus de Lewes et eiusdem loci conventu ipsam ecclesiam de Melton' cum capellis ab eadem dependentibus in proprios usus obtinentibus ac eciam vicariis perpetuis dicte ecclesie parochialis qui pro tempore fuerunt omnia et omnimoda sacramenta et sacramentalia ecclesiastica, sepultura dum-taxat excepta, habuerunt et habent sibi et suis continue ministrata et cimiterium eidem capelle adiacens de expressis consensu assensu et voluntate dictorum prioris et conventus ac eciam Johannis Lovesby tunc vicarii perpetuii ecclesie parochialis de Melton' ac omnium aliorum quorum intererat ex certis causis veris et legitimis et merito

---

[1] See Memo., I, p. 58, for the grant of a licence in 1405 to the abbess and convent of the order of Minoresses without Aldgate to farm the church of Potton for two years.

[2] Sic.

approbatis obtinuerunt auctoritate diocesani munere consecracionis et dedicacionis insignari et dedicari ac ecclesiasticam sepulturam in dictis capella et cimiterio eisdem incolis et inhabitantibus ac eorum sequacibus et successoribus dictam villulam sive hamelettam inhabituris sibi imperpetuum concedi et habeant sic concessam. Ne igitur per huiusmodi consecracionem dedicacionem et sepulture concessionem prefate eorum ecclesie matris de Melton' aut proprietariis predictis seu vicario dicte ecclesie de Melton qui nunc est aut eius successoribus vicariis eiusdem ecclesie qui erunt in futurum in suis iuribus aut libertatibus preiudicium generetur quomodolibet in futurum prefati incole et inhabitantes pro se et successoribus suis dictam villulam sive hamelettam in futuris inhabitaturis volunt concedunt et consentiunt seque et successores suos huiusmodi imperpetuum obligant per presentes, quod ipsi et dicti eorum successores ad reparacionem refeccionem et construccionem ac si indignerit de novo edificacionem navis et campanilis ecclesie de Melton' predicta ac clausure cimiterii eiusdem ceterorumque omnium et singulorum ornamentorum predicte ecclesie de Melton' una cum ceteris dicte ecclesie de Melton' comparochianis suis pro porcionibus suis contribuent, quodque singuli huiusmodi incole et inhabitantes et eorum successores quocienscumque ipsos in futurum offerre in dictis ecclesia vel capella contigerit ubi per antea singulas quadrantes in huiusmodi oblacionibus per huiusmodi incolas et inhabitantes offerri erat consuetum iam singulos obolos offerrent imperpetuum. Quodque vicarius perpetuus dicte ecclesie de Melton' qui nunc est et eius successores vicarii qui erunt imperpetuum percipiant et habebunt quatuor cereos ad minus et eciam optimos quos dignum duxerit eligendos in exequiis cuiuscumque mortui in dicta capella die sepulture huiusmodi mortui celebrandis. Ipsique incole et habitantes et eorum successores omnia et omnimoda mortuaria et vicario dicte ecclesie pertinencia et ad dictam capellam qualitercumque et quocienscumque proveniencia ad dictam ecclesiam de Melton' absque detrimento mortuarii huiusmodi et dilaccione aliquali deportabunt et vicario dicte ecclesie qui pro tempore fuerit seu eius deputato liberabunt seu facient liberati. Ac omnia alia et singula onera parochialia dicte ecclesie de Melton' predicta ut meri et veri eiusdem ecclesie parochiani una cum ceteris suis dicte ecclesie [cum] parochianis imperpetuum subibunt supportabunt et agnoscent in futurum. Volunt eciam et concedunt ac consenciunt dicte incole et inhabitantes pro se et successoribus suis futuris se et successores suos huiusmodi futuros ad premissa omnia et singula inviolabiliter observanda et perficienda et ad eorum observacionem inviolabilem per quemcumque iudicem ordinarium competentum posse compelli premissis consideracione dedicacione et sepulture concessione ac eius possessione non obstantibus quoquomodo. In quorum omnium testimonium tam dicti prior et conventus sigillum eorum commune quam eciam dominus Henricus vicarius eiusdem ecclesie qui nunc est sigillum suum quam eciam dicte incole et inhabitantes sigillum decani decanatus de Framland' pro eo quod sigilla sua minime sunt autentica, hiis indenturis tripartitis [*Folio 204*] alternatim apponi fecerunt et procurarunt, et ego decanus dicti decanatus de Framland' ad specialem rogatum et requisicionem dictorum incolarum et inhabitancium sigillum officii mei hiis indenturis apposui in fidem et testimonium omnium premissorum. Dat' apud Fretheby predicta xxvj° die mensis Februarii anno domini millesimo cccc^{mo} xviij°.

525. 1418/19. Testament of John Curteys, vicar of Holbeach. Dated March 20th, at Holbeach, and followed by his last will, dated March 22nd.

TESTAMENTUM MAGISTRI JOHANNIS CURTEYS VICARII DE HOLBECH'.[1] In dei nomine amen. Ego Johannes Curteys perpetuus vicarius ecclesie parochialis de Holbech' compos mentis xx^{mo} die Marcii anno domini millesimo cccc^{mo} xviij° condo testamentum meum in hunc modum. In primis lego animam meam de omnipotenti beate Marie et omnibus sanctis eius et corpus meum ad sepeliendum in choro ecclesie parochialis de Holbech'. Item lego summo altari eiusdem ecclesie vj s. viij d. Item lego summo altari ecclesie matricis de Lincoln' vj s. viij d. Item lego fabrice eiusdem vj s. viij d. Item lego Willelmo Curteys totum illum lectum quem habui apud Croyland'. Item Thome famulo meo xl s. Item lego Johanni Whyte xxvj s. et viij d. Residuum vero bonorum meorum do et lego dominis Roberto Poynton' Ricardo Spendluffe capellanis ac Johanni Dokkyng' et Willelmo Curteys quos constituo executores meos ut ipsi disponant pro salute anime mee quemadmodum sibi optime videatur. In cuius rei testimonium sigillum meum presentibus est appensum. Dat' apud Holbech' die et anno domini supradictis.

ULTIMA VOLUNTAS EIUSDEM. Hec est ultima voluntas Johannis Curteys perpetui vicarii ecclesie parochialis de Holbech' facta coram fidedignis videlicet Willelmo Porter' capellano Simone Bonet capellano Roberto Poyngton' capellano et aliis in crastino sancti Benedicti abbatis anno domini millesimo cccc^{mo} xviij°. In primis vult quod Willelmus Curteys habeat omnia terra et tenementa sua in villis de Holbech' et Quappelode ad terminum vite dicti Willelmi sub ista condiccione quod dictus Willelmus sit presbyter quamcito poterit post legitimacionem suam receptam ad celebrandum pro anima sua parentum et benefactorum suorum ad voluntatem suam ubicumque voluerit. Et post decessum dicti Willelmi idem Johannes vult quod dicta terra et tenementa integre ponantur in vendiccionem per discreccionem executorum et feoffatorum suorum, et pecunia inde recepta idem Johannes vult quod disponatur in presbyteros et alios usus elimosine. Item vult quod idem Willelmus habeat competentem victum et vestitum de proventibus provenientibus de dictis terris et tenementis quousque fuerit presbyter. Item vult quod ista voluntas et eius execucio sit in gubernacione Johannis Dockyng' Roberti Poyngton' capellani Ricardi Spendluffe capellani et Willelmi Curteys

[1] Abstract in *Linc. Wills*, p. 115.

predicti quos constituo meos et huius mee ultime voluntatis executores. In cuius rei testimonium presens sigillum meum est appensum. Dat' apud Holbech' predicta die et anno domini supradictis.
Proved at Sleaford on May 6th, 1420.

526. 1419. May 11th, Sleaford. Letters dimissory to John London, canon of Caldwell (Caldewell') Priory, to all orders. [B.]

527. 1419. Testament of Thomas de la Launde, esquire, of North Witham. Dated May 8th.

Testamentum Thome de la Launde de Northwytham.[1] In dei nomine amen. Ego Thomas de la Laund' armiger die lune proximo post festum sancti Johannis ante portem latinam anno domino millesimo cccc^mo xix° condo testamentum meum in hunc modum. In primis lego animam meam deo omnipotenti beate Marie et omnibus sanctis eius et corpus meum ad sepeliendum infra ecclesiam parochialem apostolorum Petri et Pauli in Gosberkyrk', videlicet in choro sancti Johannis, et quod iuris est nomine principali. Item lego cuilibet capellano manenti in Gosberkyrk' Surflete et Quadryng ij s. Item lego domino Willelmo capellano parochiali pro decimis oblitis xl s. Item lego fabrice ecclesie de Gosberkyrk' c s. Item lego Henrico Cook xl s. Item lego Radulpho Thakker' xx s. Item lego Alicie uxori Willelmi Cook x s. Item lego Willelmo Cook vj s. viij d. Item lego Lent'[2] vj s. Item lego Johanni Tausour' vj s. viij d. Item lego Johanni Ferrour vj s. viij d. Item lego Henrico Bonson' iij s. iiij d. Item lego Alicie servienti mee vj s. viij d. Item lego Ricardo atte Gote vj s. viij d. Item lego Waltero Flayn' xiij s. iiij d. Item lego Johanni Cres vj s. viij d. Item lego Henrico Walpol servienti meo xl s. Item lego gilde sancti Egidii in Tydde xx s. Item lego Beatrici Byrde vj s. viij d. Item lego Johanni Cook xiij d. iiij d. Item lego Emme uxori Roberti Dounton' vj s. viij d. Item lego Johanni Peke Wryght vj s. viij d. Item lego filio dicti Johannis vj s. viij d. Item lego Mariote servienti mee iij s. iiij d. Item lego Johanni Cook xx s. Item lego cuidam Ray servienti meo vj s. viij d. Item lego cuidam   [3] vocato Hert vj s. viij d. Item lego cuidam Schephird' apud Wythum vj s. viij d. Item lego ballivo de Burton' xx s. et cuilibet servienti ibidem vj s. viij d. Item lego cuilibet garcioni apud Wythum iij s. iiij d. Item lego ballivo de Upton' xx s. et cuilibet servienti ibidem vj s. viij d. Item lego Matilde servienti mee apud Wythum vj s. viij d. Item lego Johanni Rome xl s. Item volo quod executores mei inveniant duos capellanos de Gosberkyrk' per quinque annos videlicet pro anima Roberti Surflete. Item volo quod predicti executores inveniant unum capellanum in dicta predicta[4] [ecclesia] per x annos pro anima mea et omnium parentum meorum et unum capellanum in

---

[1] Abstract in *Linc. Wills*, p. 128.   [2] *Sic.*
[3] Blank in MS.   [4] *Sic.*

ecclesia de Wythum per x annos pro anima Nicholai de Ty. Residuum vero omnium bonorum meorum do et lego Margarete uxori mee Rogero de Launde fratri meo Willelmo Mysterton' et Ricardo Yorke, quos ordino et constituo executores meos. Et Johannem Flete consanguinem meum supervisorem tam istius testamenti quam mee ultimis voluntatis cum eis ut ipsi ordinant et disponant pro salute anime [*Folio 205*] prout melius viderint in domino expedire. In cuius rei testimonium presentis sigillum apposui. Dat' etc.

Proved before Bishop Repingdon at Sleaford on June 1st.

528. 1418. Testament of Robert Gibbon, merchant, of Sutterton. Dated November 8th.

TESTAMENTUM ROBERTI GYBON' DE SUTTERTON'.[1] In die nomine amen. Die sanctorum quatuor Coronatorum Martirum anno domini millesimo cccc^mo xviij. Ego Robertus Gybon' de Sutterton mercator compos mentis et sane memorie condo testamentum meum in hunc modum. In primis lego animam meam deo omnipotenti beate Marie et omnibus sanctis et corpus meum sepeliendum in media via scilicet processionis directe iuxta fontem in ecclesia de Sutterton' pro cuius loci sepultura oportunitate et licencia do et lego fabrice eiusdem ecclesie et sustentacione xiij s. iiij d. et eciam lego nomine principali mei optimum animal meum. Item lego summo altari in dicta ecclesia de Sutterton' ij s. et cuilibet altari et eiusdem altaris luminari in eadem ecclesia xij d. Item lego fabrice ecclesie parochialis de Quadryng vj s. viij d. et luminari cuiuslibet altaris in eadem ecclesia xij d. Item lego matrici ecclesie Lincoln' iij s. iiij d. Item lego pauperibus et orphanis hospitalis[2] sancte Katerine extra Lincoln' ij s. Item lego cuilibet filiolorum meorum et filiolarum mearum unam ovem. Item lego vicario dicte ecclesie de Sutterton' ad exequias meas xij d. et cuilibet altari capellano existenti ibidem vj d. et cuilibet clerico ibidem similiter ij d. Residuum vero omnium bonorum meorum do et lego in manus et potestatem Johannis et Thome filiorum meorum et Thome Wymondeswold' capellani et illos tres constituo huiusmodi testamenti mei executores ut illa ita disponant et expendant dicta bona mea pro anima mea et pro animarum parentum meorum et omnium fidelium defunctorum pro deo et beate Marie et omnibus sanctis felicius aederint complacere.

Proved at Sleaford on September 22nd, 1419.

529. 1419. July 28th, Sleaford. Appointment of John Palmer of Mareham (Marying) and John atte Hill, rector of Manby, as assistants to John Goddard (Godard'), vicar of Great Carlton (Carleton' magna).

---

[1] Abstract in *Linc. Wills*, p. 122, where the date of probate is given as September 19th.
[2] *Sic.*

530. 1419.   ¹ 13th, at Sleaford. Commission to the official of the archdeacon of Stow and the dean of Manlake to proclaim the forth-coming trial of Thomas, servant of Richerus Norris of Hibaldstow, who was convicted before the king's justices of robbery and housebreaking, and, on claiming clerkship, was committed to the bishop's prison on June 15th, 1414. The constable of the castle of Newark is directed to deliver him for trial on the appointed day.

DELIBERACIO THOME SERVIENTIS RICHERI NORYS DE HIBALDESTOWE. Deliberacio gaole castri Regis Lincoln' facta ibidem coram Johanne Cokayn' et Jacobo Strangwys iusticiariis domini Regis ad gaolem illam deliberandum assignatis die lune proximo post festum sancti Jacobi anno regni Regis Henrici quinti secundo.

Thomas serviens Richeri Noris de Hibaldstowe de comitatu Lincoln' laborer' captus pro eo quod ipse die jovis proximo post festum apostolorum Philippi et Jacobi anno regni Regis Henrici quinti secundo apud Hibaldstowe domum prefati Richeri felonice fregit et xxxij s. in pecunia numerata et unam togam precii viij s. prefati Richeri ibidem inventam felonice cepit et asportavit, et eciam captus pro eo quod ipso die et loco et anno supradictis unum par precarum precii xl d. ibidem inventum felonice cepit et asportavit. Et quod est communis latro. Unde coram custode pacis domini Regis in partibus de Lyndesey in comitatu predicto indictatus est unde per custodem gaole ductus et visis indictamentis predictis instanter per iusticiarios allocutus est qualiter de felonia predicta se velit acquie-tare, dicit se clericum esse et inde sine ordinario suo ecclesiastico respondere non debere et tradito ei libro per curiam legit ut clericus. Et super hoc venit rector ecclesie parochialis sancti Pauli in ballio Lincoln, gerens vices Philippi permissione divina Lincoln' episcopo ad exigendum et recipiendum vice et auctoritate ipsius episcopi secundum libertatem ecclesiasticam et regni consuetudinem appro-batam quoscumque clericos seu alios viros ecclesiasticos pro quo-cumque crimine seu transgressione captos et in comitatu Lincoln' incarceratos seu incarcerandos a quibuscumque iusticiariis domini Regis seneschallis ballivis seu ministris aliis quibuscumque ipsos liberandi habentibus potestatem et virtute litterarum ipsius episcopi quas idem ordinarius hic profert et quarum. Dat' est apud Sleford' xv° die mensis Junii anno domini millesimo cccc^mo xiiij°, et sue consecracionis anno x°. Petitur ipsum tanquam clericum sibi liberari, et ut sciatur pro quali debeat ordinario deliberari, inquiratur inde rei veritas per propriam inquisicionem fiat inde iuratores iurati veniunt qui ad hoc electi triati et iurati dicunt super sacramentum suum quod predictus Thomas serviens Richeri Norys culpabilis est de feloniis predictis superius sibi impositis. Et nulla habet bona neque catalla terra seu tenementa etc. Ideo idem Thomas committitur prefato ordinario salvo custodiendus sub periculo quod incumbit etc.

---

¹ The month is omitted.

Memorandum quod xiij° die mensis[1] anno domini millesimo cccc^mo xix° apud Sleford' commissum fuit officiali archidiaconi Stowe et decano de Manlake coniunctim et divisim ad faciendum publicas proclamaciones pro purgacione dicti Thome servientis Richeri Norys de Hibaldstowe in comitatu Lincoln' laborer' super superius expressatis facienda et ad agendum omnes etc. ut in forma.

Eisdem die et loco scriptum fuit constabulario castro de Newerk' ad insistendum circa eius deliberacionem etc. Et commissum fuit magistro Roberto Scarle ad recipiendum certificatorium proclamacionis huiusmodi etc. ut in forma communi in talibus consueta.

[*Folio 205ᵛ*]

531. 1415. Testament of John Holt, knight. Dated at Brampton, November 18th.

TESTAMENTUM DOMINI JOHANNIS HOLTE MILITIS.[2] In dei nomine amen. Ego Johannes Holt' miles bone et sane memorie condo sive ordino testamentum et ultimam voluntatem meam in hunc modum. In primis lego animam meam omnipotenti deo et beate Marie virgini matri eius ac omnibus sanctis et corpus ad sepeliendum in cancello beate Marie virginis de Brampton' iuxta Dyngle iuxta corpus domine Alicie nuper consortis mee prout ibidem preparatum est. Item lego et volo quod omnia debita mea ante omnia quod alia plene et integre persolvantur. Item lego ecclesie cathedralis beate Marie Lincoln' xx d. Item lego summo altari predicte ecclesie de Brampton' pro decimis oblitis xx s. Item lego eidem ecclesie meum optimum missale et unum portiforium notatum. Item volo quod statim et celeriter post mortem meum per executores meos ordinetur quod tante et totidem misse celebrentur pro anima mea et pro anima predicte Alicie nuper consortis mee ac animabus omnium fidelium quanto cum matura possibilitate possunt celebrari. Item lego ecclesie cantarie de Cotherstok' ad emendum unum vestimentum c s. et cuilibet sacerdoti cantarie predicte ad orandum pro anima mea et pro animabus omnium fidelium j marcam. Item lego priori et conventui de Fyneshed' ad orandum pro anima etc. c s. Item lego priorisse et conventui de Rothewell' ad orandum pro anima mea xx s. Item lego pauperibus monialibus de Rownay in comitatu Hertford' ad orandum pro anima mea xl s. Item lego cuilibet conventui fratrum predicatorum minorum et Augustin' de Northampton' ad orandum pro anima mea xl s. et conventui fratrum Carmelit' de Stamford' xl s. Item lego ad emendacionem heremitagii de Bedstowe[3] xl s. Item lego ad distribuendum die sepulture mee videlicet cuilibet pauperi venienti j d. Item lego Simoni Norwyche nepoti meo c s. et Isabelle sorori eiusdem Simonis nepti mee c s. Item lego Johanni et Simoni

[1] *Sic.*   [2] Abstract in *Linc. Wills*, p. 124.
[3] Or Beston. Clay, R. M., *Hermits and Anchorites of England* (1914), p. 187.

filiis predicti Simonis consanguineis meis videlicet utriusque eorum xl s. Item lego Johanni et Ricardo filiis predicte Isabelle ac uni moniali de Wylton' in comitatu Wylts' sorori predictorum Johannis et Ricardi videlicet cuilibet eorum xl s. Item lego et volo quod distribuantur per executores meos subscriptos xx libras servientibus meis familiaribus secundum discreccionem et ordinacionem eorundem executorum habito semper respectu ad cuiuslibet eorum bonorum longum et curtum servicium. Item lego duabus filiabus predicte Isabelle Norwyche ad se maritandum videlicet utrique sororum x marcas. Item lego Ricardo Holt' clerico filio meo bibliotecam meam portativam[1] *Legendam Auream* unum psalterium cum auro bene et curiositer limitatum et librum codiceum in francisca lingua scriptum, et unum ciphum optimum argenteum et deauratum ac coopertum videlicet illum ciphum cum j handill' in latere. Item lego predicte Margerie filie mee unum ciphum argenteum deauratum et coopertum vocatum Gowel'. Item lego Johanni de Styuecle secundum optimum ciphum coopertum et deauraturum. Item lego Willelmo Holt' clerico fratri meo tercium optimum ciphum argenteum et deauratum ac coopertum. Item lego Johanni Bysshopestre capellano meo optimum ciphum meum argenteum et coopertum. Item lego Willelmo Beresford' seniori secundum optimum meum ciphum argenteum et coopertum. Item lego Johanni Bysshoptre iuniori nepoti predicti Johannis Bysshopestre capellani xl s. Item lego Radulpho de Arnale camerario meo xx marcas et illum lectum integrum cum linthiaminibus lodicibus materas et canvas in quibus contigerit me mori. Item lego cuilibet executorum meorum accipienti administracionem c s. Item lego Hugoni filio meo omnia bestias et animalia mea infra manerium meum de Brampton' predicta tempore mortis mee existencia excepto optimo animali pro principali meo ac omnia utensilia domus infra omnes domos officinas manerii predicta tempore predicto existencia exceptis omnibus legatis ut predicitur et exceptis omnibus ciphis et cocliaribus argenteis et deauratis ac eciam omnibus vasis argenteis iocalibus anulis monilibus cuiuscumque generis sunt necnon lanis omnia exceptis. Et ad omnia supradicta bene et fideliter facienda dilecto michi in Christo predictum Hugonem filium meum predictum Willelmum Holt' Willelmum Bereford' seniorem et prefatum Johannem Bysshoptre capellanum facio et constituo executores meos. Ac insuper supplico et rogo venerabilem patrem et dominum dominum Philippum dei gracia Lincoln' episcopum et Johannem de Styuecle ut ipsi velint esse supervisores et adiutores testamenti predicti ut ipsi faciant ordinent et fideliter perimpleant prout eius viderint melius expedire. In cuius rei testimonium presentibus sigillum meum apposui. Dat' apud Brampton' predicta die lune in octabis sancti Martini episcopi in yemo anno regni Regis Henrici quinti post conquestum tercio.

Proved before Bishop Repingdon at Sleaford on March 25th, 1419.

[1] *Sic.*

532. 1419. September 14th, Sleaford. Licence to Thomas Butler (Botyler'), rector of Cockayne Hatley (Buryhatteley), to put his church to farm for two years [D.] and for non-residence during that period.

[Folio 206]

533. 1419. September 21st, Sleaford. Letters dimissory to John Odham (Odam) of Tydd (Tyd'), clerk, to all orders [B.]

534. 1419. September 23rd, Sleaford. Letters dimissory to John Druell', clerk, to all orders. [B.]

535. 1419. Letter from Richard Clifford, bishop of London (dated September 20th), forwarding a mandate from Archbishop Chichele (dated September 15th) for Convocation at St. Paul's on October 30th.[1] [to Folio 206ᵛ]

536. 1419. July 5th, London. Dispensation granted by Thomas Langley, bishop of Durham, by authority of letters from Pope Alexander V (dated July 18th, 1409, at Pisa), to Robert FitzHugh, son of Lord FitzHugh, to proceed to holy orders and hold a benefice and also an office in a cathedral or collegiate church, although he is under age, provided that the cure of souls is not neglected.

[Folio 207]

537. 1413. Testament of Seliora Richardson of Helpringham. Dated December 20th.

TESTAMENTUM SELIORE RYCARDSON' DE HELPRYNGHAM.[2] In dei nomine amen. Ego Seliora quondam uxor Thome Ricardson' de Helpryngham sane mentis et bone memorie in vigilia sancti Thome apostoli anno domini millesimo ccccᵐᵒ xiijᵒ condo testamentum meum in hunc modum. In primis lego animam meam deo omnipotenti creatori meo sancte Marie matri eius et omnibus sanctis eius et corpus meum ad sepeliendum in ecclesia sancte Andree de Helpryngham cum meliori animali nomine mortuarii mei. Item lego Beatrici uxori Johannis Robynson' unam tunicam pellulatam cum capicio et unum par precarum. Item lego Johanni filio eiusdem Beatricis unam iuvenculam. Item lego Roberto filio eiusdem Beatricis unam iuvenculam. Item lego Agneti filie eiusdem Beatrici unam

[1] See Reg. Chichele, III, pp. 51–53.
[2] Abstract in Linc. Wills, p. 136.

iuvenculam. Item lego Johanne Brygg' unam togam cum armilausa. Residuum vero bonorum meorum non legatorum volo quod sint in disposicione Nicholai Grene et Johanne uxoris sue quos ordino et constituo executores meos ut ipsi disponant pro eis prout eis melius videretur.

Proved at Sleaford on October 22nd, 1419.

538. 1419. November 20th, Sleaford. Commission to the dean of Holland to proclaim the forthcoming trial in Claypole parish church of Thomas Horbling of Leverton, clerk, convicted before the king's justices in 1416 for the theft of chalices from the church at Leverton. Robert Scarle and the dean of Lovedon are directed to receive his purgation, and the constable of the castle of Newark is instructed to deliver him for trial on the appointed day.

DELIBERACIO THOME FILII HORBELYNG' CLERICI CONVICTI. Deliberacio gaole castri Regis Lincoln' facta ibidem coram Johanne Cokayn' et Jacobo Strangways iusticiariis domini Regis ad gaolam illam deliberandum assignatis die lune proximo post festum sancti Mathie apostoli anno regni Regis Henrici quinti tercio.

Thomas filius Isabelle Horbelyng' de Leverton' in comitatu Lincoln' clerk captus ad sectam Johannis Fendyk' de Leverton' et Thome Roberdson' de eadem pro eo quod ipse xj ° die Marcii anno regni Regis Henrici quinti secundo noctante ecclesiam de Leverton' apud Leverton' fregit et tres calices argenteos et deauratos precii xl s. in custodia predictorum Johannis et Johannis[1] Roberdson' ibidem inventos felonice cepit et asportavit. Unde idem Johannes et Thomas Roberdson' coram prefatis iusticiariis hic predictum Thomam appellant et invenerunt plegios de prosecucione scilicet Johannem Pynchebek de Leverton' et Edmundum Toulyn' de eadem. Et eciam captus pro eo quod ipse xj° die Marcii anno regni Regis Henrici quinti secundo noctante ecclesiam de Leverton' apud Leverton' felonice fregit et tres calices argenteos et deauratos in custodia Thome Roberdson' et sociorum suorum prepositorum villate predicte existentes extra unam cistam ibidem positos felonice furatus fuit et asportavit, qui quidem calices fuerunt valoris xl solidorum. Unde coram custode pacis domini Regis in partibus de Holand' in comitatu predicta indictatus est.

xx° die mensis Novembris anno domini millesimo cccc^{mo} xix° apud Sleford' scriptum fuit decano Holand' ad faciendum proclamacionem etc. et ad citandum oppositores etc. ad diem martis proximum post festum sancti Andree proximum futurum in ecclesia parochiali de Claypole coram commissariis domini etc. ut in forma.

xxv° quinto[2] die eiusdem mensis anno predicto ibidem commissum fuit magistro Roberto Scarle et decano de Lovedon' coniunctim et divisim ad recipiendum certificatorium proclamacionis etc. et ad recipiendum purgacionem dicti clerici et certificandum de facto suo una cum toto processu et nominibus compurgatorum etc. ipso negocio

[1] *Sic, recte* Thome.   [2] *Sic.*

expedito etc. ut in forma etc. Item eisdem die anno et loco scriptum fuit constabulario castri de Newerk' vel eius locumtenenti quod etc. ut in forma etc.

539. 1419. Letter from Richard Clifford, bishop of London (dated October 5th), forwarding a mandate from Archbishop Chichele (dated September 25th) for special prayers and processions for the king, and especially to protect him against necromancy and evil spells.[1] Bishop Repingdon instructs the archdeacon of Lincoln to execute the mandate. [*to Folio 207ᵛ*][2]

---

[1] See *Reg. Chichele*, IV, pp. 206–7.
[2] This last entry is so faded and so defaced by stains that after the first few words it is for the most part illegible.

INDEX OF PERSONS AND PLACES

The arabic figures in this index refer to the item numbers of the entries in the text, not to the pages.

There is no consistency in the use of 'de' with surnames. Where the practice varies, 'de' is given in brackets.

INDEX OF SUBJECTS

The arabic figures in this index refer to the item numbers of the entries in the text, not to the pages.

INDEX OF COUNTIES AND COUNTRIES

Dunholme
Dunston
Easton by Grantham
Edenham
Ewerby
Ferriby, South
Fleet
Frampton
Frieston
Gate Burton
Gedney
Gosberton
Grainsby
Grainthorpe
Grantham
Grantham deanery
Grimsby
Grimsby deanery
Hackthorn
Haddington
Hainton
Hameringham
Hanworth, Cold
Harlaxton
Haydor
Healing
Helpringham
Hibaldstow
Holbeach
Holland deanery
Holme
Horncastle
Horsington
Hougham
Howell
Hykeham, South
Ingham
Ingoldmells
Irby
Kelsey, South
Kesteven, Parts of
Killingholme
Kirkby by Bolingbroke
Kirkby on Bain
Kirkby Laythorpe
Kirmington
Kirton-in-Holland
Kyme
Langoboby deanery
Langworth
Leasingham
Legbourne

Legsby
Leverton
Lincoln
Lissington
Loveden deanery
Ludford, Long
Mablethorpe
Maidenwell
Manby
Manlake deanery
Manton
Mareham
Martindyke
Marton
Medbourne
Morton by Bourne
Moulton
Mumby
Navenby
Nettleham
Newball
Newhouse (Newsham)
Newstead-by-Stamford
Newton le Wold
Nocton
Nocton Park
Norton Disney
Osbournby
Owmby
Owston
Oxcombe
Pinchbeck
Quadring
Quarrington
Rasen, Market
Rasen, Middle
Rasen, West
Rauceby
Ravendale
Rearsby
Ropsley
Saxby
Scarle
Scartho
Scotter
Scotton
Scredington
Sempringham
Skirbeck
Skopholm'
Sleaford
Sleaford deanery

Sleaford, New
Snarford
Snelland
Somerby
Somercotes
Sotby
Spalding
Spridlington
Stainton, Market
Stamford
Stapleford
Steeping, Little
Stixwould
Stoke
Stow Park
Stroxton
Surfleet
Sutterton
Swaton
Swayfield
Swineshead
Swinhope
Tealby
Theddlethorpe
Thoresby
Thoresby, North
Thorpe in Haydor
Thurlby
Toft
Torksey
Torrington, West
Tupholme
Tydd St. Mary
Uffington
Upton
Vaudey
Waddington
Waltham
Well
Wellingore
Wellington
Welton by Dunholme
Whaplode
Whisby
Wiberton
Wickenby
Willoughby
Wilsford
Witham
Witham, North
Witham, South
Wyville

MIDDLESEX

London

NORFOLK

Ridlington

Walsingham

NORTHAMPTONSHIRE

Achurch
Adstone
Ashby, Canons

Aston le Walls
Barford
Bedstow (Beston)

Bozeat
Brackley deanery
Brampton

NORTHAMPTONSHIRE—*cont.*

Bugbrooke
Bulwick
Chacombe
Charwelton
Chelveston
Cliffe, King's
Cotterstock
Cottesbrook
Daventry
Deene
Dingley
Doddington, Great

Easton by Bozeat
Ecton
Farthinghoe
Fineshade
Fotheringay
Hannington
Harringworth
Isham
Islip
Northampton
Oundle
Oundle deanery
Peterborough

Peterborough deanery
Rockingham
Rothwell
Southwick
Steane
Sulby
Towcester
Walgrave
Warmington
Weldon deanery
Wittering
Yelvertoft

NOTTINGHAMSHIRE

Averham
Beauvale
Broadholme

Fledborough
Mansfield
Newark
Nottingham
Ranby

Scarle, South
Scarthorpe
Sutton

OXFORDSHIRE

Banbury
Bicester
Bladon
Broughton
Bruern
Bucknell
Burford
Calthorpe
Chinnor
Churchill
Clifton
Cropredy
Dorchester
Drayton
Ewelme
Eynsham

Godstow
Hampton Poyle
Handborough
Hanwell
Henley-on-Thames
Heyford, Over
Heythrop
Kencott
Kidlington
Kirtlington
Lewknor
Middleton Stoney
Northmore
Norton, Chipping
Norton, Cold
Nuneham Courtnay

Osney
Oxford
Radcot
Ramsden
Rewley
Stoke, North
Sutton
Tadmarton
Taynton by Burford
Tew
Thame
Wardington
Wendlebury
Witney
Woodstock
Wroxton

RUTLAND

Ashwell
Belmesthorpe
Exton

Liddington
Luffenham, North
Oakham
Ryhall

Teigh
Thistleton
Tinwell

SOMERSET

Bath

Wells

STAFFORDSHIRE

Canwell
Drayton Bassett

Lichfield
Red Moor

Tamworth

SURREY

Lambeth

SUSSEX

Battle

Chichester
Lewes

Sedlescombe

WARWICKSHIRE
Coventry

WILTSHIRE
Salisbury

Wilton

YORKSHIRE

Beeford	Gilling	Newburgh
Beverley	Guisborough	Rievaulx
Bridlington	Helmsley	Seamer
Byland	Huggate	Skipwith
Cawood	Hull	Snaith
Cleveland	Kirkby Moorside	Stanningley
Dunnington	Mount Grace	York

WALES
Bangor [co. Caern.]

St. David's [co. Pemb.]

IRELAND
Killaloe [province of Cashel]

FRANCE
Calais [Pas de Calais]

Harfleur [Seine-Inferieure]

GERMANY
Cologne

Constance

ITALY

Albano	Mantua	Rome
Bologna	Pisa	

NETHERLANDS
Middelburg

Zeeland province

UNIDENTIFIED
Skopholm'

Staunton'

PLACE-NAMES COMMON TO SEVERAL LOCALITIES

Doddington	Newton	Walton